U0139123

行為改變技術

陳　榮　華　著

五南圖書出版公司 印行

自　序

　　時間過得眞快，自從民國六十五年在國內首先出版「行爲改變技術」一書以來，轉眼已過十個年頭。在這十年裏，不僅大學的有關系所增開行爲改變技術，而且在各類教師學分進修班，以及親職教育研討會上也都常常推介行爲改變技術。從學生們的課堂反應，教師們在教學情境裡的實證性檢討，以及家長們的回饋之中，可知大多數人都能肯定行爲改變技術的妙用。唯每次在執行一套行爲改變方案去幫助一位個案時，輔導者在享受到成功的喜悅前，都會覺得需要知道更多的行爲原理及策略，需要投入相當多的愛心及時間。這些愛心的合理付出與行爲科學知識的不斷攝取，正是教師、父母以及輔導人員欲勝任其角色時，務必具備的基本條件。

　　因應社會上的需求，加上學術領域日趨專精化，近十年來行爲改變技術的應用面也日趨廣大，所滙集的行爲原理及策略更是日新又新，世界各國每年出版的有關專書及論文誠不勝枚擧。面對這一種行爲科學知識的迅速累積，加上社會各界的迫切需要，十年前所出版的小冊子，早已不敷所需，亟待增訂。

　　近幾年來，個人爲了謀求教學相長，不斷蒐集資料，並鼓勵國內選修行爲改變技術的學生、教師及家長實際進行個案實驗工作，以資驗證行爲原理的有效性。經年累月的耕耘，早已累積許

多寶貴的經驗及國內的個案資料，但一直爲學校行政工作所羈，鮮有餘暇執筆，致本書遲遲未能定稿付梓。

如今在家人、好友以及學生們的協助下，歷經年餘，總算如願以償。全書約四十多萬字，分成四篇十六章。第一篇爲緒論，分成兩章，首章討論行爲改變技術的意義、特性，以及遭受各界批評所引發的論爭；第二章介紹行爲改變技術的理論背景，好讓讀者緬懷先驅學者在實驗室及臨床工作上所付出的各種貢獻。第二篇論及各種基本的行爲原理與策略，分爲七章，包括增強原理（第三章）、處罰原理（第四章）、增強物與增強分配方式（第五章）、逐步養成與連鎖原理（第六章）、類化原理與消弱原理（第七章）、相互抵制原理與逐減敏感原理（第八章），以及模仿原理（第九章）。第三篇專門介紹行爲改變的方法論，分爲四章，包括改變行爲的系統步驟（第十章）、行爲資料的蒐集與紀錄（第十一章）、個案實驗設計法，包括倒返實驗設計（第十二章）、多基準線設計與逐變標準設計（第十三章）等等。深盼讀者能熟練這些個案實驗設計法及實施步驟，以利輔導個案。第四篇分成三章，介紹行爲改變技術在家庭方面（第十四章）、在學校方面（第十五章），以及在身心殘障復健機構方面的廣泛應用。

本書的撰寫，在內容方面兼顧理論與實際，在文字方面力求淺顯，在讀者對象方面希能顧及教師、家長、輔導人員以及大專院校相關科系學生的需要。若要做爲大專教本，則全書十六章足敷一學期兩學分之用。唯教師可依據受教學生的系別及年級，斟酌增刪。如師專生及大學有關科系學生，可省略第二章的理論背景，或指定爲課外閱讀；研究生則以研討第一、二、三篇爲主，

第四篇的實例分析只作爲課外閱讀，另外指定研讀六至十篇專門性雜誌（如美國應用行爲分析學報，ＪＡＢＡ）上的論文，並在課堂裡討論。一般教師、特敎機構工作人員或家長，在閱讀本書時，可自由挑選，不妨先選讀第四篇的實例分析，以資引起閱讀興趣，有餘暇再讀第二篇的行爲原理及策略；若欲實際進行個案實驗，就得研讀第三篇的個案實驗法。

　　本書付梓期間，承內子貴美女士利用公餘幫忙整理稿件與謄寫，小女心蘋、心怡代爲繪製案例圖示，許民陽、王大延、王勝賢、林建平、王振德、丁振豐、盧美貴、葉淑卿、吳麗娟、以及王文秀諸位女士先生協助編製人名、主題索引和校對，均備極辛勞，謹此申謝。此外，近十年來在師大敎心系（日夜間部）、輔導研究所（包括暑期部）選修行爲改變技術的諸多同學，共同參與個案實驗方案的研擬與執行，已有不少實驗報告可供國人參考。刊列在本書中的國內案例，只是其中的一小部分，雖然其格式及文字均由著者統一修正，但主要實驗設計及心得則儘量保留原貌。這些國內案例的加入，確爲本書增添不少本土化色彩，誠歸功於各案例研究者的辛勞，尤須特別致意。最後要感謝五南圖書公司楊榮川先生慨允出版，使本書能早日獲得讀者的指正。

陳　榮　華　謹識

民國七十五年八月

於師大敎育學院

行為改變技術

目　　次

第一篇　緒　論

第二篇　基本的行爲原理與策略

第三篇　改變行為的方法論

第一篇
緒　論

　　古今中外，論及人性的善惡，見仁見智，不易定論。若持現代心理學的觀點，人類的基本需求，利己的成分雖然較多，但也有利他的成分，所以說，人性的本質應該是亦善亦惡，可善可惡。唯有人性是亦善亦惡、可善可惡，教育與道德才能發生薰陶作用，法律與規章方能發生約束力量。進一步說，不管是在任何一個時代，或是任何一個國家，所謂先知先覺者，或是統治者，都想透過教育、道德規範，以及法律等手段達到揚清激濁，維護國泰民安之目的。但事實上，反映在人間世的生靈萬象，並非全然如人所願，光明面的善行與喜劇固然不少，但黑暗面的醜行與悲劇仍然不勝枚舉。

　　單從我國史實來看，政績及教化的實施成效卓著者，有如禮記禮運大同篇上所載明：「大道之行也，天下為公……，矜寡孤獨廢疾者皆有所養。男有分，女有歸，貨惡其棄於地也，不必藏於己……，是故，謀閉而不興，盜竊亂賊而不作，故外戶而不閉，是謂大同」。此等昇平景象何等美哉，誠令人嚮往。復如唐朝的「貞觀之治」「開元之治」以及漢朝的「文景之治」等均被譽為太平盛世。

　　反過來說，政績及教化實施成效不彰者，首推秦始皇的暴政舉世聞名。如殘酷屠殺、焚書坑儒、奴役百姓，終至民不聊生，而走向亡國之路。又如東漢中期以降，政治黑暗，宦官營私蓄財，野心家假借宗教迷信煽動暴民，釀成黃巾之亂，到處焚掠屠戮，儼如人間地獄，其殘不忍睹之景象，只有近年赤禍氾濫方能相比。

　　由此可知，不管是「大同之治」、「貞觀之治」，或是「秦

朝暴政」、「黃巾之亂」及赤禍等均爲人類的「傑作」。這些傑作多數是出自幾位帝王統治者，或是野心家的手筆，但對整個人類、國家及社會影響之大，誠難於計量。猶如近代史上，納粹黨魁、希特勒帶給人類之浩劫，無不導因於其個人的偏異性格及思想。時代的巨輪永不停止地向前推進，但也不斷地留下許多難題，諸如：何以時代愈向前推進，世人愈感歎人心不古？何以教育愈顯普及，牢獄愈喊人滿爲患？何以科技愈發達，戰禍愈演愈悲慘。何以社會越現代化，人人的焦慮、恐懼、及憤怒的情緒越濃？何以醫藥愈進步，精神病床位也愈感不足？這些都是發人深思而極難解決的問題及現象。這些問題及現象的發生，似又可以佐證人性之可善可惡，其演變端賴後天環境的薰陶與學習的結果。誠如學記上曰：「化民成俗，必由於學」、「玉不琢不成器，人不學不知道」、以及俗云：「近朱者赤，近墨者黑」、「性相近，習相遠」等等，無不在強調學習與環境對人類行爲發展的重要性。因此，若要了解人類行爲的特性，進一步培養個人的良好行爲，革除不良行爲，使人人在所居住的環境裏獲得美滿的發展，並建立安和樂利的社會，務必先深入探討人類的學習特性及學習歷程。學習歷程的探討正是現代心理學的一項主要研究課題。

　　自從一八七九年馮德（W. Wundt）在萊比錫（Leipzig）大學成立世界第一間心理實驗室之後，心理學遂由形而上學的領域，邁進專門研究個體行爲的科學。經過將近一百年的演變，心理學的研究對象由意識構造的剖析、意識功能的探討、潛意識的分析、知覺的組織、到行爲的改變等等，愈來愈加客觀而專精。行爲的範疇也擴展到包括感覺、動作、知覺、概念、語言、思考

、能力、情緒、動機、以及整個人格的表現等等。這些行為特質的改變，除了一部分靠生長與成熟之外，大部分都是由後天的學習所促成。因此，有關學習理論歷程的探討，一直是心理學上熱門的研究主題。學習歷程的闡明，主要奠基於動物的實驗，其中較古典而著名的實驗，有如，桑代克（E. L. Thorndike）讓餓貓學習打開門鈕的實驗，苛勒（W. Köhler）在非洲所作的讓人猿取香蕉的實驗，巴夫洛夫（I. Pavlov）讓餓狗聞鈴流口水的實驗，以及施金納（B. F. Skinner）訓練老鼠壓桿實驗等等，均是心理學界傳誦已久的不朽之作。而由這些動物實驗所歸納的學習理論，諸如嘗試錯誤論、領悟論、古典制約論、及操作制約論等，已經廣泛應用在解釋人類的學習現象。

新近歐美心理學界有一股強烈趨勢，許多學者熱中於研究如何應用從學習心理學或其它的實驗心理學所獲得的原理原則，以有效改變人類行為，包括良好行為的增進，以及不適當行為的矯治與根除。這一種應用學習原理來改變行為的科學方法，稱之為「行為改變技術」（behavior modification technique）或稱為行為治療（behavior therapy）。由於這一種技術的實施成效頗為卓著，實施對象不拘男女老幼，所處理的行為也不限於正常與否，實施方法客觀而不艱澀，又可在實際生活情境，如家庭、教室、學校、工廠、醫院以及特殊教育機構實施，所以近十多年來，在歐美各界的應用發展相當迅速，已發表的成果報告數量相當驚人，誠值得在國內大力推介及應用。本篇分成兩章，第一章先討論行為改變技術的意義及特性，第二章則詳加介紹其理論背景的發展經緯，好讓讀者了解行為改變技術的深厚理論基礎。

第 一 章
行爲改變技術的意義及特性

第一節　行爲改變技術的術語源考

　　心理學是研究個體行爲的科學，這是大部分心理學者所公認的。因此，若從廣義的觀點來說，凡是利用心理學的原理原則以促進行爲變化的方法或技術均可稱爲行爲改變技術。唯因本書所要介紹的「**行爲改變技術**」（ behavior modification ），有其來源及特定的內涵，須待進一步推敲。

　　英文 behavior modification 這一個專用術語，最先出現在華森（ R. I. Watson ）一九六二年所發表的一篇文章上，並於一九六五年始見諸於烏爾曼和克拉斯拿（ L.P. Ullmann & L. Krasner ）兩人合編的兩本專著的書名：「**行爲改變個案研究彙編**」（ Case Studies in Behavior Modification ）以及「**行爲改變技術研究**」（ Research in Behavior Modification ）。當時，烏爾曼和克拉斯拿二人鑑於若干先驅學者應用學習理論去矯治不良適應行爲的研究報告紛紛出籠，形成一股新時潮，顯示此種方法的成效顯著，又比傳統的精神分析治療方法客觀而易行，故值得彙整這些個案研究報告，以資大力推介。因此他們最早所界說的行爲改變技術也就限於應用學習理論的成果去改造不良適應行爲的方法。後來由於熱衷於此類行爲改變技術的學者以及教育、醫療、特殊教育、臨床心理等各界實際工作者逐年增多，所引進的原理原則也愈繁雜，致使各家學者對於行爲改變技術與其他行爲療法，以及一般的教育程序之間的差異愈感混淆，所提出的界說也愈紛紜。其中最令人困惑的是「行爲治療」（ behavior therapy）與「行爲改變技術」的區別與互用。

　　「行爲治療」一詞較「行爲改變技術」一詞早日問世。根據雷德（Redd，1979）的介紹，一九五三年林德司（O. Lindsley）、施金納（B. F. Skinner）和所羅門（H. C. Solomon）等三人曾經在一所醫院裏，應用操作制約原理去矯治精神病患，故採用「行爲治療」（behavior therapy）一詞，並初步將其界說爲：「應用制約學習原理去處理心理問題的方法」。他們強調行爲治療一詞頗能表達此一新方法的兩項主要特徵。一是以可以觀察的客觀行爲爲焦點；二是以治療爲目標。後來，在南非的精神科醫師拉撒路（A. A. Lazarus），以及英國的心理學泰斗艾森克（H. J. Eysenck）也在一九五八年左右不約而同使用行爲治療一詞。他們雖然各給予不同的界說，但却一致強調學習原理的應用以及客觀行爲的處理爲行爲治療的特點。目前，許多學者都是混合使用這兩個專用術語，但也有部分學者給予若干的區別。

　　就我國的使用經緯來說，英文 behavior therapy 一詞均被譯成「行爲治療法」，似未發生紛歧。唯有 behavior modification 或是 behavior modification techniques 在國內已往並沒有一個共同認定的中文譯辭。最早有幾位中國留美學人在國內的刊物發表幾篇推介這一方面的文章，也都使用不同的譯名：如邱連煌博士（民62年）在中央日報副刊連續發表幾篇有關的專文，文中將其譯成「行爲改造」；陳訓博士（民61年）在「行爲心理學對美國社會的新影響」一文中，則譯成「行爲管理法」。筆者於民國六十一年發表「評介行爲制約理論在教育上的應用」一文

，其中採用「行為修正技術」。日本心理學界對此一專用名詞的譯名也很不一致，計有「行動療法」、「行動修正技法」、「行動變容法」等譯名。

　　經一番細加推敲後，筆者認為「行為改造」、「行為管理法」或是「行為修正技術」等譯詞，似較為消極而偏重於不良行為的矯正工作，忽略積極性的良好行為的培養；而「行為塑造技術」則易與另一專用名詞「逐步養成」（ shaping ）的譯詞相混。唯有採用「行為改變技術」一詞，方可涵蓋在量與質的行為變化：包括將不良的行為改變成良好行為，或是增進一般良好的生活知能及技能等，同時也很通俗，因此，到了民國六十五年出版本書（初版）時正式使用「行為改變技術」。我國教育部亦於民國六十八年所公布的「特殊學校教師登記辦法」，第十七條的特殊教育科目中，正式採用「行為改變技術」一詞，並且逐漸用在師範院校的科目名稱。目前，在國內所出版的幾本有關專著，亦均採用「行為改變」等字眼，如黃瑞煥、楊景堯、歐用生等人譯（民71年）「行為改變技術」；許天威著（民 72 年）：「**行為改變之理論與應用**」；馬信行著（民 72 年）：「**行為改變的理論與技術**」。

第二節　行為改變技術與
行為治療法的界說

　　如前面所提及，由於行為改變技術或是行為治療的應用與發展相當迅速，不斷地融和各種處理行為的原理與技術，所以目前尚無一套各家學者均可以共同接受的界說。這一種演變趨勢，可

以從下列界說窺見其一斑。

一、行爲改變技術的界説

　　㈠烏爾曼和克拉斯拿（ Ullmann & Krasner，1965 ）認爲：「行爲改變技術是應用學習理論與實驗心理學的成果去改造不良適應行爲的方法。其着重點是外在行爲的改變或發展。」

　　㈡畢吉武（ Bijou，1971 ）認爲：「行爲改變技術原先是指應用行爲原理（或稱爲學習理論）的一種心理治療法。但隨著應用面的擴大，其界說也改爲：凡是應用行爲原理於實際矯正程序（ remedial procedure ），諸如復健、語言矯正、補救性閱讀、教室管理、諮商、以及輔導等領域的技術均稱之」。

　　㈢畢吉武和雷德（ Bijou & Redd，1975 ）認爲：行爲改變技術是指行爲原理在許多人類情境裡的應用。這些情境，包括兒童教養、教育、心理治療、職業準備、商業、以及社會運動等等。

　　㈣斯拓茲等人（ Stolz, et. al, 1975 ）認爲：行爲改變技術是指一種很明確而有系統的處理行爲的方法。此種方法係應用得自實驗心理學的原理與技術，而特別着重於安排或改變與個人行爲有關的環境因素。因此，不包括藉神經外科、電擊治療以及使用藥物等方式來改變人的行爲。

　　㈤克萊海等人（ Craighead, et. al, 1976 ） 鑑於行爲改變技術的擴展相當迅速，所以認爲目前尚難提出一套各家學者可以共同接受的界說。他們很保守地說，行爲改變技術可暫行界說爲：「係使用一套較廣義的診療手續（ clinical procedures ），而

這一套手續的敍述與理論基礎，常倚賴心理學研究的實驗發現，並以一種實驗性質的，與功能分析性質的方法去處理客觀而可量化的診療資料。」

㈥馬丁和皮爾（Martin & Pear, 1978）認爲：行爲改變技術是有效處理行爲的各種技術的統稱，其主要特點有五：

1. 專注於處理可以觀察的行爲。

2. 着重於搜集和圖示客觀的資料，並據此資料決定處理方案。

3. 奠基於自心理實驗室所獲得之「原理」和「技術」。

4. 常用於促使「個別化方案」（ individualized programs ）中的特定行爲的進步。

5. 可應用於幾乎所有的人類行爲情境。

㈦卡茲頓（Kazdin, 1978）在其大著「行爲改變技術史」（ History of Behavior Modification ）上，鳥瞰近六十年來行爲改變技術的發展經緯後，持綜合性觀點認爲：行爲改變技術就是應用實驗心理學的基本研究與理論去影響行爲，以資解決個人與社會的問題，並增進人類的功能。

總之，由上面七種行爲改變技術的界說可以看出，其內涵在逐漸蛻變中。發展初期只注意不良適應行爲的矯治，所依據的原理也僅限於制約學習理論，新近的發展則擴展到兼顧不適應行爲的矯治與良好行爲的增進，所依據的原理則包括全部有關的行爲原理，並注重處理效果的驗證工作。

二、行為治療法的界說

如前面所提及，大部分學者常常把行為治療與行為改變技術二詞當做同義詞而互為流用。這個事實可以從下列學者在不同時期對於行為治療所下的定義窺知一斑。

㈠施金納和林德司（Skinner & Lindsley，1954）最初使用「行為治療」一詞，並界說為：「一種應用制約學習原理去處理心理問題的方法」。

㈡拉撒路（Lazarus，1958）不約而同創用行為治療一詞，並視它為一種對傳統的心理治療法注入客觀而有實驗依據的技術。當時有若干熱中於應用行為治療法的先驅學者主張，若偏好這一種新技術，就應該拋棄傳統的心理治療法，但拉撒路却認為新興的行為治療法應該扮演補充傳統心理治療法的不足。

㈢艾森克（Eysenck，1959）最初認定行為治療法是一種應用所有現代學習理論去治療心理失常的新途徑。此種新途徑同樣重視巴夫洛夫、赫爾、墨瓦以及施金納派的學習原理。一九六四年，他重新界定為：依據現代學習原理所提煉的有效方法去改變人類行為與情緒的新嘗試。

㈣俄貝和拉撒路（Wolpe & Lazarus，1966）二人視行為治療法是一種應用具有實驗基礎的學習原理去克服頑強的不良適應習慣之方法。

㈤俄貝（Wolpe，1973）認為行為治療法是一種應用經由實驗歷程所建立的原理去克服那些頑強的不適應習慣，同時，若需要時，可從整個行為科學領域去獲得相關的原理，並做進一步的

應用。

㈥美國行為治療促進會（ The American Association
for the Advancement of Behavior Therapy ）將行為治療界
說為：「主要應用得自實驗心理學與社會心理學的原理，去減輕
人類的傷害，和增進人類功能。因此，行為治療很強調對這些應
用效果，做系統的稽核和評鑑」。（ AABT， 1974，P7 ）

㈦威爾遜和奧立黎（ Wilson & O'Leary， 1980 ）認為發展
初期將行為治療看成一種制約學習原理的應用，已經是過時的看
法。由於不易有大家共同認定的界說，所以他們二人在其大著**行
為治療原理**（ Principles of Behavior Therapy ）一書的序言中
，非常簡單地把行為治療法界定為：「將科學心理學的原理應用
在人類行為上，並具下列兩個基本特點： 1.處理客觀的人類行為
而非傳統的內在精神； 2.著重實施科學方法，測量與評鑑。」

總之，有關行為治療法的界說也是在逐漸蛻變中，原先只是
應用制約原理去矯治異常行為，但目前已經擴展到，凡是任何足
以驗明有效改變行為的技術、原理、或是方法，均可納入行為治
療法之範疇。其義意與行為改變技術有很多共同之點，極須做近
一步的比較分析。

三、行為改變技術與行為治療的比較

大部分學者在撰寫有關行為改變技術的專書時，不管是以行
為改變技術為書名，或是以行為治療法為書名，在內文所介紹的
行為原理，所應用的行為分析方法，以及處理策略均大同小異。

因此，大部分書籍均先註明，把兩個專用術語當做同義詞交互使用。另有一小部分學者，為了從同中求異，特地加予區別，例如：

㈠畢吉武和雷德（ Bijou & Redd, 1975 ）在**美國精神醫學大全**（第五版）裡，曾將二者區別如下：行為治療是屬於行為改變技術的一種特殊個案，係指應用行為原理去處理成人與兒童的心理問題、困擾、以及失常行為等等。行為改變技術的範圍較廣，係指行為原理在許多人類情境的應用，包括教育、兒童養育、心理治療、職業準備、企業、以及社會運動等等方面的應用。

㈡斯拓茲（ Stolz, 1975 ）也認為行為治療較屬於診療方面的用語，通常用在治療者與患者的關係上，而行為改變技術常被當做廣義用語。一般而言，行為治療也可以說是行為改變技術當中的一項特別方式。

㈢卡里士（ Kalish, 1981 ）認為行為改變技術是一個概括性術語，意指藉行為原理的系統化應用而獲得行為的變化。因此，行為改變技術可以應用到任何情境的任何行為，但當特別地應用於矯治行為失常時，通常是使用「行為治療」一詞。

㈣馬丁和皮爾（ Martin & Pear, 1978 ）也認為二詞雖然可以混合使用，但若從其發展背景來說，二者差別有如下表：

行為治療	行為改變技術
1. 主要由 Pavlovian Hullian-Wolpean 人士使用，重視反應性行為。	1. 主要由 Skinner 派人士使用，強調操作性行為。
2. 主要由從事傳統診療工作的精神科醫師或行為心理學者所使用。	2. 主要由從事學校、家庭或其他「非」精神科診療所工作之行為心理學家所使用。
3. 指在治療者的辦公室內，藉治療者與患者之間的語文溝通所進行的行為處理。	3. 指在自然的生活環境或訓練情境所進行的行為處理。
4. 此詞奠基在精神病院內的實驗基礎上。	4. 奠基在人與動物的操作制約實驗基礎上。
5. 在歐洲國家較喜愛用"行為治療"。	5. 在美洲國家較喜愛用"行為改變技術"。

第三節　行為改變技術的重要特性

　　由上述各家的界說，以及行為改變技術與行為治療二詞之比較結果得知，行為改變技術與行為治療二者確有共同的理論背景、策略、行為分析法，以及專門性刊物，只是服務對象有廣義與狹義之別而已。因此就用詞來說，在本書中雖然以行為改變技術為書名，但難免也常常提及行為治療一詞，以及引用有關學者在行為治療等書刊上所發表的研究成果。再就界說來說，不管採用

行為改變技術的那一家界說，或是行為治療的那一家界說，也均有雷同之處，況且應用面也尚在擴展中，故要提出大家共同認可的界說，目前似乎還不容易。茲僅就個人管見所及，以綜合性的立場將行為改變技術界定如下：

「行為改變技術是一種客觀而系統的處理行為的有效方法。此種方法主要應用得自實驗心理學（尤其是學習心理學及社會心理學）的行為原理與技術，並注重處理效果的驗證程序，以資解決個人與社會問題，增進人類的適應功能。因此，行為改變技術可應用於幾乎所有的人類行為情境，包括一般教育、兒童養育、復健、特殊教育扶助、心理治療、企業管理、社會工作、以及輔導等等」。

根據此種綜合性界說，下列幾個重點有待進一步的闡釋：

一、客觀而系統的處理行為的有效方法

傳統的精神分析法較為主觀，不僅難以驗證治療策略與治療成效之間的確切關係，而且治療成效也較不彰。所以一批崇尚實證精神的心理學者及精神科醫師，開始專研學習心理學的實驗模式及行為原理，着手從事動物實驗，並擴及特殊兒童及精神病患的臨床實驗工作，終於發展成功一套客觀而系統的處理行為的有效方法。這一套方法，承受施金納所創用的「單一受試實驗設計模式」，強調利用單一受試亦能評估自變因與依變因之間的關係，中間經過許多心理學者與精神科醫師的臨床實驗，證實若有系統的操弄治療策略（自變因），確能觀察到治療效果（依變因）的改變；最後始由貝爾、俄孚及雷司黎（Baer, Wolf & Risley,

1968）集大成而確立「應用行為分析法」的基本實驗設計模式，提出所謂「ABA設計」（或稱倒返設計）、「多基準線設計」、以及「逐變標準設計」等模式。應用行為分析法不僅適用於實驗情境，且適用於教育、訓練、以及治療等實際情境，兼具實驗與行為處理等兩大功能，故值得推介。因此，在本書中特地在第三篇詳加介紹這一種實驗設計法。

　　因為實驗者（有時候是指治療者、訓練者、輔導人員、或是教師等）得慎重操弄「自變項」（有時候是指治療策略、訓練方案、輔導策略，或是教學方案等），然後嚴加控制其他有關變項後，客觀地觀察及評估「依變項」的變化情形。這些依變項，有時候是指患者的異常行為、受訓者的某些習慣，或是受試學童的認知行為等等。若經由操弄某一種自變項而發現依變項也跟着發生顯著的變化，則可斷定自變項與依變項之間存在着某一種關係（如因果關係）；反之，若操弄某一種變項無效，則實驗者得系統地試試另一變項，一直到依變項發生顯著的變化為止。茲舉一例說明如下：

　　例如有一位六歲半大的男孩「小平」，不論喝開水或牛奶都要用奶瓶奶嘴吸，母親一再勸他改用玻璃杯來喝牛奶及開水，但均無效。若強制不許小平用奶瓶喝水，小平就大吵大鬧，害得全家雞犬不寧。母親為了改正小平這一種不良習慣，首先想到用賞零用錢的方法。亦即小平若用玻璃杯喝開水，當天方給予零用錢，這一招策略實施了一兩個禮拜，但並未見效，小平仍然要用奶瓶喝開水。因為男孩可以從奶奶要到零用錢，所以不在乎媽媽給不給零用錢，所以媽媽所借重的法寶也就不發生功效。於是，媽

媽又絞盡腦汁想出第二招法寶：小平若用玻璃杯喝一杯開水（或牛奶），媽媽就給他一張貼紙（各類卡通人物或動物），喝兩杯就給他兩張貼紙，如此類推，多喝多給。小平每天得將貼紙隨心所欲貼在媽媽所繪製的一張大風景圖上。小平每貼上一張，當天晚上媽媽就要根據風景圖上之人物變化講一則故事。此一招果然見效，小平用玻璃杯喝開水或牛奶的次數增加；相反的，用奶瓶的次數減少。經過不到兩週就完全改正了此種不適當的習慣。經此實驗步驟，母親（實驗者）或可斷定，藉賞貼紙講故事的策略（自變項），確實可以影響小平（受試者）用玻璃杯喝開水或牛奶的習慣（依變項）。這些關係，可以自「圖1-2」推知之。

二、應用得自實驗心理學的行為原理

研究科學的目的，不外是先了解有關現象，預測各現象間的因果關係，進一步在需要時可以控制有關現象的發生。研究行為科學的目的亦然：先是以了解行為現象，尋求行為的因果關係為首要工作；接著要利用已知之因果關係建立某些原理；最後，在需要時，佈置適當的環境，利用既得之行為原理以有效控制個體的行為。行為改變技術（或稱之行為治療法）正是一門應用行為科學的分支，專門著重於應用得自學習心理學與社會心理學的原理原則，以利增進個體的良好行為，減弱不適應性行為。熱中於推動行為改變技術的學者們均相信，人類的行為不管是良好行為或是不適應行為，大部分都是個體有意或無意中學習所成。例如，一位嬰兒從呀呀學語開始，父母及家人常常有意利用機會，提供適當的刺激，引導嬰兒學習各種生活知能，包括語言、動作、

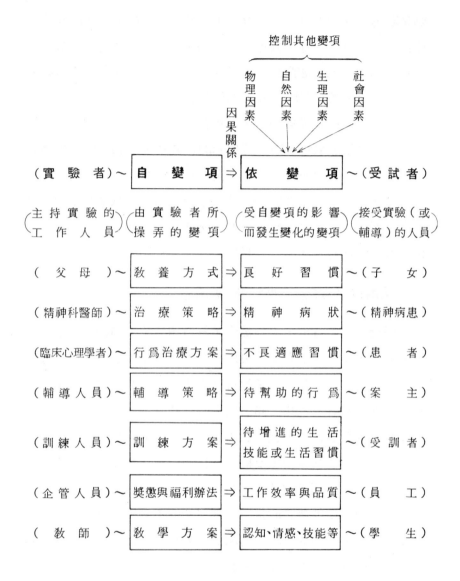

圖1-2 自變項與依變項之關係

以及情緒表現等等。同樣地，父母也常無意中，促進兒童習得一些不良習慣或不適應性行為，如幼兒一哭叫，父母就哄騙他說：「再哭，警察要抓去了」，或說：「再鬧，魔鬼就要來了」等等。致使幼兒從小就怕「警察」或「鬼」等字眼。久之，甚至類化到怕「黑暗」、怕單獨在房間、怕小動物等等。

　　既然良好的行為習慣，或是不適應行為，都是「學習」的結果，那麼在從事教導及矯治工作中，若能善加應用得自學習心理學的原理原則，自易收到事半功倍的效果。目前有關學者常應用的行為原理及策略，計有「增強原理」、「懲罰原理」、「類化原理」、「消弱原理」、「辨別原理」、「逐步養成原理」、「相對抵制原理」、「逐減敏感原理」、「飽足原理」、「自我控制原理」、以及「模仿原理」等等，將留待第二篇逐加介紹。這些原理及策略大部分均由行為主義派學者從事多年的動物實驗或病患臨床實驗所得精華，若應用得法，成效相當顯著。

三、解決個人與社會問題，增進人類適應功能

　　行為改變技術（或行為治療法）的應用成效卓著，所以近一、二十年來的發展相當迅速。例如根據美國行為治療促進會一九八四年會長奧立黎（O'Leary, 1984）的一篇報告，單在美國，其會員已達 3,500 人以上。該會也曾舉辦過兩屆世界行為治療會議（ The World Congress of Behavior Therapy ），有三十四個國家派遣二千多會員參加。行為治療已經變成心理學者用來處理兒童與成人的主要理論取向。例如在美國心理健康研究所

所支助的有關心理─社會治療研究論文中，約有70％是屬於行為治療研究計畫。約有59％的美國兒童臨床心理學者趨向於採用行為治療方法來處理兒童的問題，而只有39％的臨床心理學者採用「精神動力治療法」（ psychodynamic therapy ）；若就處理成人的行為問題來說，在臨床與諮商心理學者中，採用行為治療取向的約佔17％，採取精神分析取向者佔10％（ O'Leary, 1984, P 221 ）。

就過去一、二十年來的發展經過來說，行為改變技術已經在歐美及日本等國家普遍應用，應用機構包括心理衛生中心、特殊學校、感化院、監獄、精神醫院、一般的學校、家庭以及各類養護機構等等。適用的對象包括精神病患、智能不足兒童、情緒困擾兒童、青少年犯以及正常兒童和成人。已經見效的應用項目包括⑴矯治精神病患的變態行為如生活習慣、廣場恐怖症（ agoraphobia ）、壓抑症或成人的婚姻生活失調；⑵訓練智能不足兒童的「自立技能」（ 如飲食、穿衣、大小便以及整理儀容等生活知能等 ），社會行為及語言發展能力；⑶修正情緒困擾兒童的不適應行為（ 如不合群、易怒、過度活動、攻擊以及自閉症行為等 ）；⑷激勵青少年罪犯在教養院裡能遵守規範，並能自動致力於學業及一般作業；⑸維持一般學校的教室常規，增加學童的學習動機，以及革新教學方式和設施。例如教育界一直很盛行的若干教育設施，如個別化教學（ individualized instruction ）、開放教室（ open classroom ）、教學機（ teaching machine ）、編序教學（ programmed instruction ）以及電腦教學（ computerized instruction ）、合約作業教學（ contract performance instruction）等，也都是應用增強原理以激勵學生自動學習。

另根據雷德等人（ Redd, Porterfield & Andersen, 1979 ）所提之報告，最近的應用更擴及於大眾的生活層面：第一是在健康保健方面的應用，包括⑴透過生理反饋訓練（ biofeedback ）以有意控制生理功能，如心跳、肌肉活動、血壓、腦波變化、膚電反應（G.S.R.）以及呼吸等等，以資治療心臟病、過度緊張、緊張性頭疼、循環系統疾病、以及癲癇性發作（ epileptic seizures ）等。其中，尤以在身體復健工作及減輕偏頭疼方面的成效更為顯著；⑵利用操作制約方法去處理慢性疼痛（ chronic pain ）的行為；⑶減輕在醫療過程中的焦慮，如怕牙醫、開刀等等。

第二是在工商與人事管理方面的應用，包括利用社會增強物來提高工作人員的工作效率及工作品質、系統訓練管理人員如何應用社會增強原理來鼓舞員工的工作效率，以及藉年終獎金制度來提高業務員的工作業績等等。

第三是應用在生態問題的改善，包括藉獎金來鼓勵節省能源、應用獎懲原理來控制人們亂倒垃圾及空瓶、空罐的回收問題，獎勵大家使用公共運輸工具，以及私用車輛的控制問題等等。

由綜合上述資料得知，行為改變技術的應用日趨擴大，所依據的原理及策略更是日新又新，不僅對個體行為的改正有益，且對於安定社會生活亦甚具功效。唯近年來，導至若干人士的誤用而引起輿論的強烈批評及爭論，這些批評及爭論將留待下一節討論。

第四節　對行為改變技術的批評與論爭

　　根據奧立黎（ 1984 ）的一項分析報告，從 1965 年到 1983 年在美國紐約時報（ The New York Times ）中，以「行為改變技術」、「行為治療」或「行為主義」（ behaviorism ）為論題的文章共有 35 篇。刊載於 1968 年至 1978 年的文章，大部分對於行為改變技術的評語是消極而負性的，若用七等級量表來評價，則其平均值只有 3.8 級。在這些文章中，對於施金納的兩部大作：「超越自由與尊嚴」（ Beyond Freedom & Dignity, 1971 ），「有關行為主義」（ About Behaviorism ）評論最多。其中有負面的批評，也有正面的批評，總評價的平均等級是 3.3 。（以 4.0 為中等）。除此而外，在監獄使用代幣制也遭遇最多批評，評價也最低（ 3.0 ）。但從 1979 年至 1983 年，幾乎所有刊登在紐約時報的文章，對行為改變技術的評價已改為中間或是正面的（其平均等級是 5.0 ）（ 7.0 級為最高 ）。這是美國大眾對行為改變技術（或是行為治療）的內容及功用有了進一步的正確認識所致。

一、批　評

　　過去對行為改變技術的批評，主要來自三方面：一是從理論上，或是哲學觀點上就反對行為主義色彩的行為處理或治療方法；二是對於行為處理模式與「非行為處理模式」（ nonbehavioral approach ）的混淆；三是對於誤用行為原理的反感。先就第一種

來源來說，如人文心理學派學者，或是精神分析學派學者，各有
其理論基礎及處理方式，何者爲優，或何者爲正統，誠見仁見智
，不易定論。如人文主義者認爲應用行爲改變技術必然剝奪人的
自由意志，否定人的尊嚴；精神分析學派則認爲行爲改變技術只
能處理症狀，或是簡單的習慣，無法改變深層的行爲問題等。就
第二種來源而言，有些人根本不明行爲改變技術的眞正內容，而
把其他一些並不屬於行爲改變技術的治療策略，如電擊痙攣療法
（ electroconvulsive shock ）、注射藥物、體罰、心理外科術（
psycho-surgery ）、團契（ group encounters ）、 以及物質剝
奪方式（ physical deprivation ） 等等，也當成行爲改變技術的
應用。結果，導致社會大衆的恐懼與反對。最後，就第三種來源
來說，係由於治療者或是訓練方案執行者的疏忽、無知，或是心
懷惡意而誤用了行爲改變技術，導致一般大衆傳播媒體以及立法
機構的反對。例如，以實施代幣制之名義而剝奪食物爲手段想控
制囚犯的行爲；或是假藉隔離法（ time out ）的名義將好搗亂
的智能不足兒童關閉在不透氣的小箱子裡，均屬誤用行爲改變技
術的實例。所遭受的抨擊也特別多。

但近幾年來，有關行爲改變技術的專書以及學術性報告，出
版愈來愈多；各大學的有關心理學門、精神醫學門、特教學門、
輔導學門、幼稚教育學門，以及企管學門等亦將行爲改變技術（
或行爲治療）列爲必修學科；各級教師的教學研習會也常常講授
或研討此一技術，故大多數使用行爲改變技術者不再混淆非行爲
處理模式與行爲處理模式；誤用代幣制或隔離策略的情況也愈趨
減少。結果，由第二種、第三種來源的批評自然愈來愈少。唯基

於不同理論及哲學思想上的批評（第一種來源）仍然時有所聞，但誠屬見仁見智的問題，值得介述下列兩項主要論題，以供讀者參考。

二、論　爭

人文心理學派的學者，以及傳統的精神分析專家，對於行為改變技術的批評最多，也曾引發數場激烈的論爭。爭論之焦點集中到下列兩個問題：第一、行為改變技術的運用是否能革除不適應行為的真正原因？抑或僅僅排除了不適應行為的外現症狀。第二、控制人類的行為是否合理而可行？會不會違背「民主自由」與「人類尊嚴」的真諦？以下分別檢討這兩個問題：

㈠**病因與症狀之爭**　行為改變技術的運用是否能革除不適應行為的真正原因？抑或僅僅排除其外現症候？討論這一個問題時，我們要先確定「什麼的症狀」（ symptom of what ？）。例如在醫學上，皮膚瘍腫雖然也是機體因食物中毒，病菌侵襲，或內分泌不正常所引起的一項徵候，但它是可以直接診斷，直接治療的具體變因，並不是一種假定性變因，醫師只要治療病患的局部瘍腫就算收到效果。

有許多精神分析學派的心理學家及精神病學家認為異常行為乃是一種假定性內部病因的外現徵候，並不認為是可以衡量的生物化學或生理變因的一種作用，更不認為它是受外在刺激情境的影響。有趣的是，這些精神分析學家儘管不易提出真正的內部病因來檢討其治療效果，但他們也未停業或改行。其原因可能是這些學者或精神科醫師常因改變了其病患的某一些外現行為（就是

他們所說的徵候），而獲得滿足（滿足就是一種增強）。

　　一般行為派心理學家則認為，許多人類行為甚至一些精神病狀行為（ psychotic behavior ）也可以假藉增強原理的應用而予以有效的排除，或是在實驗情境培養出來。亞倫等人（ Ayllon 1965 ）曾經很成功的運用行為改變技術修正了若干患者的異常行為。他們並未借用假定性質的內因分析方法。他們認為，治療這些異常行為並不需要先探討形成異常行為的內層因素。在治療過程中雖然探討這些資料也許是有用的，但不必追求病因也能治療。他們所報告的個案是一位 54 歲的婦女表現出一項強迫性行為徵候（ compulsive behavior ），直立而手拿著掃帚，或帶著掃帚慢踱著。這一病患是慢性分裂症，曾住進精神病院二十三年，她大部分時間是在床上或沙發上打發掉的。因為她有煙癮，所以治療者就選用香煙做增強物。所要制約的反應是直立而拿著掃帚，即心理分析學家所假說的一種徵候。在這種反應的形成過程中，一位護士小姐給患者一把掃帚，另一位給她一根香煙。在第二天，該女病患為了抽煙，自己已能撿起掃帚直立。這一種直立而拿著掃帚的動作一直在「不固定時距增強方式」（ a variable interval schedule, VI ）下繼續出現。增強的平均時距在三十分鐘時，她直立而拿著掃帚的時間比率一直增加，最高達到40％左右。當增強平均時距延長到六十分鐘時，該病患拿著掃帚直立的時間比率逐漸降低；到平均增強時距為八小時以後，直立而拿著掃帚的行為始完全消滅。就此個案來說，該女病患直立而拿著掃帚的時間若愈趨減短，則躺在床上的時間則愈加延長，（請參閱圖 1-1 ）。由此可知，「患者的直立而拿著掃帚的舉動」或是

終日躺在床上的行為，均可不必探討其內層的病因亦可直接改變
。

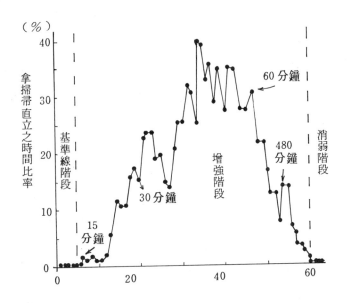

圖1-1 精神病徵候可以制約成功，也可以予以消弱

（取自Ayllon，1965 ）

亞倫等人雖然未斷言所有的精神病狀行為（ psychotic beh-
avior ）都是學習的，但許多個案研究結果都證明，不良適應行
為，諸如拒食、怪動作以及精神病言行等都是受到社會性增強之
影響。治療者一方面可增進患者的適應行為，同時也可消弱或終
止其不適應行為。倘若病患因表現某一項「症狀」（如破壞物體
）而獲得一些社會性增強物（諸如受到注意或同情），則我們可
以預斷說：要消除這個「症狀」唯有鼓勵其他一些足以獲取社會
性增強物的良好行為的出現，方易收到預期效果。這是由於兩種

行爲傾向相互抵制的結果，此種原理留待第二章再加詳述。

　　㈡**控制與自由之爭**　控制人類的行爲是否合理而可行？會不會違背「民主自由」與「人類尊嚴」的眞諦？這是一些人士所關切的問題。

　　反對使用行爲改變技術的人士所堅持的理由有二：⑴控制的手段往往是人人所厭惡的，有損於人類尊嚴；⑵控制的結果將塑造順從人格，侵害個人之自由，違背民主自由的眞諦。筆者認爲這一種理由雖然冠冕堂皇，但細加分析事實眞象之後，有些顧慮似乎是多餘的。

　　就第一點來說，人類雖然自稱爲萬物之靈，但事實上，人類時時刻刻無不受到外界各項因素之控制。這些控制有些是自然的，有些是受到有意安排的控制。再說受到控制，並非全爲人人所厭惡的，有些是出自相互間的諒解，爲了設計一套合乎人類共同生存的文化，讓大家共同生活在這一套自己的文化中，和諧而愉快地發展各人所長。若欲達到此一目的，必須考慮如何計劃環境的影響力，使合理而有益的行爲容易出現，並代代傳遞下去。這一種結果根據施金納博士的新構想，人類將可以避免墮落，防止人口膨脹，防止暴動，阻止戰爭。這是因爲在積極方面人人可以體驗出以服務人群爲一大樂事，並不是只讓人人知道暴動戰爭等事件會帶給我們不幸的災禍。

　　施金納又一再強調說，控制的主旨在於改變環境，而不是在於「人」本身；控制技術所追求的是「行動」的改善，而不是情感；控制的重點應該是放在「人的外部世界」，而不是精神分析學派所強調的「人的內部世界」。行爲是取決於外部環境，又是

根據其後果而形成與維持，這一種後果可有獎勵性的和懲罰性的。獎勵性的控制手段著重於使用人人所喜愛的刺激，懲罰性的控制手段著重於使用人人所厭惡的刺激。二者相比較之下，懲罰性的控制手段效果不大，不但只能形成消極的逃避懲罰的行為，且容易引起一般反動作用。唯有利用人人所喜愛的東西來誘導人類行為，方能收到積極效果。所以說，控制的手段不見得是人人所厭惡的，也不一定會損害人類之尊嚴。因為我們要致力於使用人人所喜愛的東西，使他們在愉快的氣氛下，改善或養成適合社會規範的行為。

所以施氏在其大著「超越自由與尊嚴」（ Beyond freedom & dignity ）中，曾大聲疾呼：人應放棄傳統的「自由」與「尊嚴」的觀念，以更遠大的眼光看自己的世界，以更寬大的胸襟容納自己的文化。個人只是整個文化與人種演化過程中的一部分，個人的自由與尊嚴也只是整體文化中的附屬品，但文化因個人而得永生，個人之貢獻亦因文化之延續而趨於不朽。人類可經由控制環境的方式而控制人類行為，設計一理想的文化。在此文化中，人們可毫無爭執的居住在一起，生產食物、衣物、居處以求自保，並能自娛而娛人。個人為了整個文化所犧牲的自由與尊嚴，將因新價值觀的建立而得到平衡。

再就第二點來說，有效的控制某一個人的行為，的確有一段時期將限制個人的某一些興趣與活動範圍，但是也將因受到控制而使個人獲得其他方面更大的活動機會。我們可以藉行為改變技術來減少不良行為，或是排除產生這些行為之機會。相反地，我們也可以藉行為改變技術來增進個人的行動能力，進一步擴大其

行動範圍。倘若一個人只具有限度的行為表現方式，同時他的行動能力因受到身心殘障條件的限制而無法充分發揮，則這一個人的自由將受到極大限制，處處顯得無能為力。相反地，一個人若閱讀可以一目十行，寫作能下筆成章，說話時口若懸河，則這一個人的行動該說是享有很大的自由，可以有許多反應方式，同時有更多機會獲得來自外在或是內在的增強物。這一種自由的界說，係根據行為制約的理論而來。我們可以創設一種環境，使一個人有更多適當的反應，藉此增加其自由；也可以安排一種環境限制一個人的反應和自由。問題在於我們如何利用日新月異的行為科學知識以安排最適當的環境，使一些感官缺陷、肢體殘障、或心智能力失常的人們（如各類特殊兒童），獲得更豐富的生活知識及技能，享受更大的自由，進一步還可以貢獻社會。

三、行為改變者的道德自律及信條

　　行為改變技術的理論體系完備，方法簡明，效果明顯，應用面廣闊，這些均為其優點，但任何一種理論或是技術，在應用上都要考慮到「主觀」與「客觀」的條件。行為改變技術的應用，主要以自稱「萬物之靈」的人類（包括正常與異常的）為對象，故所牽涉到的因素也特別多，若未能慎重考慮有關道德因素將產生許多弊端。

　　尤其是大家所最關切的是如何保護受訓者的權益問題。因為在監獄、精神病院、養護機構、或煙毒戒習所裡有時候會使用到令人厭惡的刺激物，所以他們擔心若由一些未經過專門訓練的人員來實施，則易傷害到受訓者的身心。美國衛生教育福利部曾訂

實施準則來保護受訓者的人權。

　　新近所出版的有關行為改變技術（或是行為治療）的專書，均列一章專門討論道德自律問題，其主要建議包括下列各項：

　　㈠實施行為改變方案時，務請要先求得受訓者或監護人的同意，讓他們明白實施之目的及程序。作法必須合法，並符合一般常理，其實施計劃必須可以公開。

　　㈡慎重選用對受訓者具有最大助益及最小傷害的方法，因此多用積極增強物，少用厭惡刺激物，為了達到此一標準，使用者（或稱訓練者）必須精研行為改變技術。

　　㈢行為訓練方案主持人應先取得專家資格，方可判斷何種行為標準是可行而合理；何種行為是不必小題大作；若勉於改變，未蒙其利反受其害。

　　㈣合格的行為改變專家，應教導教師及父母具有應用行為改變技術之正確認識，避免誤用及濫用。務使應用行為改變技術的結果，增進人類的適應功能而又不傷害人性的尊嚴。

討 論 問 題

一、請就各學者對「行為改變技術」及「行為治療」所下的界說中，列出其共同特性，並試提一則界說。

二、馬丁和皮爾（Martin & Pear）認為行為改變技術應具備那五種特點？

三、請根據圖1-2的模式，另舉二則行為實例說明自變項與依變項之因果關係。

四、你認為現代社會生活中，還有那些方面可藉應用行為改變技術以增進人類適應功能？

五、已往各界人士對行為改變技術有何批評？對於這些批評你的看法如何？

六、教師在校內運用行為改變技術以改進學生的行為時，應遵循那些道德規範？

第 二 章

行為改變技術的理論背景

　　行為改變技術雖然奠基於二十世紀初期的學習理論，但却到一九五〇年代末纔自成系統而廣泛應用於矯治變態行為。尤其是在最近一、二十年來，其發展更加迅速而應用也愈趨普及，逐漸融合各種不同的概念、原理、研究方法與矯治技術，以利解釋、分析、治療以及塑造各種行為（ Kazdin, 1978, P.373 ）。因此，有關學者在介紹行為改變技術（或稱行為治療）的發展史時，均以開闊的胸襟來容納有關改變行為的原理及技術。僅舉三本有關大作，即可推知此一趨勢：馬丁和皮爾（ Martin ＆ Pear, 1978）在介紹行為改變技術的發展簡史時，除了強調操作性制約取向與反應性制約取向等兩大主流外，尚將其他理論及原理，如模倣學習原理（ modeling ）、想像操作原理（ coverant ）及想像敏感原理（ covert sensitization ）等列為混合支流。雷德等人（ Redd, Porterfield ＆ Andersen, 1979 ）在其大著：**行為改變技術**（ Behavior modification ）裡也特別強調，目前應用行為改變技術來處理人類行為時，已經不可能靠單一的方法，而宜整合下列五種方法及理論：⑴行為分析論；⑵學習（制約）論；⑶社會學習論；⑷認知行為改變論；⑸折衷的行為主義論。威爾遜和奧立黎（ Wilson ＆ O'Leary, 1980 ）在其新著：**行為治療原理**裡提及現代的行為治療技術已融會下列五種理論架構。這五種架構可以分開使用，但並非相互對立的，只是着重點略異而已。這五種理論架構為：⑴應用行為分析論；⑵新式刺激—反應論；⑶認知行為改變論；⑷社會學習理論；⑸多重模式的行為治療論。

　　本章特參酌上述各專家的意見，從四個方向來說明行為改變

技術的發展背景。因各家對這四種理論派別的命名不甚一致，但其內涵則大同小異，故擇其較通用的名稱列舉如下：⑴反應性制約取向論（ respondent conditioning orientation ）；⑵操作性制約取向論（ operant conditioning orientation ）；⑶認知行為改變論（ cognitive behavior modification ）；⑷社會學習論（ social learning theory ）。這四種派別中，仍然以「反應性制約取向論」及「操作制約取向論」為兩大主流，影響也特別深遠，所以在本章中所佔據的篇幅也較多。

第一節　反應性制約取向論

此派的主要人物包括巴夫洛夫、華森、瓊妮、赫爾、俄貝以及艾森克等人，與前面所提及的「新式刺激—反應論」或是「學習（制約）論」的內涵同工異曲。茲逐一介紹這些人物的貢獻如下：

一、巴夫洛夫的唾液制
###　　約實驗

蘇聯的生理學者巴夫洛夫（ I.P. Pavlov, 1849～1936 ）從一九〇二年起到一九三六年死為止，致力於制約反射的研究。儘管他在一九〇四年因研究消化現象有卓越成

（ I. P. Pavlov ）

就而獲得諾貝爾獎金，但他的主要研究興趣一直是集中在大腦皮質部的功能和制約反射現象的探討。巴夫洛夫的主要研究論文則在二十世紀初期方陸續譯成英文，其理論也隨着譯本而遠播到歐美。

　　巴夫洛夫最著名的制約反射實驗是狗的唾液分泌反射，其實驗裝置如圖 2-1。實驗者將狗的頰部割開，用一根玻璃管直通狗的唾腺，使狗的唾液流入玻璃管，並用記錄器度量分泌量。實驗者則自折光鏡觀察狗的反應，並用遙控裝置控制所有的光線音響以及食物的出現（圖 2-1）。

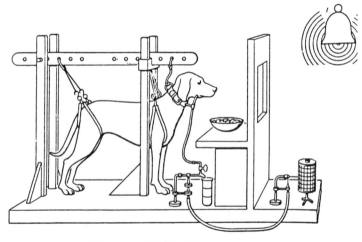

圖 2-1　巴夫洛夫的實驗裝置

　　實驗時，讓一隻餓狗站在實驗台上，並用繩索綁住身體，限制其活動範圍。頭一兩次呈現鈴聲（制約刺激）時，狗會表現一些探索的活動，但並不會分泌唾液；當鈴聲出現幾秒鐘之後，送出肉粉（非制約刺激）餵狗。此時從記錄器可以看到受試狗已大

量分泌唾液。在「制約刺激」之後呈現「非制約刺激」，因而引起反應的措施，稱爲增強或增強作用。實驗者若依照「發出鈴聲」→「出現肉粉」→「唾液分泌」等操作順序，讓狗接受多次的經驗後，則鈴聲呈現時，雖然沒有肉粉出現，狗也分泌了多量的唾液。換句話說，鈴聲的刺激引起狗流出唾液，這就是制約反應現象。此種唾液的制約反應過程，可藉簡單的圖解（圖2-2）來作說明。

(A)學習之前

　　食物（UCS）→分泌唾液（UCR）

　　鈴聲（中性刺激）→漠然反應

(B)學習過程（繼續配對呈現鈴聲與食物五、六次）

　　鈴聲（CS）－食物（UCS）→分泌唾液（UCR）

(C)學習後

　　鈴聲（CS）→分泌唾液（CR）

圖2-2　反應性制約學習歷程

（註）：UCS = unconditioned stimulus（非制約刺激）

　　　　UCR = unconditioned response（非制約反應）

　　　　CS　= conditioned stimulus（制約刺激）

　　　　CR　= conditioned response（制約反應）

　　由圖2-2的制約學習模式來說，食物通常容易引發個體的唾液分泌，所以在進行制約學習前，食物是屬於「非制約刺激」（亦稱爲原有刺激），由食物所引發唾液分泌反射則稱爲「非制約反應」（亦稱原有反應）。在制約學習過程中，只要實驗者先呈

現鈴聲，然後隨即呈現食物（如肉丸），則自然而然引發狗的唾液分泌。反復這一種學習過程數次之後，狗僅聽到鈴聲而不必吃食物也會馬上增加唾液的分泌。到了這一種階段，本來引起漠然反應的「鈴聲」，竟然不必配對食物也能引發唾液的分泌，故稱之謂「制約刺激」（US），由鈴聲所引起的唾液分泌則稱為「制約反應」。此種制約關係並非永遠不變。一度建立的制約反應，若「非制約刺激」長期不再伴隨「制約刺激」而出現，則將趨於消除。

總而言之，在唾液制約實驗裡，最初只有把食物放進狗的口腔內方能促進唾液的分泌，但這一種給食次數加多之後，狗只看到食物，甚至只聽到研究助理人員（經常由他把食物帶進實驗室）的腳步聲也會增加唾液分泌。巴夫洛夫經一連串實驗結果指出，一些「中性刺激」（如腳步聲、鈴聲、燈光等）原先不能引起流口水反應的，只要屢次和「原有刺激」（如食物）配對呈現的結果，也可以使狗流口水，成為所謂「制約刺激」。由制約刺激所引起的反應稱為「制約反應」；經由制約學習而成習的固定反應則稱為「反應性行為」，如孩童看到閃電，就馬上「掩耳」以避雷聲，一般成人只看到「真北平酸梅湯」幾個字就「流出唾液」，或是在三國演義裡的魏軍，聽到「前方有梅樹林」就能收到「望梅止渴」「振奮士氣」之功效，均屬於反應性行為。

巴夫洛夫的主要貢獻在於建立制約反應的實驗模式，並進一步探討幾項有關促成制約反射與消滅制約反射的歷程。其中較為著名的歷程包括「消弱」、「類化」、以及「辨別」、「高層次制約」等等。這些歷程的闡明確有助於說明人類行為的形成與改進，也是以後的行為治療者據以矯治各類恐懼症或焦慮症的主要

原理，故將留待後面再詳加介紹。

二、華森的恐懼制約實驗

美國行為派主將華森（ J. B. Watson， 1878～1958 ），在芝加哥大學研讀時，曾是杜威（ J. Dewey， 1859～1952 ）的門下；也曾經在安吉爾（ J. R. Angell， 1869～1949 ）旗下工作。華森於一九○三年在芝加哥大學獲得博士學位。他雖然在兩位機能派大師的門下專攻心理學，但却極力反對以「意識經驗」（consciousness ）為心理學的研究對象；更反對以內省法（introspection ）為唯一的研究方法。他在芝加哥大學設置動物實驗室，並熱中於動物行為的研究。華森在一九○八年離開芝加哥大學轉往約翰霍普金斯大學（ Johns Hopkins ）任教，並繼續做動物實驗。從這些實驗中他更加深信，在觀察具體的動物行為所標榜的客觀性（ objectivity ），將有裨益於人類心理學的研究，故極力主張心理學的研究方法應該拋棄「內省法」而採用「觀察法」；研究對象更應放棄捉摸不定的「意識經驗」，而以可以觀察的具體行為為主要對象。這一種觀點，非常明顯地表明在幾場學術演講以及論著

（ J. B. Watson ）

上。如一九〇八年在耶魯大學，一九一二至一九一三年在哥倫比亞大學，以及在一九一三年所發表的一篇文章" 行為主義者的心理學觀 "（ Psychology as the Behaviorist View It ）。一九一四年他出版專書行為：比較心理學導論 （ Behavior : An Intro-duction　to Comparative Psychology ），再度強調客觀行為方是心理學的主要研究對象。在這一本書裡，他除了敍述若干動物的實驗結果外，尚討論心理學若欲成為客觀的科學所必需具備的合法條件。一九一九年第二本專著：「 從行為主義者的觀點論心理學」（ Psychology, From the Standpoint of a Behaviorist ）出版，將動物心理學的方法與原理應用到人類行為。

　　一九二〇年華森和霍普金斯大學的一位研究生雷娜（ Rayner 1898～1935 ）共同發表一篇頗具影響力的實驗報告（附註：雷娜不久竟成為華森的第二任太太，致使華森被迫離開霍普金斯大學的教職，改行從商）。這一篇論文的主題是「制約情緒反應」（ conditioned emotional reaction ）。實驗對象是一位十一個月大的男孩亞伯特（ Albert ）。他原先並不害怕小動物，如白鼠、白兔、小狗和小猴子等，但却對用鐵鎚敲擊鋼棒所發出的尖銳的噪音，表現強烈的情緒反應，如哭叫、發抖，甚至改變呼吸速率。實驗過程中，實驗者先呈現一隻白老鼠，然後看到他要去摸白鼠時，從其背後用鐵鎚敲擊鋼棒發出尖銳的噪音。起先他表現退縮或倒向前，有時候也會哭叫。在一週內，連續七次配對呈現白鼠與尖高噪音之後，亞伯特對這一種實驗情境都會哭，最後只看到老鼠出現，雖然尚未聽到尖銳聲，他就懼怕而馬上哭叫，甚至爬離現場。這就是所謂的懼怕情緒的制約歷程。到了實驗後期

，亞伯特甚至看到白兔、白狗、棉花、實驗者的頭髮，或是聖誕老人的面具也都會表現懼怕情緒。因為這些動物或刺激物都與白鼠有若干相同的特性，所以都能引起懼怕反應。這就是所謂的類化現象（generalization）。這一種懼怕反應在五天之後仍然存在。可惜因亞伯特離開養護所，所以實驗者並未能利用再制約的歷程替他解除對於白鼠等動物的懼怕反應，實驗者為此事實一直感到遺憾。（Watson & Rayner, 1920）

(1) 喜歡白鼠　(2) 制約過程　大聲　(3) 怕白鼠　(4) 怕白兔（類化）

圖2-3　華森的懼怕動物制約學習實驗

三、瓊妮的反制約實驗

　　瓊妮（M. C. Jones）生於一八九六年。一九一九年在瓦莎（Vassar）大學就讀四年級時，有一天在紐約聽到華森的演講，並看到其幼兒情緒實驗的影片，因此，對於華森的研究工作頗感興趣。後來進入哥倫比亞大學攻讀博士學位，即在華森的指導下，進行一連串實驗。她先在一所養護機構測試一組自三個月大到七歲大的兒童，看看他們對於不同動物（如蛇、兔子、白鼠、青

（M. C. Jones）

蛙等等）的懼怕情形，然後選出幾位顯然對動物已懷有懼怕情緒的兒童做為實驗對象。她在華森的指導下，共試用下列七種方法來幫助不同兒童解除對動物的懼怕反應。其結果如下：

㈠廢棄法（disused）：即對懼怕動物的兒童，連續幾個禮拜，幾個月不再讓他看到動物。此種方法並未能減弱受試者的懼怕反應。

㈡訴諸語言上的幫助：講有趣的動物故事，或靠語言的勉勵來幫助兒童減少對於動物的懼怕反應。這一種方法也未能減輕受試對於真實動物的懼怕反應。例如一位女孩，經過語言上的幫助之後，雖然能很坦然談論兔子的故事，但一旦看到真實的兔子出現之後，馬上有恐懼情緒反應。

㈢消極適應法（negative adaptation）：即一再反覆呈現受試所害怕的動物，以期受試因見慣動物而不再害怕。結果，此法也無法解除受試的懼怕反應。

㈣抑制法（repression）：讓懼怕動物的受試參加一群不怕動物的兒童之活動，以期因承受同年輩兒童的嘲笑而不再怕動物。結果此種方法也未能發生效果。

㈤分心法（distraction）：當受試注意到所害怕的動物時，

實驗者要和他談話，或提示玩具，以資分散其注意力。這一種方法雖然能短暫地減輕受試的懼怕情緒反應，但却無法形成長期的改善。

㈥引導制約法（ direct conditioning ）：讓一位飢餓的受試坐在室內的一個高椅子上，由大人餵他吃飯，然後將受試所害怕的動物放在較遠的地方，並逐漸移近受試，一直到受試能碰到的地方。此種方法若運用妥當，自然較爲有效，但若操作不當，反而會使兒童因怕動物而對於食物也害怕。（ Jones，1924b，P. 389 ）

㈦社會模仿法（ social imitation ）：將害怕動物的受試和不怕動物的兒童放在一起玩，並讓不怕動物的兒童接近動物，並抱著動物玩。害怕動物的受試者在旁邊觀看，並模仿那些兒童玩弄動物的動作及情緒表露。這一種方法確能使好多位受試減少對動物的懼怕反應。

根據瓊妮的報告（ 1924b ），「引導制約法」與「社會模仿法」等兩種方法的應用結果較能減輕受試對於動物的懼怕反應，所以同年她又寫一篇報告，詳加說明這兩種方法的運用程序（ Jones，1924a ）。這一篇實驗報告，爾後竟成爲行爲治療法的古典作品，影響深遠，也是以兒童爲實驗對象所做的「個案實驗法」的首創範例。這一項實驗報告，係以一位34個月大的男孩彼德（ Peter ）爲實驗對象。在實驗室裡觀察之結果得知，彼德懼怕許多動物，諸如兔子、白鼠等，尤其是兔子。故實驗者在治療過程中特選兔子爲刺激。治療方法採兩種：第一個階段先採用「社會模仿法」，每天利用遊戲的時間，讓三位不怕兔子的兒童和彼

德一起玩。在這一個遊戲情境裡，放了一隻關在籠子裡的兔子。放置的距離則由遠而近，依照特定的步驟逐日拉近，每天拉近的距離則讓彼德能忍受為度。這一種實驗步驟如下：

1. 放在籠子裡的兔子，無論放在室內任何地方都能引起彼德的懼怕反應。

2. 彼德能忍受在十二英呎遠關在籠子裡的兔子。

3. 彼德能忍受在四英呎遠關在籠子裡的兔子。

4. 彼德能忍受在三英呎遠關在籠子裡的兔子。

5. 彼德能忍受在身邊的籠子。

6. 彼德能忍受在室內自由行動的兔子。

7. 彼德能用手觸及實驗者所抱著的兔子。

8. 彼德能用手碰到在室內自由行動的兔子。

9. 彼德能夠靠近激怒的兔子。

10. 彼德能忍受放在高椅子上、盤子上之兔子。

11. 彼德能蹲在兔子的旁邊。

12. 彼德能幫助實驗者將兔子放進籠子裡。

13. 彼德能把兔子抱在腿上。

14. 彼德單獨和兔子留在室內。

15. 彼德單獨和兔子玩。

16. 彼德能夠有情感的愛撫兔子。

17. 彼德能讓白兔輕輕吸一吸手指頭。

（Jones, 1924b, PP . 310～311 ； Kazdin, 1978, P. 132 ）

在這一段實驗過程中，由於彼德感染猩紅熱（Scarlet

fever ），所以中間停止了兩個月。當彼德回到實驗室後，發現他的懼怕動物症又轉為惡化。因為在這一段期間裡，一隻大狗曾向他吠叫而驚跳所致。因此，開始改換「引導制約法」進行第二階段的治療。讓彼德在吃他最喜歡的食物時，將放在籠子裡的兔子，盡可能呈現在不足以引起彼德懼怕的距離。到了後來，讓彼德每次看到白兔就能吃到他所最喜歡的食物，經此反制約歷程（deconditioning procedure ），終於使彼德逐漸喜歡白兔，偶而也會自行說：「我喜歡白兔」，甚至也喜歡其他以前能引起他恐懼情緒的動物。這兩種治療方法後來經俄貝等人之實際應用及改良，成為行為治療的兩項基本原理：相互抵制原理（ reciprocal inhibition ）以及逐減敏感原理（ systematic disensitization ），對於治療各種恐懼症或焦慮症，發生很大功效。有關這些原理將留待第八章再詳加介紹。

四、赫爾的驅力消減論

赫爾（ C. L. Hull, 1884 ～ 1952 ）出生於紐約，但小時候就和家人搬到密西根州的一所農場。他從小就對數學有濃厚的興趣，在亞爾瑪學院就讀一年級時，專修數學、物理和化學，並立志成為一位採礦工程師。大二以後，因罹患小兒麻痺症，病後他不得不改變志向，轉到密西根大學研究心理學。畢業後他在肯達基州當教師一段時間，然後又到威斯康辛大學心理研究所繼續進修。當時，華森的行為主義觀點正廣為傳播，頗引發赫爾的共鳴，逐漸使他走入新行為主義論者。

一九二九年他到耶魯大學擔任心理學教授。他讀到巴夫洛夫

的制約反射（英譯本）引發他進一步比較「制約歷程」與「嚐試錯誤實驗歷程」。一九四三年出版行爲原理（ Principles of Behavior ）一書。他雖然是屬於 S-R 論的心理學者，但他的學習論融會貫通巴夫洛夫的反射制約觀念以及桑代克（ E. L. Thorn-dike ）的嘗試錯誤論的精粹而自成一說。赫爾認爲學習就是滿足個體需要的各種活動歷程。因個體皆具各種驅力，促使個體感到緊張不安，必須借助外界的各種線索而採取適當活動，以求解除緊張。活動結果若能滿足需求，即能消除緊張狀態。因此，驅力的解除結果，更是增強該反應與刺激間的聯結，終於形成習慣。因此，赫爾的學習論又稱爲驅力消減論（ drive-reduction theory ）。

赫爾本人並未進一步使用這種理論來從事行爲治療的臨床工作，但他所倡導的行爲理論却對行爲提供具體的預測可能。後來杜拉和米勒（ Dollard & Miller, 1950 ）使用赫爾學習理論上的觀念，諸如驅力線索、反應及增強作用（reinforcement）等來解釋固有精神分析治療法的各種現象。因此，許多人認爲杜拉與米勒於一九五〇年所出版的一本專書：**人格與心理治療法**（ Personality & Psychotherapy ）係行爲治療發展史上的一個重要里程碑，其貢獻計有下列幾點：

㈠將原有模糊的精神動力觀念重新界定，使其變成較爲清楚的學習理論語言，增加驗證的可能性。

㈡提示焦慮的雙重性質，一方面視焦慮爲一種制約反應，另一方面則把焦慮看成一種驅力。這一種提示可幫助學者解釋精神官能症症狀之形成過程。

㈢提出調解（mediation）、社會行為、趨避衝突等假設，以利解釋複雜的高等心理歷程。

㈣強調實驗資料，提示今後可行的研究方向（吳英璋，民68年，第43頁）。

五、俄貝的臨床實驗

俄貝（J. Wolpe）一九一五年出生於南非，一九三九年在威瓦特斯賴大學（Witwatersrand U.）取得醫學學位後，曾開設私人精神科診所三年。一九四二到一九四六年適第二次世界大戰期間，故在軍中醫療隊服役。一九四六年起回到母校擔任教職及從事精神醫學之研究工作，一直做到一九五九年。一九六〇年轉往美國弗吉尼亞大學（Virginia U.）擔任精神醫學教授，一九六五年起任教譚普爾大學（Temple U.），致力於傳播行為治療。他在醫學院時曾受傳統精神分析法之訓練，畢業後並從事精神分析的臨床工作，但逐漸對於傳統精神分析法的客觀性及治療效果感到失望，故開始尋找另一種可以減輕情緒困擾或矯治焦慮症的客觀方法。

根據俄貝的自述，他在一所醫院擔任實習醫師

（J. Wolpe）

時，曾處理一項個案，受到的衝擊特別大，影響也深遠。患者是一位二十歲的小姐，叫做茜蒂（Hetty），被診斷為舞蹈症（chorea），係一種使肌肉發生痙攣的神經症（亦稱 St. Vitus' dance）。女病患住院四個月餘，受過藥物治療後，已略有起色。有一天這一位女病患告訴俄貝說：「她常常夢見自己在湖中游泳，要游向岸邊的一位男士，但那一段不太長的距離，她却永遠游不到男士的地方。」俄貝將這一個夢請教素來對精神分析法很有研究之專家。翌日，俄貝欲幫助女病患領悟自己的病因，即直接向女病患解釋說：「你常夢見的那一則夢，象徵你有強烈的願望，盼望有一天能遇到一位像你父親那樣好的年輕男友」。當時女病患沒有表示任何反應，但等到俄貝離開病房後，她的症狀（比畫運動）開始復發，且變本加厲，一直延續到數週之久。俄貝對於這一種主觀上的解釋所引起的影響之大，甚感驚奇（影響是反面的），使他更熱衷於研究心理分析的工作。（Redd et. al., 1979, P.22）

　　第二次世界大戰期間，他有四年（1942～1946）在南非醫療隊服務，主要治療「戰爭神經症」（war neuroses）。當時一般人均採用「麻醉分析」（narcoanalysis），但成效並未能持久。他開始尋找另一種治療方法，熱衷於研究巴夫洛夫的制約學習論，發現俄國人並不熱衷於心理分析理論。他閱讀譯成英文的每一篇巴夫洛夫的實驗報告，特別是有關「實驗性精神官能症」之實驗結果，並試加摘要及批判。他又廣加研讀英美的有關學習心理學之文獻，終於發現赫爾（C. L. Hull）的大著行為原理（Principles of Behavior）最能符合他的新構想。在一九四七年開始

著手動物實驗之前，俄貝特別致力於研究任何一件有關精神官能症的形成與治療之實驗文獻。當時一般實驗者強調，「實驗性精神官能症」的形成，衝突可能擔任一項必要條件。但俄貝認為，這些實驗性精神官能症實際上是個體在某一特定情境受制約而成的強烈的焦慮反應。這一個特定的情境裡，不管是個體曾經經驗衝突，或是受到傷害性刺激（如電擊等），均足於一再地激起焦慮反應。一旦形成的實驗性精神官能症很不易消除。

　　一九四七年起，俄貝進行有關貓的實驗性精神官能症之實驗工作。實驗方法是對關在籠子裡的貓，單獨使用電擊，以便引發焦慮反應，諸如憤怒，抗拒走入原先的實驗籠，拒絕在實驗籠子裡吃東西等。實驗結果，貓表現顯著的焦慮反應，甚至在實驗時未用過的籠子也不敢接近。由此可證，一旦在甲情境所形成的焦慮反應，在相似的乙情境裡也一樣會發生。倘若甲乙兩個情境的相似度愈高，則引發焦慮反應的可能性也愈高，且愈加嚴重。這就是所謂的類化現象。

　　另一種實驗方法是讓貓走近食物時給予電擊。在這一種情境裡也同樣能引起精神官能症狀使貓不敢吃東西。俄貝認為這一些精神官能症狀與「抑制吃東西」可能發生關連。由這一項事實反而可推知，在不同的環境下，吃東西或許可以抑制焦慮反應。換句話說，「吃東西」與「焦慮反應」兩項反應或許形成相互抵制（ reciprocal inhibition ）。這就是俄貝最擅長用於治療恐懼症或焦慮症的主要原理——相互抵制原理。

　　俄貝反過來用這種方法來治療貓的「實驗性精神官能症」。其要領是誘導已患實驗性精神官能症的餓貓，在曾經用來造成其精

神官能症的實驗籠裡吃牠所最喜歡吃的食物。開始時，要靠實驗者的手來逼牠走向食物，或使用可以移動的隔板將貓和食物圍在一起。俄貝發現，當貓開始吃東西後，這些焦慮症狀暫時消失，但並不是所有的實驗貓都能藉此方法予以矯治。因此，俄貝又想出另一套方法，逐步誘導餓貓在一間與原先的實驗室較為相似的房間進食。俄貝特別設計了三個房間，依照與原先的實驗室相似的程度標名為A、B、C三室。A室最相似於「原先的實驗室」（指在這一間實驗室內，引發貓產生實驗性精神官能症），B室略為相似，C室最不相似。先讓實驗貓在C室進食，一直到所有的焦慮症狀完全消失為止；然後依照順序移到B室，再移到A室，及原有的實驗室進食，最後誘導牠在實驗籠裡進食。實驗貓一旦適應在原有的實驗籠進食之後，大部份焦慮症狀也逐漸消失。這一種治療策略正是有名的逐減敏感原理（ systematic desensitization ）之應用。

從治療貓的實驗精神官能症獲若干成效後，俄貝接著使用相互抵制原理及逐減敏感原理來治療人類的精神官能症狀。他主要利用肌肉的鬆弛法來抵制一些焦慮反應，諸如恐懼、過度緊張、口吃、顏面痙攣（ tic ）與壓抑症等，收效很大。後來俄貝也使用肯定反應（ assertive responses ）和性欲反應（ sexual responses ）來抵制焦慮反應之發生。肯定反應通常是用來抵制由於人際關係不良而產生的焦慮反應；性欲反應則運用於治療因焦慮而無法正常進行性行為的個案。

總之，根據俄貝之報告，對二百一十個個案的臨床治療結果顯示，用相互抵制原理及逐減敏感原理來治療焦慮症者確比傳統

的心理分析治療有效，其治癒率高達 90 ％左右（ Wolpe，1958 ）
。

　　俄貝所指導的一位博士班研究生拉撒路（ A. A. Lazarus ）
，特別對逐減敏感原理有濃厚興趣，所以進行一連串的臨床研究
。拉撒路的博士論文即屬於這一方面的臨床實驗報告。根據拉撒
路的報告，治療四百零八個案例中，約有 78 ％的個案獲得改善
。一九六三年拉撒路受聘到斯丹福大學講授逐減敏感法的應用，
爲期只有一年，回到南非服務不到三年，他又回到加州，創辦一
所行爲治療研究所（ Institute for Behavior Therapy ）。他的
主要貢獻是將行爲治療這一個術語引介到南非，並將它界說爲一
種異於傳統技術而出自實驗室的客觀治療法。

六、艾森克的行爲治療

　　艾森克（ H. J.
Eysenck，1916 ～ ）出生
於德國柏林，但從一九三
四年即離開德國。一九四
〇年在英國倫敦大學完成
心理學的博士學位。一九
四一年他在倫敦遇到德國
的一位心理分析學家赫茲
勃格（ A. Herzberg ）。
當時赫茲勃格提出一套漸
進工作治療法（ graduated

（ H. J. Eysenck ）

task），對於若干個案的行為問題，諸如懼怕、頭疼、同性戀、壓抑等收到良好的治療效果。他所使用的治療方法是讓病患從事一連串具有漸進層次的工作，以便慢慢克服病患本人所遭遇的適應難題。例如有一位病患不敢在街上單獨自走。所以先鼓勵他獨自在公園邊走動片刻，然後鼓勵他在安靜的街上走動，逐漸引導他在更加噪雜的區域走動。赫茲勃格在倫敦舉辦非正式的精神官能治療法的研討會，艾森克參加此會，對於「漸進工作治療法」產生濃厚的興趣。

第二次世界大戰結束後，艾森克被聘到倫敦曼斯里（Maudsley）醫院擔任心理部門的主管。這一所醫院是精神病的教學醫院。他強調臨床心理學者該負起實驗與研究的角色。一九五二年艾森克發表一篇文章，**心理治療法的成效：評價**（The Effects of Psychotherapy ： An Evaluation）。他詳加研判有關心理治療文獻後，發現實施傳統的心理分析法所獲得的治癒比率並不比自然病癒高多少。這一項研究結論在精神醫學界引起很大迴響，爭論也多。

艾森克也對學習心理之研究很感興趣，尤其是對於赫爾與斯賓司（K. W. Spence）的學習理論最感興趣。艾森克的許多研究著重於探討從學習理論所引發的人格特質。他曾引用赫爾的觀念來說明焦慮的起因，此種論點刊登於其大作，**協識脫離症與焦慮的動力學：現代學習理論對於精神醫學之實驗應用**（The Dynamic of Anxiety & Hysteria ： An Experimental Application of Modern Learning Theory to Psychiatry）（Eysenck, 1957 ）。這一本書很簡明地介紹學習理論在精神病患行為治療上

的應用實例，包括俄貝早期的治療工作以及英人在曼斯里（Maudsley ）精神醫院所做的個案。

一九五九年艾森克發表一篇論文，題目是：**學習理論與行為治療** （ Learning Theory & Behavior Therapy ） 首次在英國介紹「行為治療」這一專門術語，並抨擊心理分析論。在這一本書內，他將行為治療與傅洛伊德派的治療方式列表做比較。一九六〇年他另主編一書：「**行為治療與精神官能症**」（ Behavior Therapy & the Neuroses ）。這是第一本介紹"行為治療原理"的常用教本。一九六三年，他又主編一種致力於推介行為治療的學術刊物，叫做**行為研究與治療**（ Behavior Research & Therapy ）。

在英國對於行為治療工作之推展頗有貢獻的學者尚有夏畢羅（ M. B. Shapiro ）。他與艾森克均在曼斯里醫院從事研究工作。夏畢羅的主要貢獻就是鼓吹病患行為的客觀量化，尤其是特定行為（亦即需要治療的目標行為）的客觀量化。有了客觀的量化資料後，方能比較治療的實際效果。他大力推介個案實驗法之可行性。他在一九五〇年代和一批學者，諸如梅爾（ V. Meyer ）和雅提斯（ A. Yates ）等人在曼斯里醫院， 應用行為原理來治療各種不同的個案，其成效相當良好。

第二節 操作性制約取向論

此派的主要貢獻人物是施金納、克拉、福拉、林德司、阿茲林、亞倫、米迦勒、畢吉武、貝爾、以及法斯達等人，其主要特

色是創用科學的行爲分析法，所以若干學者也就直接使用「行爲分析論」或「應用行爲分析論」來概稱這些學者的論調。茲將此派的主要發展敍述如下：

一、施金納的動物實驗

施金納（ B. F. Skinner ）在一九〇四年生於美國賓西法尼亞州，一九二六年在漢彌頓學院（ Hamilton College ）畢業，一九三一年獲得哈佛大學博士學位。一九三一年到一九三六年在米尼蘇達大學研究，一九四五至一九四六年到印第安納大學任教及擔任系主任，一九四八年回到哈佛大學任教至現在。

施金納在大學就讀時，係主修英國文學，當時的志向是成爲作家。大學畢業後致力於寫作，但似不很稱心。在這一段期間讀了巴夫洛夫的著作**制約反射**，並偶然看到羅素（ B. Russell ）批評華森的大著 **行爲主義**（ Behaviorism ）之一系列文章，促使他對於華森的理論更感興趣及認識。當他進到哈佛大學研究院專攻心理學之後，所接觸的心理學者，仍然以**構造主義**（ Structurism ）派者爲多，但却有兩位同期的研究生克拉（ F. S. Keller ）與福祿布拉特（ C. K. Frueblood ）

（ B. F. Skinner ）

對於行為派的理論及研究方法有獨特的研究，無形中也影響到施金納爾後的研究方向。

　　他在哈佛攻讀博士學位時，曾致力於動物實驗，對於反射的觀念更感興趣。他從純粹的行為觀點來探討反射現象。他的初期研究工作是集中在探討反射強度與驅力、吃的速率之改變，這些研究成果後來均成為其博士論文之一部分。獲得博士學位之後，他在克魯加（W. J. Crozier，1892～1955）的支援下，在哈佛醫學院從事兩年神經中樞的研究工作。後來又在哈佛大學獲得三年的研究費，專心從事於動物的實驗工作。在這一段期間，施金納深受克魯加之影響。克魯加視有機體為一個整體，並強調研究工作著重在闡明自變項與依變項之間的關係，施金納亦持相同的看法與態度。

　　施金納的實驗，主要以老鼠及鴿子為對象，由於他從小就對

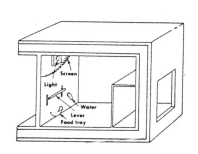
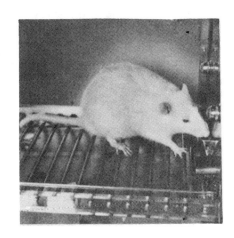

圖2-4　施金納箱

製造工具及東西有興趣及性向，所以對實驗裝置之設計費神費力，貢獻很大，故目前心理學者均將此種實驗裝置稱之為施金納箱（ Skinner box ）（ 參閱圖 2-4 ）。

　　在原始的操作制約實驗後，要先訓練實驗對象（ 老鼠 ）能壓槓桿取食，其引導步驟如下：⑴先讓老鼠樂意走入撒着食物丸的實驗箱；⑵每當食物丸自食物倉掉下來時，先發出音響；⑶老鼠每聽到音響就會走近食物倉等食物；⑷老鼠碰到食物倉的槓桿即給予食物；⑸老鼠壓下槓桿即可得到食物；⑹最後老鼠壓槓桿之反應次數更增加。此種實驗模式有如圖 2-5 。

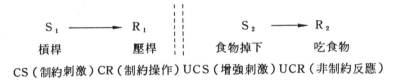

$S_1 \longrightarrow R_1$　　　$S_2 \longrightarrow R_2$

槓桿　　　　　　壓桿　　　　食物掉下　　　吃食物

CS（制約刺激）CR（制約操作）UCS（增強刺激）UCR（非制約反應）

圖 2-5　操作制約學習模式

　　施金納專以老鼠為實驗對象，探討各種行為原理，諸如「延宕增強」（ delayed reinforcement ），「消弱」（ extinction ）、「自然恢復」（ sponteneous recovery ）、「再制約」（ reconditioning ）、「增強時制」（ schedules of reinforce-ment ）、辨別與類化等等。這些早期的實驗結果均刊載於一九三八年所出版的大著：「**有機體的行為**」（ The Behavior of Organisms：An Experimental Analysis ）。

　　一九四八年他回到哈佛大學後，創設鴿子的實驗室，延伸其操作制約的實驗。從一九五一年到一九五五年，有一位在哥倫比亞

大學獲得博士學位的心理學者法斯達（ C. B. Ferster ）到哈佛大學擔任施金納之助手，共同完成一系列的動物實驗，發表在一九五七年所出版的 **增強時制**（ Schedules of Reinforcement ）一專著。在這一段時間，施金納又在麻州華薩（ Waltham ）鎮的一所醫院裡設置實驗室，研究精神病患的操作性行為。一九五三年出版一本大著 **科學與人類行為**（ Science and Human Behavior ）。在這一本書內，他說明得自動物實驗的行為原理，如何影響到日常生活裡的每一個人的行為。雖然他在這一本書內所提到的實驗案例較少，但這些行為原理確實對於行為改變技術發生深遠影響。

　　總之，施金納的主要貢獻有二：一是建立操作制約的基本原理與變項，這些原理對於操作行為的了解與改變很有幫助。二是他倡導行為分析的科學方法和概念，亦即所謂的行為的實驗分析（ the experimental analysis of behavior ），可以說是個案實驗法之先驅。

　　另外一位哈佛大學出身的心理學者，克拉博士（ F. S. Keller ）也值得在此介紹。

　　克拉是施金納的研究所同學，對於行為主義的方法及概念有專精研究。克拉於一八九九年出生於紐約州，一九二八年在哈佛大學獲得碩士，一九三一年取得博士學位，一九三一年至一九三八年在柯加大學（ Colgate University ）任教，一九三八至一九六四年轉至哥倫比亞大學任教，一九六一至一九六七年在亞利桑那大學（ Arizona State University ），一九六八至一九七三年在西密西根大學（ Western Michigan ），一九七三至一九七五

年在喬治城大學（Georgetown University），至一九七五年退休。克拉從一九四六年起在哥倫比亞大學講授「心理學導論」，在講授這一門課時，他完全從施金納派的觀點來談不同的心理學主題；教學方式則採用講授與討論並重，並直接用動物的實驗結果說明基本的行為原理。所以頗受學生喜歡，聽講人也特別多。此種結果，竟引起大學部心理學課程的改革，趨向以增強理論為中心觀念而融會貫通傳統主題。一九五〇年克拉與斯克恩菲德（W. N. Schoenfeld）二人根據上述的課程內容共同寫一本教本：**心理學原理**（Principles of Psychology）頗受好評與爭議，對於推動操作制約理論貢獻良多。

二、福拉的臨床應用

　　將基本的操作制約理論有系統地應用到人類行為，起初只是基於方法論上之興趣，試探從動物實驗所獲得的原理，究竟能否應用到人類的行為。在諸多研究中，第一項嘗試是一九四八年由印第安那大學研究生福拉（P. R. Fuller）所開始。他以一位十八歲極重度智能不足者（屬於白癡）為實驗對象，使用加糖的牛奶為增強物，訓練他能依照指示舉起右手。實驗開始之前，先停止供應食物十五小時，然後才鼓勵他逐步舉起右手，並隨之酌量將加糖牛奶用吸管點入受試口中，以做為舉動右手之增強物。受試右手的動作起先由實驗者用手測定，後來改用生理測量儀（Polygraph）做記錄。實驗結果顯示，受試右手的動作顯然隨著增強物的增加而增多，也隨著增強物之停止而減少。此種實驗結果證實，人類的行為也可以隨著增強物之呈現與否而有所改變，對於後

人之相繼研究鼓舞很大。有關操作制約原理的研究及臨床應用，亦順應時尙在幾所大學及地區如雨後春筍般的興起。

三、林德司與阿茲林的合作行爲實驗

林德司（O. R. Lindsley）與阿茲林（N. H. Azrin）是施金納的兩位門生，在哈佛大學完成一項實驗工作。受試是十二歲大的兒童，訓練的終點行爲是兩個人的合作性反應。實驗方法是讓兩位受試能夠同時把唱針（stulus）放入一個小孔，方能自實驗裝置獲得增強物（糖果）。實驗結果顯示，兒童的合作行爲猶如鴿子的合作行爲一樣，可以透過操作制約歷程予以培養（Azrin & Lindsley 1956）。林德司與其他哈佛大學同事又在哈佛大學以及周圍機構（如醫院或學校）成立人類操作行爲研究中心，進行一連串的實驗工作。

四、畢吉武與貝爾的兒童發展研究

畢吉武（S. W. Bijou）於一九〇八年生在美國馬里蘭州，一九三七年在哥倫比亞大學取得碩士，一九四一年在哈佛大學研究一年。他自一九四八年至一九六五年在西雅圖的華盛頓大學任教，並擔任兒童發展研究所的主任。一九六五～一九七五年在伊利諾大學任教，一九七五年自伊利諾大學退休後轉往阿利桑那大學（Tucson校區）任教。從一九五〇年代後期至一九六〇年代，畢吉武和同僚在華盛頓大學兒童發展中心，進行許多有關兒童行爲（包括正常兒童與智能不足兒童）的訓練方案，探討行爲改變歷程與操作反應的特徵。當時參與這些研究工作的著名學者有貝

（ S. W. Bijou ）

爾（ D. M. Baer ）、以及俄孚（ M. M. Wolf ）等人，自然而然使華盛頓大學成為研究人類操作行為的另一所重鎮。

貝爾畢業於芝加哥大學的大學部及研究院，專攻操作制約學習論的基本原理及方法。一九五六年起受聘於比亞的兒童發展中心，進行一連串兒童行為的實驗工作。其研究重點是評估各種行為原理，諸如懲罰、逃脫、避免、以及增強等對於幼兒行為（如壓槓反應或不良習慣）之影響（ Baer，1960 ）。另外，他又進行一項實驗工作，利用關掉卡通節目為懲罰策略，有效改變一位五歲男孩常常吸食大姆指的惡習。貝爾所採用的改變策略如下：當受試兒童在觀看卡通節目時，若將大姆指放進口中吸吮，實驗者就馬上關掉卡通節目，以示懲罰。從單面鏡觀察結果，受試兒童吸食大姆指的反應次數顯然減少許多。

一九六一年畢吉武和貝爾共著一本名著：兒童發展（ Child Development ）（第一輯），完全基於行為論的觀點來談兒童行為的發展，故其副標題也用「一套系統化與實證性理論」（ A Systematic & Empirical Theory ）；一九六五年出版第二輯，着重於敍述幼兒的共同發展階段。一九六七年出版最後一輯，

介紹各種有關實驗分析的文摘。

一九六五年畢吉武轉移到伊利諾大學任教，貝爾也應聘到堪薩斯大學人類發展學系任教，結果操作性制約論的實驗與臨床研究重鎮亦逐漸由華盛頓大學轉移到伊利諾大學及堪薩斯大學。尤其是堪薩斯大學，由於一大批曾經在華盛頓大學任職的學者，如俄孚、沙門（J. A. Sherman）和雷司黎（T. R. Risley）等人之加盟，對於應用行為分析法之研究與推廣貢獻特別多，曾名噪一時。

一九六八年，「美國行為實驗分析學會」（S. E. A. B）再發行一份專業性雜誌：**應用行為分析學報**（Journal of Applied Behavior Analysis 簡稱為 JABA ），其第一任編輯就是貝爾、俄孚及雷司里三人。他們三人在發刊號上所發表的一篇文章：應用行為分析法的通用範圍（Some current dimensions of applied behavior analysis ），在個案實驗法的方法論上建樹特多，亦為爾後熱衷應用行為分析法的學者引用最多的一篇大作；同時 JABA 學報也成為斯界的權威性刊物，迄今影響仍然很大。

五、法斯達主編JEAB學報

法斯達（C. B. Ferster ）從一九五一年至一九五五年，曾在施金納的動物實驗室裡擔任研究助理，從事一連串的精心研究，其研究成果即為一本專書：**增強時制**（Schedules of Reinforcement, 1957 ）的出版。

一九五七年法斯達離開哈佛大學轉移到印第納大學（ Indiana University）醫學院精神學系後，即著手從事自閉症兒童的

矯治工作。當時在印第安納大學所做的有關自閉症的研究成績裴然。主要學者為戴米爾（M. K. Demyer）；另外布萊第（G. P. Brady）則著重於精神病患行為之研究，成果也相當可觀。後來齊麥曼（J. Zimmerman）和格勞斯（H. Grose）又仿效布萊第與林德司的實驗方式，探討精神病患的操作行為。這些研究的目的在於了解精神病患行為之特徵，而不在於治療。

操作制約理論的實驗室研究，在一九五〇年代發展很快，但當時並沒有專門刊登操作制約實驗成果的刊物。因為操作制約實驗的特徵是偏向使用小的樣本（甚至用一個受試）著重於變項的受試內分析（intrasubject analysis），缺乏統計推論，使用累積記錄。這些方法論上的特徵與傳統上的注重受試間（intersubject）之比較方法大不相同，所以不受一般學術刊物歡迎。一九五八年一群偏愛操作制約實驗研究之學者發起組織「行為的實驗分析學會」（Society for the Experimental Analysis of Behavior, 簡稱 SEAB)，並於同年發行 **行為的實驗分析學報**（The Journal of the Experimental Analysis of Behavior, 簡稱 JEAB），第一任主編即由法斯達博士擔任。一九六四年在美國心理學會內成立「行為實驗分析分會」（Division of the Experimental Analysis of Behavior），大力推展操作制約的實驗工作，並逐漸開拓其應用領域。

六、亞倫的精神病患實驗

亞倫（T. Ayllon）係休斯敦大學（the University of Houston）的研究生，於一九五八年開始，在米迦勒（J.

Michael）與梅耶遜（L. Meyerson）等教授之指導下，應用操作制約原理矯治精神病患及智能不足兒童之行為。當時亞倫係在薩克其萬精神醫院（Saskatchewan Hospital）從事短期的實驗工作。受試是十九位慢性精神病患，他們的病態行為是常常擅自進入護理室搗亂護士們的工作，粗暴行為及異常話語等等；增強物是採用類化標誌物（如彈珠等），可以隨時從護理室換取食物或用具等；所依據的操作制約原理有正增強、消極增強、消弱、懲罰及飽足原理等等。實驗結果顯示，精神病患的不良反應逐漸減少，反之，有關合作行為如自行吃飯等良好行為逐漸增加。

　　從一九五九年至一九六一年左右，亞倫等人提出許多實驗報告均在薩克其萬精神醫院完成。這些實驗報告，一直等到亞倫離開薩克其萬後，才開始陸續發表。從這些報告顯示，操作制約原理之應用，更加精巧而完善，對於後人之研究頗具啟示作用，影響也特別深遠。亞倫於一九六一年離開薩克其萬精神醫院後，轉往伊利諾州的安娜州立醫院（Anna State Hospital）服務，並開始和阿茲林在精神醫院裡做研究。初期的研究項目是評估增強結果（如給予額外的點心）與教導（如說明附帶事件）對於精神病患使用餐具的成效。接著他們開始設計一個完整的增強辦法，稱之「代幣制」（token economy），致力於改善院內一群精神病患的各種行為，包括從事院內外的工作，以及食衣住行等自我照顧技能。由於「代幣制」的功效相當良好，所以他們特別將這一套代幣制詳加介紹。其主要論文有如**精神病患行為的評量與增強**（The measurement & reinforcement of behavior of psychotics, 1965）及專著有**代幣制**（The Token Economy,

1968）等等，對於推展「代幣制」貢獻良多。

第三節　認知行爲改變論

　　不管是反應性制約取向論者，或是操作性制約取向論者，對於行爲的形成歷程，或是學習歷程的解釋，都採取 S—R 連合論的觀點，強調經由練習而形成習慣由簡單的動作反應到較複雜的行爲表現，均屬機械式的聯結。這些 S→R 的聯結成效又有賴於增強因素的介入：若增強後果是愉快的、滿足需求的，則其反應頻率將提高；反之，若後果是不愉快的，則其反應頻率將趨於降低或完全消失。

　　行爲主義的機械觀，到了後來遭受許多批評，所以也逐漸蛻變。誠如卡茲頓（ A. K. Kazdin ） 所分析的，行爲主義的發展可分成前後略有重疊的三個階段：第一階段是承受華森的倡導，強調唯有客觀而可觀察的「行爲」方能做爲心理學的研究對象，並認定行爲完全受制於外界因素。從第二階段起，超越簡單的刺激→反應論調，引進若干中介觀念來說明刺激→反應間的關係。尤其是注意到「機體變項」在 S—R 學習歷程上所扮演的角色，故行爲公式也隨之改爲「 S—O—R 」。這個階段的行爲主義者察覺到，簡單的 S—R 行爲公式已經不可能完全說明實驗室裡的複雜學習現象。第三階段的行爲主義者開始對思想、知覺，與複雜的動機歷程等主題發生濃厚興趣。這些學者認爲自動物實驗所獲知的學習型態似乎不能全盤用來說明人類的學習與思想歷程（ Kazdin, 1978, P. 308 ）。

隨著上述行為主義的基本論點的變革及應用方面的擴展，一些熱衷於研究及應用行為改變技術（或是行為治療）的學者，也注意到內隱的思想歷程對行為的影響力，所以積極設計一種治療技術，透過認知歷程以改變外顯行為。認知取向的治療技術，均將治療焦點放在患者的思想、感受、自我語言（Self-verbaliz-ation），以及其他內隱事件上。認知行為改變論者奉行古代西哲艾皮科蒂塔（Epictetus）的一句名言：「人們的困擾不是來自事情的本身，而是來自人們對事情的看法」（Men are distur-bed not by things, but by the view they take of them）。他們甚至認為，不合理的思考型態造成個人的情緒困擾，所以重整不合理、不健全的思考型態乃是治療的首要工作。（Wilson & O'Leary, 1980, P. 249）

在行為改變技術的發展過程中，不管是反應性制約取向論者，或是操作性制約取向論者當中，有人或多或少曾借重認知因素，如透過「想像」或是「自我對話」（internal dialogue）等策略，進行變態行為，諸如焦慮症、同性戀、肥胖症、以及酒精中毒等的矯治工作。其中較著名的有如俄貝藉想像來實施逐減敏感訓練及肌肉鬆弛訓練；何梅（L. E. Homme）提出想像操作控制法（coverant control）；苟替拉（J. R. Cautela）提出想像敏感法（covert sensitization）等等。新近有更多學者認定認知因素對行為改變確有不可輕視的影響力。故正式起用認知行為改變術，或是認知學習治療法（Cognitive learning therapy）等術語，並且進一步著書立說。其中較著名的有如艾里斯（A. Ellis）的理情治療法（Rational-emotive therapy）；梅晨

堡（D.H. Meichenbaum）的自導訓練（Self-instructional training）；貝克（A.T. Beck）的認知治療（cognitive therapy）等等。茲簡單介紹這些學者的方法如下：

一、俄貝的想像制約法

行為治療的先驅學者俄貝（Wolpe, 1958）對焦慮症病患實施逐減敏感訓練時，早就知道借「想像」方式來引導患者去面對負性刺激，經由一段治療階段而終於使患者不再對負性刺激感到恐懼或厭惡。例如在逐減敏感訓練過程中，先讓一位曾經因車禍而不敢在街道行走的患者想像最弱的負性刺激情境（例如在公園內的林蔭大道獨自行走），等到患者表示對這一種負性刺激不再感到恐懼後，再讓他逐漸想像較強的負性刺激（例如想到他正在鄉村的道路上行走），最後想像最強的負性刺激情境（如想像他正在交通頻繁的市街行走），直到他不再懼怕在街道行走為止。這一種治療策略若用現行的認知行為改變論的術語，亦即屬於想像制約法（covert conditioning）中之一種治療。

二、何梅的想像操作控制法

何梅曾於一九六五年在心理學記錄學報（Psychological Record）上發表一篇文章，名為"心理學的展望"（Perspectives in Psychology），其副標題為：「想像操作控制」（control of coverants, the operants of mind）。文中他創用「coverant」一詞，係由 covert 與 operant 兩個字併合而成。

其意是內隱事件（包括思想、意像、感想、幻想等）的操作制約，亦即內隱事件可借自我增強作用來控制。其實施步驟是：(1)先針對目標行爲想出一套厭惡的後果。例如，針對煙癮的抽烟行爲，引導患者想到抽烟者容易生癌等後果（內在想法）；(2)再引進一套具有正增強作用的想法，以免患者一直停留在厭惡想法上。例如引導患者想像若不抽煙可以有下列優點：諸如可以省下一筆錢用於其他娛樂；同時，不抽烟後吃東西的味道也較香美等等；(3)最後讓患者想像改正目標行爲所得的獎賞後果（如想像喝茶的滋味或樂趣等）。何梅的最大貢獻是提示控制內隱事件的途徑，以及改變行爲的自我控制能力。

三、苛替拉的想像減敏法

苛替拉（ J. R. Cautela ）於一九六六年創用「想像敏感法」（ covert sensitization ），對治療肥胖症、同性戀、以及酒精中毒症等患者發生奇效。其實施方法是先讓患者每想到特定刺激時（如讓過度肥胖者想到吃甜餅），然後引導患者想像一連串的厭惡反應，以便讓患者逐漸對於那些特定的刺激感到厭惡。如幫助過度肥胖者厭惡甜點、幫助酒鬼拋開酒瓶，或是幫助同性戀者離開同性戀對象。下面是一種例子，用來治療過度肥胖者逐漸厭惡甜點：「請你想像當你用叉子去拿甜餅時，你突然感覺到肚子不舒服。當你用叉子把甜餅拿到眼前時，感到一陣噁心，吃下的食物反芻到口中，你強忍着把這一口食物嚥下去；當你把甜餅放進口中時，突然開始嘔吐，一陣一陣的髒物弄髒了你的雙手，甚至整個桌面。一股酸味四溢，讓周圍的客人不約而同掩鼻皺眉

，以驚訝的眼光注視着你，害得你無地自容，只好趕快離開宴席，走入洗手間。處理乾淨之後，心情也舒服多了。你會覺得離開了那些甜點愈遠，就愈感到快樂。」（ Cautela, 1967 ）。讓患者每天想像幾次，久而久之，將對甜點起厭惡。

四、艾里斯的理情治療法

艾里斯（ A. Ellis ）曾經受過傳統的精神分析學訓練，並於一九四〇年代末期至一九五〇年初期從事精神分析臨床工作多年。從工作中，他逐漸覺悟到傳統精神分析法的無力感。因爲他發覺，不管他的患者對於幼兒期的事件有多麼了解，甚至也能知道幼兒期的事件與目前的行爲徵候之間的關連性，但對於解除目前的行爲徵候鮮有幫助。或有所幫助的話，新的困擾行爲徵候仍會接踵而生。因此，他決心摒棄傳統的精神分析工作而創用理情治療法（ rational-emotive therapy ）。

一九五九年艾里斯在紐約市創立一所理性生活研究所，九年後又成立一所「理性心理治療研究所」（ Institute for Advanced Study in Rational Psychotherapy ），專門訓練理情治療師。艾里斯

（ A. Ellis ）

曾發表許多著作及論文，其中較重要的是「**心理治療中的理性與情緒**」（Reason and Emotion in Psychotherapy, 1962）；「**愛的藝術與科學**」（The Art and Science of Love, 1969）；「**從理性中生長**」（Growth through Reason）等等。

　　艾里斯認為患者的情緒困擾乃由個人的不合理信念所引起。所以教導患者學習「理性的思考方式」來替代「非理性的想法」，即可消除患者的情緒困擾。艾里斯於一九七〇年曾列舉十二項非理性的想法，認為這些想法乃是一切情緒困擾之來源，治療的要訣在於設法駁斥這些非理性想法而建立理性想法，即可減低情緒困擾的產生。為了幫助患者了解理情治療法的實施程序，他特將行為的改變分成五個連鎖階段：A—B—C—D—E（Ellis, 1971）。

　　A（Activating events）：指患者所面對的外界事件。

　　B（Belief system）：指患者對 A 事件所反應的一系列的想　　　　法（內在的自我語言）。

　　C（Consequence）：指由 B 段所引發的情緒或行為。

　　D（Dispute）：指治療者企圖幫助患者改變或駁斥其在 B 段　　　　的非理性想法。

　　E（Effect of dispute）：經由 D 段後所形成的行為。

　　理情治療法的主要目標在於檢查患者的內在自我語言，尤其是駁斥那些非理性的想法。因為這些非理性想法是情緒困擾的主要動力。只要將患者的自我貶損的想法，不合理的內在自我語言減低至最少限度，就能清晰呈現自我。

　　雖然艾里斯力倡理情治療法已將近二十多年，但是在實證研

究上則剛開始引人注意。這一種轉變是由於將理情治療法納入「行為改變技術」的領域所致。其實證性研究雖然還不太多，但理情治療法有助於改善焦慮行為，確已博得一致公認。

五、貝克的認知治療法

貝克（A. T. Beck）也曾經受過嚴謹的精神動力治療法（psychodynamic therapy）的訓練，但長期觀察憂鬱症等情感失常病患的表現後，深深覺得認知過程（cognitive processes）是這些病症的核心問題。他認為病患的情感與行為大部分取決於病患本人對於周圍世界的解釋，病患的想法或認知模式決定其感受與反應，於是創立認知治療法（cognitive therapy）。他的主要著作是：**認知治療與情緒異常**（Cognitive Therapy and Emotional Disorders, 1976）。他曾擔任**認知治療與研究**（Cognitive Therapy and Research）雜誌的副編輯，並任職**於費城綜合醫院**（Philadelphia General Hospital）。

認知治療法着重於辨認與改正歪曲而不適應的認知模式，以及不良信念。其治療步驟如下：

1. 訓練患者能了解其本人所具有的特異的認知，或是負面的自發性想法。

2. 提示正反兩面的證據，客觀地檢討其歪曲的特異認知。

3. 從檢討繆誤的想法中，鼓勵患者矯正其認知上的歪曲（Cognitive distortion）與缺損。

4. 由治療者針對患者的良好表現，給予適當的回饋與增強。

認知治療法的功效如何，雖然較缺乏嚴謹控制的實驗結果的佐證，但已經廣泛用來矯正情緒困擾者，尤其是對於憂鬱症的治療效果較佳。認知治療法的優點是在治療過程中，兼顧行動層面與認知層面的措施。就行動層面來說，要針對症狀之嚴重情形，訂定一套清楚的活動時間表，編擬足於提供成功經驗而又具學習層次的工作，以及督導各種家庭作業；就認知層面的措施來說，要訓練患者能更客觀地分析自己想法的能力，以及區別別人的遭遇與本人遭遇之間的差異。

六、梅晨保的自導訓練法

梅晨保（D. H. Meichenbaum）係一位新進的臨床心理學家，於一九六三年左右尚在伊利諾大學研究院攻讀臨床心理學，並參與精神分裂症病患的語言訓練方案。他目前任教於加拿大滑鐵盧（Waterloo）大學，並擔任認知治療與研究學報（Cognitive Therapy & Research）的副編輯。他的著作及論文相當多。其中較著名的專書有認知行為改變術（Cognitive Behavior Modification: An Integrative Approach, 1977）。他致力於整合凱禮（G. Kelley）、艾里斯、貝克、以及辛格（J. Singer）等人的認知——語義治療論的臨床技術與現行行為治療技術之間的橫溝。梅晨保經由十多年的臨床研究，提出一套自導訓練法（Self-instructional training）。這一種方法經證實對於修正兒童的衝動、焦慮、憤怒、及痛苦等行為，以及對於成人精神分裂病患的注意力異常之矯正頗具成效。對減弱各色各樣的焦慮問題，諸如考試焦慮、人際關係焦慮、演講焦慮等方面，也頗收

臨床效果。

　　自導訓練法包含下列步驟：

　　　1.訓練患者能確認不適當的想法（包括內在的自我聲明）
　　　　。

　　　2.由治療者示範適當的行爲，並口頭說明有效的活動方式
　　　　及策略。這些口頭說明包括對指定作業的評價，讓患者
　　　　自行宣稱自己能勝任並打消挫敗念頭，以及對成功的作
　　　　業在想像中自我增強。

　　　3.患者配合口頭說明，先自導自演幾次，然後再經由想像
　　　　，在內心裡重複演練數次。這個時候，治療者要適時給
　　　　予回饋。

　　總而言之，艾里斯的理情治療法、貝克的認知治療法、以及
梅晨保的自導訓練法，雖然同屬認知的行爲改變技術，均強調改
正不適當的認知型態及想法是矯正情緒困擾或心理疾病的要件，
但在治療程序及概念上仍然有若干差異：就治療程序來說，對於
患者的非理性想法，艾里斯主張由治療者主動予以駁斥，並誘導
患者更能合理地思考。但貝克及梅晨保則較強調藉模倣及行爲演
練等方法教導患者獲得積極性的認知和行爲技能。

第四節　社會學習論

　　社會學習論（Social learning theory）的創導人班都拉（
A. Bandura ）是在一九二五年生於加拿大的亞伯大北邊。他在
英屬哥倫比亞完成大學教育後，進入美國愛荷華大學研究所，專

攻臨床心理學，特別對學
習理論在臨床上的應用最
感興趣。他在愛荷華大學
上課時，深受赫爾的學生
斯賓司（ K. W. Spence
）的影響，接受仔細的概
念分析及嚴謹的實驗研究
方法之訓練。一九五二年
他獲得博士學位後，即到
史丹福大學研究兒童的攻
擊性行爲。他和他的第一

（ A. Bandura ）

位學生華爾特（ R. H. Walters ）共同發表有關攻擊行爲的家庭
因素之論文，引起社會大衆重視模仿學習對兒童人格發展之重要
性。爾後，他不斷研究攻擊行爲、模仿歷程、觀察學習以及行爲
改變的歷程。他曾榮獲若干著名的科學成就獎，一九七四年他曾
擔任美國心理學會主席。

　　班都拉的著作甚多，其中常被引用的大著是：一九六九年出
版的**行爲改變原理**（ Principles of Behavior Modification
）係根據社會學習理論闡明行爲治療的觀念。班都拉強調在模仿
學習或觀察學習過程中，學習者僅經由觀察一位（或幾位）楷模
的行爲反應後，儘管不必經過實際演練，其行爲也可能產生改變
。經由觀察而改變之模式有二，一是所謂替代性古典制約學習（
vicarious classical conditioning ），另一是替代性操作制約學
習。學習者可經由觀察過程而學得他從未表現的行爲，但他是否

會繼續表現該項行為，則要受他實際作出該行為的後果的回饋所控制。這一種原理可應用於行為治療。

一九七七年他發表的另一本大著，**社會學習論**（ Social Learning Theory ），強調社會學習論可以融合其他行為改變理論的要點於一爐。諸如「操作性制約論」關切可觀察的外顯行為；「反應性制約論」着重自動交感神經系統的制約反應，認知行為改變論顯然把焦點放在異常者的不正常思想模式之改正工作。

社會學習論則較偏向於綜合論點。其主要特點有三：第一、此一理論強調，環境事件對於某一種行為的獲得（ acquisition ）與調整（ regulation ）之影響，大部份是決定於「認知歷程」。這些認知歷程又根據學習者先前的經驗，所承受的環境影響，學習者如何知覺到這些影響，記憶多少這些影響，以及短期內將有多大影響等因素而定。第二、強調個體既不單純受驅於內部力量，也不全然受制於外界壓力。合理的解釋應該是三個連鎖因素：行為、認知因素與環境影響交互作用而成。第三、個體是行為改變的主宰者，應具自行導向行為改變的潛在能力。

社會學習論的另一項重要貢獻是闡明模仿學習的主要歷程及功用。根據班都拉（ 1977 ）的提示，模仿學習（ Modeling ）應包含下列四個歷程：⑴注意歷程：亦即學習者要能正確知覺到刺激的重要特徵方有學習之可能。⑵保留的歷程：學習者將觀察所得印象保留在記憶中，亦即學習者切實地辨別示範者的行為，並透過中介歷程，經由語文的譯碼作用（ verbal coding ）將觀察所得化成為符號化的心象，一再覆誦，助長其長期保留。⑶動作重現歷程：即將符號表徵再轉變為實際動作的歷程。到此一歷程，

學習者除了透過認知歷程將所得訊息加以選擇和組織之外，同時要具備足於表現此一動作的基本能力。若缺乏此一基本能力，動作重現將有困難，故需要先訓練有關的基本能力及動作技能。在日常生活中，個體行為大部份是透過模仿學習，從親自操作所得回饋中逐步修正而成習。由此可知，在學習過程中，觀察和實際演練是不可間缺的。(4)動機歷程（motivation processes）：當學習者在動作重演階段裡，若其行為結果得到增強，則此種行為重現的機會亦較大；反之若遭遇懲罰，則表現可能性將減小。除了外在的增強之外，示範者本身的行為結果對於學習者行為表現亦具助長或抑制作用。若示範者的行為結果獲得快樂的滿足，則學習者的行為表現亦將獲得助長，反之，若示範者的行為結果獲得痛苦的經驗，則示範者的行為也將受到抑制。這就是所謂的替代性增強的效果。

　　其他有關班都拉的社會學習論所衍生的行為改變技術，請讀者參閱第九章模仿原理。

　　總之，行為改變技術的理論背景，相當多彩多姿，雖然各有所偏重，但將來的發展，勢必融合貫通。目前，除了上述四種理論架構外，尚有若干從事臨床工作的專家並未囿於任何一家之理論及技術。這些專家採取較為廣範而多樣的理論架構及技術來處理案主的行為，故拉薩路將這些方法稱之廣泛性行為改變論（broad spectrum behavior modification），或是多樣式行為治療論（multimodal behavior therapy）。有些專家則稱之為折衷行為論者（eclectic behaviorism）。這一批學者特別強調說，治療者只要認為那些行為原理及技術對案主的特別行為有治療

功效，即可自由選擇使用。某些案主的行爲或許只要採用一種原理即可一針見效，但某些案主的行爲可能要同時採用多種原理及技術方能收效，其應用之妙，端賴治療者的專業知識及經驗。

　　筆者也認爲，一般教師、家長及輔導人員實在不必囿於任何一家的理論或技術，只要勤於演練第二篇所提示的各種行爲原理及策略，即可運用自如。

討 論 問 題

一、舉例說明巴夫洛夫（Pavlov）的唾液制約實驗歷程，並評述其在行爲改變技術上的主要貢獻。

二、華森和雷娜（Watson & Rayner）在 1920 年所做的「懼怕動物的學習實驗」，在行爲改變技術的發展上有何重要影響？

三、瓊妮（Jones）使用那些方法輔導兒童的懼怕反應？何種方法較有成效？

四、俄貝（Wolpe）利用何種原理來治療焦慮症？

五、舉例說明施金納（Skinner）的操作制約實驗歷程，並試評其在行爲改變技術上的主要貢獻。

六、亞倫（Ayllon）等人設計何種辦法來改善精神病患的行爲？

七、試述艾里斯（Ellis）的理情治療法理論。

八、試述班都拉（Bandura）社會學習論的主要特點及其貢獻？

九、認知行爲改變論者所要處理的對象是那一類的行爲？

第 二 篇

基本的行爲原理與策略

　　誠如第一章所提及，行為改變技術的應用面很廣，不但可用以養成受訓者所短缺的良好行為，更可用以加強受訓者尚屬薄弱的良好行為。另一方面對於已形成的不適應行為，也可以設法予以逐漸減弱，甚至予以完全革除。這一種技術所以能引起廣泛的使用，並發生相當的功效，主要係奠基於運用實驗心理學的研究方法、學習理論的概念、以及基本行為原理原則的綜合應用。所以在介紹其應用之前，須先說明這些基本概念及原理原則。

　　行為改變的理論基礎，已經在第二章詳加敍述。在這些學習與行為理論的演變過程中，實驗心理學家已分別自嚴密控制的動物行為實驗中歸納出若干基本的行為改變原理及原則。這些原理原則雖然大部份得自動物實驗，但是仍然可通用於人類行為。這些原理原則可分成兩部分來說明；一部分是在闡明環境變因（自變因）與行為變化（依變因）間的因果關係，可稱為改變行為的基本原理。另一部分是為設計或執行行為改變方案，以期收到事半功倍的效果，訓練者宜遵循或熟悉的有關策略。

　　到目前為止，行為改變技術所依據的理論背景相當廣博，因此在應用上所依據的行為改變原理及策略也相當多，無法全部概括在本篇，故僅能舉其要者，介紹增強原理、處罰原理、消弱原理、類化原理、飽足原理、逐步養成原理、相對抵制原理、逐減敏感原理、以及模倣原理等。

第三章

增強原理

第一節　增強原理的意義

一、意義

在日常生活裏，無論是兒童或是成人，正常兒童或是特殊兒童，都曾遭受各種性質的刺激或是產生各種需求。在這些刺激中，有些是人們所喜好的，但有些是人們所厭惡的。這兩類刺激，都能夠增減行為的出現率，故行為制約論者稱其為「增強物」。如果一種增強物是某一特定兒童所喜好的，就稱為「正增強物」（ positive reinforcer）；反之，若為兒童所不喜歡的，就叫做「負增強物」（ negative reinforcer ）或稱之厭惡刺激（ aversive stimulus ）。在生活或教學環境裡，我們常運用「正增強物」來加強某一種受歡迎行為傾向，稱為「積極增強」（ positive reinforcement）或通稱為獎賞（ reward ）。如破案有功的警政人員受到上級的獎賞，品學兼優的學童獲得獎狀與獎品，社會上的好人好事受到表揚等，不勝枚舉。再者，若藉停止負增強物為手段，以引誘受歡迎行為的形成，則稱為「消極增強」（ negative reinforcement）。如囚犯為了獲得假釋獄而努力表現良好行為，或是受記過處分的學生，為了建功來消過，努力改過自新等均屬此等範例。

增強原理的意義很簡單，強調行為的改變是依據行為的後果而定。後果若是愉快的、正價的，則其行為的出現頻率就會增加。反之，行為的後果若是不愉快的、負價的，則此一行為的出現頻率即會減少。後果是「正價」或是「負價」，只要觀測此一行為

頻率的上升或下降，即可一目瞭然。

二、基本策略

　　不管是採用積極增強或是消極增強，其目的均在激勵良好行為的形成，只是積極增強是給予正增強物為手段，而消極增強則以拿掉負增強物（或厭惡刺激）為手段，二者之差異可自表 2-1 知其一斑。

表 2-1　　四種策略的差異

策略＼種類	增　　　　強　　　　物	
	正　增　強　物	負　增　強　物
給　　　予	獎賞或積極增強	（懲　　　　罰）
拿　　　掉	（隔　　　　離）	消　極　增　強

　　與消極增強性質較相同的還有兩種策略，均可以用來引發受歡行為的出現率，也均需要假藉厭惡刺激。一是所謂逃離制約（escape conditioning）；即指當個體表現受歡迎行為（或一種良好反應）之後，如果能由此一反應而立即除掉某一種厭惡刺激，則這一種受歡迎行為（或良好反應）的出現率將會提高。其意是指個體被迫不得不採取某一特定的反應，以逃離所承受的厭惡刺激。例如，一位患有用手打擊頭部的自閉症兒童，其他療法失效之後，被迫用電擊加以矯治。每當他用手打擊頭部時，即由腿部給予微弱的電擊。但若他用手去摸一隻小動物玩具，則電擊會自然而然的消失。因此，此一案主每受到微小電擊就會自動去摸動

物玩具。要用手摸動物玩具，就不可能再用手去打擊其頭部。在這一案例中，治療目標是先設法讓案主用手去拿動物玩具，這是一種「受歡迎行爲」，其後果即可終止「電擊」（一種厭惡刺激）；而用手打擊頭部是一種不受歡迎行爲。逃離制約的最大缺點是爲了引發受歡迎的行爲，必須使用厭惡刺激，這是最受人道主義者所批評之處。

　　另一種策略稱爲躲避制約（ avoidance conditioning）：即指當個體聽到某一特定信號（制約刺激）之後，若立即表現受歡迎行爲，即可免承受厭惡刺激。也就是說，若個體根據某一信號而採取一種反應的結果足以阻止厭惡刺激的出現，則此種反應的發生頻率必會提高。就拿上述治療自閉症兒童的打擊頭部行爲來說，治療者每次要呈現電擊之前，先發出警告鈴聲，若在警告鈴聲消失三秒鐘之後，案主不把手放在動物玩具上，即要受到電擊。訓練結果，這一位自閉症兒童每聽到鈴聲，就會立即把手放在動物玩具上，以躲避電擊，甚至，到了後來，終日拿著動物玩具，也因此，打擊頭部的行爲也就完全消失了。這些增強策略，將分別在後面各節進一步討論。

第二節　積極增強或獎賞

一、一般獎賞方式

　　獎賞是一般學校或家庭所常用到的一種刺激行爲的方式，也是最有效而且最適用的方法。獎賞對行爲的影響可用下列公式表示其變因間之關聯性：

$$S \longrightarrow R \longrightarrow S^{R+}$$

公式上的符號是：「 S 」代表一種情境（ situation ），或是刺激（ stimulus ）；「 R 」代表在某一特定之情境下所引發之反應（ response ）或是行為；「 S^{R+} 」代表其行為後果所獲得的正增強物。根據學習理論來說：某一特定的刺激引發某一特定的反應後，若及時給予「正增強物」（ S^{R+} ），則這一種反應的出現率將會提高。換言之，經過這一種學習歷程之後，受試者若再處身於相同情境時，預期中的行為將更易出現，或其反應模式更加牢固。茲再舉簡單例子說明此一公式如下：設想一位教師呈現四張不同類型的車輛圖片，然後問一位中度智能不足兒童：「那一輛是計程車？」第一次他答不出，但經過教師反覆教導數次之後，他若指對圖片而回答說：「這是計程車。」則這一項正確反應即屬於「 R 」；教師馬上表示「對呀！好棒啊！」然後給他一個籌碼或糖菓，就是所謂正增強物（ S^{R+} ）。若用上面所提到的學習原則來說，兒童經過學習後，將來看到這一類圖片或實際的計程車時，指它為「計程車」的機率自然可以增加。若藉公式提示，則有如：

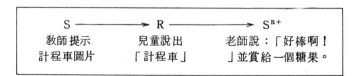

S ⟶	R ⟶	S^{R+}
教師提示計程車圖片	兒童說出「計程車」	老師說：「好棒啊！」並賞給一個糖果。

　　日常生活中這種獎賞的範例很多：例如小怡拾到錢包自動送交訓導處招領，訓導處馬上公布其姓名及優良事蹟，日後小怡再檢到錢時，自動交送訓導處的可能性將提高。又如，小蘋早上上學時，笑哈哈向父母道一聲：「爸爸媽媽再見！」爸爸媽媽也馬上回報說：「小蘋再見！」並送她走出家門。這一種母女相互增強的結果，不僅培養子女的禮節，而且更進一步建立樂融融的家庭氣氛。

二、學校的獎勵辦法

　　各級學校為了激勵學生行善，培養優良品德，均訂定一套具體可行的獎勵辦法。茲特擇要列舉台北市國中學生獎懲辦法中的獎勵部分，以便了解一般學校的獎勵內容：

　　㈠獎勵項目：1.嘉勉、2.嘉獎、3.記小功、4.記大功、5.特別獎勵（獎品、獎狀、及榮譽獎章等）

　　㈡嘉獎條件：合於下列規定之一者，應予嘉獎：

　　　1.服裝儀容經常整潔，合於規定，足為同學模範者。

　　　2.禮節週到足為同學模範者。

　　　3.課外活動確有成績表現者。

　　　4.節儉樸素足為同學模範者。

　　　5.拾物不昧，其價值輕微者。

　　　6.寄宿生經常內務整潔者。

　　　7.值星值日特別盡職者。

　　　8.自動為公服務者。

　　　9.領導同學為團體服務者。

10.愛護公物者。

11.生活言行較前進步，有事實表現者。

12.在車船上讓座於師長、老弱、婦孺者。

㈢記小功條件：合於下列規定之一者，應予記小功：

　1.代表學校參加對外活動，因而增進校譽者。

　2.被選為各級幹部負責盡職成績優異者。

　3.愛護公物使團體利益不受損害者。

　4.倡導正當課餘活動成績優異者。

　5.熱心愛國運動確有成績表現者。

　6.熱心公益事業能增進團體利益者。

　7.見義勇為能保全團體或同學利益者。

　8.敬老扶幼有顯著之事實表現者。

　9.拾物不昧其價值貴重者。

㈣記大功條件：合於下列規定之一者，應予記大功：

　1.提供優良建議，並能率先力行，增進校譽者。

　2.愛護學校或同學，確有特殊事實表現，因而增進校譽者。

　3.代表學校參加對外比賽成績特優者。

　4.參加校外各種服務，成績特優者。

　5.拾物不昧，其價值特別貴重者。

㈤特別獎勵條件：合於下列規定之一者，應予特別獎勵：

　1.於同一學年度內，記滿三大功後，復因功合於記大功之事實者。

　2.長期表現孝敬父母、尊敬師長、友愛兄弟姊妹或同學，

有特殊事實者。

3. 經常幫助別人，爲善不欲人知，經被發現查明其幫助他人情節確實，值得表揚者。

4. 有特殊義勇行爲，並獲得優良之表揚者。

5. 有特殊優良行爲，堪爲全校學生之模範者。

6. 倡導或響應愛國運動，有優異成績表現者。

7. 揭發不法活動經查明屬實，因而未造成不良後果者。

8. 德智體群四育成績特優者。

㈥依獎勵結果而予加操行分數之標準：

1. 記大功者每次加六分。

2. 記小功者每次加二分。

3. 記嘉獎者每次加一分。

三、企業機構的獎勵辦法

各類企業機構，包括公司行號及生產工廠都非常重視獎賞的重要性。一般機構所用到的獎賞計有：薪金、獎金、紅利、陞遷、慰勞假、慰勞性國外旅遊，派遣國外見習進修，以及享受某些特權（如加入某種俱樂部的會員，提供特定的停車場，進入特定餐廳、練身房、游泳池、球場的權利等等）。其他獎勵方式尚有當面嘉勉、公開表揚、發給獎牌、獎狀、獎章等等。運用這些獎賞，其目的就是爲激勵從業人員，發揮個人的工作潛能及體力，改善作業方法、增加生產種類、提高生產品質、降低生產成本，增加營業額，以提高營業利潤。

目前各大企業機構所訂定的獎賞辦法不太一致，不易一一列

舉，僅轉介國內某一國營機構所訂定的「超額產銷獎金及分配辦法」以供參考。由此一辦法的概要可窺知，該公司建廠到現在還不到十五年，其業績就能轉虧爲盈，且其產品品質已達世界一流水準，其中原因雖多，但員工的產銷士氣誠屬首要之功臣。

××有限公司超額產銷獎金及分配辦法

本公司爲激勵從業人員改善作業方法，增加生產，降低生產成本，增加營業額，以獲取利潤，特規定如下：

㈠超額產銷獎金：

1. 核計獎金之條件：核計獎金以日爲計算單位，當該月份實際生產量超過預算生產量並同時營業有盈餘時，方得核計獎金，憑以發放。

2. 核計獎金之依據：依當月生產績效作爲核計當月獎金之依據。當月生產績效依下列方式計算之：

$$當月生產績效（\%）=\frac{當月實際生產量}{當月預算生產量}\times\frac{當年度法定編制人數}{當月實際用人數}\times 100$$

依據業務需要

3. 獎金之獲致：當月生產績效超過百分之百時，其超過部份乘以該月份月底在職從業人員基本薪資總額，即爲當月可獲致之最高獎金總額。但不得超過該月提撥獎金前盈餘百分之二十，同時不得超過該月基本薪資總額百分之三十。

4.獎金之分配

(1)當月分配部份：以該月獲致之獎金數之百分之八十作
爲當月分配之金額。分配對象爲該月份在職之從業人
員。

(2)年度（會計年度）終了核計部分：每月獲致之獎金數
之百分之二十，保留至年度終了作重點分配，分配對
象爲六月三十日前在職之從業人員。

㈡獎金分配：

1.當月分配部份

個人分配獎金之點數按其個人薪資因數及所屬單位之工
作績效因數而定

$$D = G (1 + P)$$

D～個人分配獎金點數

G～個人薪資因數

P～所屬單位之工作績效因數

2.個人薪資因數（ G ）分成四級計算，如下表：

級　別	個　人　薪　資（ X ）	個人分配獎金之因數（G）
第一級	NT＄10,000 以下	1.0
第二級	NT＄10,001〜20,000	$1.0 + 0.1 (\frac{X - 10,000}{1,000})$
第三級	NT＄20,001〜30,000	$2.0 + 0.1 (\frac{X - 20,000}{3,000})$
第四級	NT＄30,000 以上	$2.33 + 0.1 (\frac{X - 30,000}{5,000})$

3.所屬單位之工作績效因數（ P ）之計算，依據下列三組
之性質而不同：

(1)生產運銷單位：如煉鐵廠、煉鋼廠、營業處等。

(2)直接支援單位：如設備處、生產計劃處等。

(3)間接支援單位：如擴建工程人員等。

4.年度（會計年度）終了核計部分

(1)年度終了總決算無盈餘時，或各月分配獎金之總額超
過年度總決算盈餘數時，保留部份獎金不予發放，由
公司收回。

(2)年度終了總決算有盈餘時，月分配獎金之總額未超過
年度總決算盈餘數時，保留部份獎金按照辦法發放。
如個人分配獎金依貢獻度而定，但以三個月薪資為最
高額。

第三節　消極增強

一、消極增強與懲罰

消極增強與懲罰不太相同，其差異可從下列三方面來說明：

第一、就實施目標來說：懲罰雖然也運用人人所不喜歡的厭惡
刺激，但其主要目的只是遏阻「不受歡迎行為」，不一定要形成
受歡迎行為；消極增強則透過厭惡刺激，或是負增強物來強化某
一特定的受歡迎行為，所以除了要遏阻不受歡迎的行為之外，尚
要進一步建立受歡迎行為。換言之，不管是消極增強，抑是懲罰

，二者均要運用厭惡刺激，但懲罰僅能達到遏阻不受歡迎行為的目的，而消極增強則一方面可以遏阻不受歡迎行為，另一方面又可以建立特定的受歡迎行為。

第二、就實施方式來說：懲罰是當案主表現不受歡迎的行為時，及時施予厭惡刺激，以獲取當頭棒喝的遏阻效果；消極增強則針對正在承受懲罰的個體，激勵他改過向善，一發現此一個體表現預期中的受歡迎行為，就及時把正在承受的厭惡刺激撤除，或是察看其受歡迎行為養成到某一特定標準之後，方把厭惡刺激撤除。例如，張生因犯偷竊案件而被判禁少年監三年（給予厭惡刺激），此即為懲罰，但張生入監之後，痛改前非，努力學習電工技能，經兩年即通過電工技能檢定，成為全體囚犯的楷模，故提前一年被釋放（假釋獄即屬於撤除厭惡刺激），此即為消極增強。

第三、就實施後果來說：承受懲罰的後果是不愉快的、痛苦的、恐懼的，所以一般教育工作人員最好不要使用懲罰；消極增強的實施後果則是愉快的、喜悅的、放心的，所以教育工作人員在不得已的情況下，實施懲罰之後，務必設法讓犯過者有改過自新之機會。如李生因打人而被學校記一次大過，此種心情當然是不愉快的，但經過這一種打擊之後，由於輔導教師的輔導得法，處處表現助人、合作，以及愛護同學的良好美德，所以學校特記一次大功，讓他功過相抵消。此時的心情當然是愉快的。

總之，消極增強策略只能對正在承受厭惡刺激的個案實施，所以只有在某些特殊的實驗情境，或是生活情境實施。以下進一步介紹若干實驗案例。

二、實驗案例

吉爾和俄孚等（Giles & Wolf, 1966）曾使用消極增強方式來訓練一組重度智能不足兒童的解大小便習慣。起初，他們使用積極增強方式來訓練這些孩子，但都未能見效。最後只好借用消極增強方式。訓練方式是採取一位訓練者帶一位受訓者的方法。這些訓練者，使用一條布帶約十英尺，一端綑在受訓兒童腰部，另一端則綁在厠所裏的把柄上。訓練初期他們要小心看管這些孩子，耐心等待這些孩子表現要上厠所的意向。他們一看到孩子有上厠所的意向，就要馬上跟着進去，不但立刻鬆開綁在腰上的布帶（終止懲罰），同時還要說聲「很好」，並給予獎賞。第二階段訓練要等到受訓者能自動走向厠所，方予解開布帶，並給予獎勵。第三階段則要等到受訓者走進厠所，坐在馬桶上方予鬆開布帶，並給予獎勵。以此程序，逐步提高標準，最後要智能不足兒童坐在馬桶解下大便，並穿好褲子後，始予鬆開布帶，並給予獎賞。結果，此種訓練方式終於使兒童養成在厠所解大便的習慣，而收到預期的效果。若用行為公式來說明，則如：

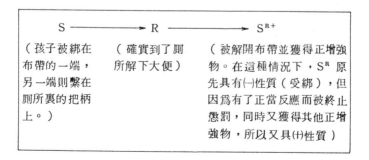

　　另如：青少年為了避免同伴的嘲笑而挺身主持正義；監獄裏的囚犯為了獲得「假釋獄」而致力於表現優良行為；常犯規的計程車司機為了逃離交通警察的跟踪而遵守交通規則；病弱兒童為了怕冷風吹而多穿衣服等等，都是經過消極增強方式而習得的行為模式。

三、逃離制約與躲避制約

　　㈠二者的比較：

　　逃離制約與躲避制約兩種原理均可用來建立受歡迎的行為，只是逃離制約必須先建立，然後纔能運用躲避制約。換言之，個體承受厭惡刺激之後，必須適時表現某一特定的受歡迎行為方能終止該厭惡刺激。經由逃離制約歷程，個體終於習知，當某一特定的信號出現之後，必須先及時表現特定的反應（多數是受歡迎行為）方能躲避厭惡刺激。二者的關係有如：

```
逃離制約：
  厭惡刺激（先）──→受歡迎行為（後）──→可逃離懲罰刺激
  （如電擊）       （如拿着玩具）        （如終止電擊）
- - - - - - - - - - - - - - - - - - - - - - - - - - - - - - - -
躲避制約：
  聽到信號（先）──→表現受歡迎行為（後）──→可躲避受懲罰
                    （如拿着玩具）          （如免受電擊）
```

　　二者雖然均藉厭惡刺激，但與懲罰却不相同。懲罰只能藉厭惡刺激來遏阻不受歡迎行為，但逃離制約則迫使個體採取受歡迎

行為以終止厭惡刺激；躲避制約也是要先表現受歡迎行為之後，方能免受厭惡刺激。例如，在實驗室裏，實驗者為了訓練老鼠能使用兩條後腿站立，常用輕微的電擊為厭惡制約。這一種訓練方式是鈴聲（制約刺激）一響，實驗箱的底板開始通電，老鼠就要受到電擊。唯有牠抬起前肢兩腿站立，電擊方會消失。經過這樣一段訓練，老鼠會一受到電擊即能抬起前腿，靠兩條後腿站立。這就是藉逃離制約歷程所建立的受歡迎行為。到了後來，老鼠更知道，一聽到鈴聲（制約刺激）而尚未受到電擊之前，即能抬起前腿，靠兩條後腿站立。這就是藉躲避制約歷程所建立的受歡迎行為。

㈡日常案例：

在我們日常生活裡，藉逃離制約歷程所建立的行為，似比藉躲避制約歷程所建立的行為少，但仍然可以提示若干例子。在這些例子中，有些是增強了良好的行為，但有些是誤用而強化了不適當的行為。因此，父母及教師務必小心運用這些策略，以免誤用而傷害了孩子。

1. 兒童看到糖菓店裡的糖菓後，整個下午纏着媽媽，大吵大鬧要吃糖菓，讓媽媽不能靜下來做家事，心情覺得很煩。媽媽為了逃離這一種厭惡情境，只好拿出二十元打發兒童去買糖菓。結果，兒童拿二十元衝出起居間，所以其喊叫聲也自然消失，讓母親又恢復平靜。豈知，父母屈服於兒童的喊叫聲後，兒童想吃糖菓時，其喊叫聲自然變本加厲。就這一個例子來說，媽媽為了逃離孩子的喊叫聲（亦即厭惡刺激），就得拿出二十元來打發掉孩子，以換取一時的安靜。此即為經由逃離制約歷程所建立的行

為；但若從孩子的反應來說，每一場喊叫就可以獲得買糖菓的錢，自然使其喊叫吵鬧的行為變本加厲。這就是誤用增強的結果所塑造的不良習慣。

　　2.一般市民接到政府的稅單（制約刺激）後就得趕緊籌款到稅捐稽征處或各地指定金融機構完稅（受歡迎行為），否則就要受到加重罰款處分，或是坐牢（厭惡刺激）。就這一個例子來說，市民接到稅單後馬上到稅捐稽征處完稅，即屬於在躲避制約歷程所建立的受歡迎行為，值得人人稱讚。

　　3.市民將車停放在公共停車場時，若看到旁邊有計時器（制約刺激），均懂得先把錢投入計時器內（受歡迎行為），以免接到罰單或是車被拖走（厭惡刺激）。這也是經由躲避制約歷程所建立的行為。

　　㈢應用上的注意事項：

　　1.若必須藉逃離制約，或是躲避制約程序以建立及維持受歡迎行為時，應優先採用躲避制約。其原因有二：一是若用逃離制約，厭惡刺激必須呈現在先，但若使用躲避制約，則只有在受歡迎行為不出現時方會用到厭惡刺激或懲罰刺激；二是在逃離制約歷程中，若不施予厭惡刺激，則「目標行為」（target behavior）無法形成。但在躲避制約過程中，即使厭惡刺激不再出現，已塑造的目標行為的消失仍然很緩慢。

　　2.在進行躲避制約之前，必須先藉逃離制約建立「目標行為」。若逃離行為已塑成，躲避行為的建立更加容易。

　　3.在躲避制約歷程中，所使用的制約厭惡刺激（conditioned punishing stimulus）必須是有力懲罰物的信號。這個信

號可加強制約作用，讓當事者獲得「警告」（ warning ），若反
應錯誤將受到厭惡刺激。

4.我們必須如懲罰原理一樣，謹愼使用逃離及躲避制約。
因爲這些方式均須操作厭惡刺激，會令人感到不舒服，並容易發
生副作用（如攻擊、恐懼），以及對其他有關人物形成逃離或躲
避反應。

5.爲建立「目標行爲」所使用的積極增強，也必須用來連
接逃離與躲避制約。這一種積極增強，不僅可以強化受歡迎行爲
，也可以打消前面所提及的一些不良的副作用。（取自Martin
& Pear, 1978, P.199～200 ）

第四節　運用增強原理應注意之原則

在我們的日常生活裡，應用增強原理的案例，誠不勝枚舉，
一般教師、父母，或是訓練人員在運用此一原理時，若能注意到
下列原則，更可收到事半功倍的效果：

一、確切指明應予增強的目標行爲

不管是運用增強原理，或是其他行爲原理，首先必須確切指
明，究竟要增強或是處理那一項特定的行爲（ specific behavior
）。這一項特定行爲，亦即所謂的目標行爲（ target behavior
）的列舉，若愈加具體而明確，則愈容易量化，增強成效也愈容
易評估。反之，若教師或父母致力於改變兒童的一項抽象而不易
量化的行爲時，將是徒勞無功。因爲一種混淆不清的目標行爲根

本就難以界定，教師（或是父母）也就無法知道要教些什麼？如何實施？更難於預期將要獲得何種教學效果。例如，將行為目標列舉為「使小明能坐在書桌前專心寫字的行為」，或是「讓小華上課時不再任意離開座位」等均較「增強兒童的注意力」等空洞說詞易於付諸實施；再則「增強微笑行為」，又比「增強社會化行為」具體而易於評鑑成果。惟有具體的目標行為的出現率有顯著增加，預定的訓練計劃方有繼續實施的價值。茲特列舉數例比較於後：

（明確的目標行為）	（不明確的目標行為）
1.提高語文默讀速度	1.發展語文能力
2.熟練二位數個位進位加法	2.增進數學能力
3.培養早上準時上學的習慣	3.培養勤學態度
4.改正用晚餐拖延時間的習慣	4.改進用餐習慣
5.養成收拾玩具及學用品的習慣	5.增進良好的生活習慣

二、把握行為的自動性反應即可評估增強效果

增強原理對於行為的影響，係主要依據有機體內發的驅力及生物機能的自動性反應，所以不必要完全依賴受訓者的口頭報告，亦能覺察個體行為的改變方向及程度。如第二章所提及，大部分行為改變原理是歸納自動物的實驗結果。動物雖然無法口頭報

告這些增強物對於其行為的影響，但是實驗者從動物的各種反應就可以斷定動物的行為是否確實受到增強物的影響。在許多情境，人類當然可以藉語言來報告本身的行為改變狀況，但不能藉語言來報告的行為結果仍然可以改變。這就是所謂行為反應的自動自發原則。若不知道這一項原則，可能會發生偏差，使一部分教師誤以為缺乏語言表達能力的特殊兒童的行為是無法改變的，而不致力於這方面的研究。這些教師所堅持的理由是，特殊兒童既然無法了解他們正在受增強（或受懲罰）的行為意義，自然也就無法改變其行為。

　　新近在特殊教育裏很強調「復健工作」（ rehabilitation ），千方百計利用各種機會來協助特殊兒童恢復或增進其生活適應能力，包括其動作技能或生活上的獨立自主。這一種復健工作，更需要借助行為改變技術。例如有一位重度智能不足者，經醫療結果無法使其恢復行走機能，但訓練者以食物做增強物，却很成功地進行復健訓練，終於恢復其行走機能。這一種結果，鼓舞了許多重度智能不足兒童的訓練工作。因為以前有許多人認為這些兒童既然無法了解受增強的意義，可能也就無法改變其行為。但許多個案均證明這些個體的行為是可以改變的，無形中提高了工作人員的信心。

　　不過對一些正常兒童來說，如果給予適當的指導語（ instruction ），可以使訓練計畫加速完成。因為藉指導語可以幫助受訓者容易瞭解訓練內容以及實施步驟，並可以減少不必要的嘗試錯誤。

三、增強物要因人因時而異

　　有效增強物的選定，是訓練方案能否成功的一項重要關鍵因素。選擇增強物時，訓練者應考慮到個別差異問題。因為甲種東西能增強張三的 A 項行為，不一定也能增強李四的 A 項行為；同樣，在乙種情境對張三的 A 項行為能發生增強效果的東西，換到丙種情境時，就不一定仍然對張三的 A 項行為有增強效果。「何物」在「何種情境」對「何種機體」的「何種行為」較有增強效果，這些訓練者所要絞盡腦汁，多加探討的重要問題。

　　若要了解「增強物」對某一受訓者的某一行為之影響如何，必須要衡量施予增強物後，受訓者行為的改變情形。這一點是許多教師所易忽略的。如果只根據受訓者對於這些刺激物的原先反應，或是依據受訓者同伴的反應，來決定有效的增強物則不僅不合理，也不易見效；倘若一項增強物對於某一特定行為不發生預期效果時，就得馬上查明這一項增強物是否適合。其中有一種試探方式是看一看這一類增強物是否也能影響其他的行為。尤其是在訓練特殊兒童（如智能不足兒童、情緒困擾兒童、生理缺陷兒童、腦傷兒童或精神病兒童）時，更應特別注意這一點。因為對於一般正常兒童可一針見效的增強物，對特殊兒童不一定有效。目前已有許多研究結果指出，訓練方案能否成功，完全要看是否選對了強而有力的增強物。所謂強而有力的增強物，則完全要針對受訓者個人的條件而定，唯對其行為發生顯著的影響方可認定確已選對了有效的增強物。

　　選用增強物的目的在於培養良好行為，而不在於增強物本身。因此，訓練初期可能要多多使用食物、糖菓、玩具等物質獎勵

，讓受訓者直接感受到受獎的喜悅及滿足感，但每次均要配用社會性增強物（如讚美、微笑等），然後逐漸除去物質獎勵而僅保留社會性增強物。因為人是社會動物，有強烈的愛及尊嚴的需求，要別人關心他、尊重他，或是讚美他。

四、增強次數要因時制宜

就一般情形來說，若使用的增強物愈有效，增強次數愈多，則所形成的行為將愈牢固。換言之，若欲形成一項特別顯著而定型的行為，最好的方式，莫過於針對此一行為，多增強幾次。但有些增強物，卻是教師所不便使用太多的。例如，教師若以「活動」（如看電視）充當增強物，藉此鼓勵兒童計算算術題，則准許學生看電視的時間愈長（或次數愈多），計算算術題目的時間就愈短。所以用這一類活動做增強物時，其時間的長短及次數的多寡，就要考慮到因時因地制宜的原則。

根據實驗結果得知，在訓練某一項行為的初期，每一次正確反應均應立即予以增強；到了訓練中期，可改為間歇性增強（intermittent reinforcement）。因為在訓練初期，行為的成立尚未定型，所以需要藉每次增強以誘導此一行為。到了訓練中期，增強的次數可以逐漸減少，只要間歇性的增強就可以維持此一行為的表現。在動物實驗裏，用間歇性增強方式訓練出來的行為，最不易消滅。通常在行為改變技術中，所使用的增強分配方式，有「固定比率增強」、「不固定比率增強」、「固定時距增強」以及「不固定時距增強」等四種方式。這些增強分配方式留待第五章再詳予討論。

五、增強要密切配合成就標準

應用增強原理的主要目的，即為建立受歡迎的目標行為（亦即訓練目標），所以給予增強與否，務必密切配合預定的「成就標準」。在一些教育情境裏，由於教師過分強調時間因素而忽略作業成效，所以難於收到預定的教育成效。例如一位教師說：「做算術題目二十分鐘後，大家就可以一起來唱歌、跳舞。」這一種增強方式，並未能收到預定的教育效果，因為我們不知道學生用二十分鐘做算術題目究竟作對幾題。教師要增強的行為後果應該是「做對」二十題，而不是「做」二十題。唯有做對二十題後，方可讓兒童參加唱歌或跳舞活動以示獎勵。但若規定學生從五十個算術題目中，任意作對二十題也可以獲得增強，則此一成就標準似乎又訂得太低。最好的行為成就標準的訂定，應當是根據教學方案中的目的及學生的程度而定。上述標準或可以改為「做完五十個算術題目後，若能答對百分之九十（四十五題），就可以參加唱遊活動」。遵守這一個原則自然比忽視這一個原則難多了，但是教師在進行教學活動時，若能周詳考慮此一成就標準，就有達到此一標準的可能性。

成就標準的訂定，宜具彈性。開始時，不妨訂定較低標準，讓學生有成功的機會。然後，再逐漸提高標準，必須學生的反應達到每一階段的既定標準時，方可給予增強。

六、必須針對良好行為適時施予增強

當需要增強的良好行為（亦即目標行為）一發生，訓練者就要馬上給予適當的增強，切勿拖延太久。因為若增強的延誤時間

愈長，不僅增強效果愈微弱，而且也愈容易介入不相干的行為，結果反而增強了不相干的行為。尤其是對於新建立的良好行為，在開始時必須馬上增強，否則容易消弱。例如，訓練智能不足兒童辨認六對配對詞，最好是每答對一題就該立刻給予增強（不管是用口頭讚美，或是給予分數），切勿等到學完六對詞後，不管全部答對與否籠統地說一句「還好！」，因為，教師必須讓兒童知道，那一對詞答對，或那一對詞答錯。千萬不可增強兒童的錯誤反應。

討 論 問 題

一、試舉例說明正增強物與負增強物的功用。

二、運用增強物來改變人類行為可有那四種基本的策略？請各舉一例說明之。

三、舉例說明消極增強與懲罰二者的差異。

四、試擬一套可以在班級上（或在家庭上）實施的獎懲辦法（只列舉要項即可）。

五、請各舉例說明逃離制約與躲避制約二者的差異，以及應用時的注意事項。

六、運用增強原理時，必須注意那些原則，請舉例說明之。

第四章

處罰原理

第一節　處罰原理的意義及類型

在日常生活裡，小孩子常常有意或無意地表現一些令父母感到不愉快的舉動。例如兩個兄弟下午四時左右在看卡通錄影片時，故意大喊大叫，或是相互攻擊。遇到這一種情形，正在洗衣服的母親可能採取的手段計有：(1)立刻拿起小竹鞭子，走進屋裡，不分青紅皂白，對準兩個兄弟的臀部狠狠地各抽兩下鞭子；(2)立刻放下洗衣工作，走進屋裡，關掉錄影機電源，然後把兩個兄弟分開關在小房間裡片刻，等到安靜後，放他們出來；(3)母親從洗衣間裡，大聲恫嚇說：「你們又在吵了，若再吵下去，等到晚上爸爸回來後，我會叫爸爸各賞給你們幾巴掌的!!」。這三種主要手段，方式雖然不同，但其目的却相同，欲讓兩個兄弟嘗到惡作劇（屬於一種不受歡迎的行為）的後果是痛苦而不愉快的，藉此責罰以示警戒，好讓兩個兄弟以後不敢再「吵鬧」或「打架」。

這三種手段究竟何者對遏阻兩兄弟惡作劇行為的成效較大，我們暫且不去評斷，但從經驗可以告訴我們，當這一對兄弟表現一種不受歡迎的行為（如惡作劇）時，母親若及時施予厭惡刺激（如狠狠抽兩下屁股），或是及時停止提供兄弟最喜歡的增強物（如關掉卡通錄影片），或是先發出警告，再給予應得的處分（如第三種手段），都可能使這一對兄弟的惡作劇行為，或多或少收斂一些。因此，在運用行為原理上，當個體表現不正當行為時，若藉直接施予個體所厭惡的刺激，或是以剝奪個體正在享用的正增強物為手段，而且使「不受歡迎行為」（undisirable behavior）的出現頻率減少，或是完全消滅，均稱之爲「處罰原理」（punishment）的運用。

　　英文 punishment 一字，在中文通常可譯成「處罰」或是「懲罰」，二詞本來就是同義字，由來已久。如「議罪處罰」（見於漢書：師丹傳）；或是「有犯姦者隨事懲罰」（見於北史：稽胡傳）。但筆者認爲若欲便於槪稱上述遏阻不歡迎行爲的三種手段，似乎採用「處罰」一詞較爲恰當，然後再分成「懲罰」（如狠狠鞭打孩子的臀部兩下）；「隔離」（關掉卡通錄影帶，讓孩子無法繼續觀賞），或是「訓斥」（恫嚇孩子，但不直接懲戒）等。

　　施金納也曾提出兩種「處罰」方式：一是隨着「不受歡迎的行爲」之出現，而及時施予一種「厭惡刺激」（aversive stimulus），或懲罰物（punisher），以便收到遏阻的功效。這就是一般所說的「懲罰」。二是每當不受歡迎的行爲出現時，及時「撤消」個體正在享用的「正增強物」（positive reinforcer），迫使個體不敢再犯。這就是所謂的「隔離」（time out from positive reinforcer）。　不管使用上述兩種方式中的那一種，其目的均欲革除或減弱不受歡迎的反應，只是「懲罰」是施予厭惡刺激，而「隔離」是暫時「撤消」正增強物。以下針對這兩種處罰方式進一步詳加討論。

第二節　懲罰方式

一、一般懲罰方式

懲罰是我們所常用的一種策略，藉施予厭惡刺激以消弱或解除兒童的不良行為。大多數教育界同仁或心理學家都主張應當少用懲罰，多用獎勵。因為懲罰不僅其效果比獎勵差，而且傷害人性尊嚴。一般教師及家長也都明白這個道理。可是在某些情境下，老師或家長又不得不用懲罰。一般學校或家長所慣用的懲罰方式計有：記過、勒令退學、公布記過名單、訓誡、罰站、罰跪、打手心、打屁股等等。

茲舉一例說明此一行為原理。設想一位四歲的幼兒常喜歡爬到物體的頂端（如爬到書桌上、書架上、樓梯、或是高椅子上），而這種爬高行為是非常危險的，摔下來不是容易折斷手足，就是容易引起腦震盪。倘若一位母親使用其它方法均無法糾正其幼子的爬高行為，只好改用懲罰。母親每見到兒童開始爬高時，即先叫了一聲「不要爬！」同時很快的拉住孩子的手臂，狠狠打他兩下屁股。倘若打屁股確實對這一位孩子發生懲罰作用，我們即可預知，這個孩子的爬高行為勢將逐漸減少。若用行為公式來說明此例，則有關物體即是 S，爬高行為是 R，家長叫一聲「不要爬」而且狠狠地打他兩下屁股即為厭惡刺激（S^{R-}）。行為原理告訴我們，若其他條件不變，而一種反應發生時，或發生後，立即受到懲罰，則這一種反應的出現比率將會減弱。

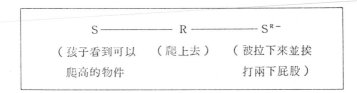

又如客人來訪時，有些兒童常藉吵鬧向父母強索零用錢或糖果。父母若要改變孩子的這種不良行為，可以應用下列懲罰方式：父母先準備一根牙籤，每當孩子伸手強索零用錢時立即輕輕刺其手掌一下。小孩因覺得疼，會立刻收回手，不是轉變態度哀求父母尋求妥協，就是變本加厲以哭叫做要挾。這時候父母最好別去理會孩子的這些無理取鬧的反應，繼續和客人交談（先求得客人諒解），但若察覺孩子再度伸手強索零用錢，則再一次輕輕刺他的手。這樣反覆數次之後，若應用得法，孩子鑑於這種「要挾行為」無利可圖，且受到懲罰故將不敢再犯。但父母務必注意到孩子想索取零用錢的動機並未因此消失，故必需進一步設法使孩子有機會表現良好行為（如幫忙家務），藉此機會賞給零用錢。透過獎懲並用策略，最後方能引導孩子採取正當途徑，獲取所該得的東西。

二、學校懲罰辦法

各級學校均訂定學生獎懲辦法，以便規範學生的言行。就北市國民中學學生獎懲辦法來說，學生的懲罰計分成：訓誡、警告、記小過、記大過、以及特別懲罰（如留校察看、停學後交家長帶回管教、改變環境、勒令轉學等）。各項懲罰的條件也均逐項

詳細規定。茲僅舉其要者介紹如下：

　㈠訓誡：凡學生行爲偶犯錯誤，情節輕微，未達記警告以上之處罰者，應予當面口頭訓誡和糾正。

　㈡警告：合於下列規定之一者，應予警告：

　　1.違反校規情節輕微者。

　　2.禮貌不週，經勸導後仍不知改正者。

　　3.與同學吵架情節輕微者。

　　4.上課時不專心聽講，經提醒後尙不知改正者。

　　5.服裝儀容或宿舍內務不整潔者。

　　6.不按時繳週記或作業，經催繳無效者。

　　7.不履行班會規定或生活公約情節輕微者。

　　8.爲值日生不盡職者。

　　9.參加公衆服務或團體活動欠熱心者。

　　10.拾物不送招領，欲據爲己有，而其價值輕微者。

　　11.無正當理由經常遲到，屢勸無效者。

　　12.因過失破壞公物而不自動報告者。

　　13.上課或集會無故離開者。

　㈢小過：合於下列情節之一者，應予記小過：

　　1.開會唱國歌不肅立致敬者。

　　2.欺騙尊長、同學或朋友，情節輕微者。

　　3.故意損壞公物或攀折公有花木情節輕微者。

　　4.試場犯規情節輕微者。

　　5.攜帶或閱讀不正當之書刊或圖片者。

　　6.不假離校外出者。

7. 塗改點名簿、請假單或無故不參加集合者。

8. 拾物不送招領，侵為己有，價值貴重者。

9. 竊盜行為情節輕微者。

10. 不服從糾察隊或班級幹部糾正者。

11. 其他不良行為應予記小過者。

㈣大過：合於下列情節之一者，應予記大過。

1. 樹立幫派或參加不良組織者。

2. 集體械鬥或毆打同學，情節輕微者。

3. 誣蔑師長，態度傲慢者。

4. 考試舞弊者。

5. 竊盜行為情節較重者。

6. 在校外擾亂秩序破壞校譽，情節較重者。

7. 酗酒、吸煙、吸食、注射麻醉品或賭博，經查明屬實者。

8. 寄宿生不假外出者。

9. 行為不檢，有玷校譽，情節重大者。

10. 違犯校規，屢勸不悛者。

11. 携帶違禁物品，足以妨害公共安全者。

12. 經常與有犯罪習性的人交往，行踪可疑屢勸不改者。

13. 撕毀學校佈告者。

14. 出入不正當場所者。

㈤特別懲罰：合於下列情節之一者，應予特別懲罰：

1. 在校期間獎懲相抵後滿三大過者。

2. 樹立或參加不良幫派組織，屢誡不悛者。

3. 發現共匪宣傳文件等，不向學校或有關機關報告，造成不良影響者。

4. 違犯政府法令情節重大者。

5. 携械集體毆鬥或打傷他人情節重大者。

6. 竊盜行為情節重大者。

7. 反抗師長，情節重大者。

上述資料，雖然僅以國中懲罰辦法為例子，但一般高中高職，以及大專院校所訂立的詳細辦法亦大同小異，可知懲罰還是教育上不可缺少的一種策略，只是必須謹慎使用。

三、特殊懲罰方式

訓練特殊兒童或特殊行為變態的成人，常用到一種特殊的懲罰方式。亦即當不受歡迎的行為出現時，即時施予某些令人討厭或畏懼的刺激物，如：(1)原級厭惡物（primary aversive stimulus），也就是原來就是令人厭惡的刺激，如電擊，調上胡椒粉的食物，噁心藥等，(2)束縛身體，管束其自由，如綑在床上、椅上或令他穿上緊身外套，(3)制約後的厭惡刺激，如叫了一聲「不!!」而伴隨著「原級厭惡物」；或叫一聲「不!!」然後約束其身體使之無法自由活動。

若是運用古典制約學習歷程，而以厭惡刺激為非制約刺激，藉此革除積習已深的不良行為則稱之為厭惡制約法（aversive conditioning）。這一種方式，也是一般人所說的以毒攻毒的方式，又稱為厭惡治療（aversion therapy）。這一種治療方式常用以幫助酗酒者戒酒，煙毒犯戒毒，過度肥胖者少吃甜食，或是性

變態狂改邪歸正。對這些個案，僅用勸導，或獎勵已經難於見效，故不得不使用一些「厭惡刺激」（如電擊、嘔吐藥等等），並配對不適當的增強物（ undisirable reinforcer ），如酒、煙毒、甜食、以及性變態行為等實施治療，擬藉厭惡刺激的力量逐漸使患者對「不適當增強物」產生厭惡感。就以矯治酗酒者戒酒為例，特說明其治療步驟如下：

```
酒   味（CS） ────→ 想飲酒（CR）
受電擊（UCS）────→ 因皮肉疼而感到厭惡（UCR）
酒味＋電擊  ────→ 對酒味產生厭惡及恐懼
酒   味（CS） ----→ 感到畏懼及厭惡而逃避（CR）
```

從上述步驟來說，酗酒者每聞及酒味，必情不自禁地想痛飲一場。但酗酒者若在小腿部受到輕微電擊，必因皮肉疼痛而感到恐懼。進行治療時，酗酒者每聞及酒味（或喝一口酒），即在腿部承受輕微而短暫的電擊數次。這一種治療程序連續數天，每天反覆數次，終將讓受治療者每聞及酒味，即感到厭惡而想逃避。

四、實驗案例

㈠矯治過度肥胖者案例：

莫根斯丹（ Morganstern, 1974 ）曾提出一項報告，專以吸香煙為厭惡刺激，矯治一位二十四歲女生（研究生）的好吃甜點行為。這一位女生的體重有一百八十磅，整天不停地吃甜食。每天平均要吃二十六個糖菓，十二個餅乾麵包，三個油炸圈餅。因

為這一位患者特別不喜歡煙味，所以就以吸煙為厭惡刺激。治療過程分成三個階段：第一個階段只以糖菓為對象，實施制約治療，每天實施兩次，每次十分鐘。每次先讓患者咬碎一顆糖並咀嚼糖菓若干秒，等到她要嚥下糖菓時，請她深吸一口煙，因為她很不喜歡煙味，故感覺很難過。這一階段繼續七個禮拜。第二階段的治療對象是吃麵包及餅乾，其治療時間是四個禮拜，當患者要吃餅乾或麵包時，要求她深吸香煙幾口，其治療步驟如第一階段，一直到對麵包感到厭惡為止。第三階段則在吃油炸圈餅時，讓她深吸香煙，一連實施三個禮拜。治療結果相當良好，她不再愛吃甜食，因為她看到甜點就噁心，甚至類化到冰淇淋，體重也降低到一百三十磅。（請參閱第七章 202～ 205 頁）

　　㈡矯治智能不足兒童撞頭行為案例：

　　馬丁和皮爾（Martin & Pear, 1978）曾報告矯治一位腦水腫智能不足兒童的撞頭行為。案主叫做詹姆士（James），只有七歲，因患有撞頭的習慣，所以，每天幾乎都被綁在特製的桌椅上，或是由成人抱著他。一離開成人的手，或站在硬物上，他會立刻俯下身體，開始撞擊頭部，一直到頭破血流。治療者使用電擊為厭惡刺激物，進行矯治。當發現詹姆士要俯在地板撞頭時，立即在大腿的外皮上施予兩次短暫而輕微的電擊；反之，若案主能在兩位訓練者之間，傳遞物品而不撞頭，則及時給予糖菓、獎品、或是擁抱。經過數月的訓練後，詹姆士撞頭的行為減少，甚至能自由參與他人的活動。在此一個案中，電擊就是用以遏阻撞頭行為的「厭惡刺激」，或是所謂的「懲罰物」。但使用電擊要非常小心，務必在醫生指導下，方可使用，以免發生其他傷害。

在一些醫療機構，或是煙毒勒戒所常拿電擊來做為厭惡刺激，幫助酒鬼戒酒，煙毒犯戒毒，性變態者改邪歸正，過度肥胖者不敢多吃食物，或是吐乳幼兒停止吐乳。他們所以選用電擊做厭惡刺激的主要理由有五：(1)操作電擊完全可用儀器控制，所以較簡便；(2)可以配合需要，隨時施與電擊；(3)治療者可以嚴格而精確地控制電擊的強度及長短；(4)可以在某一段時間內，反複使用多次；(5)電擊對大多數人都會產生厭惡感。使用電擊雖然有這些方便，但也因為電擊具有傷害性，所以一般教師或家長就不能隨便使用，只有合格的醫師或是臨床心理學者方可愼重使用。

㈢矯治嬰兒反胃吐乳案例：

根據醫學上的報導，在嬰兒時期常常有反胃吐乳的案例。如果吐乳情形較嚴重，易遭至營養不良，或併發其他疾病，其死亡率竟高達百分之二十。郎格和美拉特（Lang & Melamed, 1969）曾提出一項治療報告。患者是一位九個月大的男孩，一連吐了將近二個月，體重降低到十二磅，每天要用橡皮管從鼻孔灌入流質食物，以維持其微弱的生命。醫生也曾經用過藥物治療，身體約束，以及對母親實施心理治療，但均宣告無效。於是一些心理學家受命接辦此一個案，改用躲避制約治療法（avoidance conditioning therapy）。他們先針對患者的反胃吐乳的反應，進行一連串的觀察及分析。結果發現，在大量反胃吐乳之前，使用肌電測量儀，可從腹部測出微弱的肌肉反應電波，這就是反胃吐乳的前奏曲。於是，治療者就以電擊做厭惡刺激，每當餵乳後，若觀測出嬰兒的腹部有微小的肌肉反應電波，即於患者的小腿部施予短暫的電擊，每相隔一秒鐘施行一次，一直到吐乳反應完全停止為

止。這樣治療兩個禮拜之後，患者的體重竟提高了百分之廿六，也不必再由鼻孔灌注牛奶。經由二年多的追踪觀察，治療效果相當良好。這一種治療方式所以能發生成效，係因患者每在腹部用力，即由腹部發生肌肉反應電波，故立即受到電擊，致使患者逐漸不敢在腹部用力，結果，吐乳的反應也逐漸消失。

後來，有些心理學者總覺得使用電擊誠屬殘忍，同時，在一般家庭也不易採行，故改用檸檬汁做厭惡刺激物。沙吉瓦吉等人（ Sajwaj et al, 1974 ），改用檸檬汁做厭惡刺激物，治療一位六個月大女嬰的反胃吐乳。這一位女嬰常把入胃的食物，藉攪動舌頭等動作而吐出。這一位小患者通常餵食完畢，吐乳的行為就開始。小患者常張開嘴，舌頭上揚捲起，很用力地前後攪動，幾秒鐘之後，胃裏的乳汁就升到喉頭，隨之到口腔後部，然後慢慢流出口外。小患者這個動作通常持續二十至四十分鐘，直到剛下肚的乳汁全部流出為止。

治療步驟是每次餵食過後，若發現患者的舌頭開始攪動，就用滴管，注入檸檬汁五至十滴（約五至十公撮），隨後給三十公撮的藥用糖漿。經過一分鐘之後，小患者的舌頭如果還在攪動，就繼續注入檸檬汁，一直到停止攪動為止。治療結果顯示，一開始施予檸檬汁治療，攪舌動作就降到百分之十。繼續治療第五天之後，就不再發現有反胃的乳汁流出口中。三十三天之後，檸檬汁就完全停用。出院時體重升至十二磅五盎斯，較治療前增加百分之五十四。（詳見華瘦馬，民 70 年）

㈣飽足策略的應用案例：

　　需求也是人類行爲的動力，個人往往爲了滿足各種需求，會採取一連串有效的行動。有些人渴望於滿足生理需求，有些人則熱中於尋找新奇的刺激。適度予以滿足需求或是偶而讓個體獲得新奇刺激，都可能使個體的行爲得到調適。反之，若一律採用水來土掩的遏阻策略，勢將使其變本加厲。例如，愈禁止國中生偷看黃色小說，有些學生就愈想偷看；愈不讓高中學生抽煙，有些人就愈會在背地裡猛偷抽。對這一些個案，有時候單靠禁止是不易見效的。反而讓這些愛偷看黃色小說的學生，利用週末或假日，一連數天不停地猛看十多本黃色小說，一直到看昏了頭，並令其逐本報告閱讀心得，或易使這些學生偷看黃色小說的興趣大爲減低；讓愛偷抽煙的學生，一支煙接一支，不停地猛抽，抽到頭昏腦脹，甚至嘔吐，則將使這些愛抽煙的學生談煙色變。

　　如上面所舉各例，在治療過程中，若由治療者主動大量提供案主所追求的目的物，讓案主享受到極限之後，產生生理上的不舒適，因而解除案主的不適當需求，或消弱不良反應，即稱爲飽足策略（ Satiation ）之運用。矯正兒童的一些不良習性，如咬指甲、亂撕衣服、囤積紙屑、咒罵、不雅的口頭禪等等，都可以利用飽足策略。亦即當案主表現一種不良習性時，立即督促他一再去反復這種行爲，一直到他感到厭惡爲止。飽足策略之所以有效，可能有兩種因素使然：⑴內隱的焦慮不再和該項行爲一併出現，所以該項行爲也就消弱；⑵該行爲一再反復之結果；產生疲勞，形成一種傷痛的或是厭惡的反應。若由第二項因素來說，飽足策略的應用，誠具有處罰的意義。茲特介紹二項臨床案例如下

(1)控制一位精神病患的囤積毛巾行為：

Ayllon（1963）曾治療一位女患者，這一位女患者喜歡偷取毛巾並大量囤積在病房裡。根據統計，每天要私藏19至29條毛巾，每次護士小姐拿走這些毛巾，她却又要從各房間蒐集所有的毛巾。為治療蒐集毛巾行為，開始採用飽足原理；第一星期每天由護士小姐主動給她七條毛巾，到第三星期每週給予六十條。當女病患所拿到毛巾囤積到625條時，吵着要把這些毛巾拿走（開始治療後的第十三週），並主動把毛巾搬出室外；第二十六週以後，只剩下幾條毛巾，所以治療也就告一段落（柯永河，民國69年，200頁）。

(2)改善一位聽障女孩亂撕衣服的行為：

在啓聰學校的一位女孩常常要撕破其他孩子的衣服，這種撕衣服行為很難糾正。因為受害孩子會有強烈反應（如向老師告狀，或是哭叫），這種反應又增強了案主亂撕別人衣服之行為。老師又不能採用不理會策略來消除此種行為。於是老師開始採用飽足原理，準備一大箱破衣服，其中包含一些不易撕開的破衣片。有一天這位女孩子又撕破其他孩子的衣服，教師即令她坐在堆滿破衣服的大箱前，要她盡情去撕開這些破衣服。開始時她撕得很開心，但時間一久，其手掌開始發痛，新鮮感逐漸減少。可是教師仍然要她繼續撕衣，一直到她投降為止。從那一天起，到學期結束（約三個月），她不再發生撕衣行為。（MacMillan，1973，P74）。

第三節　隔　離

一、隔離方式

　　當兒童表現某種「不受歡迎的行為」時，訓練者得終止，或拿掉他所嗜好的正增強物以消弱那一種「不受歡迎的行為」。這一種改變行為的策略稱為「隔離」，亦指將正增強物隔離之意。「隔離」與「懲罰」常不易分辨，二者同樣是設法減少「不受歡迎行為」的發生，只是「隔離」是以拿掉增強物為手段，而「懲罰」則以施予負增強物為手段。隔離策略的應用，也有下列幾種方式。

　　㈠立即停止增強活動：

　　兒童正在教室參加有趣的活動時，若表現不受歡迎的行為，教師應及時停止活動，等到兒童表現良好行為時，方可繼續進行該項活動。尤其是當兒童正從事最喜歡的活動，諸如：唱歌、做遊戲、競賽、或吃點心等，一有不當行為表現，教師應該立刻停止增強物或暫時停止這些活動。又如，當全班兒童正在玩樂器時，小明若表現他慣用的惡作劇（如推擊鄰座兒童等），教師應及時拿走他所使用的樂器，或令他離開現場，稍站五分鐘。若是玩樂器是他所愛好的（亦即正增強物），則這一種措施即帶有一種間接的懲罰作用，警告他勿再冒犯教室常規。

　　㈡立即撤除過度的注意：

　　此種方式是每當兒童表現不受歡迎的行為時，教師（或是訓

練人員）不再刻意去注意他。因爲有些個案是故意表現不受歡迎行爲，以引人注意，故若教師愈注意他，此種行爲的出現頻率愈高，教師的注意儼然變成「正增強」。處理這一種個案，只要教師不再給予過度注意（亦即不再給予正增強），即可減弱其不受歡迎行爲的出現率。這一種隔離方式的特點是，不必移動案主的位置，而只要把教師的注意力轉移，即可達到目的，故實施較爲簡便，也不易發生不愉快的情節。

路巴（Lovaas, 1965）等人曾研究一位九歲「自閉症女孩」（autistic girl）的自毀行爲（self-destructive behavior）。他們發現自毀行爲的出現率，常因它的出現伴隨著「社會性注意」（social attention）（如受到批評或微笑）而更增加。若自毀性行爲發生時不再給予社會性注意，則這一種自毀性行爲將會減少。他們同時發現自毀行爲常受到相同情境內的其他行爲之制約與消弱的影響。這一種自毀行爲主要包括用頭部或手撞擊牆壁或桌角。與自毀行爲相對抗的行爲是熱衷於音樂性活動（如打節拍、唱歌）或是操弄玩具。當兒童表現適當的音樂性活動時，若及時給予社會讚許，則其音樂活動更加頻繁，而自毀行爲更趨於減少。相反地，若不再繼續施予社會性增強，則音樂性活動逐漸消弱，結果自毀性行爲的出現率又增加。

普魯馬等人（Plummer et al., 1977）的一項研究則顯示相反的結果。案主是一位五歲大的自閉症女孩，常在個別指導時間表現分裂性行爲（disruptive behavior）。教師就依照通常所強調的隔離原理，每當案主表現分裂性行爲時，立即中斷個別指

導，並轉身不再注視案主。這一種結果，反而增加案主的分裂性行為的出現率。根據研究者的觀察，對這一位案主來說，「中斷個別指導」的這一項處置，竟成為一種「消極增強」，無形中助長其分裂性行為，因為案主把個別指導視為厭惡刺激。研究者只好改用步伐指導來代替隔離。每當案主表現不受歡迎行為時，即依照特定的速度實施步伐指導。結果，在個別指導時間內，案主的分裂性行為逐漸減少。根據此一實施結果，普魯馬等人特別強調，隔離策略的運用，必須要常常核對其成效，否則容易變成程序上的隔離（procedural time out），而並不一定發生預期矯治效果。

　　㈡立即送進隔離室：

　　這種方式是每當兒童表現不受歡迎行為時，立即讓他離開現場，進入特設的隔離室，承受懲罰。這一種方式在正式的實驗情境應用最多，但也因為過度限制個人的自由，所以遭遇批評也特別多，有待進一步討論。

二、隔離室的設置

　　運用隔離策略最常用的方式是當兒童表現不受歡迎行為時，及時把他送入特定的隔離室（time-out room），接受短暫的懲罰。隔離室的空間不要太大，室內不放置任何的傢俱、物品、或是圖片，讓被關在室內的兒童無法獲得任何增強。將兒童留置在隔離室的時間，最好不要太長，大約五分鐘左右即可。假如兒童被禁閉在隔離室期間，仍然吵鬧或是發脾氣，就不要立刻放他出來，一直要等到兒童表現良好行為方可讓他出來，甚至有幾十秒

鐘的安靜時間也可以。否則，兒童一吵鬧、一發脾氣就放他出來，等於是增強其發脾氣吵鬧的行為，必將助長其不良的行為。

運用隔離室也有若干限制：如喜歡撞頭的特殊兒童，就不宜單獨把他禁閉在隔離室，因為容易傷害這些兒童。尤其處理自閉症兒童就要格外注意。最好在隔離室的四週及地板上裝置厚厚的海棉墊，並設置一個觀察窗口，隨時注意兒童的反應，以防止意外事件的發生。有些個案則故意在隔離室裡排便，並弄髒自己的身體以便讓大人接近他、照顧他、或開釋他。有些個案則特別喜歡單獨一個人在隔離室內消耗時間。對這些個案就比較不適宜用隔離室，宜速改用其他輔導策略。

波斯托與巴里（Bostow & Bailey 1969）曾運用隔離策略，矯正兩位智能不足者的搗亂與攻擊性行為。每當兩位智能不足者表現攻擊性行為時，訓練者立即把他帶進隔離室兩分鐘。兩分鐘之後，若案主能安靜十五秒鐘左右，方放他出來，並適時給予增強。訓練結果兩位案主的攻擊性行為顯然降低許多。

泰勒（Tayler, 1965）也很成功地使用「隔離室」來革除十五位少年犯的不適當行為。他們的年齡是介於十三歲到十五歲，所革除的不適當行為包括破壞競賽規則，亂擲球或石塊、扭打或過分多管閒事等。泰勒的處理方式是先佈置一間（4 × 8 呎）大的「隔離室」，內部不放置任何東西。每當這些少年犯表現上述不適當行為時，即被帶到這一間隔離室，靜坐十五分鐘。訓練方案的實施分三部分：開始七週是利用「隔離」方式來處置不當行為的發生，接著有十三週是用「申斥」來代替「隔離」，最後十二週再開始使用隔離。結果「隔離」方法發生功效，減少了許多

犯規者。相反地，藉語言上的申斥則收效甚微。

第四節　運用處罰應注意之原則

如前面所提及，處罰原理是指當個體在某一種情境中，從事某項事情之後，若及時體驗到不愉快的後果，則下次遭遇到相同情境時，較不可能再從事同樣的事情。但我們在運用處罰原理時，應特別注意到下列因素，方易收到預期效果：

一、確實把握處罰的時機

當一位兒童表現不當行為時，究竟在何種時機施予處罰方易收效，乃是學者所欲研討的問題。例如當過度肥胖的小明擅自伸手要拿櫥櫃裡的餅乾時，應該及時處罰他呢？抑是讓小明拿下餅乾而吃下餅乾時方予以處罰？根據一般研究結果顯示，對這一類問題的答案是，在行為發生之初就該及時給予處罰的成效，大於行為完成之後纔給予處罰。進一步來說，不當行為的發生與施予處罰之間的時間，若延宕時間愈長，處罰效果也愈小；亦即需要處罰的行為一發生，訓練者就要馬上給予適當的處罰。因為若處罰的延誤時間愈長，不僅對於主要行為的影響效果愈微弱，而且也容易介入不相干的行為，結果反而懲罰了那些不相干的行為。就拿智能不足兒童的訓練來說，由於這些兒童的注意力較差，且又拙於「短暫記憶」（short-term memory），再加上其語言能力的缺陷，故若承受處罰與行為後果的時距相差太長，則他們根本無法察覺受懲罰的原因何在，其處罰效果自然也就大打折扣。例

如訓練智能不足兒童的衛生習慣，最好是對每一錯誤反應，馬上給予適度的改正或處罰，切勿相隔一段時間後，再含混的說一句「做不好」。在一般家庭裏，也常常聽到母親恐嚇正在搗亂的孩子說：「你再搗亂，晚上等爸爸回家，就叫他狠狠的打你一頓」。像這一種處罰方式是最下策，因為不良行為發生在早上，而一定要等到晚上方給予懲罰，就是不易收效的方式。

二、處罰的強度要因人而異

究竟處罰強度與處罰成效之間有何關係，也是研究者所關心的問題。一般而言，倘若其他條件相等，則處罰的強度愈增加，不當行為的反應傾向也愈受抑制。一項矯治酗酒個案的研究顯示，當處罰的強度愈增加，患者壓槓桿去取得酒的速率也愈減少；另一項矯治抽煙的個案研究亦顯示，當患者因打開煙盒而遭受的電擊強度愈增加，則抽煙率也愈減低（ Wilson & O'Leary, 1980 p.126 ）；我們當然不能單靠這些研究結果就強調說，對付任何個案，一律要使用強烈的處罰。事實上，當一位「執法者」不得不施行強烈處罰時，正可表露出處罰者本身的無力感；更進一步來說，處罰者的正增強屬性亦隨著強烈的處罰而趨於減弱，因為被處罰者將設法逃避處罰者，所以處罰者對被處罰者的影響也愈少。

三、執行處罰的態度要一致

一般專家常常勸告父母說：處罰子女時態度務必一致。因為根據一般的研究結果顯示，處罰子女若想獲得一定效果，不僅父

母之間的態度要一致，且前後所採取的處罰方式也最好一致。另外根據父母與子女相互作用的一項研究顯示，父母的管教態度若寬嚴不一致，所造成的處罰頻率也最高。更不幸的是，常處罰子女的父母，正為其子女樹立了攻擊行為的楷模。也就是說，父母在無形中，告知其子女，當個人生氣時，可以假藉「打」人來發洩其挫折感。因此，有些研究顯示兒童在校的攻擊分數也顯然與受體罰的次數有關。

四、強化足以引發受歡迎行為的情境

消極性的懲罰，只能暫時遏阻不受歡迎行為的出現頻率，本身並無法取代良好行為。因此，教師或家長在不得已的情況下要使用懲罰時，務必獎懲兼顧並致力於引發與不受歡迎行為相對抗的受歡迎行為。倘若教師或家長能有效設計足以引發受歡迎行為的情境，則相對地不受歡迎的行為也自然而然消失。例如，要改正一位常在水泥地上打滾及撞頭的小強，除了要針對打滾撞頭這一類反應施予懲罰之外，若能增強小強端正坐在席位上聽故事，拍手唱歌，或是站著投藤圈等行為，則小強在地上打滾或撞頭的行為，自然而然也就消失了。就這一個個案來說，「在地上打滾」、「撞頭」都是「不受歡迎的行為」；相反地，「坐著聽故事」、「拍手唱歌」，或是「站著投藤圈」均屬「受歡迎行為」，只要強化足以引發這些受歡迎行為的情境，就可以減弱在地上打滾的不受歡迎行為。

如何強化有利的情境，自然是人人所關切的問題，也是教師、家長應該動腦筋設法的問題。如把小強帶到一群小朋友正在投

藤圈的遊戲情境，或是唱遊情境，小強自然而然，承受環境氣氛的薰陶，參與此活動的機會就會大大提高；相反的，表現打滾、撞頭的行為頻率也就減少。

五、減少足以引發不受歡迎行為的原因

當不受歡迎行為形成之後，若欲徹底革除它，就需要付出加倍的精力與時間。例如一方面要針對不受歡迎行為的表現給予當頭棒喝；一方面對於相對立的受歡迎行為則給予獎勵，最後，還得盡量減少足以引發不受歡迎行為的原因。若能有效防範不受歡迎行為的起因，不受歡迎行為自然無法形成，也就不必受到不愉快的處罰。

就舉前例小強在地上打滾或撞頭的行為來說，首先若能分析得知小強在何種情境下，方常表現在地上打滾的行為，我們自然可以設法避免這些情境的發生。倘若我們知道小強常於別人在場的情況下，在地上打滾，那麼，訓練者就該避免在大眾面前糾正其行為。若發現小強常在平滑的水泥地上打滾或撞頭，則訓練者就該安排一間有地毯的訓練室，使小強的企圖無法得逞。若知道小強常以在地上打滾為手段獲得糖菓或獎品，則訓練者就不該再投小強的所好，給予錯誤的增強。

討 論 問 題

一、請舉例說明「懲罰」與「隔離」的意義,並比較其差異?

二、試舉例說明三種隔離策略的實施方式。

三、教師或家長在運用處罰原理時,必須注意那些原則?

四、就矯治嬰兒反胃吐乳的案例來說,你能否想出比「電擊」「
檸檬汁」更合理、有效且符合人道的方法。

五、試評「隔離室」在我國國小及幼稚園的實施方式及其可行性。

第 五 章
增強物與增強分配方式

　　俗語說，人生如朝露，且人人均得歷盡滄桑，馬不停蹄地在崎嶇不平的旅途上奔馳。有人若是中途在樹蔭下歇歇脚，自問「為何而活？」「為誰而忙？」恐怕不易得到很滿意的答案。從行為科學的立場來說，這是屬於行為動力的問題，亦即欲得知：「什麼力量驅使個體採取一連串的行動？」一般而言，舉凡有關需求、願望、慾望、驅力、本能、目的、理想以及價值等字眼，均具有行為的動因。究竟引起行為的動因有那些，這是行為科學家所最關切的主題。因為這些動因的分析資料，有助於吾人安排有關的變因來誘導行為的形成。

　　單就人類的需求來說，誠屬永無止境；一種需求滿足之後，另一種需求又接踵而至，讓個體若不是疲於奔命，就是樂而忘返。美國著名心理學家馬斯洛（A.H. Maslow）曾提出一套動機階層論（hierarchy of motivation）將人類的需求按發生的先後順序或優先次序分為五個階層；即(1)生理的需求，如饑、渴等。(2)安全的需求，如安全、穩定等。(3)愛的需求，如愛情、溫暖、認同等。(4)尊嚴的需求，如自尊、權勢等。(5)自我實現的需求，如藝術創新、科學研究、文藝寫作等等。他認為：就一般人來說，需求的發生和滿足此等需求的行為，均按照這種階層，由基層而高層，由生理需求到心理需求，由形而下到形而上，節節升高。不過這一種需求階層並不是確切不變的，因為個人往往將生活需求依其重要性排成次序，自成一串價值系統，而成為決定其行為的原動力。這一個價值體系若以哲學的觀點來說，就成為一個人的人生觀。

在眾多的需求或是相關連的刺激中，有些是人們所喜好的，有些是人們所厭惡的。但是不管是喜好的，或是厭惡的，都可能增進，或減弱行為的出現率，故行為制約論者稱其為「增強物」（reinforcer）。如果一種增強物是某一特定個體所喜愛的，就稱為「正增強物」（positive reinforcer）；反之，若為個體所不喜歡或厭惡的，就稱為負增強物（negative reinforcer）。有效增強物的選定，是行為改變方案能否成功的一項重要關鍵，故值得藉此章詳加討論。

另者，運用增強物時，究竟在什麼「時機」該提供「多少」的增強物，方最有利於行為改變方案的實施，亦屬行為科學家所欲研討的主題。此一主題稱之「增強分配方式」（schedules of reinforcement），又可譯成「增強時制」。這一種增強的分配，有的是連續性的，有的是間歇性的，亦一併在本章詳加介紹。

第一節　增強物的類型

一、增強物的意義

增強物是指足以改變行為或反應頻率的刺激而言。換言之，倘若一位受訓者的某一項行為受到激勵或牽制，結果使其行為的反應比率發生變化，這時候實驗者加諸於受訓者之刺激，即稱為增強物（reinforcer）。「何物」在「何種時機」對「何種機體」的「何種行為」較易引起增強作用，是訂定改變行為方案中必

須慎重考慮的要件。有些東西對大部分的有機體都能發生增強作用。例如食物對饑餓的個體可能就是普通而有效的增強物；錢幣及玩具對一般兒童也較易發生增強作用。當然也有比較奇特的個案：例如在包昧斯塔（A.A. Baumeister）等人所主持的一項解大小便習慣之訓練方案中，一位重度智能不足者很喜歡獲得「舊襪衣」。對這一位智能不足者來說舊襪衣的增強價值遠勝過其他任何東西。

選擇增強物時，訓練者或是教師所應考慮到的是個別差異問題。對教師可能發生增強作用的刺激物，不一定也能用到智能不足兒童；反過來說，智能不足兒童所喜好的東西，教師不一定也喜歡它。諸如蘋果為某釣魚者所喜好，但鯉魚不一定喜歡它；反之「蚯蚓」為鯉魚所喜好，但釣魚者却不喜歡它。釣魚者為了使鯉魚易於上鈎，不得不捨棄蘋果而用蚯蚓來做魚餌，此理至為淺明，不待贅言。進一步而言，對某一特殊反應能發生增強作用的東西，換到另一時期不一定再能發生效用。一項增強物在某一時期對某一個體所產生的增強強度，還要依據該個體短少這一種增強物的時間長短而定。如在一些動物實驗中，在實驗進行前要先斷絕供應食物一段時間，然後再以食物為增強物，設法引發預期中的良好行為，就是為了這個道理。在改變行為方案實施前，教師（或訓練者）要先根據受訓者的需要及現狀逐一列出一些增強物，並依照其有效程度排列順序以備選用。

增強物的分類方式因人而異，如馬丁和皮爾（Martin & Pear, 1978）等人則把增強物分為下列五種：

㈠消費性增強物（consumable reinforcers）：如糖果、餅

乾、飲料、餐點等。

㈡活動性增強物（activity reinforcers）：如看電視、看漫畫書、嗜好、體育活動、騎車等等。

㈢操弄性增強物（manipulative reinforcers）：指個人所喜歡玩的東西或競技：如玩具、洋娃娃、畫圖、跳繩、吹氣球、吹口哨或玩迷津等等。

㈣持有性增強物（possessional reinforcers）：指個人所持有的東西，如刷子、指甲刀、梳子、髮夾、手套、皮帶、鞋帶等等。

㈤社會性增強物（social reinforcers）：指個體所喜歡接受的語言刺激，或是身體刺激（physical stimulation）：如口頭讚美（說一聲好孩子、工作很棒、太好了等等）；身體接觸（如撫摸頭髮、擁抱、握手、拍肩膀等）。

上述分類方式略有所重複，如活動性增強物與操弄性增強物不易完全劃分清楚，而且，如獎狀、積分、代幣等類化增強物並未包含在內，故尚待重新歸類。

本節特將各類增強物歸納為下列三種：(1)原級增強物（primary reinforcers）或稱為非社會性增強物（non-social reinforcers）；(2)次級增強物（secondary reinforcers）或是類化增強物（generalized reinforcers）以及(3)社會性增強物（social reinforcers）。茲就三種增強物逐一介紹如下：

二、原級增強物或非社會性增強物

這一類增強物包括食物性增強物、操弄性增強物以及持有性

增強物等三種，都是直接或間接和機體的基本需求（尤其是生理需求）有關，所以稱為「原級增強物」或「非社會性增強物」。

㈠食物性增強物（edible reinforcers）：包括一些食物（如糖果、餅干、冰淇淋、冰棒、雪糕、凍凍果、蛋糕、葡萄干、巧克力糖球、牛奶、佳佳、乖乖、瓜子、生力麵、點心、麵包），以及飲料（如汽水、果汁、牛奶、養樂多、酒等）。一般較年幼的兒童或是貧寒的智能不足兒童都較喜歡這一類增強物。在一般訓練方案實施過程中，初期都使用食物性增強物。使用食物性增強物時，每一次的分量不宜太多，宜以幾顆或幾粒為單位。蓋物以稀為貴，若一次即讓受訓者吃膩，增強效果將遞減。

㈡操弄性增強物（manipulative reinforcers）：包括玩具、工具、顏料、臘筆、繪冊、玩偶、故事書、書卡、電視、樂器及音樂欣賞等。尤其電動玩具或在電視上常出現之玩偶更受歡迎。使用這些增強物時，通常只准許受訓者使用一段時限，時限不宜太長，否則易玩膩。興緻未盡時，即要停止，讓他希望下次再來玩。一般電視節目上的連續劇、布袋戲或連載小說、武俠小說等大部分均採用「欲知詳情如何，且看下回分解」方式，以吸引觀衆或聽衆的興趣，其道理即在於此。

㈢持有性增強物（possessional reinforcers）：包括一些個人身邊所持有的東西。如牙刷、指甲刀、梳子、髮夾、手套、皮帶、鞋帶、襪子、內衣、內褲、手帕、帽子、口罩、鞋子、圍巾。這些增強物的種類相當多，凡是日常用具均可包含在內，對於成人也都可能產生增強作用。

原級增強物雖然對各階層或不同年齡的人均具吸引作用，

但根據一些案例的應用結果顯示，原級增強物在長期的訓練方案中很難維持其增強效果。就拿食物性增強物的功用來說，對兒童也有很大的個別差異：有些兒童喜歡吃糖果，但其喜歡程度却隨訓練時間的增加而遞減；有些兒童甚至只吃了一兩顆糖之後就厭膩。再以玩弄性增強物來說，不但在應用上常受到限制，而且容易干擾實驗的進行。持有性增強物更受個別差異的影響，花費也較大，似乎不容易依照兒童的需要，購置各色各樣的持有性增強物。簡單歸納說，原級增強物之應用較易達到飽和，不能長期維持每一位受試者的作業成績，只適用於較爲短期的訓練和工作次數較少之作業上。

三、次級增強物或類化增強物

㈠主要特點：有些人主張，若欲克服上述運用原級增強物所遭遇到的困難，最好是改用「次級」或「類化性」增強物。這一類增強物是指曾經和其他「原級增強物」發生關連，而獲得相等增強效果的刺激物或符號而言。如一般學校所慣用的「分數」、「獎狀」、「錦標」、「獎杯」、「獎牌」、「畢業證書」、「學分證書」、「等第」等均屬之。次級或類化性增強物有兩種主要特點：⑴這類增強物較不受某一特別的短缺狀態之影響。也就是說，機體對這些增強物的需要程度較爲一致，不受不同訓練環境之左右。例如利用食物性增強物時，往往要先使個體短缺這些食物性增強物（如禁食五小時、禁飲四小時或幾天不讓受訓者吃到糖果或餅干等等）。如改用類化性增強物，事前就不必做這一

種安排。(2)次級或類化增強物的增強價值要比「原級增強物」來得大，因為「類化增強物」的增強價值是一部分由原級增強物的增強價值累積而成。換言之，次級增強物所以能發生增強作用，一則以相關連的每一項「原級增強物」的增強價值為基礎，再加上次級增強物本身的增強效果。所以其吸引力要比單獨的「原級增強物」來得大。

在各項行為訓練方案中常用到的類化增強物計有：代幣（token）、積分（point）、符號（mark），或是各色各樣的標誌物。獲取這些增強物後，必須有可能換取原級增強物或社會性增強物方有價值可言。在實施較長期的行為改變方案中，最常用的增強方式是代幣制（token system），以及積分制（point system）等二種，值得分別做進一步的詳細說明。

㈠代幣制：有人常提及這麼一句問話：「如果你在無人島上，你要壹佰萬元新台幣，或是要一公斤饅頭？」其答案絕對是「要一公斤的饅頭」。因為錢幣本來就是一種中介物，要能換取個體所需要的東西，諸如食物、日常用品、以及休閒用品等等，方會受到珍視。這也就是人們日夜為金錢東奔西跑，忙碌過活的主要原因所在。通常有一些行為改變方案執行者，喜歡使用一種本來是不具有增強作用的物體為表徵（如籌碼、銅幣、紙幣等），讓它與具有增強作用的其他刺激物（如食物、玩具等）相聯結，好讓這一種表徵物變成具有增強力量的東西。這一種經由制約歷程而獲取增強力量的表徵物，通常稱為「制約增強物」（conditioned reinforcer）。能夠累積並可兌換其他增強物的制約增強物，則稱為代幣（tokens）。針對一組人實施一套專門運用代幣

來做為增強目標行為的有組織的方案，就稱之為「代幣制」（
token system or token economy）。任何可以累積的東西（如
硬幣），都可以在代幣制中充當中介物，以資換取後援增強物（
back-up reinforcer），如食物、日常用品等。代幣制的成效，
完全取決於後援增強物的種類多寡以及增強力量的大小，故擬訂
行為改變方案者務必慎重安排後援增強物。如華森（Watson, R.
I. 1965）等人利用「撲克牌籌碼」（poker chips）來做代幣
，讓智能不足兒童因工作而獲得這一種籌碼之後，可以使用它去
操作下列四種買賣機（dispensing machines）：⑴賣糖果的、
⑵賣點心的、⑶小動物的卡通片、⑷看兒童電影的機器,以換取各
自所需要的後援增強物。

　　法斯達（Ferster ）等人曾設計一套「代幣制」以訓練一些
自閉症兒童的動作。這些孩子的動作表現和重度智能不足兒童很
相似，非常不靈活。法斯達等人初步先設法訓練這些孩子藉操作
「活動機」（manipulandum）來獲取「代幣」。然後進一步利用
「代幣」從「自動販賣機」（vending machines)換取糖果、食
物、或是藉此玩弄電唱機、幻燈機、「彈珠檯」（pinball ）等
等。結果，這些兒童的動作反應進步很大，均較靈活。

　　吉拉流和斯巴林（Girardeau & Spradlin, 1964 ）利用一
套籌碼增強系列,去訓練二十八位中度智能不足婦女的「受歡迎行
為」。他們所要建立的行為，如洗髮、穿衣、參加團體活動或
工作等。當受訓者完成一項特定工作之後，即可獲得一個特製的
銅幣。受訓者可以用這一種銅幣換取他們所喜愛的物件，如糖果
、衣服、化粧品和其他一些特權（如看電視、自由活動等）。為

了增進次級增強作用之效能，並提高受訓者的學習效率，訓練者在訓練初期即宜設法使受訓者熱衷於獲取這一種銅幣。也就是說，要先使他們學習獲取銅幣之方法，然後才能進一步以銅幣爲中介物，換取他們所需要的東西。根據實驗報告，經過二十二週的訓練，有些受訓者的行爲進步很大。

　　新近在歐美各國的精神醫院，試用代幣制以改善慢性精神病患的各種行爲的研究報告，已日趨增多。根據這些報告，不管採取個別方式，或是團體方式，代幣制對改善慢性精神分裂症病患的退縮行爲有顯著功效；又可以增進個人照顧技能，以及社會性活動。

　　在國內黃正仁（民72年）曾以省立高雄療養院內的四十八名慢性精神分裂症患者爲對象（分成實驗組與比較組），用一套團體代幣制，經過約兩個月的治療及三個月的追踪考核，結果顯示，代幣制確實對病患的睡眠習慣、自我照顧、人際溝通、以及建設性工作都有顯著性的效果。尤其是對改善女性病患的舖床、儀容、發言、招呼、助人、做事、以及戶外活動等成效較大；對改善男性病患的打招呼、助人做事，以及休閒等行爲，助益較大。茲特摘要介紹其主要方法及結果如下：

〔案例〕

㈠研究題目：慢性精神分裂症患者之行爲治療─團體代幣法之應用。

㈡研究目的：探討團體代幣行爲治療法對於改善長期住院慢性精神分裂症患者的睡眠習慣、自我照顧、人際溝通、及建設性工作等行爲之影響。

㈢研究人員：黃正仁，省立高雄療養院技正。

㈣研究日期：民國七十一年二月至七月。

㈤受試者：住在台灣省立高雄療養院，經兩位以上精神科醫師確實診斷爲精神分裂症而記錄於病歷表，並且連續住院三年以上者爲選取對象。男女各二十四名，共計四十八名（如表）。受試隨機分爲實驗組與對照組兩組，每組男女各十二名，每組人數爲二十四名。

表5-1　研究對象住院年數與性別分佈

性別＼住院年數人數	三年以上五年以下	五～十年	十年以上	總　　數
男	0	13	11	24
女	4	10	10	24
總　　數	4	23	21	48

㈥**實驗程序：**

1.實驗過程的時間分爲下列階段進行：

(1)基準線十天（民國71年2月8日～2月19日）。

(2)第一個治療期十天（ 2.22～3.5 ）。

(3)第二個治療期十天（ 3.8～3.19 ）。

(4)第三個治療期十天（ 3.22～4.6 ）。

(5)最後治療期十天（ 4.8～4.21 ）。

(6)治療後追踪第一個十天（ 5.17～5.28 ）。

(7)治療後追踪第二個十天（ 6.14～6.28 ）。

(8)治療後追踪第三個十天（ 7.19 ～ 7.30 ）。

2.增強方式：

(1)行爲治療開始，每兩個代幣可換相當一元的實物，每天都
可兌換以得到即時增強之效。直到第三個十天才改爲每一
代幣可兌換相當於一元的實物。

(2)代幣：用硬紙板製作圖形代幣，旣易携帶，又不易損壞。
代幣分爲兩種：直徑三公分的圓形紙幣爲一元，直徑五公
分的紙幣爲五元。治療開始階段，每兩個代幣可兌換相當
於一元的實物，每天均可隨時兌換。治療中期才改爲每一
代幣可兌換相當於一元的實物。

(3)後援增強物：患者可利用所得代幣換取下列增強物。

　　1 元——香煙一根、花生糖一個、豆腐干一個、酸梅 2
　　　　　個、軟糖 3 個……。

　　3 元——沙琪瑪一個、方塊酥一個、香蕉兩條……。

　　5 元——豆花一碗、養樂多一瓶、台灣梨一個、綠豆湯
　　　　　一碗、蝦味先一包……。

　　7 元——海棉蛋糕一個、統一肉燥麵一包、統一牛肉麵
　　　　　一包、肉燥米粉一包、口香糖一包、夏娃一瓶
　　　　　、多多一瓶、蘆筍汁一瓶……。

　　8 元——楊桃汁一瓶、酸梅汁一瓶、甘蔗汁一瓶……。

　11 元——金馬香煙一包……。

　15 元——汽水一瓶……。

　22 元——長壽香煙一包……。

100 元——洋傘一把。

其他——洋裝一件 250 元，男用長褲一件 300 元等。

3. 目標行為：亦即在本訓練方案中，擬幫助患者建立的良好生活習慣。

(1)睡眠習慣：

①清晨六時四十分以前自動起床。

②午睡在二時卅分以前自動起床。

③改善賴床：(早晨九時至十一時)或(下午三時至五時)。

(2)自我照顧：

①早餐前使用牙膏刷牙。

②每天洗澡。

③主動整理好床舖。

④儀容整潔(頭髮、衣服、臉部)。

(3)人際溝通：

①生活討論會中發言。

②主動和人打招呼。

③主動助人做事(如撿紙屑、掃地、擦桌，不論幫助護士或病人做事都可……等)。

(4)建設性工作：

①半主動工作，如洗碗、洗菜、採買、推飯車、看門、掃庭院、幫忙福利社工作等。

②參與休閒活動，如看報紙、看雜誌、看電視、做慢跑、下棋、打球、聽音樂等等。

③參加規定的戶外活動。

(七)實驗結果：

1. 針對本研究的目標行為，團體代幣行為治療法對於慢性精神分裂症患者有百分之九十二的治療效果，而一般護理工作法有百分之三十八的治療效果，兩者差異甚為懸殊。

2. 代幣行為治療法較優於一般護理工作法的治療效果計有：起床、午睡、舖床、儀容、發言、招呼、助人做事、休閒、戶外活動等行為方面。

   不論在睡眠習慣、自我照顧、人際溝通、和建設性工作方面，團體代幣行為治療法對於慢性精神分裂症患者都有肯定性的效果。

3. 統計分析發現團體代幣行為治療法對男性病患的起床、午睡、發言、招呼、助人做事、休閒等行為方面有顯著成效。對女性病患的午睡、舖床、儀容、發言、招呼、助人做事、休閒、戶外活動等行為方面有顯著效果。

   亦即，對男性患者有顯著治療效果的是在人際溝通方面；對女性患者有顯著效果的是在睡眠習慣、自我照顧、及人際溝通等項目。

4. 追踪三個月後，團體代幣法仍比一般護理法的治療效果好。亦即接受團體代幣法治療的病患，在舖床、儀容、發言、招呼、助人做事、休閒、戶外活動等方面的行為表現均較顯著進步。尤其是人際溝通方面，可確定有非常顯著的治療效果。

5. 追踪三個月後，發現團體代幣行為治療法，對男性病患較具顯著治療效果的項目是打招呼、助人做事、休閒等。對女性病患較具成效的項目是舖床、儀容、發言、招呼、助人做事、戶外活動等。

㈢積分制：在學校或行政機構裡，積分制（ point system ）的運用成效更顯著。因為積分制的運用方式較簡單，不必依賴精密儀器，只要擬訂一張各項行為的得分標準，以及個人得分的記錄卡片就可以實施。一般來說，積分制的基本要件包括：⑴對需要給予增強的目標行為有一套明確的說明；⑵有一份記分卡（或是積分簿），及⑶明確規定換取每一項後援增強物所需要的積分之多寡。由這些要件來說，積分制與代幣制的主要差異僅於所使用的中介物不同而已。亦即積分制是以積分為中介，而代幣制則以某特定的「代幣」為中介。因此，有些人乾脆把積分制劃歸於代幣制，認為「積分」也是具有「代幣」或是「表徵」作用。

目前在國內常常聽到各種積分辦法，諸如「××縣市國中小校長甄選積分核算辦法」、「各縣市政府辦理國民小學教師申請改調他縣市服務積分核算規定」、以及「××升等基本條件積分核算要點」等等，均屬積分制的應用。除此而外，用在一般教室管理、生產機構、特殊教育機構、以及監獄等，確實有其獨特的功效。對於激勵較為長期的行為尤具積極價值。實施積分制，訓練者事先要與受訓者訂下合約，讓受訓者知道在那一種情況下他可得幾分。訓練方案進行到某一階段之後，受訓者得使用他所賺取之積分，換取他所需要之東西。如錢幣、玩具、點心或是日用品等等。在合約上多少積分能換取何物，事先均要規定周詳。茲將實施積分制應行注意的作業要點及程序，提示如下：

　第一：先明確界定應予增強的行為，包括應予加分或扣分的行為。

　第二：標明應予加分或扣分的每一項行為的價碼。

第三：訂定實施的期限。

第四：依據受訓者的需要，選用後援增強物。

第五：設計最適當而具有吸引力的積分卡或積分簿。

第六：安排小型的福利社（或商店），並規定開放時間，讓
　　　受訓者依照規定用積分兌換後援增強物。

如前所提及，積分制的應用範圍相當廣泛，研究報告也很多，茲僅提示兩個案例，以供參考。

〔案例一〕養成少年犯的勤學行為

苟恒（Cohen，1966）等人曾以積分做增強物，設法養成一組少年犯的勤學行為（educational behavior）。他們採用編序教學方式（programmed instruction）訓練少年犯的學業。每當受訓者學完一個計畫單元而獲得百分之九十的分數，就有資格參加一項測驗。這一種測驗可以使他們獲得若干積分。受訓者得用積分購買所需的東西，如糖果、點心、馬鈴薯干、日用品、或是參與藝能活動、談話會、借書以及打電話等等。限制受訓者不能任意轉讓各人的積分，故受訓者想獲得積分，唯一的辦法是努力學習（此即本訓練方案中的期望行為）。每位受訓者的積分收支狀況，則隨時告示在休息室內的公布欄上。

除了藉積分來鼓勵學生努力求學之外，苟恒等人也特別注意到環境佈置，設法使其有利於學習，並盡可能減少干擾因素。他們曾改裝收容所的第一層樓，分別騰出一個團體教室、讀書間、測驗間、控制室、圖書室、一間小學生商店以及娛樂室等。學習活動自上午八時十分至十一時二十五分，從星期一到星期五，有十六位少年犯參與這一項訓練計畫。起初，這些少年犯是想得到

點心、馬鈴薯干以及進入娛樂室之自由時間而參與工作。但不久，他們用「積分」來換取的增強物竟是和學業有關的活動，如使用圖書室之自由時間，借用辦公室，以及參與新的計畫活動等。兩位學生想選讀代數，但由於他們的程度還不夠，所以主持者要求他們先得讀完兩門基礎課程（分數與小數），同時一定要在訓練方案中之測驗成績上獲得百分之九十的分數方得准予選讀代數。其中一位男孩預先註冊選代數課，但却要自小數單元開始學習。對他來說，能否進入代數單元，即是引誘他學習小數單元之有力增強物。這一種訓練方案進行很順利，大部分學生參與學業活動的時間愈來愈長，相反地，閒逛的時間則愈來愈短。

　　雖然每一個方案的重點是在訓練「學業行為」，但是這些受訓者的社會行為也有顯著的改變。他們逐漸倣效主持者之言行，甚至動用「積分」來換取和主持人相類似之衣服、白襯衫、黑領帶、黑襪子等等。在四個半月訓練期間，沒有訓戒問題發生，也沒有孩子損壞公物設備。這些少年犯所表現的社會行為頗能符合一般社會要求之標準。

〔案例二〕縣市政府辦理國民小學教師申請改調他縣市服務積分核算規定

一、基本積分：

　　㈠配偶不在同一縣市共同生活請調之教師給予五〇分。

　　㈡喪偶之女教師，須照顧公婆子女生活者，給予五〇分。

　　㈢單身女教師與父母設籍縣市相隔一個縣市以上，生活不便者，給予三〇分。

　　㈣全家遷居者，給予三〇分。

(五)單身男性教師獨子，與父母設籍縣市相隔一個縣市以上，照顧父母不便者，給予二〇分。

(六)其他原因請調之教師，一律給予十五分。

以上請調原因具備多項時，以擇一採計積分較高為準。

二、年資積分（最高三〇分）依下列規定核算：

(一)配偶不在同一縣市服務請調之教師，以在本縣市服務年資為計分標準。

(二)現職國小教師，經國小教師登記合格後，在公立或已立案之私立幼稚園連續服務，幷經報奉縣市政府核准有案者，其服務年資，於申請調校時，可予併計積分。

(三)國民中小學教師服務年資，於申請改調他縣市服務時，可予併計。

(四)師專畢業生分發後，應徵入營服役，其在軍中服役年資，不得視為教學年資，但可視為教師服務年資於申請調校時，得予併計積分。

三、最近三年考績積分依下列規定核算：

(一)考列公立學校教職員成績考核辦法第四條一款者，每一年給三分。

(二)考列同條第二款者，每一年給二分。

(三)考列同條第三款者，不予給分。

(四)師專畢業生分發後，服務未滿五年，應徵入營服役考績因與教師考績辦法不同，於申請調校時不予採計。

四、最近三年獎懲之積分依下列規定核算：

嘉獎一次給一分、獎狀一紙給〇‧五分

記功一次給三分。

記大功一次給九分。

申誡一次減一分。

記過一次減三分。

記大過一次減九分。

五、特別加分，依下列規定核算：

服務非原籍之離島或特偏地區之教師滿三年者（不含服兵役年資），給予四○分，不滿三年者不予給分，但上項地區學校，以各縣曾函報教育廳有案者為限。

六、第二志願請調縣市，其基本積分給分標準，依下列規定核算：

除以基隆市、台北市、台中市、台南市、高雄市為第一志願請調縣市，同時又以台北縣（限相對基隆市或台北市）台中縣（限相對台中市）、台南縣（限相對台南市）、高雄縣（限相對高雄市）為第二志願請調縣市，其基本積分給分標準均相同外，以其他縣市為第二志願請調縣市者，其基本積分給分標準，一律給予十五分。

四、社會性增強物

有些人也把社會增強物歸類於次級增強物或制約增強物。因為一個人表現某一項行為之後，若獲得別人的讚美而感到快樂，則該項行為的發生頻率將因此而提高。這一種關係是學來的，故把讚美視為一種次級增強物。但若根據馬斯洛（A.H. Maslow）的需求階層論，所謂愛或是關懷，乃是人類的一項基本需求，

只有在人際間的交往歷程，方能顯現其功能。社會增強物就是指這一種在人際交往中表現關懷或讚美的動作、語言及表情，諸如微笑、感謝、擁抱、拍肩膀、摸頭及讚許等等，都是屬於社會增強物。尤其是對兒童來說，父母、老師或長輩所施予的愛、關懷、讚美等都是極為重要而有力的增強物。傾聽兒童或受訓者的敘述往事，擁抱他、對他微笑、陪他遊戲、讚揚他、和他閒談，都是輕而易舉且又不必花費金錢的有效社會增強物。

每一項社會增強物的力量雖然是微不足道，但是對學童而言，在一天裏每一位兒童都要承受許多社會性增強物，而且經由這些社會化歷程潛移默化，終於樹立其獨特之人格。除非我們特別用心觀察這些社會增強物如何影響到兒童的行為，否則我們很難看出個別兒童如何習得那一種獨特的人格。

大部分用來改變兒童不良行為之訓練方案，都特別強調父母、師長或是同伴所給予的社會增強物之重要性。尤其是所謂智能不足兒童、情緒困擾兒童以及不良適應兒童等，平素鮮有機會獲得社會性增強物，所以無形中經過惡劣循環而愈趨遲滯與乖戾。一般行為改變方案均兼用社會性增強物與原級增強物，較少單獨使用社會性增強物。

亨利克遜（ Henrikesen，1967 ）等人曾利用社會性增強物來訓練四位重度智能不足兒童的用餐習慣。這些智能不足兒童在吃飯時所表現的不良習慣，包括狼吞虎嚥，用手抓飯，任意拋棄盤子在地面上，以及污染桌面等等。經過一段訓練時期，除了用不同的介入活動，口頭申斥，以及當面糾正等手段之外，還藉口頭與表情上之讚許，以及拍肩膀等社會性增強物來鼓舞適當的用餐

習慣。訓練三個月之後，這些兒童的不受歡迎之用餐習慣很明顯的減少。

新近，很多心理學家及教育工作者都強調，在養護機構內的智能不足兒童或情緒困擾兒童，因缺乏與成人接觸的機會，更少受到成人的讚揚，故都具有強烈的追求成人讚許與接觸之動機。許多研究結果也都顯示社會性增強物對於養護機構內的智能不足兒童之訓練很有效。

格雷和哈斯托（ Gray & Kastler, 1969 ）曾報告一項訓練結果，在這一項訓練方案中，主持人雇用年紀較大的男女成人做義祖父母，以便照顧養護機構內的智能不足兒童。這些義祖父母都很關懷這些孩子，給予愛與關心。結果顯示，這些孩子都有較優的社會生活能力。

就我國的現行社會制度來看，社會性增強物的使用很廣，效果也特別良好。例如，在各級學校每年均要表揚模範學生、優良教師、優良校長等等；社會各界也年年隆重舉辦好人好事表揚、模範母親表揚、傑出青年表揚、傑出女青年表揚、國軍克難英雄表揚、警政特優人員表揚、績優公教人員表揚、模範司機表揚等等。這些均屬於正式而有計劃的應用社會性增強物的最佳例子。其他尚有一些臨時而非正式的應用；例如蔣總統經常巡視全國各地，當面嘉勉勤政愛民且有做為的地方官員；歷任台灣省主席也經常率領各廳處主管巡視地方，當面勉勵縣市長；各縣市長也做此策略，經常下鄉探訪民情，為民謀福利。這些措施，無形中已對全國民心發生很大的激勵作用。筆者認為我國社會若人人處處以笑臉說一聲「謝謝！」；家長、教師對兒童的良好行為表現能

說一聲:「好孩子」「好棒!」;上級人員對下級人員的良好表現能設法多加讚許,則將有益於建立安康樂利而和諧的新社會。

第二節　增強物調查表的功用與內容

一、增強物調查表的功用

如前面所提及,運用增強原理的成敗取決於所選用的增強物是否適當。由於增強物的價值常因人、因時、因地而異,所以在研擬一套行為改變方案時,務必先考慮到增強物的選擇。為了針對案主的需要而選出最適當的若干增強物,並依照案主主觀上的價值判斷而排出其增強物層次表,必須借助一套增強物調查表方易收到事半功倍的效果。本章第一節所提及,馬丁和皮爾(Martin & Pear, 1978)曾提出一套較簡單的增強物調查表(reinforcer survey),將個人所喜歡的增強物分成:消費性增強物、活動性增強物、操弄性增強物、持有性增強物、以及社會性增強物等五大類進行調查。此種調查表較簡單,只能提供參考。

本節特轉介一套較詳盡的調查表。此套增強物調查表係由苛替拉等人(Cautela & Kastenbaum, 1967)所編訂,而復經周雅容(民68年)以及筆者依照國情所增刪者。

此調查表適用於個別或團體調查,所需時間約為二十分鐘,對一些閱讀有困難的受測者,可用口頭問答方式進行。一般而言,受測者的教育程度至少須國民小學畢業。若受測者無法填寫此一調查表,可由訓練者經過一段觀察後,代為填答,並藉此調查

結果，列出最合適的增強物層次表，以利實施爲改變方案。其指導語如下：

「請依照下列等級，表明你對每一項刺激的愛好程度，並請將等級號碼寫在每一項目的括號內。」

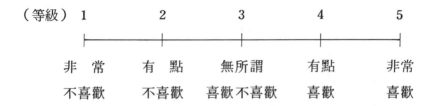

（等級）　1　　　2　　　3　　　4　　　5

非　常　　有　點　　無所謂　　有點　　非常
不喜歡　　不喜歡　喜歡不喜歡　喜歡　　喜歡

增強物調查表又可建立治療者與個案間的親善關係及更具體的治療程序，使治療者更能掌握治療過程。在研究上，亦可運用此一調查表來比較，是否不同的群體有不同數目或類型的增強物。亦可根據受測者在調查表上的反應，諸如是否偏重於兩極端的反應強度，或增強刺激的多寡，以探討其生活型態的差異等等。

二、增強物調查表的內容

㈠食物類：

1.冰淇淋…………（　　）　　6.餅乾………………（　　）

2.糖果……………（　　）　　7.生力麵……………（　　）

3.水果……………（　　）　　8.葡萄乾……………（　　）

4.蛋糕……………（　　）　　9.凍凍果……………（　　）

5.麵包……………（　　）　　10.布丁………………（　　）

㈡一般飲料類：

1.白開水…………（　　）　　2.牛奶………………（　　）

3.果汁…………（　）　　7.咖啡………………（　）

4.汽水…………（　）　　8.養樂多……………（　）

5.可樂…………（　）　　9.酸梅湯……………（　）

6.茶……………（　）　　10.阿華田……………（　）

㈢含酒精的飲料類：

1.啤酒…………（　）　　6.白蘭地……………（　）

2.葡萄酒………（　）　　7.威司基酒…………（　）

3.水果酒………（　）　　8.高粱酒……………（　）

4.米酒…………（　）

5.紹興酒………（　）

㈣音樂：

1.國樂…………（　）　　6.西部鄉村歌曲………（　）

2.平劇…………（　）　　7.爵士樂………………（　）

3.中國民謠、民歌（　）　　8.搖滾樂………………（　）

4.現代流行歌曲…（　）　　9.西部情歌……………（　）

5.古典音樂………（　）

㈤閱讀各種書籍及刊物：

1.冒險類小說……（　）　　8.散文集………………（　）

2.偵探小說………（　）　　9.愛情文藝類…………（　）

3.偉人傳記………（　）　　10.性愛書刊……………（　）

4.遊記……………（　）　　11.漫畫…………………（　）

5.詩詞……………（　）　　12.連環書刊……………（　）

6.懺悔錄…………（　）　　13.技術類………………（　）

7.幽默文選………（　）　　14.宗教類………………（　）

15. 運動類………………（　　） 18. 醫學保健類…………（　　）

16. 自然科學類…………（　　） 19. 歷史類………………（　　）

17. 社會科學類…………（　　） 20. 報紙…………………（　　）

（六）觀看各種運動比賽：

1. 足球賽………………（　　） 7. 網球賽………………（　　）

2. 籃球賽………………（　　） 8. 乒乓球賽……………（　　）

3. 高爾夫球賽…………（　　） 9. 排球賽………………（　　）

4. 橄欖球賽……………（　　） 10. 手球賽………………（　　）

5. 棒球賽………………（　　） 11. 田賽…………………（　　）

6. 游泳比賽……………（　　） 12. 徑賽…………………（　　）

（七）從事下列運動：

1. 足球…………………（　　） 12. 游泳…………………（　　）

2. 籃球…………………（　　） 13. 撞球…………………（　　）

3. 高爾夫球……………（　　） 14. 慢跑…………………（　　）

4. 橄欖球………………（　　） 15. 柔道或空手道………（　　）

5. 棒球…………………（　　） 16. 拳擊…………………（　　）

6. 網球…………………（　　） 17. 潛水…………………（　　）

7. 乒乓球………………（　　） 18. 賽車…………………（　　）

8. 排球…………………（　　） 19. 滑雪…………………（　　）

9. 手球…………………（　　） 20. 打獵…………………（　　）

10. 田賽…………………（　　） 21. 國術…………………（　　）

11. 徑賽…………………（　　）

（八）跳舞：

1. 交際舞………………（　　） 2. 芭蕾舞………………（　　）

3.土風舞………（　）　5.方塊舞……………（　）

4.民族舞………（　）　6.狄士可舞…………（　）

㈨動物：

1.狗…………（　）　6.兔……………（　）

2.貓…………（　）　7.牛……………（　）

3.馬…………（　）　8.老鼠…………（　）

4.鳥…………（　）　9.猴子…………（　）

5.雞…………（　）　10.羊……………（　）

㈩上街購物：

1.衣服…………（　）　7.新皮包…………（　）

2.傢俱…………（　）　8.運動用品………（　）

3.汽車零件………（　）　9.書籍……………（　）

4.電化製品………（　）　10.錄音帶…………（　）

5.食物…………（　）　11.美術品…………（　）

6.電動玩具………（　）　12.洋娃娃…………（　）

㈩一休閒活動：

1.看電影………（　）　9.看科學展………（　）

2.看電視………（　）　10.看園藝展………（　）

3.看畫展………（　）　11.看書展…………（　）

4.聽音樂會……（　）　12.看話劇…………（　）

5.看球賽………（　）　13.散步……………（　）

6.看花展………（　）　14.露營……………（　）

7.看服裝展示……（　）　15.登山……………（　）

8.看工藝展………（　）　16.下棋……………（　）

17.玩橋牌‥‥‥‥‥（　）　19.讀書‥‥‥‥‥‥‥‥（　）

18.運動‥‥‥‥‥‥（　）　20.上教會‥‥‥‥‥‥（　）

(三)你喜歡獲得那些持有性增強物：

1.牙刷‥‥‥‥‥‥‥（　）　7.鞋子‥‥‥‥‥‥‥（　）

2.指甲刀‥‥‥‥‥‥（　）　8.襪子‥‥‥‥‥‥‥（　）

3.髮夾‥‥‥‥‥‥‥（　）　9.書包‥‥‥‥‥‥‥（　）

4.梳子‥‥‥‥‥‥‥（　）　10.公事包‥‥‥‥‥‥（　）

5.皮帶‥‥‥‥‥‥‥（　）　11.毛巾‥‥‥‥‥‥‥（　）

6.手套‥‥‥‥‥‥‥（　）　12.手帕‥‥‥‥‥‥‥（　）

(三)你喜歡別人讚美你的那一點？

1.對你的外表、容貌（　）　6.對你的智力‥‥‥‥‥（　）

2.對你的工作‥‥‥（　）　7.對你的待人態度‥‥‥（　）

3.對你的嗜好‥‥‥（　）　8.對你的道德品性‥‥‥（　）

4.對你的體力‥‥‥（　）　9.對你能諒解別人的能力（　）

5.對你的特殊才能（　）　10.對你的領導才能‥‥‥（　）

(四)社會性增強物（你喜歡獲得那些鼓勵）：

1.對你微笑‥‥‥‥（　）　7.握握你的手‥‥‥‥‥（　）

2.讚美你‥‥‥‥‥（　）　8.輕輕擁抱你‥‥‥‥‥（　）

3.注視你‥‥‥‥‥（　）　9.輕吻臉頰‥‥‥‥‥‥（　）

4.與你閒談‥‥‥‥（　）　10.聽你講話‥‥‥‥‥‥（　）

5.拍拍你的肩膀‥‥（　）　11.重用你‥‥‥‥‥‥‥（　）

6.摸摸你的頭‥‥‥（　）　12.逗逗你‥‥‥‥‥‥‥（　）

(五)請你依照下列規定（出現次數的多寡），分別填入你每天
所做的事情，或是想到的事情；但請注意，每項只能列舉

七件或以下。

1.一天出現五次以下的事：

2.一天出現五次至九次的事：

3.一天出現十次至十四次的事：

4.一天出現十五次至十九次的事：

5.一天出現二十次以上的事：

第三節　增強分配方式

一、意義

　　增強的分配方式（ schedules of reinforcement ）有人則譯成「增強時制」，係指安排增強物的呈現時機與增強量的多寡而言。這一種增強的分配，有的是採用連續性的增強，讓受試者每有正確反應即可獲得增強；有的是採用間歇性的，對於受試的正確反應只予間歇性的增強，而以「時距」（ interval ）與反應比率（ ratio ）二因素為主要分配依據。施金納（ Skinner, 1938 ）最早研討這一種增強的分配方式，並與法斯達（ C. B. Ferster ）合著一本增強的分配方式（ schedules of reinforcement ），專門討論根據時距與反應比率安排增強分配的兩種不

同方式。目前一般行爲改變方案所採用的增強分配方式，若不是二種方式的組合，就是其中單獨一種方式的使用。

　　在連續增強分配方式（ continuous reinforcement ）裏，機體的每一反應（意指訓練方案中所要改變的目標行爲）都要及時受到增強，亦即所謂「有求必應」的增強方式。這一種方式是在一般教學，或是訓練方案初期常使用的增強方式。根據實驗結果得知，當增強物繼續出現時，受訓者的反應速率是急遽增加，一直到飽和水準後即行下降。連續增強方式的優點是反應速率高，訓練效果在短期內即可見效。其缺點則所需的增強物數量較大，受訓者的反應強度也每因對增強物的需求程度改變而急速減弱，較不易維持長期時效。在特別設計的實驗室裏，用這一種連續增強方式自然不成問題，但是在一般日常生活情境、自然情境、或是學校環境，就不容易實施連續增強方式。例如漁翁垂釣，不容易每次放線都有魚上鉤；國人購買愛國獎券，不可能每張中獎；學生解答問題，不可能每次得獎；兒童的舉動不可能時時刻刻引人注意等等。既然我們無法時時刻刻注意到受訓者的一舉一動，因此也就不可能增強其每次的反應。一般來說，在較爲長期的訓練方案，初期都採用連續增強方式，中期以後即改用部分增強方式，逐漸減少增強次數。尤其是在培養兒童的新行爲時，初期應每次都要給予增強物，而且要即時給予，等到其行爲傾向逐漸牢固，兒童對該行爲反應本身已具信心，然後才慢慢減少增強的次數，但勿改變得太大太快。

　　間歇性增強分配（ intermittent reinforcement schedule ）又稱爲部分增強分配（ partial schedule ），係指受訓者的正確

反應只有部分受到增強。也就是說受訓者的同一種反應有時受到增強，有時則否。增強的次數係依照反應次數的比率，或反應時距的長短，間歇地分配到一連串反應上。這一種方式又可分成反應比率分配方式（ ratio schedule ）及時距分配方式（ interval schedule ）兩種：

二、反應比率增強分配方式

反應比率增強方式係根據反應的次數來決定增強的數量，也可以說是根據工作量之多寡來決定應得之增強數量。這一種方式又可分成固定的（ fixed ），或不固定的（ variable ）兩種方式：

㈠固定比率增強方式：

所謂固定比率增強方式（ fixed ratio schedule ）（ 簡寫爲 FR ），係一種按件計酬的方式，是規定每累積反應多少次即給予增強。亦即增強的給予，全根據反應的次數而定。舉例說，若擬定的增強方式是FR：10，則每當受訓者反應十次方可獲得報酬一次，其增強次數與行爲反應次數的比率是一比十。又若所規定的增強比率是FR：1，即等於連續性增強方式，每反應一次，即可獲得一次報酬，其比率是一比一。通常在工廠裏所使用的按件計酬方式，如每裝配五部收音機獲得工資十元；推銷商品所用的廣告方式，如購買六包雪泡肥皂粉即可獲得一對茶杯；推銷員的獎金制度，銷貨愈多獎金愈高；文人的稿酬，字數寫得愈多，收入也愈富等等，都是這一種增強方式的應用。在訓練方案上，兒童每做對五題加法算題，即給予一顆糖果；每讀完十頁課文，

就有十分鐘的自由活動時間，都是應用這一種方式。固定比率增強方式的特徵是每一增強之後，受訓者需要停止一短暫時間的工作，然後再急遽工作。因爲得到某一增強物之後，一定要繼續若干工作，方能再獲得下一個增強物，所以總得休息一會兒，但工作一開始又可以維持相當高的反應率。有如作家，每出版一部大作後，總要休息數週或數日，才又開始努力寫新著，如此終生埋頭於寫稿子，都是此一增強方式的範例矣。

㈡不固定比率增強方式：

不固定比率增強方式（variable ratio schedule, 簡寫成VR）是指施給增強物也以反應次數爲準，但所依據的反應次數並未固定，只是大約散佈在其反應量的平均數左右。舉例說：在VR：20的增強方式下，一位受訓者平均要反應二十次方能獲得增強物，但獲得增強的反應次數之範圍可能從五次到三十五次不等，平均在每二十次反應即可獲得一次增強。所以在第十五次、第二十次、第二十五次的反應都可能獲得增強。不固定反應比率的增強方式，一般說來較易使用，維持反應的時效也較久。在訓練過程中，受訓者的反應率一直維持著較高水準。因爲受訓者無法確定報酬何時出現，但有隨時出現的可能。所以他要很有耐心地一直工作下去。例如愛國獎券發行已超過幾百期，到目前爲止，仍然有許多人問津，其原因之一就是購買人受到「不固定比率增強」的結果。因爲繼續買愛國獎券的人，大部分曾嘗過中獎（不管是大獎或小獎）的滋味，所以都存著一種「下一次總會中獎了吧！」的投機心理。賭徒之所以傾家蕩產，仍然還要下最後一次賭注，也都是受到「這一次總該贏回來了吧！」的心理所致。

因為在他的賭場生涯裏，曾經多次體驗過贏錢時的歡樂，所以總是把希望寄託在「下一次」。長期做股票生意的人，也正是同一種心理。由此可知，藉不固定反應比率增強方式所養成的行為傾向，牢固無比，行為反應率也高而穩定，一旦停止增強物後，該反應也會再持續而歷久不衰。在實驗室裏用此方式訓練鴿子啄擊標的物一分鐘後，停止給予增強物，但該鴿子仍心甘情願地繼續啄擊標的物，歷時三小時之久方完全停止。一般人或兒童在日常生活或在學校所養成的良好習慣，若細加分析，都可能是受到這一種不固定比率增強方式之薰陶結果。

三、時距增強分配方式

時距增強分配方式係根據工作時間的長短來分配增強的份量。這一種方式的反應速率比「反應比率增強方式」的反應速率較低。時距增強分配方式也可以分成「固定」與「不固定」的兩種方式：

㈠固定時距增強方式：

固定時距增強方式（ fixed interval schedule ，簡稱為 FI ）是依據某一固定的工作時距來分配增強的分量。換句話說，每隔特定時間後，預期行為一發生，即予一次增強物，如此，週而復始，永不例外。多數公務機關及工廠的薪津，如日薪、週薪、月薪等等均以固定時距核發。在一訓練方案中所預定的增強分配方式若是採用 FI：10 ，其意即指受訓者每工作十分鐘之後，就可獲得一次增強。所要求之時間單位，若未加特別註明，通常即

以分鐘爲準。另舉一例來說，在一項訓練一位情緒不穩定兒童遵守教室常規方案裏，假定採用固定時距方式（暫定爲FI：10），則每一次受訓者能安分守己，待在自己的坐位上參與活動十分鐘，他就可以獲得一次增強。在實驗室裏觀察動物的行爲（如鴿子啄標的物）所得到的結果，增強的時距愈長，其反應愈低。因爲每一次獲得增強後，牠要停止啄標的物一段時間，一直等到下一個增強將要出現時，牠才再開始猛啄標的物,「篤……」宛如機關槍的掃射，每一分鐘要啄幾百次，但增強物一吃完，立即顯得無精打采，擺出一付懶散神態。例如在FI:5的固定時距增強下，受訓者均先要磨掉兩三分鐘，然後才正式開始工作。倘若改爲FI：30，他們就可能先磨掉二十分鐘，最後十分鐘才開始工作。某些行政機構的辦公時間規定早上八時到十二時，下午二時到五時，不少辦事人員早上八時到辦公室之後，一定要拖拖拉拉看報、喝茶、談天，一直拖到十時左右才正式開始處理公務。這就是固定時距增強方式的典型弊端。

　　㈡不固定時距增強方式：

　　不固定時距增強方式（ variable interval schedule，簡稱爲VI） 係指增強的分配並不依照固定的工作時距來決定。也就是說，每一次增強物的施給，均以不固定時距爲準，隨時變化，有時只隔二分鐘，有時則要相距數十分鐘方予一次增強。因增強物的出現有時很快，有時很慢，快慢之間無一定規律可循，是故，受訓者若想獲取更多的增強物，唯有時時努力方不會錯過報償機會。舉例來說，若一項智能不足兒童自學訓練方案中採用VI：10方式,則兒童利用教學機進行學習的時間要平均每隔十分鐘才

可以獲得一次增強（如獲得一個籌碼，或是一個分數或教師的嘉許等等）。請讀者要特別注意到「平均」這一個字眼，訓練者所採用的增強時距平均是十分鐘，但兒童可能學習七分鐘後就得到一次增強，也可能在三分鐘、五分鐘、十三分鐘以及十五分鐘之後得到一次增強。所以他要一直努力學習，以期獲得增強。藉不固定時距增強方式較易養成既穩定又持久的行為傾向，一旦終止增強，也不易立即「消弱」。

　　由以上的分析得知，四種增強分配方式各有其特點。邱連煌博士（民62年）曾就上述各種增強分配方式的應用價值提出很具體的評介，特引用如下：「以行為的持久力言之，部分增強較連續增強有效，而不固定方式又較固定方式有效。以行為發生率或努力程度言之，固定比率增強又較固定時距增強為佳，而不固定比率增強又較不固定時距增強為佳。因此，總括而言，最有效最有力的增強分配方式是不固定比率增強，於鞏固兒童的行為習慣時應予採用。」邱博士又強調說：「不固定比率增強方式的使用，要在行為發生之後期，使其根深蒂固。千萬不可自行為開始初期，一上來就用不固定比率增強。不然，勢必弄巧成拙，行為非但不會根深蒂固，反將半途夭折枯死。增強比率（增強次數與行為次數之比）應循序遞降，方可養成堅不可摧，牢不可破的良好習慣，終生享用不盡。有些父母和老師不懂得其中道理，加上求功心切，要求太高，因此沒能在行為養成初期給予充分的增強物，充分的報償，和充分的鼓勵，未待行為建立起來，消滅的現象便發生了，半途而廢，功虧一簣，殊堪惋惜。在憤怒、失望、頹喪、洩氣之情況下，父母怪兒女沒有耐心，兒女怪父母沒有愛心

，老師怪學生其笨如牛，學生怪老師其兇如虎，鬧得皆不喜歡，大傷和氣。」

　　圖5-1是表示四種基本增強分配方式的反應特徵。四條線段各自代表一種增強分配方式的反應累積量與反應速率。各線段上所標記的「小切點」是指增強物的施給。右下角的小圖指出幾種反應速率的標尺，係以每分鐘的反應量為單位。此一圖示係根據動物實驗結果而製。

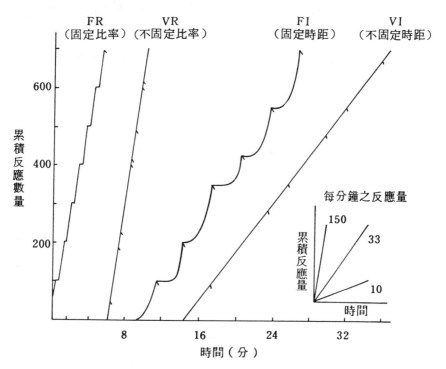

圖5-1 四種增強分配方式的反應特徵

（取自 Reese, 1966. P. 16）

各種增強分配方式的特點如下：

「FR」：反應率高，每一增強之後，緊隨著短暫的停頓，同時急劇升高到終極速率（ terminal rate ）。

「VR」：一直維持很高的反應率，每一增強之後沒有停頓的現象發生。

「FI」：顯出全面的較低反應率，每一增強之後，緊接著一段反應的停頓；停頓時間的長短隨著間隔時間之長短而改變，間隔時間愈長，停頓時間也愈長；當間隔時間將要終止時，逐漸增加到高的終極速率。

「VI」：一直維持較低而平穩的反應，每一增強之後沒有停頓現象發生。

討 論 問 題

一、請舉例說明下列各名詞。

　　1.增強物

　　2.原級增強物

　　3.次級增強物

　　4.社會性增強物

　　5.後援增強物

二、請比較代幣制與積分制的異同？

三、請擬一套教室常規訓練所適用的代幣制。

四、請你運用本章所介紹的「增強物調查表」實際調查你的學生或子女，並比較其所需增強物的差異？

五、請從日常生活實例中，舉例說明四種增強時制對人類行為的形成與消失之影響。

第 六 章
逐步養成與連鎖原理

　　一種行為，不管是認知領域，情感領域，或是動作領域，都有複雜與簡單之別。簡單的行為，或可用 S→R（一項刺激引發一項反應）等簡易行為公式來表示，但複雜行為則須由二個以上的 S→R 連結所構成。簡單的行為自然一學就成，但複雜的行為則須分成幾個基本的段落，採用「逐步塑造方式」，從易至難，從簡至繁，按步就班學習，方能收到事半功倍的效果。

　　在逐步塑造行為的方式裡，仍然有二種略為不同的策略。若干初學行為改變技術的學生，或是一些常用行為改變技術的專業人員，往往不易區分逐步養成（ shaping ）與連鎖（ chaining ）等策略之特殊用法。因為這二種策略均具有逐漸改變程序（ grad-ual change procedure）之特徵，用於塑造新行為相當有助益，所以常常被互用。但是若就某種特定用途來說，二者之間尚有若干不同的實施要點。因此，這二種策略在行為改變技術領域裡，仍有其特別慣用法，有待分別說明。

第一節　逐步養成的意義及特點

一、逐步養成的意義

　　一般而言，運用「逐漸接近法」（ method of successive approximations ），連續增強與終點行為有關的一連串反應，以塑造新行為的過程稱之為「逐步養成」（ shaping ）。如馬丁和皮爾（ Martin & Pear, 1978 ）曾把「逐步養成」界說為：「於發展一項新的行為過程中，連續增強與終點行為有連帶關係的一

連串反應，並逐步消弱先前發生而已不復重要的反應，一直到終點行為完善建立為止的有效學習歷程」。

克萊海等人（Craighead, Kazdin, & Mahoney, 1976）則認為「逐步養成」是指：逐步增強與終點行為最為接近或最小梯級的一連串反應，而不是僅增強終點行為本身。

威爾遜與奧立黎（Wilson & O'Leary, 1980）則更直截了當地說：「逐步養成是指增強逐漸接近一項終點行為的過程」。

上述四種界說均有兩個共同概念：一是增強的運用，一是將達成終點行為的歷程細分為若干小段，逐步塑造。茲特舉一項老鼠實驗逐步說明如後：

例如利用施金納箱（skinner box）來訓練老鼠學習壓槓桿的動作時，若一開始就要等到老鼠用前肢完全「壓下槓桿」方給予食物做增強，則恐怕永難成功，因為這一種要求對老鼠而言，標準太高。所以有經驗的心理學家，無不將達成終點行為（指壓槓桿）的步驟分成幾個小階段，預先決定各小階段的增強標準。凡符合各小階段標準的有關反應，均予以增強，以便逐步引導到終點行為的建立。換言之，需要將老鼠壓槓桿的動作分成下列幾個小階段，諸如：「望著槓桿」、「鼻子接近槓桿」、「前肢離開地面」、「前肢碰到槓桿」、「右前肢壓下槓桿」等。這些分解動作亦即各訓練階段的目標行為，老鼠表現這些行為，均要及時給予增強。詳言之，其訓練過程得分成下列幾個階段逐步實施：

第一個訓練階段：一發現老鼠表現「望著槓桿」的反應即可酌予增強（給少許食物）。

　　第二訓練階段：等到老鼠表現「望著槓桿」加上「鼻子靠近槓桿」等行為方予增強（也是給一些食物）。若老鼠只能「望著槓桿」而不「靠近槓桿」，則不再給予增強。要很有耐心等到這兩項動作連結一起方宜給食。

　　第三訓練階段：等到老鼠的「鼻子接近槓桿」，加上「前肢離開地面」方予增強，否則就要等一段時間。

　　第四訓練階段：增強標準更加提高，要老鼠表現「鼻子接近槓桿」，「前肢離開地面」，並「前肢碰到槓桿」方予增強。若只是鼻子靠近槓桿，前肢離開地面，則不再給予增強。

　　第五訓練階段：訓練目標屬於終點行為的建立，要老鼠「抬起前肢」，完全「壓下槓桿」方給增強。

　　一般馴獸師也都採取這一種按部就班的行為原理來幫助動物學習各種「特技」，如海豚的跳水表演、獅子的跳火圈、熊的前肢抬起做敬禮動作等等。

　　一般父母鼓勵嬰兒學習語言也都依照逐步養成原理。例如，最初只要嬰兒發出ㄇ等鼻音，母親就抱緊嬰兒，親親他，或以笑容相對；第二階段則要等到嬰兒對着媽媽確實發出“ㄚㄚㄚ”等聲音，方予增強（如親親嬰兒的面頰）；第三階段則要嬰兒對着媽媽叫「ㄇㄚ」等聲音方給予增強。最後階段，就要讓嬰兒對着媽媽很清楚地叫出「ㄇㄚ—ㄇㄚ」，方給予增強。幼兒階段學習其他語言也均遵循這一種原理。

　　由上述兩個例子可知，指導個體學習某一項較為複雜的行為時，若一開始就要等到個體百分之百完成終點行為方予增強，則恐永難如願。因為，每一項行為的出現率可能自 0 ％～ 100 ％不

等。對於原先出現率 0％的行為，若欲提高到 100％，恐怕非一蹴可幾，務必先設法激勵學童願意踏出行為的起點，然後分段增強，逐步塑造，方可達成終點行為。

二、逐步養成策略的主要特點

逐步養成（ shaping ）係指在發展一項新的行為過程中，連續分段增強與終點行為最接近的一連串反應，並逐步消弱先前發生而目前已不關緊要的分段反應，一直到終點行為完全建立為止的有效學習歷程。其主要特點有三：

第一、用來塑造新的行為：就舉前面所提到的訓練老鼠壓槓桿的例子來說，老鼠在實驗箱裡本來不會自行壓槓桿來取得食物，但訓練者要幫助學會這一種壓槓桿的新行為，故採取分段訓練方式：第一步只要老鼠望著槓桿就獲得增強（食物），第二階段則等到老鼠的「鼻子靠近槓桿」才能獲得增強。在第二階段裡，老鼠若單單「望著槓桿，而不靠近槓桿」，則已無法獲得增強。因為「只望著槓桿」，這一種動作，已經不是最重要的反應，故不再給予增強。……以下類推，到最後階段，要等到本實驗的終點行為建立，亦即「老鼠抬起前肢，完全壓下槓桿」方得增強，其餘的分解動作，如「鼻子靠近槓桿」、「前肢離開地面」、「前肢碰到槓桿」等，已經不再單獨獲得增強。

第二、逐步養成的運用程序是朝著預定的目標行為逐步向前推進（ a forward direction ）就舉訓練老鼠的壓槓桿動作來說，其運用程序是：先訓練①「望著槓桿」→②「鼻子靠近槓桿」→③「鼻子靠近槓桿並前肢離開地面」→④「前肢碰到槓桿」→

⑤最後完成「抬起前肢完全壓下槓桿」。換言之，從目前所能做的最簡單的動作開始，然後朝著將來所預定完成的最困難的動作努力，逐步因勢利導。

第三、逐步養成策略兼用「增強原理」及「消弱原理」，所以成效特別顯著。亦即在塑造新的行爲過程中，凡是受訓者所表現的反應，符合預定的階段目標時即馬上給予增強，以期加速達成終點行爲，反過來說，受訓者所表現的反應，不再符合各分段的目標時，就及時撤除增強物，以資消弱這些不合時機的反應。換言之，在第一個階段裡獲得增強的反應，到了第二階段不一定還需要單獨給予增強，因爲需要另一項新反應以替代舊反應，所以要消弱這些舊反應。遵循增強新的目標行爲，消弱過時的舊反應，方易建立終點行爲。

三、影響逐步養成效率的因素

㈠須先指明終點行爲：應用逐步養成原理的第一步驟是要能明確地指出，經過訓練後想培養受訓者的那一種理想行爲（desired behavior）。唯有能明確指出訓練的終點行爲，才能使不同的訓練者前後步伐一致，有恒地逐步激勵有關反應，一直到終點行爲建立爲止。終點行爲的陳述，必須包括說明終點行爲的全部有關特徵，諸如其出現次數，改變方向、強度，以及引發行爲的有關條件。

㈡選定起點行爲：訓練初期，終點行爲只是一項理想的鵠的，能否達成還是未知數。故訓練者必須經由審愼觀察而選定訓練的起點行爲（starting behavior）有計畫地給予增強。所選定的

起點行爲必須是受訓者易於常表現，而終究與終點行爲有息息相關的行爲方可。執行逐步養成方案時，不僅要把握行爲改變的方向（亦即終點行爲），同時還要瞭解現階段受訓者的作業水準。因爲逐步養成方案的目的，即於有效連結這兩個點，期使起點行爲能逐漸擴及終點行爲。

　　㈢選定塑成步驟：確定起點行爲和終點行爲之後，必須將這兩點間之距離劃分成若干階段，以便逐步增強、逐步塑成。

　　究竟要分成幾個步驟最有效？每一步驟要增強多少次方能漸進到下一個步驟？這些問題都是讀者所關切的。可惜這些問題並沒有很確切的答案。因爲受訓者的背景不同，行爲本身又有難易之別，所以要提出統一的劃分標準似乎不容易。訓練步驟之訂定只能靠訓練者的經驗及觀察結果，因時因地制宜。訓練步驟選定之後，訓練者也該時時刻刻觀測其效果，一發現受訓者的學習過程緩慢，或困難太大，即要馬上修正，或再度降低標準。

　　㈣遵照正確的步伐逐一移動。運用逐步養成原理時，若干原則必須考慮：⑴每一小步驟熟練之後，方能推動到下一個步驟，切勿移動太快；⑵移動的步伐不宜太大，以免使先前已建立的反應消失；⑶若因推動太快，或步伐太大而使受訓者難於習得某一階段的反應時，應馬上倒退到前面一項容易的反應上，以免因挫折感而生厭；⑷對某階段目標行爲的訓練，也不應拖延太久，以免此一反應太過牢固而影響下一個反應的形成。

第二節　連鎖策略

一、連鎖策略的意義

　　連鎖（ chaining ），就是指一種「刺激——反應的連鎖」（
stimulus-response chaining ），亦即藉一項辨別刺激（ S^D ），
引發特定反應（ R ）而形成一個環節（ link ）；每一個反應又為
下一個反應引發另一辨別刺激，終究形成一連串的 S—R 環節。
在發展一連串的反應過程中，每一項反應的終點和下一個反應的
起點，均以明確的刺激信號劃界。一般而言，須運用連鎖原理建
立的終點行為，通常都是比較複雜。例如整理床鋪、安排餐桌或
穿衣褲等動作和其他日常生活技能等，均須藉連鎖原理來訓練。

　　蓋聶（ R. M. Gagné, 1965 ）曾根據知識本身的發展系統來
建立「上下銜接」的學習層次論（ hierarchy of learning ）。
蓋聶特別強調，有些行為的學習是其他行為學習的先決要件，有
其必須遵循之先後層次，故曾提出下列八大學習層次；首先是信
號學習（ signal learning ），其次是刺激——反應學習（ S—R
learning ），第三是連鎖學習（ chaining ），第四是語文聯合學
習（ verbal association ），第五是辨別學習（ discrimination
learning ），第六是概念學習（ concept learning ），第七是原
則學習（ rule learning ），最後是解決問題（ problem solv-
ing ）。蓋聶進一步提示「連鎖學習」的五個基本條件：①在連
結各單位（ units ）之前，每一個S—R單位（或是每個環節）必
須分開練習牢固；②每一個「環節」必須排列成最適當的順序；

③每一個環節必須在接近的時間內完成，以確保牢固的連結。因為若兩個環節之間拖延時間太長，則連鎖未必能很成功地維持；④各環節的順序（ sequence ）必須常反覆練習，一直到完全學習成功為止，甚至要使連鎖反應成為自發性反應；⑤在連鎖的學習過程中，必須隨時提供增強，否則，連鎖的終點環節若被消弱，整個連鎖也必然崩潰。

連鎖原理在學習上誠屬一個非常重要的概念，也是運用行為改變技術者，（或是訓練者）所應該了解的。茲特舉教導智能不足兒童整理床舖的詳細步驟為例，說明連鎖原理的意義及功用。

教導智能不足兒童整理床舖的技能，可使用倒向連鎖原理（ backward chaining ）來訓練，其過程可細分為二十一個步驟，每一步驟訓練一個反應，每一個反應又是達成整理床舖這一項行為所不可缺少的。特依照前後順序將二十一個步驟排列如下：

①：打開折疊好的底層床單（ bottom sheet ）。

②：將底層床單覆蓋在床上。

③：將底層床單的一端塞入床頭。

④：將底層床單的另一端塞入床尾。

⑤：將底層床單的兩側塞入。

⑥：將表層床單（ top sheet ）放在床上。

⑦：將表層床單拉到床頭。

⑧：將表層床單弄直。

⑨：將表層床單的四邊塞入床墊下。

⑩：將疊好的毛毯放在床尾的右邊角上。

⑪：攤開毛毯，從下拉上一半，蓋上床。

⑫：拉好上半段的毛毯覆蓋全床。

⑬：將毛毯的三邊塞好。

⑭：將床罩（ spread ）放在床上。

⑮：尋找床罩的四角。

⑯：將正確的床罩角放到床脚。

⑰：將床罩從床尾拉蓋床的一半。

⑱：調整床罩覆蓋全床。

⑲：將床頭部位的床罩拉下一些，以便放下枕頭。

⑳：將枕頭放在床頭上。

㉑：將床頭部位的床罩蓋住枕頭。

　　若根據上述二十一個步驟逐步訓練成效較佳。訓練開始時，通常是先練習最後一個步驟（亦即㉑項目），然後敎倒數第二個步驟（⑳項目），以下類推到全部舖床行爲完成爲止。其訓練步驟如下：

　　第一步由訓練者先把床舖整理好（做好從①～⑳項目的動作），僅留下最後一個步驟（即第㉑項目），然後對受訓者說：「請你將床罩蓋住枕頭」，並親手指導受訓者操作，若動作正確，當即給予口頭獎勵（社會性增強物），並給予食物或是次級增強物。經此反覆練習，一直到熟練爲止。

　　第二步：連接訓練第⑳㉑兩項動作。即受訓者熟練第㉑項動作後，開始練習第⑳項動作。訓練者也要先把床舖整理妥當，只留下第⑳㉑兩項，然後指示受訓者說：「請你把枕頭放在床頭上」（第⑳項動作），並親自指導他熟練第⑳項動作後，再告訴他：「將床罩蓋住枕頭」（指受訓者早已學過的第㉑項動作）。每

次若受訓者的反應正確，即刻給予口頭獎勵或次級增強物。

第三步：連接訓練第⑲⑳㉑三項動作。即由訓練者先大體上把床舖整理妥當，只留下⑲⑳㉑三個項目，然後指示受訓者說：「將床頭一端的床罩拉下，以便放枕頭」（第⑲項動作），如同第一步到第二步的訓練方式，由訓練者給予示範、協助，以及增強，一直到受訓者熟練第⑲項動作後，始讓受訓者一連串完成⑲⑳㉑三項動作，並完全及格後，始給予增強。

第四步：連接訓練⑱⑲⑳及㉑四項動作，先指導受訓者熟練第⑱項動作（調整床罩覆蓋全床），然後合併操作⑱至㉑四項動作。

以下各步驟的訓練方式均仿照上述要領，逐步完成，最後一個步驟則從第①步到第㉑步一氣呵成，整理床舖技能終於習得。

二、連鎖原理的特點

其特點有三，特分別舉例說明如下：

第一、用來發展一連串的刺激——反應連鎖性行為。如上述所舉整理床舖為例來說，每一項動作均自成一個刺激（S）一反應（R）的環節（link），而且只有每一個環節均很牢固時，整個的一連串連鎖性行為方能形成。亦即前一個刺激所引發的反應若微弱，則不能構成下一個辨別性刺激（S^D），自然也就無法引起下一個反應，其餘的連鎖性行為也因此中斷。這一種連鎖性行為可用S—R符號表示如下：

$$S_1^D \cdots R_1 \cdots S_2^D \cdots R_2 \cdots S_3^D \cdots R_3 \cdots\cdots S_{21}^D \cdots R_{21} \cdots S^+$$

上述公式中，若由前向後來說，S_1^D是指第一刺激，要受訓

者辨別清楚的重要刺激：如聽到訓練者的指示語：「現在來整理床舖，把折疊好的床單打開！」。R_1是指受訓者依照指示把床單打開，當受訓者看到已打開的底層床單（S_2^D），隨之將底層床單覆蓋在床上（R_2），看到覆蓋在床上的底層床單（S_3^D），又引發將底層床單的一端塞入床頭的反應（R_3）。這樣一直做 S－R 連鎖反應，到最後整理好了床，獲得獎勵（S^+），即算大功告成。

　　第二、連鎖性行為的訓練程序通常是由後向前推演（ a backward direction ）：通常這一種訓練方式，又稱之倒向連鎖反應（ backward chaining ）。就舉整理床舖為例子，先訓練第㉑步動作（將床罩蓋在枕頭），接着訓練第⑳步的動作熟練後合併操作第⑳與㉑的動作，再接着訓練第⑲步，熟練後合併操作⑲⑳㉑三個動作，以下類推。到最後階段是合併訓練①～㉑整個動作。若用符號表示，如下列圖示：

第一次訓練①②‥‥‥‥‥‥‥‥‥‥‥‥‥‥‥‥‥‥‥‥‥⑲⑳❷❶
第二次訓練①②‥‥‥‥‥‥‥‥‥‥‥‥‥‥‥‥‥‥⑱⑲❷❶㉑
第三次訓練①②‥‥‥‥‥‥‥‥‥‥‥‥‥‥‥‥⑰⑱❶❾⑳㉑
第四次訓練①②‥‥‥‥‥‥‥‥‥‥‥‥‥⑯⑰❶❽⑲⑳㉑
最後訓練❶②③④‥‥‥‥‥‥‥‥‥‥‥‥‥‥‥‥‥‥‥‥‥㉑

　　上述圖示中，代表各步驟的阿拉伯數字，若用黑底的圓圈圈住，則表示該項動作是該階段要訓練的目標動作。如第一次訓練「①②‥‥‥⑲⑳❷❶」，表示第❷❶步的動作要在第一次訓練階段裡加強訓練，其餘①至⑳步動作，則由訓練者代為完成。又如第二次練習：「①②‥‥‥⑲❷❶㉑」，表示先熟練第⑳步動作，然後一

併操作⑳㉑兩步動作。⑳㉑底下的橫線就是表示合併操作第⑳及㉑兩項動作之意。

　　整理床舖的行為是一項較為複雜的連鎖性行為，其實施步驟也較多，通常用「倒向連鎖」方式訓練較易收效。但若遇到較簡單而環節較少的動作或行為，就不一定要用倒向連鎖，也可以用「前向連鎖反應」（forward chaining）。

　　第三、連鎖性行為可分成「同質連鎖」（homogeneous chains）與「異質連鎖」（hetorogeneous chains）：如前面所提及，連鎖性行為是一連串行為的改變，所以由某一刺激所引發的反應，往往可成為一種增強物，提高下一個反應的出現率。各「環節」所表現的反應；有一些是「同質的」，但也可能是「異質的」。茲分別說明如下：

　　A、同質連鎖：指每一「S—R」環節的反應具有相同的特質，例如要訓練一位兒童連續敲擊下列四個不同顏色的光板，一直到通過四關後，始能獲得食物。下列圖示中，每一種不同燈光（如綠、紅、藍、白色）是刺激，而其四個反應（如R_1，R_2，R_3，R_4）都是敲擊燈光板，只是所敲擊的燈光顏色不同而已。

S_1^D … R_1 … S_2^D … R_2 … S_3^D … R_3 … S_4^D … R_4 … S^+

（綠燈亮）　（敲擊綠燈）　（紅燈亮）　（敲擊紅燈）　（藍燈亮）　（敲擊藍燈）　（白燈亮）　（敲擊白燈）　（獲得食物）

如兒童看到綠燈亮（S_1^D），若依照規定及時敲擊綠燈板（

R_1 ），則綠燈消失。此一正確反應結果引發紅燈亮（ S_2^D ），兒童要繼續敲擊紅燈板（ R_2 ）；此一反應結果，另引發藍燈亮（ S_3^D ），促使兒童轉移目標「敲擊藍燈」（ R_3 ）；結果再引發白燈亮（ S_4^D ），迫使兒童務必見風轉舵，敲擊白燈，一直到食物（ S^+ ）掉下為止。兒童享用這些小量的食物後，又見到綠燈亮，就得從頭開始，依照上述順序，看到那一色燈光亮，就要敲擊那一個光板。就這一項訓練而言，四個反應（ R_1 至 R_4 ）均屬「敲擊」光板，只是所要敲擊的光板顏色不同而已，故稱之，「同質連鎖性行為」的建立。這一種訓練步驟，常用於引導人們熟練一連串同性質的動作。

　　B、異質連鎖：指每一 S—R 環節的反應，具有不同的特質，就以整理床舖之例而言，每一環節的反應，都不一樣；從攤開底層床單（ R_1 ）到拉上床頭部位的床罩（ R_2 ），都是不同性質的反應。茲另舉一項訓練鴿子動作的例子來說，可圖示如下：

S_1^D	R_1	S_2^D	R_2	S_3^D	R_3	S^+
（從窗口看到■形）	（啄鈴）	（出現●形點）	（轉身）	（出現▲形）	（啄標的）	（出現食物）

　　上圖中 S_1^D （ ■形窗口 ）引起鴿子啄鈴（ R_1)的反應，此一反應結果引出 S_2^D （ ●點出現 ），驅使鴿子表現轉身動作（ R_2 ）

，每次鴿子表現正確的轉身動作，方再引出▲形（ S_3^D ），誘導鴿子啄標的（ R_3 ），最後得到食物性增強物（ S^+ ）。其中 R_1 ， R_2 ， R_3 三項反應的性質不盡相同。就此例子而言，由於 S_1^D ， S_2^D 及 S_3^D 等三個不同辨別刺激的呈現，引發鴿子做不同性質的反應，故可稱爲「異質連鎖性行爲」的建立。人們在日常生活中所建立的動作、技能、或是較複雜的行爲，大部分是屬於異質連鎖性行爲。

第三節　應用實例

一、教室常規訓練的步驟

任何教學的起點該是設法使兒童親近教師，隨時注意教師的一舉一動，並樂意遵照教師的指示而專心學習，其訓練步驟如下：

第一步驟——訓練兒童樂意接受獎勵：這一個階段的訓練目的在使兒童樂意接受獎勵，並與訓練者（或是教師）接觸過程中，建立愉快的經驗，使訓練者成爲兒童所喜愛的對象。

開始時，都是利用一些兒童們所喜愛的食物，如糖果、餅干、口香糖、乖乖……等，或是日常用品，如色紙、小玩具、卡片等作爲正增強物，進行個別的訓練。在訓練室內宜盡量少放容易使孩子分心的東西。在訓練進行中訓練者的態度要溫和而友善，說話的聲音要清楚而簡明。當教師從一個小袋子中拿出一小件增強物遞給兒童時，若他自動伸手接東西，你就要說：「乖孩子，小雄」。過了一會兒後，再試試給他另一件其他東西，看他一有

同樣的反應行為（伸手接東西），即重覆說：「小雄！很乖」。在每次給他不同的獎勵時，得先安排機會讓兒童隨便做些他所喜歡的事。這樣，每次他都能依照你的指示而接近你，並依照指示而完成動作時就給他正增強物，並說「乖！小雄」。其用意在逐步採用社會性增強物來代替原級增強物（糖果、餅干等物）。

請教師要特別注意——千萬不可讓兒童擅自奪取增強物。如果他反應錯誤而硬要拿增強物，或是藉故無理取鬧，教師均不宜給予增強物。只有兒童能依照教師的指示，採取合理的行動時才給予增強物。此一階段的訓練時間每次約十五分鐘。訓練完畢後，要記錄訓練過程中所發生的每一事件。如訓練者自己所說的話，兒童所喜愛的東西，不喜歡的東西，反應特徵以及日期、時間等，以便作為評量結果的依據。

第二步驟——訓練兒童樂意接近老師：當兒童已慣於從訓練者的手上接受增強物之後，就可利用這種積極增強方式來教兒童一些簡單的動作技能。最先是教他「到我這兒來」。像第一步一樣，帶他進入訓練室，要他站在離你幾步遠的地方，然後你用一般的招呼手勢向他招呼，並說：「過來，小雄」。若他立即能走到訓練者的身旁，訓練者馬上要說：「乖！小雄」。拍拍其肩膀，並給予增強物。每次訓練時，招呼手勢、音調、語句都要一致。訓練者與受訓者的相隔距離也得逐漸拉長。當他坐著或玩玩具時，也命令他過來，若此時他不願意過來，你便走過去，一面呈示增強物，一面說：「過來，小雄」。如果他仍舊沒有反應，那麼就暫停這一階段的訓練，另做別的遊戲，或等幾分鐘看他情緒好轉再試。這一個階段的終極訓練目標是使兒童能夠聽從訓練者

的指令，而隨時來到身邊，即使在戶外的寬闊地區或是在遊戲情境，都要能夠使兒童立刻走近你的身邊為止。

第三步驟——訓練兒童的注意力：當兒童能聽從指示而採取行動之後，便教他能夠注意特定的目標物。引起注意的方法很多，例如訓練者用手電筒照射牆上的畫報欄，並向他說：「注意看，小雄」。當他隨著注視該燈光時便給獎勵。也可以利用一面小鏡子讓他自己照自己，並指示說：「看鏡子，小雄」。當他看著鏡面自己影像時就給予獎勵；而後再叫他注視房間的其他東西，如看圖片、窗子……等。

這一階段的訓練目標是，使兒童隨時能遵照訓練者的指示，而注意「看」或「聽」某一特定的刺激。這種注意力的養成，對於今後兒童參與各種學習活動均有甚大裨益。唯有兒童第一步能注意教師所提示之教材，方有「學習」之可能。

第四步驟——訓練兒童依照指示坐下來：訓練初期可先叫兒童坐在訓練者旁邊，然後再逐漸改變地點，令他依照指示而坐下。例如說：「小雄，坐在我的旁邊。」、「小雄，坐在那個椅子上。」或「小雄，坐在這個草坪上。」每次他做對了，都要說：「乖，小雄。」並給予獎勵。

這一個階段的訓練目標是希望兒童能隨時地遵照指示，坐下來等候教導。因為在日常學習情境裡，坐下來學習的時間特別多。

第五步驟——訓練兒童依照指示在座位上坐一段時間：當兒童學會坐下來後，進一步就該教他坐一會兒。訓練過程中，他若要擅自站起來，訓練者就說：「不要起來，小雄。」並搖頭示意

。在這種條件下，訓練者切勿給予增強物。訓練者只能說：「坐好，小雄。」並給予口頭的獎勵——「乖」，要一直等他能在那兒坐一會兒（這一段時間的長短，事前要由訓練者自定）才給予增強物。所需停留的時間，可因訓練過程之改變而逐漸拉長。例如訓練初期可能只要求他坐下一兩分鐘，到了後期，可能要求他坐十多分鐘至半個小時。這時間的長短，完全要配合學習活動的性質，其目標在訓練兒童有耐心坐下來聽課。

第四與第五步驟對於以後要讓兒童坐在課堂聽課，或從事上廁所的訓練都很重要，此種訓練最好每天做一些，並配合有活動性的訓練，以免小孩覺得枯燥，造成一種不愉快或痛苦的經驗。

自第一步到第五步的訓練過程中，手勢只能用來補助口語，或使口語的意義更為具體而明白。所以，訓練者所用的手勢務必要一致，以便與指示語的意思聯結。這種聯結的建立愈快愈好。等到兒童能夠遵從教師的指示語或手勢之後，才能更進一步訓練其他生活技能，或參與其他學習活動。以下即以幾項基本的生活技能，如穿衣、脫衣以及解大小便等訓練為例，詳加說明有效的訓練歷程。這一些訓練項目自然是以某類特殊兒童為其對象，對於其他普通兒童而言，可進一步做「合作」「努力工作」「耐性」等行為習慣之養成。

二、脫衣訓練步驟

對於一些「年幼」或「中度」及「重度」智能不足兒童來說，脫衣服或穿衣服的訓練，總是要花費一點時間和精力。開始時，宜先教他脫套頭的襯衫。使用較寬大的舊衣較易進行。實施步

驟是先教他從肩、臂脫下一隻袖子。指示語是「把你的衣服脫下，小雄。」如必要時，訓練者也可以拉拉自己的袖子作示範動作。當他開始嘗試脫其襯衫時，雖未馬上成功，你要說「乖」，並給獎勵。如果他沒有什麼反應，訓練者就應等候幾秒鐘，他一有開始要脫的反應時，訓練者要馬上加重語氣說「脫下你的衣服，小雄。」並給獎勵。倘若他一直無反應，訓練者就替他脫下，並說「脫下衣服，小雄。」這樣反覆幾次後，他可能就了解你要他做什麼。脫一隻袖子的動作熟練之後，再要他脫兩隻袖子，依照特定的步驟，逐漸增加動作，一直到會脫整件衣服為止。當他能以連貫動作脫下衣服時，部份動作的成功就不必再給予獎勵。不過這種要求必須等他能自行完成脫衣服的動作時方可實施。接著再提高動作難度，教他脫有鈕扣的衣服。初步只要他打開一個或已有半個穿過孔洞的扣子而脫下衣服，就給予獎勵，逐漸要求他解開所有的扣子。最好開始時，使用外套上的大扣子，洞孔也要鬆些，使他容易解開。訓練所用的衣服式樣最好要與受試者平常所穿的式樣一致，方能收到學以致用之功效。

　　「脫褲子」的訓練也該仿效上述步驟進行；先叫他坐在地板上，要他脫下其褲子的部份，此一動作熟練之後，再逐漸要他脫下全部。當他學會一次動作就能脫下褲子之後，部分的成功就不再給予獎勵。訓練的最後階段是教他聯結不同的動作，如教他脫下衣服後，馬上隨著脫褲子。

三、穿衣訓練步驟

　　穿衣比脫衣難。故訓練需要從簡單的穿衣褲動作開始：「拉

上你的褲子」，這一步是訓練穿褲子最好的開始。訓練初期最好先用具有鬆緊帶的短褲。訓練者先幫忙他穿上短褲，把褲頭放在臀部，然後要兒童依照指示把褲頭拉到腰部上。其指導語是：「穿上你的褲子，小雄。」若他遵照指示做，便說：「乖！」並給予增強物，若他無反應，訓練者便替他拉上褲頭，或拿著他的手放在褲頭上，並拉上褲子。拉上褲子的動作熟練之後，下一部是將褲子穿到膝蓋，然後要他將褲子拉到腰部。其次再令他坐在一個舒適的椅子上，幫他先穿上一腳，然後要他自己穿上另一腳。你要指示說：「把腳放進去，小雄。」同時還要摸摸他的腳，並指著褲子說：「穿進去。」開始時，只要他有意圖，想舉起腳來穿進褲管，就可給予獎勵。隨著訓練的進展，逐漸提高要求的標準，要他能不遲疑地穿進去，並拉起褲子才給予獎勵。當他學會了穿進兩隻褲管後，再教他如何正確的拿穩褲腰，以及辨別褲子的前後面，然後穿上並扣緊褲帶。訓練穿褲子的主要分解動作，可參閱圖 6-1。

　　穿上衣服的訓練也是採用分解動作，如圖 6-2，由最後一步如穿上一隻袖子，穿上兩隻袖子、套頭、扣扣子，一步一步的訓練。訓練他穿上圓領的毛線衣時，務必先將毛衣的套口套到他的眼睛下面然後自己拉下來。

圖6-1　穿褲子訓練、分解動作圖解

(1)開始時，
　先幫助兒
　童將褲頭
　拉到臀部
　，然後再
　讓他自行
　拉到腰部
　。

(2)再將褲頭拉
　到膝蓋，然
　後再鼓勵他
　自行拉到腰
　部。

(3)當他學會將褲頭拉到腰部之後，
　先幫助他將一條腿放進褲腳，然
　後讓他自行放進另一條腿。

(4)鼓勵他將兩條腿逐一放進褲腳。

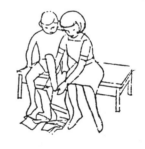

(5)將褲子打開，然後
　讓他自行穿好。

(6)最後，將摺疊好的褲子交給他
　，讓他自行穿好，並扣好鈕扣
　和腰帶。

（取自 Bensberg, 1965, P. 153 ）

圖6-2   穿衣訓練、分解動作圖解

(1)先將套頭的襯衫放進兒童的頭部，然後再幫助他將手分別插入衣袖子。

(2)只空出袖子，鼓勵兒童自行穿進袖子。

(3)只將襯衫的套口放到頭頂部，然後讓兒童拉下。

(4)幫助兒童學習將其頭部放進襯衫套口。

(5)最後，讓兒童自行能穿好襯衫。

（取自 Bensberg, 1965, P.155 ）

四、如廁訓練步驟

　　這是對重度智能不足，或肢體傷殘兒童的自立技能的一項訓練。首先要培養兒童穿「乾淨的」褲子的習慣，這樣他們一尿濕了褲子，便會有不舒適的表情，訓練者才能得知他弄濕了褲子。訓練者還要注意兒童每次大小便的時間，以便儘快給予換洗。正式大小便訓練的第一步是：當發現兒童尿濕了內褲時，要立刻很平靜的帶他上廁所，在此情況下，若他尚能在廁所內完成剩餘的大小便，仍可給予獎勵。第一項訓練要訣是使小孩安靜的願意待在廁所，所以要保持情境的愉快氣氛。倘若他已學會本章在第二步驟所訓練的「樂意到教師身邊」，教師就站在廁所前，並說：「到我這兒來。」藉此誘導他到廁所前。他如果進入廁所就叫他「坐在馬桶上」，若他依照指示採取有效的反應，訓練者就說：「乖！」並給獎勵。倘若他已學會「留在座位上一段時間」，便可讓他在馬桶上坐一會兒。最初幾次要陪著他相對坐在廁所裡，注意查看他是如何完成大小便，以免替他弄乾淨後，又立刻弄髒了內褲。當他完成全部動作之後，要說他「乖」而且立刻給予獎勵。

　　逐漸地延長小孩和訓練者的距離：訓練者先站在廁所門口，其次是站在門外，到最後要小孩自行上廁所而不需要別人的指引與幫忙。

　　等他自己上廁所時，部分動作的完成就不必再分別給予獎勵。訓練大小便時，所採用的增強物，可改用操弄性增強物，如玩具、故事書或是利用一套標誌物，或積分卡等。

五、馴夫記：培養樂於幫忙家事的行為

　　下列一篇短文是蔡美智女士前幾年在聯合報副刊發表的徵文，充分表露連鎖原理的應用功效：讓一位大男人主義的先生，不知不覺變成一位樂於幫忙家事而又體貼的丈夫。文詞生動，條理井然，可讀性甚高，值得向家庭主婦及先生推介，若能利用此種原理，同樣可以寫出一篇馴妻記，馴頑童記，對於建立快樂家庭必有很大幫助，務請有心人慢慢體會。

　　『有一天，在下班回家的公車上，聽到兩位年輕女士的對話：「先生回家，幫不幫忙做家事？」「哪有那麼好！從來不幫忙。」「嗯，這需要調教調教！」。不知那位女士有何調教先生的法寶。但這却讓我聯想到應該把我的秘密公開，讓那些與我同病相憐的姐妹們多一個方法可以參考，以廣應用。話說我的先生，以前十足是個大男人主義的奉行者，什麼「男主外，女主內」，「君子遠庖厨」的觀念，根深蒂固。舉凡家務事一概不動手，因此，任憑我下班後忙進忙出，旣要忙着淘米下鍋，準備晚餐，又要趁着空檔去做一些非做不可的瑣碎事。而他，視若無睹，老太爺似的躺在沙發裏，看報、打盹，好不逍遙！偶然還會扯着喉嚨叫你動作快點，他餓壞了等等。這情景，看在眼裏，肚子裏一股怒氣直往上冒。後來我想了一個對策：一天早上，他要出門上班時，我告訴他：「晚上你都比我早回到家，麻煩你幫我把電鍋的開關按下，好不好？剛才我已經把米洗好放在電鍋裏了，只要你回來，按一下開關就好。」不知道他到底聽進去了沒有，但是那天下班後，果眞電鍋的飯已煮好。嗯！好的開始是成功的一半。

於是信心大增，急忙趨前向他道謝一番。這樣連續了幾天，每天我回到家裏，總是看到電鍋已冒着熱氣。每次，我總向他說些感激的話。諸如：「要不是你早些煮，我們恐怕很晚才有飯吃！」「要不是你肯幫忙，我又要忙得一點胃口也沒了。」或是「謝謝你幫我忙，所以我今天準備了一道特別好吃的菜」等等。後來有一天，我故意把米淘洗好，放在電鍋旁。下班後，剛進門，先生劈頭就說：「妳怎麼忘了把米放進電鍋裏？」我偷瞄了一下電鍋，只見電鍋已滴滴嘟嘟地冒水氣了，暗中高興一番。然後轉頭向他認錯，道謝。此後我索興把米量好，放在水槽邊，等他回來洗米下鍋，倒也沒聽他提出抗議。這樣實行了一段時日，我放膽進行下一步動作。一天，我像又犯了遺忘症似的，匆匆出門，忘了把該做的量米工作做妥。結果，下班後，只見先生特地提醒我：「妳今天一定忘了量米吧！我已經幫妳把飯煮好了！」言下之意，好似幫了天大的忙，我又是忸怩又是驚喜的（裝的）說了一些感激的話。說也奇怪，從此以後，洗米下鍋的工作自動落在他身上了。此一大功告成之後，我又如法泡製，進行其他項目。總算運氣好，沒讓他瞧出破綻。如此，不但自動洗米下鍋，有時連一些家常菜他都會做好，等我回家共同品嚐呢！昨晚，李太太來我家，看見先生正忙着拖地板，羨慕道：「妳真有福氣，先生還肯幫妳做家事，好體貼！」我順水推舟地說：「是啊！當時要不是看上這點，才不肯嫁他呢！」轉眼瞧見丈夫一臉陶然的模樣，叫我又好笑又愛憐。其實，他那裏知道我的秘密！』（馬信行，民國72年44頁）

這一篇馴夫記所以有圓滿的結局，該歸功於太太施展兩大法寶：一是增強原理（如說一些感激話，道謝一番，或特別做一道

先生愛吃的菜等等），二是非常巧妙地運用連鎖原理，把煮飯的工作分割成下列步驟，讓先生逐步學習：

第一步：太太先完成淘米下鍋，只讓先生「按下電鍋開關」，即給予增強；

第二步：太太把米淘洗好，放在電鍋旁，只讓先生把米放進電鍋，並按下開關即給予增強；

第三步：太太把米量好放進內鍋，放在水槽邊，讓先生「淘米」、「下鍋」，並「按下開關」，方給予增強。

第四步：太太完全不做，讓先生「量米」、「淘米」、「下鍋」、「按下開關」等一連串動作完成後，方給予增強。

第五步：如法泡製引導先生做家常菜。

第六步：引導先生幫忙其他家務（如拖地板）。

六、結論

由上述各項訓練項目可知，培養兒童的動作、技能或習慣時，若能利用增強原理而採取逐步養成策略或是連鎖策略，以「分解動作」的方式，逐步反覆進行，自可收到預期的效果。尤其對於特殊兒童如智能不足兒童、情緒困擾兒童或是生理缺陷兒童等，更應利用此種逐步形成的養成策略或是連鎖策略，對每一段正確的反應結果都給予增強，讓兒童獲得成功的經驗，藉此提高其自信心及興趣。一般逐步改變技術所用的「分解動作」之訓練方式，均先練習一部分動作，逐步概括至前面或後面的動作，最後再學習整個的動作。其要點是從簡而繁，由易而難，循序漸進，切勿操之過急。

　　總而言之，在本章所舉諸例，均屬輕而易舉的小事，似乎不易受到教師或家長的重視。但是吾人若細加推敲兒童行為之發展，自不應忽視最基本的良好習慣及人際關係之養成。兒童的行為或說是其人格，乃屬一個整體，改善其中一環，往往導致其他環節的進步。我們所重視的管教問題亦然，要從良好的基本生活習慣的養成着手，使其點點滴滴，涓涓細流，發展成為良好的品德。若是一味好高騖遠，貪多躁急，專唸教條而沒有具體可行之方案，雖聲嘶力竭，還是於事無補，徒增教師及兒童雙方的挫折。筆者深信「增強原理」及「逐步養成策略」，不僅可應用於自立行為與生活習慣之養成，而且值得在讀寫算等教學上推廣使用。

討 論 問 題

一、請舉一則逐步養成學習的實例，並說明其主要特點。

二、教師（或家長）若欲提高逐步養成學習的功效，應注意那些因素及步驟？

三、試說明蓋聶（ Gagne'）所提示的連鎖學習的五個基本要件。

四、請以教導兒童穿鞋襪的生活自立技巧為例子，若欲運用連鎖原理，須分成那些實施步驟，請依序列舉。

五、就本章所介紹的「馴夫記」來說，訓練成功的要件何在？請你仿效此例，擬定一套訓練方案幫助家人養成良好的生活習慣。

第 七 章
類化與消弱原理

第一節　類化原理

一、類化的意義

　　人類行爲本來就是一個複雜的連鎖反應，所以每一項反應均與其前後的反應，以及周圍的情境發生互動關係。倘若小雄很喜歡甲刺激物，則與甲刺激物相似或有關連的乙刺激物，也都可能討小雄的喜歡，如「愛屋及烏」即爲其例。反過來說，小雄很害怕丙刺激物，則與丙刺激物相似或有關連的丁刺激物，也很可能令小雄害怕，如「杯弓蛇影」、「一朝被蛇咬，十年怕草繩」等均爲其例。像這一種「愛屋及烏」或「杯弓蛇影」等現象，均稱之類化現象（ generalization ）。在日常生活環境或是教學情境裡，這一種現象經常發生。例如，王老師的國語科教學很生動，引發小怡的敬意與喜愛，則王老師轉任數學科也很可能引起小怡對於數學科的喜愛，甚至王老師所飼養的一隻小狗也可能討小怡的喜歡。一些兒童懼怕小白兔等小動物的情緒發展，都可以藉類化現象來說明。假如小雄在路上行走時，突然有一條狼狗撲向他，而使他嚇倒。從此，小雄一看到形狀與狼狗相似的其他動物，諸如土狗、牧羊犬、狐狸狗、羊、牛、馬等，也都會產生恐懼感。例如在第二章所談起的華森與雷娜的動物實驗，使亞柏特不僅懼怕小白鼠，甚至小狗、小貓、小白兔等動物也都令他懼怕。

　　在日常生活情境裡，當然並非每一個人對每一件刺激物都會產生類化反應。因爲狂犬會咬傷人，所以人人自然懼而遠之；反

之，小白兔等家畜通常不會傷人，所以不足爲懼。這些事實均需透過不同教育管道，讓學生知道，然後採取不同的反應。這就是心理學上所常提及的，對相異的刺激做辨別反應，亦稱爲「分化現象」（differentiation）。例如張生隨着林老師上街，走過馬路時，兩人看到「紅燈」即停下，等到「綠燈」時方走過去。以後張生獨自上街時，即能辨別交通訊號而採取不同的行動。教導兒童在運動場上可以蹦蹦跳跳，但到別人的客廳就不應蹦蹦跳跳。大部分兒童的語文學習及概念學習也都要經過辨別歷程。

不可否認的，在教育情境或是正式的行爲改變方案裡，相當重視類化現象，亦即教育工作人員或是輔導方案執行人員都會先考慮到下列問題：「在教育情境，或是訓練情境所建立的反應，是否也會在其他自然的生活環境裡表現？」「若其答案是肯定的，則其類化效果可以持續多久？」「訓練效果若無法類化到實際生活情形，將該如何解決此一問題？」對這些問題的解答，若依據實驗結果來說，仍然不太一致，不僅不同的受試性格、不同的目標行爲，以及不同的環境因素都會產生不同的結果，而且類化的層次也不同。任何一種訓練方案所要求的類化層次，可有下列兩種：

第一種是較簡單的刺激類化，只要求在訓練情境，對於訓練者所提供的不同刺激產生類化反應。例如，教師提示六種不同品種的狗照片（如牧羊狗、狐狸狗、狼狗、哈巴狗、獅子狗、土種狗等），然後要教導一位中度智能不足兒童對這些照片都能說是"狗"；或是教導小華在校內遇到王老師要敬禮，遇到陳老師、以及蔡老師也都要敬禮。

第二種層次的類化反應較難，亦即希望在某種訓練情境所培養的行為（或是反應），在相似的其他情境下也能出現。此種現象稱之「行為自第一個情境類化到第二個情境」。例如，小華在校園裡遇到陳老師時，總是很有禮貌地向老師敬禮，並道一聲「老師您好！」陳老師也每次回報一聲「小華早！」並當場摸摸他的頭，讚美幾句。經此增強歷程所培養的小華在校內向老師敬禮的行為，若在校外遇到任何一位老師時，照樣向老師敬禮，即稱之情境的類化。一般教育的成果，就是希望學生在學校裡所習得的良好習慣，也能夠在家庭以及社會生活上表現出來。又如，學生在校內學會如何排隊領取東西，或排隊進教室；放學後，也希望能夠遵守社會秩序，照樣排隊上車或是排隊購置入場券等等。很可惜的是，這一類的情境類化較不易長久維持。因為在自然的生活環境裡，學生所表現的這些行為不易常受到增強（如獲得成人的讚美，或是記功嘉獎），所以也就很容易消弱。因此，不管是在一般的教育措施上，或是有計劃地執行行為改變方案，教師若希望訓練成果能類化到日常生活情境，自應特別注意到影響「類化」的各項有關因素。

二、影響類化效果的因素

馬丁及皮爾（Martin & Pear, 1978 ）認為足以影響類化效果的因素，可有下列三項：

㈠訓練情境與核對情境的相似性：根據一般的研究得知，若其他條件相同，則兩種刺激（或是情境）之間愈相似，則發生類化的可能性也愈高。例如，在華森的懼怕制約實驗中，亞伯特怕

白老鼠之後，凡是那些與白老鼠有相似特性的小動物（諸如小白狗、小白兔）以及物體（如聖誕老人的白鬍鬚）等，也都會引起亞伯特的恐懼反應；這是因為這些動物均具有"白色"、"有毛"、"有四肢腿"等相似特性，故容易引起類化反應。

　　訓練情境（或稱實驗情境）所培養成功的行為，所以不容易類化到核對情境（ test situation ）（或稱日常的生活環境），係因訓練情境與生活情境之間的物理條件有許多不相似之故。因此，若欲提高訓練效果的類化層次，最好的方法是設法使訓練情境與核對情境合而為一，亦即盡量利用自然的生活情境來做訓練場所，使所學馬上能致用，並且以自然的生活環境為核對類化成效的場所。行為改變技術所以愈加流廣，係因着眼於利用實際的生活環境，來訓練受試的良好習慣及技能，以期較易發生情境類化現象。

　　㈡核對情境中所發生的終點行為，若偶而獲得適當的增強，則其類化可能性也愈高。在訓練情境所培養的行為，若欲長期性地類化到核對情境（通常是指日常生活情境），則除了靠兩種情境間的物質特性的相似程度外，尚要看在訓練情境所培養的終點行為，一旦表現在日常生活情境時，有沒有機會偶然也能獲得應有的增強。換句話說，若表現在日常生活情境裡的終點行為，也能間歇性地獲得增強，則此一終點行為將可能繼續表諸於日常生活情境。例如在學校裡培養排隊習慣，若表現在日常生活情境時（諸如購票排隊、進場排隊、上下車排隊等）也能偶而獲得成人的讚許或公開表揚，則其排隊習慣將可持續表現在日常生活情境。但在日常生活情境裡，偶然給予間歇性增強似乎不是訓練者所

能任意控制的事項，故不易實施。然而除了此一較不切合實際的措施外，下列方法也可能有助於促進在日常生活情境裡的類化作用：

1.利用自然發生的增強條件來鼓舞終點行為：例如教師藉一套訓練方案幫助一位畏懼而不合群的孩子，能夠在校內敢與同年輩的孩子接近以及說話。當這一位畏懼的孩子在校外也會與其他同年輩接近，或參與友朋間的遊戲之後，自然而然會自朋友間的相處過程中獲取快樂與安慰。這一種快樂與安慰也就是所謂自然發生的增強條件，對於維持終點行為（即接近朋友）的類化作用將有很大幫助。

為了要能充分利用這一種自然發生的增強條件，訓練者在實施此類改變方案時，開始一段時間雖然要用繼續性增強方式，但俟終點行為形成之後，務必逐漸轉換為間歇性增強，使受訓者在訓練情境所能獲得的增強數量，並不超越在自然的生活情境所能獲取的數量。果真能做到這一個步驟，則終點行為的類化成效必將提高。

2.安排自然情境中的有關人物之參與訓練工作：這一項方法在實施上雖然較困難，但是對促進類化作用相當有幫助。採取這種方法必須先與自然情境中的有關人物，如父母、兄弟姊妹、教師、鄰居、大廈管理員等，取得充分的合作，讓這些有助於培養終點行為的關係人物也能參與改變方案的執行工作。例如，教導這些人如何運用適當的增強策略以激勵好的行為、消弱不良的行為，甚至要激勵這些重要的關係人物能持久參與工作。

例如要訓練一位常常發脾氣的孩子，讓他不再任意耍脾氣，

開始時，必須先在訓練情境實施，如設計一個遊戲室，陳列各種
不同的玩偶。若受訓者能夠操弄這些玩偶而有快樂的表情時，即
給予增強物（如貼紙或食物性增強物）。在訓練情境裡，一旦建
立終點行為（亦即受訓者不再任意發脾氣），就要逐漸轉移到在
家庭中實施訓練，以達到類化的目的。此時，訓練者就要先去幫
助及教導母親如何記錄孩子的發脾氣行為次數，以及如何提供適
當的增強辦法。在實施初期，訓練者要經常訪問母親，給予適切
的指導，到了後期即可逐漸退出，把工作完全交給母親來執行。
母親一旦發現孩子也能逐漸獨自玩玩具而不再任意耍脾氣時，自
然而然也獲得增強，並可提高其工作信心。

　　3.適當地運用不固定的增強分配方式也可以產生類化作用
。誠如在第五章增強的分配方式（ schedules of reinforcement
）裡所提及，新行為的建立起頭是要應用固定的增強分配方式，
但若欲維持此一行為，勢必逐漸改用不固定的增強分配方式（包
括不固定比率與不固定時距增強分配方式）。尤其是在日常生活
情境裡，也是可能實施不固定增強分配方式來維護終點行為。例
如小畢在學校培養尊敬師長的禮節後，若跟着父母去拜訪親朋時
，也能隨時表現尊敬長輩的禮貌，如點一點頭並道一聲“王伯伯
，您好！”或“王媽媽，您好！”，則通常長輩也偶而會讚美說
“小畢真有禮貌”或“小畢真是好孩子！討人喜歡”。這一種不
固定比率的增強分配方式，對於行為的類化相當有激勵作用。

　　4.讓受訓者自己能控制自己的行為。新近在行為改變技術
的推廣領域裡，特別加強所謂自我控制（ self-control ）、自己
處理（ self-management ）、自己塑造（ self-modification ）

等技術，以期幫助受訓者（特別是成人）能善用行為改變技術來
處理自己的行為。其着眼點是深信個體可以重新調整自己的環境
因素，以資改變自己的行為，而在實際生活情境裡，獲得良好的
適應。每一位受訓者若能將在訓練情境裡所習得的良好生活習慣
，應用到實際生活情境，即為類化原理的最高境界。

㈢在訓練情境所使用的刺激種類或情境愈多，愈有利於增進
日後的類化作用。若干實驗結果告訴我們，當受訓者在接受訓練
時，若表現在兩三種不同情境裡的目標行為均能獲得增強時，此
種目標行為將更容易表現在實際生活情境裡。例如，訓練重度智
能不足兒童的不良姿勢時，若僅利用特殊學校的教室來做訓練時
，這些兒童僅能在教室裡維持良好的姿勢，但無法類化到餐廳或
客廳。但若借教室以及客廳來做訓練情境，則受訓者所習得的良
好姿勢，可以在餐廳裡表現出來。由此可知，若欲提高類化效果
，訓練情境不妨多選用幾種不同的刺激物或是情境。

三、類化方案的指導原則

行為改變方案的主持者，若欲求在訓練情境所培養的良好行
為，能夠有效而長期類化到實際生活情境，則除了上述影響類化
作用的因素要注意控制外，尚應遵循下列原則：

㈠選擇對受訓者顯然有用，而且又容易在自然的生活環境裡
獲得增強的行為做目標行為。

㈡選擇訓練情境時，盡量考慮選用目標行為容易發生的自然
生活環境為訓練情境。訓練情境若無法與自然生活環境完全一致
，至少也應該愈相似愈佳。

㈢建立目標行為時，儘可能多利用幾種適當的情境，連續性地分段塑成。塑造過程自當由易至難，由簡而繁。

㈣在訓練情境所使用的增強次數務必逐漸減少，一直減少到比自然情境裡所能獲取的增強次數還少為止。

㈤當訓練情境改變時，務必加多增強次數，以資抵銷受訓者辨識新情境與舊訓練情境不同而所發生的怠慢情緒及傾向。

㈥在促進目標行為自訓練情境類化到自然生活情境的早期階段，務必先要確認是否有足夠的增強力量，可以使目標行為維持在自然生活情境裡。必要時，還得對培養受訓者的目標行為有關連的人物（如父母或是師長），施加增強力量，然後，隨着類化成效的增加而逐漸撤退增強力量。

㈦促進類化現象固然是評鑑行為改變方案成效的一個要項，但不宜促成不適當的類化。例如在訓練情境裡，訓練智能不足兒童要懂得禮貌，對師長及同學要善於表示親近並要敬禮。這些行為若在適當的情境下，對於適當的人物表示，自然是相當理想的。但若在放學路途上，對於陌生人也任意表示親近，甚至隨便擁抱，將形成很大傷害。由此可知，在運用類化原理來改變受訓者的行為時，切勿誤用。如華森利用制約學習歷程將一位幼兒塑造成極端害怕老鼠。其結果，這一位幼兒不但怕老鼠而且也類化而怕其他小動物，如小白兔、小白狗等等，這是極為不道德的。天下不知有多少父母、教師以及行為科學家，在有意或無意中，塑造了兒童怕動物、怕黑暗、怕數學、怕教室、怕上學、怕回家、怕師長、怕父母以及怕人群等焦慮症狀，誠值吾人三省。

四、案例介紹

摩根司凡（Morganstern, K.P. 1974）曾以吸香煙為嫌惡刺激，有效地改善一位胖小姐愛吃甜點的習慣。在進行治療時，案主雖然只對吃糖菓、小甜餅及油炸圈餅等三種甜點實施嫌惡刺激（案主自行吸一口最討厭的香煙），結果，案主不僅對這三種甜點感到反感，且對吃冰淇淋、大餡餅等甜食也發生厭惡，亦即產生所謂類化現象。本項治療報告的另一項特點是，治療工作的進行完全在案主的家裡，由案主本人實施，此即所謂的「自我控制程序」（ self-control procedure ），故特轉介如後：

案例7-1

一、研究題目：對強迫性進食的自我管理式嫌惡治療

二、研究人員：Morganstern, K.P.

三、研究日期：發表於Behavior Therapy, 1974, 5, pp. 255～260.

四、個案的問題分析：

　　當事人是一位女研究生，年齡23，身材肥胖。據她的報告，每天除了三餐外，還不停地吃零食。最喜歡吃的是糖果、小甜餅、冰淇淋、大餡餅（餅上加蕃茄、乾酪、肉等）、和油炸圈餅（ doughnuts ）。曾吃過藥物以抑制食慾，並且嘗試無數次的飲食療法，均不見效果，對那些容易發胖的食物依然照吃不誤。

五、實驗程序：採用多基準線設計，其步驟如下：

　　㈠量基準線：測量她的體重以及每天平均食物攝取量，連續四週，並繪成基準線。

　　㈡實驗處理：由於C小姐對於香煙的煙霧，聞之作嘔。所以香煙的

煙霧就作爲嫌惡刺激，在C小姐吃零嘴時配對呈現。

　　實驗時首先在治療者的辦公室進行，然後當事人回到家中依計劃自行實施。

　　(1)第一階段只改變吃糖果的行爲，每次試驗時，當事人先吃一顆糖，然後嚼嚼幾秒鐘，正要嚥下去之前，對着燃着的香煙，猛吸一口煙霧。實驗進行每次延續十分鐘，每天做二次，本階段前後一共進行七週。

　　(2)第二階段，以相同的嫌惡制約程序，應用於吃小甜餅的行爲，時間爲四週。第三階段，則針對吃炸油圈餅行爲，實施時間爲三週。

　　後來，經過三週之後的第廿一週進行一次追踨調查，再過三週又做一次。

六、實驗結果：

　　實驗結果 如圖 7-1 所示，三種吃零食的行爲，每在實施嫌惡制約後

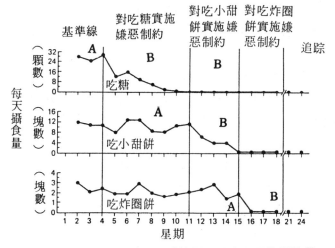

圖7-1　糖果、小甜餅和油炸圈餅平均每天的攝取量

（摘自 K. P. Morganstern, Cigarette smoke as a noxious stimulus in self-managed aversion therapy for compulsive eating : Technique and case illustration. Behavior Therapy, 1974, 5; P.257 ）

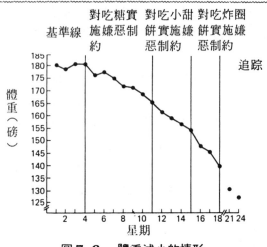

圖7-2　體重減少的情形

（此圖來源，同圖7-1附註。P.258）

，其攝食量便低落下來，幾乎都接近於 0 的水平。體重減輕的情形，則見於圖 7-2。

　　雖然冰淇淋、大餡餅未與香煙煙霧配對實驗，但據 C 小姐的報告，進食量也正開始減少。至於態度方面，她曾說：「如果我放棄攝食糖果及其他所有零食，我就能夠去做任何事情。」（ P. 258 ）

七、討論與建議：

　　㈠通常對減肥的人所採用的設計，常見的都是逐變標準設計，本個案採用多重基準線設計，顯然更為特殊，很可供我們做參考。

　　㈡本實驗結果，證明效果良好，三種所欲改變的行為分別在實驗處理後，零食攝取量驟然減低，幾近於無。追蹤研究也證明效果穩定，攝食量沒有升高現象。另外有二點更值得注意：其一，未用為實驗對象的冰淇淋、大餡餅，據 C 小姐報告，後來也減少取食，可見有類化（ generalization ）的現象。其二，實驗後 C 小姐在態度上也有變化，似乎由於外在行為的改變，使她產生了信心，影響內在的態度或結構，而

會更積極樂觀的處理任何事物。

　　㈢行為改變或治療方案，常為人詬病的是治療者和當事人之間絕對從屬的關係，當事人處於被動消極的地位，且少被尊重。但本方案已去除掉這個缺點。治療中，除前幾次示範說明在治療者的辦公室進行外，均由當事人自行在家中實施。故本方案之處理，名曰：自我控制程序（self-control procedure ），相當合乎現行輔導和治療的原則。務使輔導的目標變為自主的控制或管理，也就是由被輔而自輔，方能在生活的全面產生普遍性的影響，進而有效應付將來可能面臨的問題。前於實驗結果所談到的類化現象以及 C 小姐態度的變化，正是本設計強調自我控制的結果。

　　㈣本實驗以糖果、小甜餅和油炸圈餅等三種食物為實驗對象，後來却對冰淇淋、大餡餅也同樣發生效果（據 C 小姐的報告），可是改變情形如何，實驗者並沒有提出數據，誠屬憾事。假如本個案類化現象存在，那麼類化的程度為何？作者尚未交代之處，庶可進一步加以注意，對實驗後 C 小姐飲食的種類和數量均予追蹤測量，則本報告將更為完美。

第二節　消弱原理

一、消弱的意義

　　一般而言，某一正增強物對於某一項行為的增強作用，或某一懲罰物對某一行為的遏制作用，並不是永不改變的。也就是說，經由增強所遞加的某一行為出現率，也可能因該增強效果的終止而又趨於遞減。已制約成功的某一項行為，若其出現未能再獲得增強，則其出現率將趨於遞減。這一種現象即稱為「消弱」（

（extinction）。　懲罰的效果，我們也可以用一種原理來說明。曾經因受懲罰而遞減的行為頻率，也可能由於終止懲罰而趨於遞加。這一種現象則稱為「懲罰效果的消弱」。兒童的若干不良行為（如哭叫、攻擊傾向等），往往是受到父母無意中的「社會增強」，諸如注意他、過分關切他所促成的，所以要糾正這種不良行為，最好藉消弱原理。誠如史博雷林等人（Spradlin & Girardeau, 1966）所強調的減少不受歡迎行為的最有效方法，就是適時保留增強該項行為的刺激物。他所指的不受歡迎行為，包括攻擊性行為、發脾氣、自毀行為、以及惡作劇等等。例如有些問題兒童，因為能力有限，平常很難藉正常手段，如參加學業競賽、藝能比賽等以引起教師與同學們的注意與讚許。因此，反而常藉不正當的手段，如故意推擊鄰座兒童，裝鬼臉、敲打桌椅以及發出怪聲等等引人注意。由於每當他玩弄這些不正當手段，教師即喊他的姓名，同時把眼光投射到他身上，全班同學的眼光也集中於他，甚至教學活動也因此停頓片刻。周圍的這一些反應，不但無法糾正他的不良行為，而且易使其變本加厲。較為有效的方法是暫時不再對他的不良行為表示過分的「注意」（因為注意他也是一項社會性增強物），兼用隔離方式，並進一步安排正當的表現機會，使這些兒童能獲得適當的正增強物。

二、消弱現象的類型

我們的日常行為通常可簡分為反應性行為（respondent behavior）和操作性行為（operant behavior）。反應性行為是直接依賴刺激而發生的行為，如吹氣所引起的眨眼反射，或嚐

到食物所引起的流口水反射，以及由突發而強烈的刺激所引起的內臟器官的反應等等都是。操作性行為則指個體為滿足其需要而主動表現的行為，諸如大學生為了賺生活費而「騎腳踏車」趕赴家教；小孩為了想吃冰淇淋而耍脾氣等等。反應性行為及操作性行為既然均可經由制約歷程而培養，自然也可以透過下列兩種不同消弱歷程來消除。

㈠反應性消弱（ respondent extinction ）：係運用消弱原理來消除經由制約歷程所建立的反應性行為，例如曾被狗咬傷的孩子，可能有一段很長的期間，會「談狗色變」。但若再經歷一段時間看到狗，或接觸到狗，均未再遭遇到狗的吠叫，或是突襲，則這一位孩子以前經常發生的制約反應「談狗色變」，勢必逐漸消弱。誠如在第二章所介紹的，華森與雷娜（ Watson & Rayner, 1920 ）曾以「強烈的尖銳聲」為非制約刺激，讓一位幼兒亞伯特對老鼠產生極度恐懼反應。華森認為，既然亞伯特的恐懼反應是屬於一種經由制約歷程所形成的反應性行為，若讓亞伯特看到老鼠（制約刺激）時，不再出現強烈的尖銳聲音（非制約刺激），則亞伯特將逐漸對老鼠不再感到極端的恐懼（制約反應）。

這一種想法後來由華森的學生瓊妮（ Jones, 1924 ）付諸實驗，果然利用消弱原理，很順利地改善一位小孩子對於小動物的懼怕反應。瓊妮所採用的方法是，首先把個案所懼怕的老鼠單獨呈現在個案的視野內，但要保持一段相當的距離，讓個案感到安全。每次呈現老鼠時，並不再出現其非制約刺激（如強烈的尖銳聲），這種實驗過程繼續反復做一段時日，一直到個案對於懼怕對象的存在不再感到不安或懼怕。根據瓊妮的實驗報告，此種消弱

原理之應用，對某些個案的確有效，但對某些個案有時候也會產生反效果，個別差異很大，故實驗者宜謹慎行事。

㈡操作性消弱（ operant extinction ）：係指利用消弱原理來改變經由制約歷程所建立的操作性行為。此種原理之應用效果，又可因所要消弱的行為不同而分為下列兩種：

一種是經由積極操作制約歷程所建立行為之消弱，較易收效。例如，在前面曾提及，在家庭裡，兒童的無理取鬧或哭叫，往往是為了引起父母的關注或獲得食物。每當兒童採取此種不當行為，父母即給予安慰或食物，此種關注即屬於增強作用，結果使孩子的吵鬧行為變本加厲。所以父母要改正這一種經由操作制約歷程所建立的不適當行為，也唯有藉消弱原理方能收效。亦即不但不要過分關注兒童的無理取鬧行為，還要進一步去關心兒童的其他良好行為：諸如兒童在看故事書，在獨自玩玩具，或是唱歌時，父母若能適時給予讚許，或直接加入其活動，即可慢慢消除兒童的無理取鬧行為。

另一種是經由消極操作制約歷程所建立行為之消弱較為不易。心理疾病患者所擁有的許多症狀，往往是經由消極操作制約歷程所建立，所以常常根深蒂固，不易根除。（ 柯永河，民69年，199頁 ）。消極操作制約歷程是藉停止厭惡刺激為手段以迫使個案建立某一種行為。黎茲（ Reese，1966 ）曾以猴子為實驗對象，說明經由消極操作制約歷程所建立行為之不易消除。實驗步驟是訓練猴子學會按下鐵桿柄以避免遭受電擊。只要牠在每十秒鐘之內按下鐵桿柄一次，就可以免遭電擊。經由這一種消極操作制約歷程，猴子準時按下鐵桿柄的行為愈加牢固，甚至關掉電擊線

路後，牠仍然不停地表演按鐵桿柄的舉動。

　　又如，現代社會裡有不少的吸食強力膠或吃迷幻藥成癮的不良青少年，往往是為了逃避來自家庭、學校或社會所加給的痛苦或不安而吸食藥物。他們唯有「猛吸」強力膠，或「注射」速賜康，方能暫時停止一切的痛苦或焦慮。感受痛苦或焦慮，即為厭惡刺激；「猛吸強力膠」即為消極操作反應。因為猛吸強力膠的結果，一切個人的痛苦或焦慮得以暫時解脫。殊不知這是一種自欺欺人，自掘墳墓的怪招，結果使其愈陷愈深，終難自拔。對這一種個案來說，消弱策略不易收效，其原因有二：第一，個案所感受到的痛苦或是焦慮，似非外人輕易可予解除；第二，所養成的吸食強力膠行為，本身具有成癮特性，儘管導致痛苦的外在壓力已不存在，但是吸食強力膠本身已成為生理上的需要。為了補救消弱原理對這一種個案的治療效果，尚需配合應用其他策略，諸如嫌惡制約法（將辣椒攙入強力膠），或是利用艾里斯（Ellis, 1958）的理情治療法，引導個案能靠自己的意志力去克服吸食強力膠的行為，並能逐漸放棄他的所有「非理性觀念」（亦即不適當思考習慣），然後樹立其理性觀念（亦即適當的思考習慣），藉以辨識藉吸食強力膠或迷幻藥來逃避痛苦或焦慮，並非唯一可行的手段，且非上策。

三、影響消弱原理的因素

　　消弱原理和增強原理一樣，過去在實驗心理學討論甚多。根據有些實驗結果指出，下列因素足以影響消弱原理的應用效果，故計畫運用消弱原理的教師或父母，宜考慮這些因素方易收到事

半功倍的效果。

㈠消弱原理與積極增強原理的配合關係：從實驗結果得知，單獨使用消弱原理來減少不適當行為的發生頻率，顯然比配合運用消弱原理與積極增強原理的成效差很多。亦即不適當的目標行為固然須藉消弱原理予以減弱，但與不適當行為相對立的良好行為，更需要藉積極增強原理予以扶助壯大。舉例來說，若小明常藉耍脾氣以引起父母的關注或獲取糖果，則要消弱小明的這一種耍脾氣惡習，最好的策略是，一方面對小明耍脾氣行為不再過份注意，另一方面還要多讚美他的良好行為，諸如，和妹妹和好相處，主動幫忙家事，或是笑嘻嘻地做功課等等，並適量給予增強物。採用這一種雙管齊下的策略，不僅可以早日革除小明耍脾氣的惡習，且可培養合作、自動及快樂做事的良好習性。父母決定實施消弱原理時，不妨先告訴小明說：「從今天起，你無論怎樣耍脾氣，都不再給你任何東西。只有乖乖玩玩具或看故事書，媽媽纔會自動賞給你所要的東西！」有些個案，只採用這一種指導語，也能加速消弱其不適當行為。但是，父母必須言出必行，貫徹始終，否則，若常常只聽雷聲，不見雨下，勢必演成對牛彈琴的壞習慣，徒增家庭內的不和諧。

㈡嚴加管制擬予減弱的目標行為，不再另外獲得替換增強物。運用消弱原理的成敗，又取決於如何封鎖擬予減弱的目標行為再度獲得任何變相的增強物。倘若實驗者用盡苦心，不再增強不適當的目標行為，擬藉此策略，迫使不適當行為自討沒趣而趨於減弱；可是半途若有他人越俎代庖而提供替換性增強物（alternative reinforcers），勢將難於消弱該項不適當行為。

　　茲再舉前例小明耍脾氣的案例來說，母親正在運用消弱原理，以資改善小明的惡習，且已略見成效。但若父親沒有耐性而不願意配合，下班回家一進門聽到小明哭着要討糖果，就埋怨說：「太太，妳沒有聽到兒子在哭叫嗎？吵死人了！」「小明過來，爸爸給你錢，你自己去買好啦！」，這一招，可能使母親幾天來所投入的努力成爲泡影。由此一例子可知，在使用消弱原理的過程中，特別要愼防擬予消弱的不適當行爲，再度獲得其他任何增強物。因爲這些增強物，不管是來自第三者，或是就地取材所得，均足於抵消原已投入的心力，爲運用消弱原理之家長或教師所不能不愼重管制。

　　㈢考慮運用消弱方案時的佈景或是裝置等因素：從不同的個案輔導結果得知，運用消弱原理所需要的佈景（ setting ），也常關係着輔導成效。這些佈景的精巧程度相當有層次，從用來處理複雜行爲的極巧妙設計，到處理較易去除的日常舉動的簡易佈置等等，端賴輔導者依據個案所需善加安排。行爲改變技術所強調的是，如何安排環境的條件，以利適當行爲的形成，並制止不適當行爲的惡化。若欲實現此一構想，從物質環境的設計，到有關人物所要扮演的角色，均得妥加安排。

　　一般所說的，難於消弱的行爲係指經由漫長的歲月所塑成的不良習性，尤其是在間歇性增強分配條件下，經年累月所培養的惡習更不易消除，所以更需要安排巧妙的裝置或佈景，以引導惡習的改善。茲特介紹馬丁等人（ Martin & Treffry, 1970 ）所輔導的個案，以資說明實驗者如何設計巧妙的裝置，以利於糾正一位腦麻痺女性病患的彎曲姿勢。

　　受試是一位十六歲的女性重度智能不足者，兼患腦麻痺，名字叫做法拉莉（ Valerie ）。她的右半身癱瘓。在接受輔導之前，她在一所特殊學校呆了八年，全然不會講話。在四年前就訓練她使用支架來練習走路，但她都不願意走動，除非工作人員扶着她走。倘若工作人員強迫讓她獨自行走，她都是爬在地板上。她常表現兩件不適當行為，一是用強而有力的左手打擊面部和頭部；另一件是每次讓她坐在椅子上時，她就把頭彎下地面。在運用行為改變技術來處理她的行為以前，曾經也試過其他方法，但一直未見效。後來決定運用消弱原理來處理此一行為，訓練者先仔細觀察個案的此一行為。經過兩個月的觀察結果得知，工作人員過份注意她的自行虐待行為（ self-abusiveness ）和頭向下彎的姿勢，導致這些不適當行為的出現率提高。輔導策略是兼用消弱不適當行為與增強相反的適當行為，並事先佈置特別情境。每天早上穿好衣服後，她就被帶到電視間，坐在放置在角落的一個椅子上。椅子正前方正好橫放着一座大沙發，平常是讓學童們坐着看電視用的。實驗者在大沙發上裝置一塊垂直的厚紙板。法拉莉若端正坐着，正好可從厚紙板上端看到電視影幕。若案主頭向下彎曲，就無法看到電視。在實驗期間，每天除了用餐時間外，每隔15分鐘就由護士小姐來觀察一次。若看到案主坐姿良好，正從厚紙板上端望過去，就即刻給予讚美，並贈予糖果或水果等增強物；若案主彎曲着身體，護士就不理采她，更不和她講話。經過約22天的實驗後，案主的彎曲姿勢已經完全消失，均能百分之一百表現端正坐姿。此一實驗方案結束後，案主又開始接受訓練，請她由電視間自行移動到餐廳吃飯，結果採用逐步養成原理也收到預

期效果。

㈣在不同增強分配方式下所建立的目標行為，其消弱效果也各有異：從實驗結果得知，在間歇性增強分配方式下（包括不固定比率增強與不固定時距增強）所建立的行為較不易消弱，故輔導者應先探究，目標行為究竟是在何種增強分配方式下所塑造的。若是在間歇性增強分配方式下所建立的行為，自必投入更大的精力及更長的時間方能消弱它。反過來說，若是在連續性增強分配方式下所建立的行為，實施消弱方案後，就比較快消失。這些增強分配方式的不同特性，以及在日常生活上的應用實例，已經在本書第五章詳加介紹，讀者可參閱。

四、有效應用消弱原理的指導原則

家長、教師、以及輔導人員，若擬運用消弱原理以減少某一項特定的不適當行為，宜遵循下列原則方易收到事半功倍的效果（ Martin ＆ Pear, 1978, P. 51 ～ 52 ）。

㈠慎重選擇擬予消弱的行為：

1.目標行為的選擇必須很明確而特定，切勿在一段短期的輔導期間，就計畫消除案主的所有一切不適當行為。例如，不要說＂要消除小華的不良德性＂，而應該是說：＂要消弱小華在教室內咬大姆指的行為＂。

2.完全改善某項行為之前，有時候會變得更壞，甚至會伴隨着攻擊性行為，因此，在選擇目標行為時，必須要考慮實施消弱方案時，會不會帶給周遭人物更大的困擾，而引起干涉或壓力？若易於引起周圍人物的壓力或是干涉，就不便繼續實施消弱原

理，但也不必完全絕望，應繼續試探改用下列各章所推介的原理，如相互抵制原理，或是模仿原理等等。

3.盡可能選擇輔導者本人可以控制增強物的目標行爲，而這些增強物正是目前尙在維持此一目標行爲的原動力。因爲，輔導者若能控制這些增強物，就可以隨心所欲逐漸減少提供這些增強物，其結果，擬予消弱的目標行爲也就自然而然隨着逐漸消失。

㈡消弱方案實施前，應先辦妥下列要項。

1.在實施方案前，應盡可能評量目標行爲（亦即擬予消弱的不適當行爲）的發生頻率。在這一段評量行爲基準線的期間裡，爲了獲知目標行爲的眞面目，不可任意撤除素來就給予的增強物。

2.設法指明目前正在影響着不適當行爲的增強物是什麼？若得知這些增強物與不適當行爲之間的關係之後，輔導者自然就容易決定，在輔導階段裡應該撤除那些增強物？也可以進一步推斷，施行消弱方案後，要多久方能見效？

3.設法指明案主可能樂意表現，而又適當的替換性行爲（alternative behavior），以及可能影響此一替換性行爲的增強物。

4.設法安排適合於容易消除不適當行爲的情境，並讓有關的人物知悉，案主的那一種行爲是擬予消除的，那一種行爲是擬予增強的；更需要進一步激勵這些關係人物，共同致力於消弱不適當的行爲，並增強適當的替換性行爲。

㈢切實履行計畫：

1.在施行計畫之前，應把有關的方案要項告訴案主。

2.增強適當的替換性行爲時，宜適當應用積極增強原理（

參閱第三章所提示的一般原則）。

3.施行計畫之後，對於不適當行為的消弱，以及**良好替換**性行為的增強，必須持之以恒，不可搖擺不定。

㈣伺機結束輔導方案：

1.當不適當行為完全消除之後，輔導方案自然可以結束，但必須有所準備不適當行為的故態復萌。

2.若消弱計畫失敗，自應再度切實檢討，並重新研擬方案。通常失敗的原因可能有下列三種：⑴輔導者所撤除的增強物（如教師的關懷等），並非案主所祈求的增強物；⑵不適當行為可能間歇性地從其他來源獲得增強；⑶適當的替換性行為可能未被強化。

五、案例介紹

案例 7-2 是彙集在 Hall，R.V（1974） 的著作：**管理行為**（Managing Behavior）上的一個個案，有效利用消弱原理以改善一位四年級男童的爭執行為。案主喜歡與教師抬槓，或許為了引起老師的關心，也由於老師的回饋，致使案主的爭執行為更加牢固。在實驗處理過程中，老師改探「不理會」策略，結果顯然改善了案主爭執的次數。此一案例敍述簡明，方法易仿，故特轉介於下，以供讀者參考。

案例7-2

一、作　　者：Sharon Jones.

二、實驗名稱：爭執行為的消弱。

三、實驗來源：Hall, R. V（1974）, Managing Behavior, P. 18～19.

四、個案的問題分析：

　　受試是一位11歲之男孩叫米棋（Mitch），就讀於小學四年級，被認為有大腦損傷及學習困難，所以每週接受家庭教師6小時之讀、寫、算及拼字輔導，在家教期間，每當老師訂正其錯課時，他常會與老師爭執。比如說：當老師告訴他算術加法算錯，米棋就會與老師爭執，現舉一段他們間代表性之對話如下：

　　教師：米棋！你最好將答案再檢查一遍。

　　男孩：（並沒有看題目）根本沒錯嘛！

　　教師：有啦！有錯啦！

　　男孩：沒啦！沒錯！

　　教師：米棋！請再看看題目，再想想你的答案。

　　男孩：好罷！（他還是沒看題目）

五、行為測量：

　　教師於家教30分鐘內，記錄米棋與他爭執之次數，每當其有爭執行為出現，教師即用筆於便條紙上做記號，在此對"爭執行為"之界定為——對於教師的訂正之答案，有任何不同意之情形謂之。另外，尚有一觀察者，於整個實驗期間，抽取七段落進行觀察登錄米棋之爭執行為發生次數，以作"信度考驗"，結果顯示七次中有六次與教師所登錄次數完全一樣，另外一次，則觀察者較教師多登錄一次，整個說來，顯示信度頗高。

六、實驗過程與結果：

㈠基準線階段——每當家敎完，敎師便記錄米棋與他爭執之次數，在十個段落裡，次數分佈於 0 與 4 間，平均次數爲 2.3。

㈡處理階段（B₂）——（不注意）在此階段裡，當米棋答案錯時，老師只告訴他一次，當米棋想對敎師所講提出問題時，敎師則裝做忙於他事而不予以回答，是故，此階段之五段落，爭執次數平均爲 0.6，且最後三段落都無爭執行爲發生。

㈢基準線階段（A₂）——此階段中，當米棋做錯而與敎師反駁時敎師則再度又回答他，結果爭執次數平均爲 2。

㈣處理階段（B₂）——（不注意）對其反駁不予理會，結果爭執行爲又迅速消除，平均次數變爲 0.5。

圖示如下：

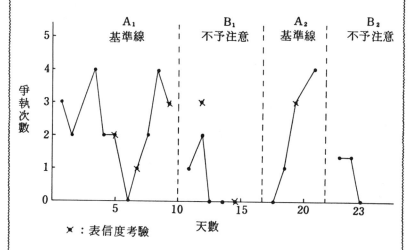

圖 7-3　一位四年級男孩家敎 30 分鐘內與敎師爭執次數記錄

七、討論：

此研究顯示：當家庭敎師訂正米棋錯誤，而其提出反駁而老師予以回覆，無意間已增強了米棋之爭執行爲，所以當敎師撤回該增強，米棋

之爭執行為也立刻消除。倒返之過程乃旨在驗證注意之撤回為爭執行為減少之因素。家庭教師報告說，當她不理會他時，米棋則繼續往下做，等他做完一頁時，老師再幫他檢核答案，米棋亦能很快地重驗題目並訂正答案了。

八、批評：

㈠由整個實驗看來，此設計對於米棋之爭執行為消除，似已收到效果。

㈡從討論中看來，老師之"理會"對米棋是一種增強，此似乎意味了米棋頗有要人"關注、注意"之需求（此或許與其生理、學習缺陷有關），是以老師以"不理會"來處理，雖能獲得爭執行為之消除而達到目的，但我個人在想，對於米棋之整個情緒、安全感、發展是否會有不良影響？因而在權衡之下，或許教師能於實驗中加入"社會性增強"之處理。

㈢行為改變之目的不僅在消除不好行為，尤貴能引出好行為，在此實驗設計中，似乎只做到前一部分，因而個人認為教師於以消極增強來消弱爭執行為之際，若能同時對其合作，馴服行為加以讚美、增強，相信對其新的良好態度的形成，將有所助益而更易達成才是。

討 論 問 題

一、何謂「類化」與「分化」現象？請各舉一項生活實例說明之。

二、學生在校內所培養的排隊習慣，若欲使其類化到日常生活情境，教師應注意那些指導原則：

三、類化現象可分為那兩種層次？請各舉一例說明之。

四、就案例 7-1 來說，實驗者採取那一種輔導策略？實驗結果，受試對那些食物也產生類化作用？

五、請各舉一例說明「反應性消弱」與「操作性消弱」現象。

六、父母若欲應用消弱原理來改正孩子的耍脾氣惡習時，應注意那些因素？

第 八 章

相互抵制與逐減敏感原理

第一節　相互抵制原理的意義及應用

一、相互抵制原理的意義

二、抵制焦慮反應的策略

三、其他方面的應用

第二節　逐減敏感原理的意義及應用

一、逐減敏感原理的意義

二、逐減敏感訓練的重點及步驟

三、焦慮層次表的建立方法

　　誠如於本書第二章所提及，反應性制約取向論的先驅學者，特別對恐懼症（ phobia）及焦慮症的形成及治療的實驗研究投入最大精力，所以其研究成績也最為豐碩。在這些學者所創用的策略及行為原理中，即以相互抵制（ reciprocal inhibition）與逐減敏感（ systematic desensitization）的配合使用成效最為顯著。一般所謂恐懼症或是焦慮症患者是對於某一件刺激物，或是某種情境產生強烈而不合理的，不能自制的厭惡反應，致使其生活適應發生困難。因此，治療此種患者時，最直接的方法，是如何使患者對這些會產生厭惡反應的刺激（或是情境），不再感到恐懼或焦慮。

　　根據俄貝的動物實驗結果顯示（參閱第二章第 49 頁），「吃東西」與「焦慮反應」兩項反應形成相互抵制，所以只要能誘導動物在「Ａ籠子」（曾經受過電擊的地方）裡吃牠所最喜歡的食物，就能抑制動物對「Ａ籠子」的焦慮反應。但有些動物僅靠這一種相互抵制策略並不能完全見效，所以需要再進一步配合使用逐減敏感原理：首先讓動物能在刺激最弱的「Ｃ籠」（與Ａ籠最不相似）吃東西，等牠習慣後，再移到刺激較強的「Ｂ籠」（與Ａ籠略為相似）吃東西；最後，再移到刺激最強的Ａ籠吃東西，終於使動物解除對於「Ａ籠子」的焦慮反應。

　　目前已有許多精神科醫師及臨床心理學者，配合運用這兩種原理，有效治療人類的精神官能症狀，對於行為治療學之普及，誠功不可沒。故本節特就這兩種原理的功用及應用層面，做較詳細的介紹。

第一節　相互抵制原理的意義及應用

一、相互抵制原理的意義

　　一個人的行為方式在同一時間及同一空間上，只能有一種傾向：即在興奮時，不可能有平靜；在平靜時，也不可能有興奮。行為的平靜面和興奮面往往相互抵制，不可能同時發生。這就是所謂「相互抵制原理」(reciprocal inhibition)。舉例來說，如果張生的甲項反應 (或是習慣) 是不好的，所以我們不希望甲項反應繼續出現，要達到此一目的，有兩種策略可選用。一是直接了當禁止張生的甲項反應，一發現張生的甲項反應即予當頭一棒 (懲罰)；第二種策略是另加設法建立張生的乙項反應 (或習慣)，而乙項反應正是與甲項反應相對抗 (或相互抑制) 的。只要多加激勵張生的乙項反應，讓乙項反應的頻率或是強度逐漸增加，則甲項反應自然而然就逐漸減弱。

　　這一種理念最早來自英國生理學家謝靈頓 (S. C. Sherrington, 1947) 之研究。謝靈頓曾指出，若一組肌肉受到刺激而產生興奮，則另一組對抗肌必受抑制；反之，若一組對抗肌受到刺激而產生興奮，則另一組肌肉必受抑制。他稱這一種現象為「相互抵制」，並假定可用於說明神經系統的歷程。

　　俄貝 (J. Wolpe, 1958) 所創用的行為治療法，主要係根據此一原理。俄貝認為神經性焦慮症 (neurotic anxiety) 是一種習得的行為，可以利用另一種與此一行為「相對立的行為」予以抵制。他們認為神經性焦慮症只是情緒性反應，來自自主交感神

經系統的反應。如呼吸急促，血壓升高，筋肉緊張等等。他們曾設計一套能完全鬆弛肌肉的活動去當作「不兩立的行為」（incompatible behavior），並逐漸利用此等活動來抵制足以引發焦慮反應的情境。結果在治療神經性焦慮症方面收到相當好的效果。

二、抵制焦慮反應的策略

俄貝於一九五八年正式出版專書，命名為**運用相互抵制原理的心理治療**（Psychotherapy by Reciprocal Inhibition）。**俄**貝很技巧地藉鬆弛反應（relaxation response）、性慾反應（sexual response），以及肯定反應（assertion response）等三種反應來抵制恐懼或焦慮反應的發生。其中，尤以使用鬆弛反應為最多。

在治療過程中，為了能夠隨心所欲引發鬆弛反應、肯定反應、或是性慾反應，自然先要實施一段時間訓練。尤其是肯定訓練（assertive training）與鬆弛訓練（training in relaxation）需要專家引導，方易收到事半功倍的效果，故須做進一步的說明：

㈠肯定訓練：

在一本肯定訓練的專著中蘭吉等人（Lange & Jakubowski，1976）曾將肯定反應界說為：「個體敢於用直接的、誠實的、與適當的方式，伸張個人的權利與表達自己的思想、感情及信念，但同時也能尊重他人的權利」。訓練者藉一段訓練過程後，讓患者能逐漸敢於表現這些反應，故也有人譯成：「果敢訓練」

、「自我主張訓練」、或是「自我肯定訓練」。

俄貝的原意是將肯定反應，視爲可用於與恐懼和焦慮反應相互抵制的一類反應。所以俄貝認爲肯定訓練最適合於用在容易引起焦慮反應的社會情境；諸如，當需要和某些人約會時，顯得不自然、或是笨拙；或是當個人需要有自我主張時，顯得懦弱而無主見等等。對這些焦慮症患者，先要訓練他們敢於表達肯定性陳述（ assertive statement ）（ Wolpe，1973，86～87頁）。

1.肯定性陳述：包括敵意性及讚賞性語氣。

(1)敵意性語氣：

①請你等一下再打電話給我，現在我沒空跟你講。

②請不要站在我前面。

③看表演時，請不要說話。

④不要插隊，從後面排過來。

⑤你在這個行列裏有什麼特權？

⑥我已等你二十分鐘。

⑦你介意把溫度調低嗎？

⑧天氣太冷，我不能出去。

⑨請把這些重的包裹放入雙層袋裏。

⑩你的舉止擾亂了我。

⑪我討厭你的言行不一致。

⑫我討厭你的無理取鬧。

⑬我不能忍受你的嘮叨。

⑭如果方便的話，請載一下我的包裹好嗎？

⑮眞抱歉，那是絕不可能的。

⑯請你要求駕駛員先用無線電話連絡我的連接班機。

⑰我寧願沒說。

⑱你為何遲到？

⑲假如你一再遲到，我就不再與你約會。

⑳我堅持你必須準時工作。

㉑你怎敢那樣對我說話。

㉒對不起，我先到這裏。

㉓雖然高興與你說話，但當我讀書時，請安靜一點。

(2)讚賞性語氣：

①那件衣服很漂亮。

②你很迷人。

③那是個聰明的辦法。

④多迷人的微笑。

⑤我喜歡你。

⑥我愛你。

⑦我佩服你不屈不撓的精神。

2.肯定訓練的一般指導要點：

(1)教導案主能夠區別「肯定性主張」與「攻擊」、「不肯定」（ nonassertion）及「禮貌」等反應的差別。尤其是要設法避免「肯定」與「攻擊」的混淆。

(2)幫助人們能夠認同與接納個人的權利和別人的權利。因為，唯有能尊重別人的權利，也纔能尊重自己的權利。

(3)盡量減少在表現自我肯定時，所可能發生的情緒上的

障礙以及認知上的障礙。

(4)靠實際演練來發展肯定技能：亦即安排案主在角色扮演（role-playing）與自然環境等適當情境裡，受到增強而表現得更肯定。

(二)肌肉鬆弛訓練：

就一般狀況來說，鬆弛訓練程序是，先要求患者自行緊張身體的某一部位（如用力握緊手掌十秒鐘），然後再放鬆。經此緊張與鬆懈交互多次練習結果，患者在需要時，就能隨心所欲充分放鬆自己的身體。通常實施緊張一鬆弛訓練的身體部位是手臂、脖子、臉部、肩部，以及腿部等肌肉。

肌肉鬆弛訓練時，宜囑咐患者盡量放鬆心情，舒適地坐在椅子上。最好在遮光而防音設備較佳的房間內進行。讓患者拿掉所帶的眼鏡、手錶、領帶等足於防礙身體充分放鬆的東西。其指導語是：「從事下列身體活動，可以幫助你完全地放鬆身體，故務必根據下列步驟細心進行，自可獲益良多。當你操作每一個動作而仍然感到緊張時，須持續操作該動作五秒鐘，一直到感覺緊張到極點時，方可完全放鬆下來，讓有關部位的肌肉顯得四肢無力。特別要注意到，放鬆後的一種快樂感覺。」務必逐步依照指示練習下列動作，一直到能隨心所欲，讓身體部位放鬆爲止。

1.握緊你的左拳頭——注意手和前臂的緊張（五秒鐘），然後請放鬆。

2.緊握着你的右拳頭——注意手和前臂的緊張（五秒鐘），然後請放鬆。

3.自左腕關節向上彎曲你的左手，盡量使手指指着肩部—

—注意手背和前臂肌肉的緊張——放鬆。

4. 自右腕關節向上彎曲你的右手，盡量使手指指着肩部——注意手背和前臂肌肉的緊張。

5. 舉起雙手臂，用力將手指觸擊雙肩——注意雙臂雙頭肌和上臂肌肉的緊張——然後放鬆。

6. 聳聳肩膀，愈高愈好——注意肩膀的緊張——然後放鬆。

7. 請皺起額頭——注意緊張，然後放鬆，並略爲閉上眼睛。

8. 緊緊合上雙眼，試探緊張與放鬆的感覺，再輕輕閉着眼睛。

9. 用力將舌頭按住口腔上部，注意口腔內的肌肉緊張，請放鬆。

10. 緊閉雙唇——注意口腔與下巴（顎）的緊張——然後放鬆。

11. 用力向後仰起頭部——注意背部、肩膀，以及頸部的緊張——然後放鬆。

12. 用力低頭，盡量將下巴靠住胸部——注意頸部與肩膀的緊張，然後放鬆。

13. 作弓形彎曲背部，並離開椅背，雙臂向後推——注意背部與肩部的緊張——放鬆。

14. 做一次深呼吸，並持續一段時間——注意胸部與背部的緊張——吐出空氣——放鬆。

15. 做兩次深呼吸，持續一段時間——吐出空氣——然後放

鬆。

16.用胃部吸入空氣，盡量使其膨脹——注意腹部的緊張——放鬆，感覺到你的呼吸更加穩定。

17.抽緊腹部的肌肉——注意到腹部肌肉的緊張——放鬆。

18.臀部用力並壓住椅座——注意到臀部的緊張——放鬆。

19.抽緊腿部肌肉，伸直雙腿——注意到腿部肌肉之緊張——將雙腿放回原姿勢——放鬆。

20.雙腳腳趾向上，並逐漸抬起雙腳——注意雙腳和小腿肌肉的緊張——放鬆。

21.向下捲曲腳趾，猶如要將腳趾埋入沙土——注意雙腳彎曲上的緊張——放鬆。

三、其他方面的應用

相互抵制原理的應用面相當廣，除了配合逐減敏感原理以矯治恐懼症患者之外，在特殊教育及日常生活上，對若干兒童行為問題的處理亦頗具功效。茲舉三例如下：

例一：自毀行為的矯治：路巴等人（Lovaas, 1965）曾矯治過一位九歲大而具有自毀行為的女孩，其自毀行為是用她的頭或手臂來碰撞牆壁或有稜角的傢俱。所採用的「不兩立行為」是配合音樂的節奏來拍手搖擺或是唱歌，當女孩參與這一種韻律活動時，就給予她所希求的社會讚許。她在唱歌或拍手時，其自毀行為則不會出現。結果，女孩參與韻律活動的時間愈來愈多，其自毀行為的表現則愈來愈少。

例二：賴床行為的矯正：筆者也曾利用此一原理來改正五歲

小女孩起床後愛哭的習慣。她每天要早晨七點以前起床，才能趕上幼稚園的專車。媽媽起床後先要提早叫醒她，但她貪睡，所以被叫醒後，總要在床上哭一陣，鬧得全家雞犬不寧。小女孩較喜歡唱歌，所以筆者就選用唱歌來充擔「哭泣」的「不兩立行為」，即她要「唱歌」就不能「哭泣」。事先和她訂定合同，若她早晨六點五十分能在音樂鐘響了之後，馬上起床並唱歌，就可以得到兩個圓圈，若只起床而不唱歌，則只能獲得一個圈。每週六天（禮拜天除外）若獲得十個圈，就可以在禮拜天到兒童樂園或公園玩耍，並吃冰淇淋。開始的時候，音樂鐘一響，全家人都一起合唱簡單的歌曲，並鼓勵她一起唱歌。為了「唱歌」及想得到點數，她就不能「哭泣」，結果不到一週即把小女孩的愛哭習慣糾正過來。

例三：浪子回頭：民國四十五年左右，筆者曾在台南縣某一五年制示範農校擔任訓導主任工作。當時，在學生管理方面，最感到頭痛的是，放學後十多位不良適應學生不立刻回家，而總是成群結伴在車站附近遊蕩，甚至常常從事賭博、打架、抽煙，以及調戲女生等不良活動。每當訓導人員前往糾正，他們就四處逃竄，頓時銷聲匿跡，但訓導人員一走開，他們馬上回來，使訓導人員防不勝防。訓導人員也屢次利用升降旗等集合場合，苦口婆心勸導學生說：放學後不得在車站附近閒逛，務必立刻乘車回家，甚至對違反規定之學生予以記過處分，但收效甚微。經過幾次家庭訪問及個案研討方知，這些學生大部分是來自漁村及農村，家庭經濟及生活環境較差，故返家後大部分同學都要幫忙做家事或打工，讀書環境更差，根本沒有書桌，更談不上書房，所以放

學後均不願意立刻返家。

筆者深深感覺到單靠片面的禁止永難收效。因為學生們放學後的去處若無法妥善安排，則一切勸導等於空口說白話。第二學期開學後不久，適值學校計劃在學期末要舉辦師生同樂晚會，要選擇學生排演一場話劇。筆者就抓住這一良好機會，決定讓這十幾位不良適應的同學負責演出一場話劇，所以特地請他們召開一項籌備會，由他們自行商議話劇主題，角色安排，以及劇本等（粗具心理劇模式），經商議結果：①以「浪子回頭」為主題，②排演時間訂在每天下午放學後，③排演地點在學校教室，④點名以及常規管理均由排演同學自行安排負責。這一項安排，果然發生效果。因為放學後，這十多位同學均能準時自動到指定的教室報到，所以不可能再到車站附近遊蕩。這就是相對抵制原理的應用，在這一個學期內，訓導人員再也不必到車站附近查緝違規學生，同時這一群學生在校內的違規行為也減少許多。

在排演時間，這一群學生要求不必到操場參加降旗典禮，而改在排演教室裡就地立正恭迎降旗。這是他們所享有的唯一特權，他們亦以享有此一特權而沾沾自喜。「浪子回頭」一幕劇情的演出相當感人，充分流露出浪子的懺悔真情，也收到心理劇的洗滌功效，誠屬一舉數得。

第二節　逐減敏感原理的意義及應用

一、逐減敏感原理的意義

如前節所提及，俄貝等行為治療者在矯治有關恐懼症或焦慮症時，通常是很技巧地配合相互抵制原理和逐減敏感原理。這兩

項原理的配合使用，提高治療效果，所謂逐減敏感原理是指，在安適而充分放鬆的心情下，安排患者漸進地接近其所懼怕的事物；或是逐漸提高患者所恐懼的有關刺激的強度，讓患者對於懼怕事物的敏感性逐漸減輕，甚至完全消失。其原理有如「免疫學家」所做的「預防注射」的功用。

　　眾人所知，恐懼情緒與內臟等生理變化息息相關。在激烈的恐懼狀態下，個體的心跳速率加快，血壓升高，膚電反應（ G. S.R.）也顯著，呼吸也較劇速。反過來說，在肌肉鬆懈狀態下，呼吸較緩慢，心跳速率也降低，皮膚電阻（ skin resistance ）增加所以膚電反應較不顯著。這些生理變化受自動交感神經系統的支配，所以個體一旦接觸到焦慮刺激，立即會發動，連患者本人也無能為力，故甚感痛苦。因此，行為治療專家經過實驗後得知，若欲矯治患者的恐懼反應（指生理變化），唯有讓患者先行接觸較為微弱的刺激，並適應這種微弱刺激後，方能進一步接觸較強一級的刺激，最後遇到焦慮刺激自可避免劇烈的生理變化。

　　俄貝（ Wolpe，1973 ）認為逐漸降低患者對焦慮刺激的敏感性可有兩種方式：第一是逐漸改變刺激的特性，諸如形狀、顏色、大小等。亦即以引起患者焦慮的刺激為「制約刺激」，然後設計幾種在某一種特性上略異於「制約刺激」的刺激物，稱為「類化刺激」，讓患者逐一適應這幾個「類化刺激」；第二是逐漸改變通往焦慮刺激的距離。亦即先由遠方試探，然後再逐漸拉近焦慮刺激。每一步驟必須要等到完全不再引發劇烈的生理變化，方可向前推進。兩種方式的差異可自圖 8-1 知其一斑。

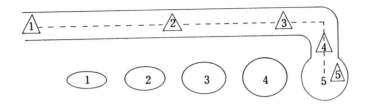

圖8-1　兩種刺激變化圖（取自Wolpe，1973，P.103）

　　就圖8-1來說，若藉形狀的變化而實施逐減敏感訓練，則首先要使用①類化刺激。因為①是很明顯的橢圓形，與制約刺激⑤顯然不同。當患者適應①形後，再試試②號刺激，依序試用③④⑤號刺激物而全不引起焦慮反應為止。

　　若藉改變距離遠近方式來說，首先要把焦慮刺激放在△1處，適應之後再移近到△2處，依此類推，一直移到△5處而不再發生劇烈的生理反應為止。

二、逐減敏感訓練的重點及步驟

　　當治療者要運用逐減敏感原理去處理個案的懼怕或焦慮情形時，應考慮到下列要項及步驟（Martin & Pear，1978）：

　　㈠準備工作：

　　在實施逐減敏感訓練之前，治療者必須先完成下列幾件準備工作：

　　　1.被治療者必須先受過充分的肌肉鬆懈訓練。這些肌肉鬆懈訓練已於前節詳加提及，在此不再贅述。患者得配合治療之進行，隨心所欲放鬆全身的肌肉。

　　　2.所有足於引發焦慮的刺激，均須列舉並依照其強度層次

（ hierarchy ）排列下來，構成所謂「××焦慮層次表」（ anxiety hierarchy ），例如考試焦慮層次表（ test-anxiety hierarchy ），或是老鼠焦慮層次表等。

3.個案要能隨心所欲，將焦慮層次表上所列的焦慮刺激（或有關情境），從最弱至最強，逐一運用想像力予以想出，並能形成明確的影像。若患者無法做到（事實上很少），則必須先實施想像力訓練。所能想出的影像愈清楚愈佳。

㈡注意事項：

在實施逐減敏感訓練過程中，應注意下列事項：

1.治療者要非常謹慎而有系統地呈現有關的刺激物，或是引導個案想像有關的刺激情境，每一階段只能讓個案產生最低限度的焦慮。治療者要依照預先設計妥善的刺激強度層次表，謹慎而有系統地呈現該項刺激。倘若患者面臨改變過分劇速的刺激，或是於無法充分鬆弛其心情下受到刺激，則不僅無法收到預期的治療效果，而且也有可能招致反效果，使患者更加懼怕那一項刺激。

2.當患者在想像該項刺激情境而尚未報告焦慮經驗之前，治療者切勿任意提供增強（例如說很好、很成功等等）。因為這種增強可能阻止患者將經驗到的焦慮報告出來。

3.逐減敏感訓練時，宜先讓個案利用肌肉鬆弛法放鬆全身肌肉，然後依照治療者的指示，想像出焦慮層次表上最弱的刺激情境，或直接看到具體刺激物（如真的老鼠）

。由於個案事先以肌肉鬆弛法使自己完全放鬆，所以想到（或是看到）焦慮情境時，就不會輕易地緊張起來。因為「鬆懈心情」與「焦慮心情」相互抵制。倘若個案看到焦慮刺激時會經驗到焦慮，他就要舉起手指做信號。採用這一種微弱信號之用意，即於避免打擾個案的鬆懈狀態。若個案未示意有焦慮狀態，經七至十秒後，治療者就要指示個案放鬆，並停止想像（或看）該階段的焦慮刺激。經過大約十五秒到三十秒間的放鬆，個案再度引導去想像同一項焦慮刺激。如果兩次嘗試均很成功，就可進入較高一級層次的焦慮刺激訓練。反之，若個案在第一次刺激就感受到強烈焦慮，治療者就須命令個案停止想像（或拿掉焦慮刺激），並重新做一次肌肉鬆弛訓練。當個案實施肌肉鬆弛訓練而感到全身放鬆時，治療者方讓個案再度接受剛剛試過的焦慮刺激（或想像該項刺激情境）。治療者反復指引個案接受此種逐減敏感訓練，一直到該項焦慮刺激再也引不起個案的焦慮時，纔能進入更強一級焦慮刺激的逐減敏感訓練。其實施方式完全與上述方式相同。以此逐級類推，一直到焦慮層次表上的全部刺激，都引不起個案的焦慮為止，方屬大功告成。

4. 經由肌肉鬆弛訓練所產生的鬆懈心情，僅能對抗微弱的焦慮刺激，所以治療者切勿操之過急。有時候為了某一項焦慮刺激，個案就要經歷很多次的逐減敏感訓練。柯永河（民國69年，206頁）認為，從頭到尾，此項治療

　　過程需經十至二十次的操作。

5. 當個案能很成功地依照焦慮層次表上的順序承受焦慮刺
　 激後，治療者宜於可能範圍內，對於個案的良好行為表
　 現予以適度的積極增強。

6. 應隨時提供追踪考核，以確保治療效果能維持下去。倘
　 若發現個案的焦慮狀態已故態復萌，則須立即提供補助
　 訓練。

三、焦慮層次表的建立方法

　　焦慮層次表是將關連某一主題（如怕考試，怕乘飛機等等）
的一連串刺激，依照其引發焦慮的強弱程度排列成一明細表。在
強弱刺激的排列層次方面，俄貝（ Wolpe, 1973 ）是習慣於將最
強的刺激排在明細表的上頭（列第一號），然後依照個案所感覺
的焦慮程度之強弱，將最弱的刺激排在最末一號。有些主題的焦
慮層次很分明，所以容易建立其層次表；但有些個案就不那麼容
易建立層次表。因為引發焦慮的刺激（ anxiety evoking
stimuli ），通常似由與個體本身無直接關連的物件所構成（諸
如蜘蛛、老鼠，或是高樓大廈等），但是其問題核心却存在於個
體內部的深處，如喪失自制的感覺。有時候，許多型態完全不同
的外界刺激情境亦足於引發一項共同的內部反應。根據俄貝（
Wolpe, 1961 ）所報告的一個「隱閉場所恐懼症」（ claustro-
phobia）的個案，不管她在磨拭自己的指甲，或是戴着很緊的戒
子，都時時刻刻具有掉進陷穽的恐懼感。這些焦慮反應都是經由
次級類化（ secondary generalization ）的作用所塑成。

㈠蒐集有關的資料：

俄貝（Wolpe，1973）認為建構焦慮層次表所需要的原始資料，可來自下列四個主要來源：⑴個案史（ the patient's history ）：包括患者早期的家庭生活史，教育背景、性生活的適應狀況及社會關係等等；⑵在懼怕調查表上所表現資料；⑶在威羅比問卷（ Willoughby questionaire ）上的反應資料，藉此瞭解由人際關係所促成的焦慮狀況；⑷深入調查患者感到不適應的焦慮狀況。

　1.個案史資料：

個案生活史資料的蒐集偏重於診療資料的蒐集與整理。所要探索的資料範圍大約與任何盡責的臨床醫師（ conscientious clinician ）所做略同，唯行為派治療者所採取的探討問題的方向和態度則有異（ Wolpe， 1973， P.22 ）。行為派治療者關心病患的神經質反應（ the patient's neurotic response ），特別是着重於刺激──反應連結之分析工作。例如對一個焦慮──反應習慣（ anxiety-response habit）的個案分析（如懼高症），治療者所要知道的事實是形成這一種懼高反應的首要情境，以及經由次級制約歷程（ second-order conditioning ）而衍生到那些其他刺激。為取得這些資料，有關患者的早年家庭生活史，教育背景，現有社會關係，以及有關性生活（ sex life）方面都是需要藉訪問、觀察，以及心理測驗等方式來做深入的分析。

　2.懼怕調查表資料：

俄貝和郎格（Wolpe & Lang,1964 ）曾列出足於產生懼怕的一系列的刺激情境，讓患者依據自己感到懼怕的程度，在五點量

表上做答，以資檢出目前感到非常懼怕的東西。這一項量表稱為懼怕調查量表(The Fear Survey Schedule)，在臨床上應用相當廣。實施測驗的指導語是：「在這問卷上所提出的項目，都是一些曾經引起你懼怕的東西，或是經驗，現在請你將目前面對這些東西而感到困擾的程度，逐一在下列各項目的適當等級上勾答。」(Wolpe，1973，P.283)

懼怕事物調查表

項目 ＼ 困擾等候	(一) 全不困擾	(二) 有點困擾	(三) 感到困擾	(四) 相當困擾	(五) 非常困擾
1.清潔器空轉噪音	(1)＿＿＿	(2)＿＿＿	(3)＿＿＿	(4)＿＿＿	(5)＿＿＿
2.大傷口	(1)＿＿＿	(2)＿＿＿	(3)＿＿＿	(4)＿＿＿	(5)＿＿＿
3.單獨的時候	(1)＿＿＿	(2)＿＿＿	(3)＿＿＿	(4)＿＿＿	(5)＿＿＿
4.處在陌生地方	(1)＿＿＿	(2)＿＿＿	(3)＿＿＿	(4)＿＿＿	(5)＿＿＿
5.大聲	(1)＿＿＿	(2)＿＿＿	(3)＿＿＿	(4)＿＿＿	(5)＿＿＿
6.死人	(1)＿＿＿	(2)＿＿＿	(3)＿＿＿	(4)＿＿＿	(5)＿＿＿
7.在大眾面前講話	(1)＿＿＿	(2)＿＿＿	(3)＿＿＿	(4)＿＿＿	(5)＿＿＿
8.通過馬路	(1)＿＿＿	(2)＿＿＿	(3)＿＿＿	(4)＿＿＿	(5)＿＿＿
9.似瘋狂的人	(1)＿＿＿	(2)＿＿＿	(3)＿＿＿	(4)＿＿＿	(5)＿＿＿
10.下降(falling)	(1)＿＿＿	(2)＿＿＿	(3)＿＿＿	(4)＿＿＿	(5)＿＿＿

11.汽車	(1)____	(2)____	(3)____	(4)____	(5)____
12.受嘲笑	(1)____	(2)____	(3)____	(4)____	(5)____
13.牙醫	(1)____	(2)____	(3)____	(4)____	(5)____
14.雷電	(1)____	(2)____	(3)____	(4)____	(5)____
15.警報聲	(1)____	(2)____	(3)____	(4)____	(5)____
16.失敗	(1)____	(2)____	(3)____	(4)____	(5)____
17.走進已滿座的房間	(1)____	(2)____	(3)____	(4)____	(5)____
18.居高臨下	(1)____	(2)____	(3)____	(4)____	(5)____
19.陸地上的高處	(1)____	(2)____	(3)____	(4)____	(5)____
20.蟲類	(1)____	(2)____	(3)____	(4)____	(5)____
21.幻想中的生物	(1)____	(2)____	(3)____	(4)____	(5)____
22.陌生人	(1)____	(2)____	(3)____	(4)____	(5)____
23.接受打針	(1)____	(2)____	(3)____	(4)____	(5)____
24.蝙蝠	(1)____	(2)____	(3)____	(4)____	(5)____
25.乘火車旅行	(1)____	(2)____	(3)____	(4)____	(5)____
26.乘大客車旅行	(1)____	(2)____	(3)____	(4)____	(5)____
27.乘小客車旅行	(1)____	(2)____	(3)____	(4)____	(5)____
28.感覺憤怒	(1)____	(2)____	(3)____	(4)____	(5)____
29.權威人士	(1)____	(2)____	(3)____	(4)____	(5)____
30.飛蛾	(1)____	(2)____	(3)____	(4)____	(5)____

31.看到別人打針	(1)____	(2)____	(3)____	(4)____	(5)____
32.實發噪音	(1)____	(2)____	(3)____	(4)____	(5)____
33.陰暗的天氣	(1)____	(2)____	(3)____	(4)____	(5)____
34.擁擠	(1)____	(2)____	(3)____	(4)____	(5)____
35.曠野	(1)____	(2)____	(3)____	(4)____	(5)____
36.貓	(1)____	(2)____	(3)____	(4)____	(5)____
37.保鏢欺凌弱小	(1)____	(2)____	(3)____	(4)____	(5)____
38.惡棍盯視人	(1)____	(2)____	(3)____	(4)____	(5)____
39.鳥類	(1)____	(2)____	(3)____	(4)____	(5)____
40.深淵景觀	(1)____	(2)____	(3)____	(4)____	(5)____
41.被看著工作	(1)____	(2)____	(3)____	(4)____	(5)____
42.死動物	(1)____	(2)____	(3)____	(4)____	(5)____
43.武器凶器	(1)____	(2)____	(3)____	(4)____	(5)____
44.髒物	(1)____	(2)____	(3)____	(4)____	(5)____
45.爬蟲	(1)____	(2)____	(3)____	(4)____	(5)____
46.打鬪場面	(1)____	(2)____	(3)____	(4)____	(5)____
47.醜陋的人	(1)____	(2)____	(3)____	(4)____	(5)____
48.火	(1)____	(2)____	(3)____	(4)____	(5)____
49.病人	(1)____	(2)____	(3)____	(4)____	(5)____
50.狗	(1)____	(2)____	(3)____	(4)____	(5)____

	(1)	(2)	(3)	(4)	(5)
51.受批評	(1)___	(2)___	(3)___	(4)___	(5)___
52.怪異形狀	(1)___	(2)___	(3)___	(4)___	(5)___
53.在電梯內	(1)___	(2)___	(3)___	(4)___	(5)___
54.目擊外科手術	(1)___	(2)___	(3)___	(4)___	(5)___
55.憤怒者	(1)___	(2)___	(3)___	(4)___	(5)___
56.老鼠	(1)___	(2)___	(3)___	(4)___	(5)___
57.血	(1)___	(2)___	(3)___	(4)___	(5)___
a.人類	(1)___	(2)___	(3)___	(4)___	(5)___
b.動物	(1)___	(2)___	(3)___	(4)___	(5)___
58.離開朋友	(1)___	(2)___	(3)___	(4)___	(5)___
59.密閉處所	(1)___	(2)___	(3)___	(4)___	(5)___
60.等待接受手術	(1)___	(2)___	(3)___	(4)___	(5)___
61.被人拒絕	(1)___	(2)___	(3)___	(4)___	(5)___
62.飛機	(1)___	(2)___	(3)___	(4)___	(5)___
63.醫藥味	(1)___	(2)___	(3)___	(4)___	(5)___
64.被人反對	(1)___	(2)___	(3)___	(4)___	(5)___
65.無害蛇類	(1)___	(2)___	(3)___	(4)___	(5)___
66.墓地	(1)___	(2)___	(3)___	(4)___	(5)___
67.被忽視	(1)___	(2)___	(3)___	(4)___	(5)___
68.黑暗	(1)___	(2)___	(3)___	(4)___	(5)___

	(1)	(2)	(3)	(4)	(5)
69.心律不規則	(1)___	(2)___	(3)___	(4)___	(5)___
70.裸男(a)	(1)___	(2)___	(3)___	(4)___	(5)___
裸女(b)	(1)___	(2)___	(3)___	(4)___	(5)___
71.閃電	(1)___	(2)___	(3)___	(4)___	(5)___
72.醫生	(1)___	(2)___	(3)___	(4)___	(5)___
73.殘廢者	(1)___	(2)___	(3)___	(4)___	(5)___
74.犯錯	(1)___	(2)___	(3)___	(4)___	(5)___
75.看來愚蠢	(1)___	(2)___	(3)___	(4)___	(5)___
76.失去控制	(1)___	(2)___	(3)___	(4)___	(5)___
77.昏倒	(1)___	(2)___	(3)___	(4)___	(5)___
78.變得惹人厭	(1)___	(2)___	(3)___	(4)___	(5)___
79.蜘蛛	(1)___	(2)___	(3)___	(4)___	(5)___
80.負責裁決	(1)___	(2)___	(3)___	(4)___	(5)___
81.看見刀或利器	(1)___	(2)___	(3)___	(4)___	(5)___
82.有精神疾病	(1)___	(2)___	(3)___	(4)___	(5)___
83.與異性相處	(1)___	(2)___	(3)___	(4)___	(5)___
84.參加筆試	(1)___	(2)___	(3)___	(4)___	(5)___
85.被人觸碰	(1)___	(2)___	(3)___	(4)___	(5)___
86.覺得與人不同	(1)___	(2)___	(3)___	(4)___	(5)___
87.談話中止	(1)___	(2)___	(3)___	(4)___	(5)___

3.威羅比問卷的運用：

威羅比問卷（Willoughby Questionaire）是一套用來診斷患者由人際關係所促成的焦慮狀況。本套問卷共有二十五個問題，請患者在五等級分數上選答。約有一半的題目可測知患者的官能症反應（neurotic reactivity），尤其是在人際關係方面的特性，另一半題目則可探知一般情緒敏感程度（general emotional sensitivity），這一套量表對於精神官能症（Neuroticism）的診斷相當有效。測出分數若愈低，表示症狀愈輕微。但是有些沒有包括在威羅比問卷上的精神官能症候，就無法藉此一量表來做鑑定。茲舉本套測驗的指導語及若干題目介紹如下：

指導語：「本問卷是着重於檢查不同的情緒——人格特質（emotional personality traits），並不是一種考試，因為這些問題的答案沒有所謂對或是錯。每一題目後面均列出 0 至 4 的號碼，代表不同的感受程度，所以請你在最適當的號碼上圈答出來」。這五個號碼所代表的意義如下：

" 0 " 代表完全不是；從來不；完全沒有

" 1 " 代表：有點是；有時候；有點有

" 2 " 代表：中等

" 3 " 代表：常常地；許多

" 4 " 代表：非常繁多；全然地

茲舉數則範題如下：

(1)如果你必須在一群陌生人的面前表演或講話時，你會焦慮嗎？—— 0 、 1 、 2 、 3 、 4

(2)如果你做出傻事而被人取笑，或是感覺自己做出愚蠢的
事，你會擔心嗎？——　0、1、2、3、4

(3)當你從極高處下來的時候，儘管不會有真正的危險，但
是你害怕下來嗎？——　0、1、2、3、4

(4)別人批評你的所做所為會傷害到你嗎？——　0、1、2
、3、4

(5)在社交場合，你是不是躲在背後？——　0、1、2、3
、4

(6)你曾經感覺心情變化而不知其原因嗎？——　0、1、2
、3、4

(二)將有關焦慮刺激依據主題予以歸類：

經過上述方式，找出有關引發焦慮刺激情境後，治療者必須
設法將這些資料依據「主題」（ themes ）加以歸類。通常這些
主題都是在一個以上。就較單純的個案來說，這些主題類目相當
清楚，但仍然有些個案是例外的。例如怕看電影、怕參加晚會、
怕觀賞足球比賽等患者，或許是由於害怕公共場所，但也可能是
真正的懼閉症患者（ claustrophobia ）。有些患者企圖逃避社會
場合，或懼怕社交場合，往往是由於怕受到批評或被拒絕之結果
使然，同時，這種懼怕程度也因呈現在其面前的人數之多寡而會
有所不同。另外有一位病患在社交場合常表現懼怕反應，追究其
原因，却是受到公共場所不良食物氣味之制約所引起之一種焦慮
反應。由這些例子可知，若只根據患者的外顯懼怕反應來診斷，
有時候很不容易找出真正的主題。

在一套焦慮層次表上所列出的刺激情境，患者並不一定需要

每一樣都要經驗到。治療者的問法是：「倘若你今天碰到如此這般的情境，你會產生焦慮嗎？」俄貝（Wolpe，1973）曾舉一位患者所提出的懼怕刺激項目單爲例，進一步說明構成焦慮層次表的錯綜複雜狀況。

1. 懼怕刺激項目單：（共有二十項）

①很高處　　　　　　　⑪火災
②電梯　　　　　　　　⑫昏暈
③擁擠地方　　　　　　⑬違約
④教會　　　　　　　　⑭打針
⑤黑暗——電影　　　　⑮藥物治療
⑥孤獨　　　　　　　　⑯怕未知之事物
⑦婚姻關係（懷孕的）　⑰失掉我的心
⑧走一段路　　　　　　⑱閉鎖的門
⑨死亡　　　　　　　　⑲遊樂園的騎乘器具
⑩意外事件　　　　　　⑳陡峭的樓梯

2. 透過患者本人的協助，上述二十個刺激項目可歸類爲下列五類主題（themes）

A. 懼高症（acrophobia）

①很高處　　　　　　　⑲遊樂場的高空飛車等
②陡峭的樓梯

B. 懼閉症（claustrophobia）

②電梯間　　　　　　　⑤電影（受懼怕因素的影響）
③擁擠地方　　　　　　⑱閉鎖的門
④教會

C.懼曠症（ agoraphobia ）

⑥孤獨　　　　　　　⑧單獨走任何一段路

D.疾病與其他和疾病有聯想的刺激

⑫幻想　　　　　　　⑭注射

⑬違約　　　　　　　⑮藥物

E.基本上屬於客觀性的懼怕（basically objective fears）
：意指一般人對於下列事件也都會感到懼怕，只是此一
病患對這些情境之焦慮較高些。

⑦婚姻關係（懷孕）　　⑪火災

⑨死亡　　　　　　　⑫怕未知之事

⑩意外事件　　　　　⑰失掉我的心

　3.從 A 至 E 的五類主題，逐類建立其焦慮層次表。每一主題
內所提示的刺激情境，不一定都很容易建立明細的層次，以便進
行逐減敏感訓練。有時候判斷焦慮層次表適當與否，要到真正實
施逐減敏感訓練後方能察覺出來。治療者須依據上述主要刺激項
目，進一步與患者溝通，然後逐步建立各組主題的焦慮層次。就
舉 B 組「懼閉症」的五項刺激情境來說，在外觀上似乎互不相干
，但是却有一項共同的因素，即均具體表現「空間壓迫感」（
space-constriction）。換言之，懼閉症的焦慮程度正與所禁閉
空間之大小，以及禁閉時間之長短有關。因此，對懼閉症患者實
施逐減敏感訓練時，可能建立兩種焦慮層次：一是先固定禁閉的
時間，只改變禁閉空間的大小（由大逐漸變小）；另一套是先固
定禁閉空間的大小（約四平方英尺），然後逐漸拉長禁閉的時限
（由短變長）。

再舉有關懼高症（Ａ組）的三種刺激情境來說，均屬具體情境，故宜以變化「高度」為逐減敏感訓練之主要變項。開始時，不妨自四公尺高（約第二層樓）開始訓練，然後逐漸提高。

㈢建立焦慮層次表舉例：

在排列焦慮層次時，通常有兩種方式，一是由案主把每一焦慮情境以想像方式詳加描述。描述愈生動，愈能引發真實的焦慮感。想像的焦慮度愈高，而又能逐漸克服，則面臨真實情境，亦愈能克服，治療效果也愈高。二是由治療者採用具體情境或實物，依照其刺激強度，由弱至強逐漸呈現給案主。茲特舉四個範例，第一至三範例係由案主自行想像，第四範例則由治療者依據案主之感受，逐一呈現具體刺激。

1.乘飛機懼怕層次表範例：本例子係引自馬丁和皮爾（Martin ＆ Pear, 1978, P.389～390 ），但若干地方則依照國內乘飛機之情境，略加修正。

　　①飛機安全降落跑道，並停靠機棚，我走出機艙，見到一
　　　群迎接的親友。

　　②計劃一項旅遊，經過多方考慮後，我終於決定乘坐飛機
　　　。

　　③我打電話給旅行經紀人，並告訴他我的旅行計劃，他告
　　　訴我飛機班次及起飛時間。

　　④出發旅行的前一天晚上，我整理好旅行箱，關上蓋子，
　　　並鎖上。

　　⑤出發旅行的十天前，我接到郵寄來的飛機票，我仔細核
　　　對機票上的日期，時間和班次。

⑥起飛當天，我正要離開家，我加鎖門窗，把行李放在車上，再度檢查有沒有帶機票和錢。

⑦我乘車到機場，當我靠近機場時，看到好幾架飛機，有些是正準備起飛，有些是正在降落，有些是排列在機棚裡。

⑧我進入機場，我帶着機票和行李箱。

⑨我在劃機票櫃台前排隊，終於將機票和護照（身份證）呈示給航空公司職員，並將行李過磅及檢查。

⑩我和其他許多旅客坐在航空站的大廳。我不斷聽到廣播起飛的班次，我注意聽自己的班次。

⑪我終於聽到自己的起飛班次之廣播，我提着手提行李，排列進入檢查室。

⑫我走入檢查室，將登機證和身份證交給檢查人員核對，並接受安全檢查。

⑬我走上登機梯，並進入機門。

⑭我現在已走進機艙內，我順着走道，尋找自己的坐位。

⑮飛機已經在高空上平穩飛翔，我決定打開安全帶，離開座位走到機尾的洗手間。

⑯我注意到繫緊安全帶的指示燈正亮着，所以我扣緊安全帶，並聽到發動機的轟轟聲。

⑰每一位乘客均繫緊安全帶，飛機開始離開機棚而滑行到跑道上的起飛地點。

⑱我注意到扣緊安全帶和禁止吸煙的指示燈再度亮起，並由廣播聽到機長通知將要起飛的訊息。

⑲我正望着機窗外，一瞬間飛機衝入雲裡，外面只是一片白雲。

⑳飛機終於停住在跑道的一端，我仍然坐在座位上，等待離開飛機的指示。

㉑飛機已飛臨目的地，所以逐漸降低高度準備降落。我感覺速度變慢，並看到地面愈加接近。

㉒飛機已經飛離機場，並開始為轉變方向而傾斜，我很明顯感到飛機的傾斜。

㉓飛機開始加速滑走跑道，發動機的聲響非常大，突然飛機輪子離開跑道，機首拉起，輪子離開了跑道。

2.檢查女病人焦慮層次表範例：本範例係根據余德慧(民69年，P.106)所舉醫學院男生的個案而來。該男生每次臉紅就變得很焦慮，可是愈焦慮就愈臉紅。所以治療者為幫助該男生消除在醫院診斷病人時之緊張，特訂下列焦慮層次表：

①在傍晚，我坐在會客室，劉醫師走過來，要我一小時後到二〇一病房檢查一位四十歲的病人。

②還有五分鐘，我就要到二樓去看病人，劉小姐到會客室來催我。

③走上二樓樓梯，遠遠望見二〇一室的牆壁。

④走到二〇一室門口，推門進去，看到女病患。

⑤我告訴女病人說，我來檢查身體。

⑥請女病人把上衣拉上，用聽筒去聽心跳。

⑦用手檢查女病人的胸部是否有硬塊。

⑧用手檢查女病人腹部陣痛的部分。

3.考試焦慮層次表範例：本範例是根據俄貝（Wolpe，1973）所治療的個案報告略加修改而成。俄貝（Wolpe，1973）原先是將焦慮層次最高的情境排列在第一位，依序再減輕焦慮層次。但本文為求格式統一，改為焦慮層次最低的情境排列在第一位，以下逐漸升高焦慮層次。案主是一位二十四歲的小姐，就讀於藝術系的學生。因對考試過分焦慮，曾有多次失敗經驗，除了考試外，對於人際交往也感到懼怕。所建立的考試焦慮層次如下：

①我想到一個月後就要參加期末考試。

②我想到兩週後就要參加期末考試。

③我想到一週後就要參加期末考試。

④我想到五天後就要參加期末考試。

⑤我想到四天後就要參加期末考試。

⑥我想到三天後就要參加期末考試。

⑦我想到二天後就要參加期末考試。

⑧我想到一天後就要參加期末考試。

⑨我想到只剩今天晚上的準備時間，明天一大早就要參加期末考試。

⑩一大早我正趕路上學，以便參加期末考試。

⑪我正站在關着門窗的試場，準備進入試場。

⑫我坐在座位上正等待主試人員分發試題。

⑬我正面對試題，但試卷是伏蓋着的。

⑭我翻開了試卷，很快地概覽試題。

⑮我提筆開始在試卷上疾書作答。

⑯我發現有許多題目太難，我無法作答。

4.懼怕老鼠層次表範例：本例係由筆者依據瓊妮（Jones,
1924）的實驗設計，自行編造的層次表。對老鼠（或其他動物）
懼怕層次，得自兩個變項來考慮：一是固定老鼠（或其他動物）
的形像（如真實的老鼠），只改變放置老鼠與案主的相隔距離（
由遠至近，如第一天放在二十公尺遠處，每天縮短一公尺）；第
二種方式是固定刺激物與案主相隔之距離，只改變刺激物的品質
（如由圖畫老鼠至真實老鼠）。下列範例係根據第二種方式所建
立的。

　①由治療者呈現寫着「老鼠」兩個字的卡片約一分鐘，請案
　　主注視三十秒鐘。

　②由治療者說出「老鼠」，請案主在口中復誦五次。

　③由治療者呈現「老鼠」彩色圖片，並說老鼠，請案主注
　　視三十秒鐘。

　④由治療者呈現「木製老鼠」並說出「老鼠」，請案主注
　　視三十秒。

　⑤由治療者呈現「絨布製老鼠模型」並說出老鼠，請案主
　　注視三十秒。

　⑥由治療者呈現「真空老鼠標本」，並說出老鼠，請案主
　　注視三十秒。

　⑦由治療者呈現在籠子裡的真實老鼠，並說出老鼠，讓案
　　主提起籠子三十秒鐘。

　⑧由治療者抓着活老鼠，讓案主靠近治療者，並注視活老
　　鼠三十秒鐘。

　⑨讓老鼠在桌上走動，案主則坐在桌前的椅子，觀賞一分

鐘。

⑩由治療者抓着活老鼠,並請案主將手放在老鼠身上。

⑪讓案主抓着老鼠的尾巴。

⑫讓案主用雙手捧着活老鼠一分鐘。

⑬讓案主用雙手捧着活老鼠五分鐘。

5.交通情境焦慮層次表範例:本例系由李瑞玲(民69年)翻譯俄貝(Wolpe, 1973, P.250)的臨床實驗個案而成。個案是一位三十九歲的婦女,於一九五八年二月由丈夫開車送她上班途中,通過十字路口時,被一輛由右方不顧交通信號而闖紅燈的大卡車撞上,案主當場震出車外而不省人事,送醫院醫治一週後(頸部和膝蓋部受傷),雖然平安出院,但在出院途中在車內就感到一陣莫名的害怕。從此,在路上只要看到兩側有車子開過來,就感覺忐忑不安,尤其是在市區的街道坐在車內也會焦慮萬分,往往達到痛苦的地步。甚至在十字路口碰到行人可以通行的時候,也會惴惴不安。此一個案於一九六〇年四月由精神科主治大夫賈芮博士轉介給俄貝。經過五十六次(共三十六個層次)的逐減敏感訓練治療之後,終於獲得緩慢而持續的進步,於一九六〇年九月廿九日結束此一治療。我們只要看看此一詳細交通情境焦慮層次表,即可知其治療過程的艱難及特色。

階序的順序	階　　序　　內　　容	每一階序呈現景象的次數
0	棒球場（控制情境）。	1
1	在公路上開向十字路，右側有另一輛車子（二個距離變項——自己車子的距離和另一輛車子的距離）。	15
2	停在市區的十字路口，另有車輛從兩側趨近（最遠是從二百碼處）。	2
3	將自鄉間開車出發——從二百碼的距離開始（時間變項）。	9
4	在假想的廣場（圖 8-2 ）上，賈醫生開車趨近陳太太，距離是由二百碼處開始。	41
5	如同第四階序的情境，但賈醫生每次均是自一百碼遠的地方開始趨近。	50
6	賈醫生從陳太太前方開過去（距離從相距三十碼減低至三碼）	10
7～8	陳太太遇紅燈停在假想廣場的十字路口（見圖 8-3 ），並逐漸增加不同種類和數量的醫學院學生的車子通過綠燈。	10
9～10	如階序 7，但十字路繼續延伸接上公路，並多增添一些陌生人開的車。（見圖 8-3 ）	27
11	走路穿越十字路口，一輛車子慢慢開向她。（距離從一百五十碼縮近至十碼）	30
12	通過綠燈，並增多停在兩邊的陌生車輛。	4
13	當她的車子通過綠燈時，賈醫生的車子從一側趨近。（距離五十碼縮近至十碼）	25
14	陳太太的車在市區內慢行，賈醫生從旁轉入她的車道。（距離從二百碼縮至二十五碼）（這階序中的數次治療係由學生代理實施）	39
15	如階序14。但賈醫生的車換成一陌生人的車（二百碼縮近至五十碼）（由學生代理實施）	62

16	賈醫生左轉經過她慢行的車。（二百碼縮近至七十五碼）（由學生代理實施）	22
17	如第16階序，但改由學生開車。（二百碼縮近至七十五碼）（由學生代理實施）	26
18	陳太太在市區左轉，賈醫生的車在其前方。（六百碼縮至三百七十五碼）（由治療者和學生輪流實施）	22
19	公路上（見圖8-3）在一輛時速一哩的曳拖車前左轉。（一哩縮近至二十五碼）	36
20	在距離賈醫生的車子五十碼處左轉。賈醫生的時速由五哩逐漸增加至三十哩。	93
21	在距離兩輛陌生人的車子一百碼處左轉。車速由時速十五哩逐漸增加至二十六哩。	25
22	搭計程車行駛於幹道上，看見另一輛車慢慢停靠在前面的十字路口。兩輛車的距離由一百碼縮近至三十一碼。	35
23	如階序22。但另一輛車行駛低於一般的速度，該車停在十字路口的距離從五十碼逐漸縮近爲零。	102
25	跨過欄杆穿越沒有紅綠燈的十字路口，一輛車子從左邊趨近過來，時速十哩。距離從一百碼縮近至三十七碼。	137
26	左轉，一輛車以時速十哩從前方開過來。距離從八十七碼縮近至六十三碼。	67
27	她在假想廣場上來回行走。賈醫生在一條與此相平行的白線上以時速一哩開過來。她與白線間的距離從十碼縮近至四·五碼。	23
28	當她與白線距離五碼處，賈醫生的車速從時速一哩增加到十八哩。	68
29	跨出欄杆穿越沒有紅綠燈的十字路口，右方一輛車子以時速十哩開過來。距離從一百碼縮近至六十三碼。	14
30	由弟弟駕駛的車在公路上左轉，賈醫生的車迎面開過來，兩車距離由一哩縮近至三百五十碼。	70

31	如階序30。但是另一輛車由陌生人駕駛，兩車距離從一哩縮近至一百五十碼。	126
32	如階序30。改由她丈夫開車左轉。兩車距離從一哩縮近至一百七十五碼。	117
33	如階序30。但改由她丈夫開車左轉，另一輛車係陌生人駕駛。兩車距離從一哩縮近至一百五十碼。	100
34	搭計程車，在市區內作 U 字型轉彎，另一輛車趨近過來。兩車距離從二百碼縮近至一百碼。	6
35	坐在丈夫駕駛的車中，左轉，迎面一輛車慢慢轉過來。兩車距離從五十碼縮近至十五碼。	29
36	目擊一輛開過來的車，從街道轉入公路，然後停止。距離從¼哩縮近至⅛哩。	43
	想像景幕總數	1491

（取自李瑞玲（譯）＂緊張大師＂與＂恐懼症＂民 69 年 10 月，張老師月刊 6 卷 45 期，P.55 ～ 56 ）

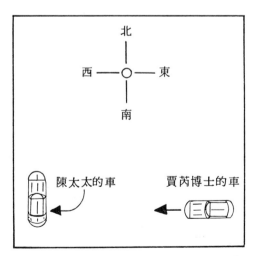

圖 8‑2　假想廣場上，賈芮博士的車逐漸
　　　　向前接近陳太太

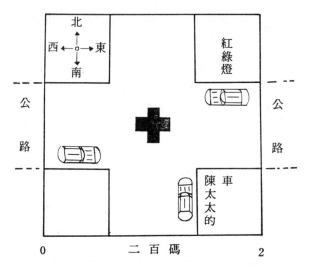

圖8-3　假想廣場上添上十字路及紅綠燈，
陳太太遇上紅燈停車，其他車通行

討 論 問 題

一、請各舉五則「敵意性語氣」與「讚賞性語氣」的肯定性陳述
　　語句。

二、試述肯定訓練的主要功能。

三、請依據本章所介紹的方法，自行演練鬆弛訓練，並摘述放鬆
　　後的感覺。

四、治療者於實施逐減敏感訓練之前，必須先完成那些準備工作
　　？

五、請先舉出五種最常見的兒童行為問題，並逐一提出這些行為
　　的「不兩立行為」。

六、請以某一國小兒童「上學恐懼症」為例，試擬一套「懼怕上
　　學層次表」，並說明其實施步驟。

第 九 章
模 仿 原 理

在球場上，或是在影劇上受歡迎的明星，由於其優異的表現，成為成千成萬球迷或影迷崇拜及模仿的偶像。青年仿效明星的舉動及穿着；成人則模仿明星的表態以及精練的技藝；兒童更是天天從電視節目上，不知不覺地模仿各路英雄好漢或是各種人物的言行，不管其言行是正面的或是反面的。在家庭，兒女也經常模仿父母的聲調、動作，以及待人接物的態度；在學校，學生則模仿老師的言談舉止，甚至其治學與處世的理念。整個人間儼然成為互相模仿的樂園。在這個樂園裡，很自然地，大家認為重要的人物常充任為楷模，有形無形影響其他周圍的人。除此而外，其他描述個人行為的卡通、圖畫、文稿，或是言語，亦均可成為一項特別的資訊，足於引導個人的模仿行為。本章將分節說明模仿學習的意義、增進行為效果、減弱行為效果、影響模仿的要項、以及特殊型態的模仿學習。

第一節　模仿的意義

一、模仿的界說

英文 modeling 的中譯詞有好幾種，其中較主要的有「模仿」與「示範」兩種。若從學習者的立場來說，藉觀察楷模（model）的言行而促使學習者本身的行為發生變化的歷程宜稱之「模仿」。但若從教導者的立場來說，以楷模的言行為一種刺激，或是由教導者以身作則，以資改變學習者的行為，自可稱之「示範」。簡言之，此等行為改變的歷程，若從學習者的立場來說

是一種「模仿」，從教導者的立場來說是一種「示範」，誠爲一體的兩面，端賴引用人的着眼點如何而異。根據教育部重編國語辭典上的解釋，「模仿」是指仿照別人言行舉止去做，期使與之相同；「示範」則指在教學活動中，教師對教材的演練或說明，以及教師的言語行爲可爲學生學習的依據者。

在有關英文專著裡，不同學者對於 modeling 一詞的解釋也略各偏向於這兩方面，其中將 modeling 視爲一種學習的歷程的，有下列數種：

麥克米蘭（ D. L. MacMillan ）認爲「 modeling 」是一種學習的程序。在這一種學習過程中，學習者觀看一位「楷模」演示某些作業，然後模仿（ imitate ）其所作所爲。這一種模式的學習，在兒童的語言與動作學習領域表現得更加重要（MacMillan, 1973, p. 229 ）。

卡茲頓的解釋是：「 modeling 是透過觀察別人的所作所爲而進行學習的方法。透過觀察，個體即能習得預期中的反應，而並不一定要先演練這些反應」（ Kazdin，1978，P. 226 ）。

威爾遜和奧立黎也將 modeling 視爲一種學習的歷程（ learning process ），讓學習者透過觀察、收聽、或閱讀其他個體或是擬人圖畫（ humanlike figure ）的行爲而改變自己的行爲。（ Wilson & O'Leary, 1980, p. 187 ）

另則，也有從教導者的立場來解釋 modeling：誠如雷德等人所界說的：「 modeling 是一種教學方法，讓一位『楷模』示範某些行爲而使觀察者習得那些行爲」（ Redd et al. 1979, p.465 ）。羅桑莎和班都拉（ Rosenthal & Bandura, 1978 ）則將「楷

模」界說為：「指任何一種具有良好組織的刺激，此等良好的刺激組織足以使觀察者領會並遵行由這些刺激所傳達的重要資訊，而並不一定需要觀察者親自先嘗試。」

綜合以上各家的看法，本章將 modeling 譯成「模仿」，自學習者的立場來界說：「凡是以某一個人，或某一團體的行為為榜樣，使學習者經由觀察、收聽、閱讀或是操弄等過程而改變自己行為，以期形成與楷模相同的思想、態度、動作或是語言表達等特性，均可稱為模仿學習。」

二、模仿的重要性

新近班都拉所提出的有關模仿的概念化理論和研究，在心理學方面很有影響力。因為在行為改變策略上，經由觀察他人的行為而改變個體的行為是相當有效的。模仿學習確是一種社會學習過程。一個具有高度吸引力的「楷模」，確實可以提供學習者所需要的資訊，讓學習者能夠很快的獲得一種新行為，而不一定先去嘗試。模仿的效果取決於「楷模」的特質和觀察者的認知活動。楷模的影響力則決定於其本身的特質（如其地位、身份）及其和學習者相似之處。

已往若干著名的學習理論專家均強調，穩定的學習需要有明顯的成績表現，所以若根據學習理論的觀點來說，模仿在心理學方面所扮演的角色，在過去一直不被認為十分重要。班都拉與瓦特（Bandura and Watter）合著的一本書「**社會學習與人格**」（Social Learning and Personality）是在一九六三年出版。這本書對心理學家有了很大的影響。班都拉和瓦特曾指出兒童看到

影片上的實際人物，或是卡通畫人物的攻擊行為時，都會有不良的影響，諸如鼓勵兒童及青少年表現更多的攻擊行為。其研究結果更激勵很多學者進一步去研究「模仿」在學習「攻擊行為」所扮演的角色，並提供推展社會淨化運動的有力證據，促成在電視黃金時段的不良節目數量的減少。茲進一步介紹模仿的基本效果，亦即分析模仿如何能夠增加或減弱某種特定行為的出現次數。

第二節　模仿的增進行為效果

透過模仿增進行為，可具有下列三項不同的效果：⑴獲得效果（ acquisition effects ），⑵解除抑制效果（ disinhibitory effects ），以及⑶促進效果（ facilitation effects ） （ Wilson ＆ O′Leary, 1980 ）。 茲分別說明如下：

一、獲得效果

獲得效果係指學習者觀察「楷模」的結果，學到一連串新的行為。當然，觀察者必須知道如何將這一連串的行為逐一付諸實施。Kaye（ 1971 ）的實驗很清楚的說明嬰兒如何習得一種新行為。實驗者讓六個月大的嬰孩隔著透明帳幕看到所陳列的玩具，但嬰兒想要拿取玩具時卻拿不到。然後由一位實驗者做了一個繞道取玩具的示範動作後，每位嬰孩都毫無困難的仿效實驗者的動作，經繞道而取得玩具。

路巴等人（ Lovaas ＆ Newsom, 1976 ）發展一套治療自閉症兒童的方案。這些兒童的特性是缺乏說話，聲音綜合能力受

到損傷，情感的表現閉塞。這套治療方案強調模仿在語言發展上的重要功用，其訓練步驟如下：⑴治療者先用食物做獎勵以增強受試的任何發音。⑵只有在治療者發音後的五秒鐘內，受試者發音，才得到食物的增強。⑶受試兒童必須儘量模仿治療者說話的聲音。就是說當治療者說" a "的音，受試兒童必須發和" a "相似的音。⑷受試兒童必須儘量模仿治療者的發音和說出有關的一些字，方能受到獎勵。結果顯示，自閉症的孩子在學習第一個聲音說出第一字時，雖然很慢，但後來他模仿的技巧進步非常快。例如一位受試（ Billy ），一共花費 12 天方學會說出 Baby ，花費 8 天才能發出 $\overline{oo}$ 的音，學 5 天後方能發出 $\overline{e}$ 音，學 4 天後會說 We ，但經過這些音或字的訓練後，每天均能說出一些新的字眼及語彙。

　　另外，班都拉等人（ Bandura，Ross, & Ross, 1963 ）在一項研究攻擊性行為的模仿學習報告中，特別強調模仿確具獲得效果。當學前兒童觀察一位示範者對一個塑膠娃娃採取攻擊性行為後，這個兒童便學到同樣的攻擊性行為。示範者的攻擊性行為包括：坐在娃娃身上，重複的拳打娃娃，在房裏踢娃娃，以及攻打娃娃的鼻子等等。並對男女生都給予同樣的示範。班特拉的研究設計使用兩組受試：一組受試是看到攻擊性行為的示範，一組受試則沒有看到示範，最後兩組受試均給予可以玩的東西（如桌子、椅子、工匠玩具、木槌和五隻腳的 Bobo 娃娃）。結果顯示，實驗組受試與控制組受試的攻擊性行為的次數差距顯然很大，此等差異可自表 9-1 的數字中窺見其一斑。攻擊性示範很明顯的影響孩子們的行為，而且男孩比女孩們受到的影響更深。

表 9-1 模仿攻擊性行爲的發生次數

性別＼組別	實驗組兒童	比較組兒童
女　孩	14.2	1.8
男　孩	28.4	2.9

　　根據推論，許多孩子早已在家庭或其他社會場合學到若干攻擊性行爲，只是表現攻擊性行爲的時機及對象，往往因人因時因地而異。根據希克斯（ Hicks，1965 ）的研究，兒童觀看有關攻擊行爲的影片六個月或八個月之後，仍然會表現自影片所習得的攻擊性行爲。難怪許多教育專家及心理學家特別強調：不良的電視節目或影片對於兒童或青少年心理甚具不良影響。

二、解除抑制效果

　　所謂解除抑制效果，係指若觀察者看到一位楷模示範某一種言行之後，並沒有受到任何不愉快的懲罰時，觀察者已往表現同一類行爲而受到抑制的效果將被解除，致使該項問題行爲的表現愈加頻繁。舉例來說，在宴會上，若一個人開頭說了一些有關男女性生活方面的笑話，大家便不再拘束地開始說這類的笑話。又如，交通違規事件的比率之增減，明顯受到不守交通規則的人所做違規示範的影響。本來爲右轉彎專用的車道，直線行駛的車輛不該占用，但若有一輛車占用之後，其後必尾隨更多的車輛。模仿具有解除抑制效果，在行爲治療上曾經不斷的得到驗證。諸如：如何接近害怕的東西（ 如怕蛇 ）；培養兒童的社交行爲；以及

養成成人的果斷行爲等等，都可藉著模仿而增進。

　　若干學者曾經證實，許多患怕蛇症的兒童和成人，在看過一段逐漸接近蛇的影片後，能夠學得如何接近蛇、捉住蛇。進一步說，若一個怕蛇的人能夠實地觀察一位示範者如何捉蛇，並幫助他怎樣捉蛇，以及提供有關蛇的資料，這位怕蛇的受試者一定比其他只看影片的怕蛇者更容易去接近蛇。

　　奧可諾爾（O'Connor，1969）曾選擇一群極端害羞而不善於和其他兒童交往的幼兒，將其分成實驗組與比較組兩組。實驗組的兒童則觀看一片介紹孩子們如何交往的影片，再從事一段靜態的活動（如一起看書），最後盡各己所能去參加許多其他兒童有興趣的活動。另一半比較組兒童則只看海豚表演的影片。經此段實驗之後，經由前後測結果得知，實驗組的兒童在教室中的社交行爲有顯著的進步；相反的，比較組的兒童的社交行爲則沒有任何改進。這一項研究，後來有些學者曾經重覆此一實驗，結果發現，在交互作用的比率上所獲得之進步情形可維持四週以上（Evers & Schwarz，1973）。

　　格斯密司和麥克佛（Goldsmith & McFall，1975）曾評估一套人際關係技巧訓練方案，對於訓練精神病患的肯定性行爲（assertiveness）的成效。這項訓練方案的內容包括模仿、行爲預演（behavior rehearsal）、個別指導（coaching）、播放錄影帶、以及更正性回饋（corrective feedback）等。第一組受試接受這一種方案的訓練。第二組受試者則僅觀看一種錄影帶，然後討論他們對於人際關係問題的看法。這些問題狀況係提供前述人際關係技巧訓練組做肯定性訓練之材料，錄製在錄影帶上

。第三組受試係屬於比較組，不給任何的實驗處理，只做前測與後測二次。實驗結果顯示，接受人際關係技巧訓練的實驗組，比其他二組在自我肯定行為上有顯著的進步。特別值得一提的是，受試者在接受訓練的情境，以及在極為相似的情境中，也均能表現自我肯定行為。換言之，受試者已經能將所受的訓練靈活應用於日常生活中，而表現適當的肯定性行為。

三、促進效果

促進效果係指觀察他人的行為結果，增進了社會上可接受的行為。此種效果與「獲得效果」及「解除抑制效果」較不相同的地方是，促進效果不必先學習一連串的新行為，或是改進社會上不能接受的行為，只是表露已往所做的善行。舉例來說，如常常提供義務性服務，或是捐獻金錢給社會福利機構的個人，每看到別人誇耀這些方面的行為時，他會藉此機會詳述自己過去的經驗而覺得很開心。

孩子們的互助行為也可以藉觀看有關「輪流玩」的示範影片而獲得增進。這一個短片的內容是敘述一個男孩和女孩最初為了爭取盪鞦韆而吵鬧，後來有一個孩子建議大家輪流玩，而讓其他孩子去玩。實驗結果顯示，看過這段影片的實驗組兒童比看商業廣告影片的比較組兒童更能表現互助合作的良好行為（Liebert & Poulos，1975）。其他尚有許多例子可實際用來說明模仿的「促進效果」：如衣帽間的服務生常將鈔票和大額的硬幣放在他們的小費盤裏，希望藉此刺激顧客賞賜更大筆的小費。又如電視劇製作人使用人工笑聲以促進觀眾更多的笑聲。

　　布立洋和悌士特（Bryan & Test, 1967）曾提出一個自然情境的實驗以說明模仿在促進助人行為的成效。實驗情境是一位女士站在一部車旁，該車有一個漏了氣的輪胎和一個好的輪胎。在實驗階段，離開這一部車約四分之一哩的地方，一位男士（示範者）正在替一位年輕小姐換漏氣的輪胎。在控制階段則約在一天的同一段時間，示範「助人」的實驗者並沒有出現。這個實驗後來在一個大都市的住宅區進行。實驗結果指出，示範助人行為的實驗者的出現，竟使得過路人停下來幫助婦人改裝輪胎的人數增加許多。

第三節　模仿的減弱行為效果

　　運用模仿原理來減弱行為，可依據以下兩項效果：一是抑制效果（inhibitory effects），另一項是不兩立行為效果（incompatible behavior effects），茲分別介紹如下：

一、抑制效果

　　引發抑制效果的情境有三：第一種情境是一位學習者若看到一位示範者因表現「甲種行為」而受罰，則本來他常表現的「甲種行為」勢將愈趨減少。此種抑制效果常由政府和各種保健機構藉以減弱一般人民的不當行為。如利用有關煙毒的影片以宣導平日抽煙會得到的不良後果。第二種抑制效果的發生係由於學習者觀察示範者所表現的行為沒有受到增強，所以本想表現的行為也受到抑制。例如一個人看到同伴使用一種自己慣用的方法去解決

問題而失敗後，他便不會再用這種錯誤的方法。第三種抑制效果的發生是學習者觀察一位示範者表現較爲低頻率的「丙種行爲」，所以學習者也受其影響而減少其「丙種行爲」的出現率。例如一位煙癮很重的人，看到自己所敬重的親友或來客不常抽煙的事實後，他自己也會自省而少抽一些煙。

　　另有一項爲靑少年犯設計的矯治方案名爲" 少年犯的覺醒 "（ Juvenile Awareness ），係由無期徒刑犯自行設計及執行。此一方案是利用模仿的若干方式的抑制效果形成潛在影響力。這些無期徒刑犯在獄中接見 14 ～ 16 歲的少年犯一個半小時，毫不隱諱的描述監獄中的若干可怕軼事。他們述說自己所蒙受的屈辱、不幸和所經歷的恐懼生活。說完後，由監獄管理員護送這些少年們走過監獄中最悲慘的地區，特別是地牢或禁閉室。根據追踪研究報導，包括父母、靑少年犯本身、獄政官員以及治安人員都證實這一項矯治方案是成功的（ Sheppard, 1977 ）。

　　格林頓等人（ Garlington & Dericco, 1977 ）提出一項令人感興趣的有關模仿的抑制效果的例證。由採訪資料得知，在年輕人中，飲酒量深受同伴喝酒方式之影響。研究人員曾依據實驗結果，評估三位大學生（ 他們自願參與這項有關一般飲酒習慣的研究 ）受示範者飲酒量的影響程度。這項實驗是在一所假設的酒店進行，包含了三位自願參與的大學生和三位示範者。這三位示範者也是學生，分別與三位受試的大學生配對，以便提供可能的飲酒示範。示範者受到指示，在任何階段均不可討論喝酒的事，但在其他方面的表現則要符合一般酒店的社交模式。示範者在實驗的頭五天所表現的飲酒量，都要配合受試大學生的飲酒量

，然後再減少自己飲酒量的三分之一。實驗結果顯示，受試者的飲酒量很明顯的受到示範者飲酒量的影響。亦即在基準線階段，示範者的飲酒量是配合受試者飲酒量而變化，但是到了實驗處理階段，受試者的飲酒率又反而受到示範者的影響。

　　由上述實驗結果以及日常社交場合的飲酒習慣來推斷，無論在酒店內或是在家中飲酒，有一部分青年或成人的飲酒量確實會受到某一些示範者飲酒量之影響。就像男主人或女主人在飲酒量上的表現，會左右賓客的飲酒量一樣。舉例來說，以前的台灣省主席林洋港先生的酒量名聞中外，且非常好客，所以不管其部屬或賓客的酒量均有日月猛進之事實。當然，在我們預測模仿是否會影響學習者的飲酒量以前，有關示範者的性別以及威望、示範者的人數、以及學習者平常的飲酒量，都是應先考慮到的變項。不過，無論怎麼說，若示範者喝酒少量而又慢慢品嚐的話，則其朋友的喝酒習慣也會像他一樣少量而又慢慢品嚐了。

二、不兩立行爲效果

　　倘若學習者打算要模仿的良好行爲，與其原來就有的不良行爲不能相容時，勢必放棄原有的不良行爲，而選擇新的良好行爲。例如，一位極端怕老鼠的受試者，看到示範者很開心地玩弄老鼠，若自己也要仿效示範者很開心地玩耍老鼠，則其怕老鼠的情緒自然無法繼續存在。因爲「懼怕」老鼠與「開心」二項是不兩立的行爲。讓受試者觀察「示範者」那樣開心地玩耍老鼠，其目的即爲減弱受試對於老鼠的恐懼感。當事人的恐懼行爲若因學習楷模的作爲而得到減弱，則說，楷模所表現的行爲與當事人

的恐懼行爲是不可並存的。美拉特和塞吉爾（Melamed & Seigel，1975）共同設計了一套很好的治療實驗，其主題是有關小孩恐懼感的消弱。他們準備一部「艾生接受手術」的影片。這部影片描述一位七歲的男孩艾生接受疝氣手術（hernia-operation）的經過，讓艾生描述他自己的感覺；尤其在每一項手術步驟上的恐懼感，以及他如何克服這些痛苦與恐懼來承受手術。讓受試者從影片上觀察艾生如何接受開刀的整個過程。包括：從辦理門診與住院手續、醫院簡介、接受外科醫生和麻醉師的檢查、開刀情形、回到恢復室、與雙親重聚、最後如何出院等等。獲得醫院的允許，三十位將要進行手術的兒童（有疝氣、扁桃腺、或尿毒症等疾病患者等），分別爲實驗組與控制組。實驗組的兒童先看艾生接受手術的影片，比較組觀看另一部控制影片，描述一個男孩在鄉村間旅行的事。所有的受試兒童都接受了手術前的準備工作。這些準備工作包括演示和解說外科手術的進行步驟，以及開刀後的復元過程，也接受一位外科醫生的訪問，由他（她）再向受試兒童及其父母解釋一遍手術要點。

美拉特和塞吉爾的研究採用三種測知焦慮程度的指標：(1)孩子們對開刀的焦慮報告；(2)正式的工作人員觀察孩子們的焦慮情形；及(3)利用"掌心流汗指數測驗"（Palmar Sweat Index）來測量手的汗腺活動和短暫的生理變化情形。根據這三種焦慮測試指標，無論在手術前（指手術的前一夜）或手術後（指手術後3～4週的檢查）實驗組的焦慮均有很大的減弱。

美拉特等人所做的另一項研究顯示，孩子們對牙醫的恐懼及

治療牙齒的焦慮，也可以藉模仿原理予以減弱。他們利用錄影帶來證明年輕孩子們如何成功地應付他們在接受牙齒矯治過程中的焦慮（Melamed, Hawes, Heiby & Glick, 1975）。只讓孩子們觀看示範者接受普通的麻醉和注射之影片，也可以使兒童在接受醫療過程中的痛苦和沮喪程度大幅度地減少。簡言之，模仿可以有效的減低孩子們對藥物、牙齒醫護人員、以及治療的恐懼。有關模仿學習的影片，確實可以減少焦慮效果，加上影片本身的有利條件，諸如輕便、簡明，又可利用卡式錄影帶在任何辦公室放映，所以這一種治療工具確實可大量用在日常醫療和牙醫矯治方面。

　　不兩立行為的模仿效果，同時也成功的用在降低婦女對性生活的不適應和焦慮問題。例如韋恩茲等人（Wincze & Caird, 1976）和尼米吉等人（Nemetz, Craig, & Reith, 1978）先讓受試婦女接受放鬆訓練，然後觀看30～45個錄影片上的男女性行為鏡頭。這些鏡頭是依照特定的漸進系列排列而成，鏡頭上充滿快樂與滿足的氣氛。這些婦女要先接受逐減敏感訓練。並在觀看做愛畫面時，儘量能放鬆自己。回家之後，要受試婦女依照錄影片上一對情侶所表現的姿態與步驟逐一與其丈夫試演一番。根據這些研究結果，受試者的性焦慮的問題已獲得重大改善，其治療效果繼續維持了一年之久。

　　總而言之，經由模仿而使某種行為的發生頻率減少，係遵循兩個途徑：一為直接抑制不當行為的發生，另一項則為靠助長另一項不兩立行為的抬頭，以便抑制不當行為繼續出現。另外，藉模仿以增進某種特定行為，亦有三種途徑：即獲得的效果、解除

抑制效果，以及促進的效果。當然，有些研究可依照其終點行為的性質而同時歸納於上述效果類別的一個，或一個以上。就拿奧可諾爾（O'Connor，1969）的研究來說，其重點雖然在助長孤癖兒童的社交能力，所以藉解除抑制效果而達到訓練目標，增加他們的社會人際關係。反過來說，這些孤癖兒童的恐懼感或退縮傾向亦可藉觀察示範者的良好社交行為（就是指不兩立行為的模仿）而得到減弱。由此可知，模仿原理的運用，對某些個案的某些行為來說，一面可以抑制不當行為的發生，另一方面則可直接助長良好行為的發展。

第四節　影響模仿的要項

決定模仿是否有效果，應從下列方面來考慮：(1)楷模的特性（model characteristics），(2)觀察者的特性（observer characteristics），以及(3)程序的特性（procedural characteristics）。茲分別敍述如下：

一、楷模的特性

我們若略加考慮一下影響模仿歷程的一些因素，我們不難發現屬於相同年齡、性別、和種族的楷模，觀察者比較容易獲得模仿的效果。一位名人、專家、或社會地位較高者，都比那些社會地位較低者，較容易引起觀察者的模仿效果。但也有些專家認為我們也很難論斷，楷模需要具備那些特性方易被模仿。一般來說，觀察者和楷模只要在年齡上相似，且性別相同，則模仿是一種

正常的現象。反過來說，即使觀察者在年齡、種族，或社會地位和楷模略有不同，仍會產生模仿的效果。

另一項常被談及的楷模特性是對於恐懼物體的應對方式，可分成「應付」（ coping ）和「熟練」（ mastery ）的兩種方式。所謂「應付式楷模」（ coping model ）是指當楷模學習接近恐懼的物體時，只用語言來說明合理的應付方式。「熟練式楷模」（ mastery model ）則指該楷模本身能勇敢地接近所害怕的物體。然而有關「應付式楷模」和「熟練式楷模」的相對優點，仍尚未定論。雖然「應付式楷模」的優越效果仍缺乏有力的支持，但在臨床上使用模仿方案時，已趨於採用「應付式楷模」，尤其是在不兩立行為的模仿情境，應用更多。許多研究者和治療專家之所以採用「應付式楷模」，可能有下列幾種情形：

第一、許多心理學家強調，應付式楷模的使用，和逐漸養成行為（ gradual shaping of behavior ）是可以相容並存的。

第二、應付式楷模的應用程序常包含自我控制的演示，以及應付的技巧。

第三、兒童常不太注意一開始就勇敢接近懼怕物體的示範，而較喜歡模仿一些開始表示害怕，後來能加以克服的楷模的行為。

二、觀察者的特性

班都拉指出，模仿效果的決定因素是多方面的。瞭解這些因素的知識，在設計治療方案時尤其特別重要。若欲使觀察者自楷模獲得應有的訊息，則觀察者本身的注意力、記憶力、知動能力

、以及學習動機等均扮演重要角色。

（一）注意的歷程（attention processes）

提供一種楷模，並不一定能保證觀察者會受到此一楷模的影響。換一句話說，觀察者必須注意到，並瞭解此一楷模所提供的訊息，方能受到影響。例如燈光的對比、聲音的改變、重要因素的重覆，以及摘要性解釋等等因素，均可能影響觀察者注意到楷模所傳遞的重要訊息。

（二）記憶的歷程（retention processes）

當一個觀察者注意到相關連楷模的訊息，並且能瞭解有關線索時，必能記牢這些材料。顯然地，利用譯碼（coding）、分類、語文材料的意像化、以及使用其他促進記憶力的策略等，都能提高一個人對於材料的記憶。進一步說，在記憶楷模所提供的訊息時，先引導觀察者使用譯碼，然後組成頭字語（acronym），其保存效果均比單獨使用譯碼或是頭字語要好得多。其他較高層次的符號學習更須依賴有組織的架構，而這些影響組織技巧效果的知識，在擬訂模仿學習方案時，必須適當地運用。透過教導和模仿方式，都能夠幫助觀察者熟練譯碼、分類、和組織資料等技巧，進而有助於他們的記憶。

（三）動作的再演（motoric reproduction）

學習一些比較複雜的動作技能，如騎腳踏車，若非學習者事前已習得一些基本的技巧，諸如維持平衡、騎上腳踏車，以及停止車身等能力，則只靠觀察他人的騎車行為，誠難學會騎車。同樣地，其他動作行為的表演，也必須不斷的試誤練習，和親自體驗的回饋，方可達到熟練水準。無論如何，複雜的動作行為表演

，特別要藉模仿和預演；多次的演練方可達到完美的境界。

　　㈣動機的歷程（ motivation processes ）

　　若觀察者根本沒有強烈的仿效動機，或是認為模仿的後果是不愉快的，則儘管他（她）可注意到楷模的存在，理解經由楷模所傳述的訊息，記憶這些訊息，甚至也有動作技巧去完成楷模所示演的活動，但是他（她）不一定能完全表現楷模所演示的行為。反過來說，當一個觀察者期待著正面的後果而從事於模仿楷模的行為，則觀察者也比較喜歡表現這些被討論的行為。

三、程序的特性

　　某些與引發模仿學習的環境有關的程序，常影響模仿效果。尤其是對楷模所表現的行為，給予何種獎懲，將影響到模仿者的行為。如獲得酬賞的楷模，常比獲得懲罰的楷模更易影響到模仿者的行為；讓楷模在許多種不同的狀況下展示欲使模仿者學習的行為，也將提高模仿的效果；亦即利用不同狀況，安排多位楷模，自然又比單一的楷模更具效果。

　　若模仿者能從觀察楷模的行為中摘出規則，藉此引導自己的行為，則我們可以預知，這些規則必能影響模做者的行為。簡單的說，當觀察者能夠推論一種規則，或從楷模的行為中發現行動的一般性計畫，楷模的行為將會影響觀察者。亦即可讓觀察者迅速地獲得所要學習的行為，有良好的遷移，以及記憶一些經由模仿歷程所傳遞的資料。換一句話說，當觀察者能夠從楷模的表現擇取資料或規則時，楷模的行為最能影響觀察者。總之，摘錄楷模行為的重要特徵，提示最能敍述楷模行為的簡明規則，並指引採

取行爲的有力理由，均可大大地增進觀察者的學習。

第五節　想像模仿與參與模仿

如前面所提及，模仿學習常要靠楷模的示範，方能形成學習現象。但就一般的治療情境來說，治療者誠不易爲每一位患者安排一位活生生的楷模，同時，若每一次治療均要借助於示範演員，恐怕也不太經濟。因此，較爲簡便的方式是藉想像來模仿某一位楷模的行爲，以便達到改變行爲的目的。藉想像來仿效示範者的行爲方式，即稱之想像模仿或內隱模仿（ covert modeling ），亦屬認知的行爲改變模式，新近頗受重視，值得特別提出介紹。

另者，有些模仿學習僅靠「觀摩」示範者的行爲即能收到預期效果，但在某些較複雜的情境裡，似要一方面觀摩示範者的所做所爲，一方面還要靠模仿者實地演練所要模仿的言行，方能收到良好的模仿效果。這一種模式稱之參與模仿（ participant modeling ）。本節特討論這兩種模仿學習。

一、想像模仿

㈠想像模仿的意義與功用：

想像模仿係新近特別受到重視的「內隱制約技術」中之一種，導源於觀察學習（ observational learning ）。個人固然可以藉觀察某一位楷模的行爲而改變自己的行爲，也可以僅靠想像某一位楷模的所做所爲而改變行爲。在若干治療或教育的情境裡，

適當的楷模不見得能隨時隨地找到，所以苛替拉（Cautela）於
1971年首先主張，治療者也可以讓當事人以想像方式建立一個適
宜的楷模。如果吾人將模仿的概念視為資訊的傳遞，則讓當事人
去想像一件事情的結果，也同樣可以達到改變行為的目的。這一
種讓受治療者藉想像以傳遞某一示範者的言行資料，以資改變受
治療者的行為方法，稱為想像模仿或內隱模仿（covert mode-
ling），亦簡稱為想像式模仿。

　　想像模仿效果之高低，常取決於當事人的想像力，想像內容
之生動，與清晰程度等因素。從理論上來說，想像模仿在臨床治
療上有其獨特的用處，其效果可能與使用真實的楷模相當。卡茲
頓曾以大學生為實驗對象，發現想像模仿可以降低對蛇的恐懼。
此外，他又讓缺乏主見的當事人，想像一個與他自己年齡、性別
相似的楷模在適當的情境裡表現出果斷而肯定的行為。經過這一
道想像模仿過程，竟足以增進當事人的肯定性行為。

　　㈡想像模仿的實施方式：

　　一般來說，想像模仿學習是讓當事者想像其他人（等於楷模
）在從事有關活動的情境，而藉此改變當事者的行為。通常這些
楷模的行為也正是當事者所要養成的目標行為。例如，想治療一
位在社交場合極端退縮的患者，須幫助他去想像一位「楷模」正
在從事各種社交活動的情境。起初也只能想到楷模正在問候別人
；而後，隨著治療的進展，當事者就要想像楷模在從事更複雜的
社交活動：諸如，楷模與許多人在談話；楷模在大會場所與許多
賓客寒喧；或是楷模在大會發表演說等等。這些想像情境的安排
，必須事先與當事者商量，並考慮是否可以幫助當事者發展適當

的社交行為。

卡兹頓（Kazdin, 1984）曾利用想像模仿學習原理，發展一些個案的社交生活技能。他特別着重於幫助一些不善於表達自己感情，或是不敢正當主張自己權益的個案，充分發展其自我肯定行為（assertive behavior）。這一種治療通常是由一位治療者實施，為期二至五週。在想像中充擔楷模的特徵（如年齡、性別），要儘可能與受治療個案相一致。供做想像的各種情境則由治療者口述，但為了統一敍述內容，通常也利用錄音帶播放。受治療者要儘量想像治療者所提供的想像資料。若所想像的情景已相當清楚，受治療者每次必須保持這種情景至少三十秒鐘，然後，一再反複相同的情景（scenes），或是改變新情景。以下特舉自我肯定訓練的三種想像情景。

1.想像一個人（楷模）在約定的晚宴時間，還停留在公寓。這一位先生預訂在今晚必須參加一個宴會，但真不巧，有幾位親朋突然來訪。這些親朋已坐下半個鐘頭，並喝完咖啡，但看起來似乎還沒有離開的動靜。這一個人必須在一兩分鐘後離開公寓赴會，否則將令對方久候，有失禮節，故正感到着急萬分。當大家正在開懷暢談中，這一個人只好打斷大家的話題，很有禮貌的說：「坦白地說，我很高興各位好友突然駕臨，但真不湊巧，現在我必須趕赴另一個早已約好的宴會。或許我們還會有見面的機會，讓我先離開，失禮之處，尚請見諒！」

2.想像你自己與另一位朋友正在音樂會欣賞小提琴演奏。在你的後排剛好有幾位聽眾，正在製造各種噪音干擾其他人，令人感到厭惡。有一位坐在你旁邊的人（楷模），回過頭去對那些發

出噪音的聽衆說：「請你們安靜一點好嗎？」

3.想像一個人（楷模）住宿在飯店裏。在停留一宵之後，他發覺彈簧床的彈簧壞了，床墊下垂，睡在上面非常不舒服。一大早起床後，這一個人就找櫃台，質問服務生說：「在我房間裏的床舖非常不舒適，我相信它必定是壞了，非常希望你能馬上為我改換床舖，或是幫我換另一間房間」。

上述三種「情景」只是用來說明引導想像模仿學習（或說是內隱模仿學習）的範例。每一種情景都包含兩項核心要素：其一是形成一種適當的自我肯定反應情緒，或是需要表達肯定主張的情緒，其二是讓「楷模」正確地表達其肯定反應，把該說的話或是情感表露。除了這兩項要素之外，治療者當然還可以增加其他一些內容，以便提高治療效果（Kazdin, 1984，p. 107～108）。

㈢影響想像模仿成效的要件：

直接比較想像模仿與外顯模仿（overt modeling）成效的研究報告，目前仍然不太多，但影響外顯模仿成效的條件，似乎也同樣可以影響想像模仿的成效。不過，對幼童或智能不足者來說，由於其注意力不易集中，想像力欠佳，故實施想像模仿自然較不易收效。卡茲頓（Kazdin, 1984）曾致力於研究影響想像模仿成效的若干要件，這些要件有如：

1.楷模與當事者的相似性（model-client similarity）：根據眞實人物或影片人物的模仿學習實驗結果顯示，楷模與當事者（亦為觀察者）之條件相似，當事者的行為改變成效也愈大。在一項以怕蛇的當事者為治療對象的實驗結果顯示，當事者與想像

中的楷模之年齡相接近，性別相同時，其想像模仿的學習成效最佳。讓一位患恐懼症的當事者，想像一位原先也患恐懼症的楷模，如何克服其恐懼感而從極端的恐懼感逐漸減弱，則其想像治療效果必優於想像一位不具恐懼症的楷模。

2.楷模身份（ model identity ）：模仿學習的另一項重要因素是楷模的身份，亦即，楷模是誰？在想像模仿學習中，楷模可以由當事者本人來扮演，也可以由其他人來扮演。根據兩項治療懼怕反應的實驗結果顯示，不管是由當事者來扮演想像中的楷模，或是由別人來扮演楷模，在減輕懼怕反應的成效上均很一致。因此，在選擇楷模時，自可依照實際需要而定。有些當事者可能容易在想像中模仿其他人的行為而改變自己的行為；有些當事者則不然，所以治療者宜於讓當事者本人去扮演想像中的楷模，藉此模仿歷程改變其行為。

3.多位楷模（ multiple models ）：根據外顯模仿學習實驗結果顯示，讓當事者觀察多幾位楷模的治療效果，常優於只觀察一位楷模的治療效果。從卡茲頓（ Kazdin, 1974a, 1976b ）的想像模仿實驗結果亦顯示，讓當事者在不同治療階段中，想像各種不同的楷模所獲得的行為改變效果優於只想像一位楷模的效果。亦即，在不同治療階段裏，當事者所想像的楷模必須不一樣，方能提高想像模仿的治療效果。

4.楷模後果（ model consequences ）：根據一般模仿學習的研究結果顯示，觀察者只觀察一位楷模的行為，即可學到一項反應。然而，要等到在所處的環境裏有適當的誘因時，其習得的反應方能表現出來。進一步來說，觀察者觀察一位楷模因表現適當

行為而獲得獎勵後，更易致力於表現這些適當行為。在想像模仿學習中，若想像中的楷模因表現適當的行為而立即獲得積極增強，則更有益於幫助當事者習得這些適當的行為。例如，在一項自我肯定訓練方案中，讓當事者所想像的楷模在表現適當的肯定主張反應之後獲得獎勵後果，當比僅想像楷模表現適當的肯定主張，更有助於促進當事者的肯定反應。由此可知，在想像模仿情境裏，加入積極增強後果是有助於發展當事者的適當行為。

5.情景的精心設計（ scene elaboration ）：在想像模仿的實施過程中，通常是先由治療者描述模仿情景，然後讓當事者有一段短暫時間跟著想像，以便建立其心像。根據一般性的假定，當事者的心像是緊隨著治療者所描述的情景而發生。然而，有些當事者常說，他們的心像却與治療者所描述的情景有所差異。這一種差異自然會影響治療效果。卡茲頓曾指出能自行精心巧化想像情景的當事者，表現更佳的治療效果，但這些治療效果的差異還得依據相關變項（諸如認知技能及智力等）而定。因此，宜鼓勵參與想像模仿學習的當事者精心巧化其想像情境，不要只呆板地接受由治療者所提示的情景。但是，若當事者所巧化的情景內容，與治療的目標行為絲毫無關連，則也不能增進治療效果。

總而言之，目前已經有相當好的證據顯示，想像模仿可以減輕成人的恐懼反應，以及增進自我肯定行為。但究竟那一種想像模仿模式最有助於矯治臨床症人，仍然不太清楚。因為這些方面的研究尚很缺乏，有待專家學者進一步的努力與開拓。

二、參與模仿

㈠意義：

一般的模仿學習只是讓學習者觀察示範者的言行，藉此觀摩之功效改變學習者的行為。

班都拉認為若能讓學習者一面觀摩示範者的所做所為，同時在治療者之引導下，實際逐步參與活動，則治療成效更佳。這一種讓學習者一方面觀摩示範者的言行，一面實際演練有關動作，稱之為「參與模仿」（ participant modeling ）。參與模仿訓練方案包含示範者表現適當行為，當事人模仿，再由治療者逐步改正當事人的模仿動作。這一種方案比單獨模仿、減敏感訓練法，以及想像模仿都更具效果。重要的是，以想像嫌惡刺激所無法改善的當事人，却能以參與模仿改善之。

㈡實驗實例：

班都拉等人（ Bandura, Blanchard & Ritter, 1969 ） 曾治療一些有怕蛇症的青少年和成人，這些人因為怕蛇症無法參加園藝、遠足、露營等活動。班都拉等人將這些受試者分派到下列 4 組進行治療：

第一組是自行管理的象徵模仿組（self-administered sym-bolic modeling ）：這一組的受試者觀看一部影片，從片中逐漸與一條大蛇做更多的接觸。觀看時，受試要保持鬆弛狀態，若感到緊張，則暫停放映影片，停下來做鬆弛練習，然後再從中斷處繼續觀看影片。

第二組是有指導的參與模仿：在這一組中，有一位示範者玩

弄一條蛇，讓受試者在一旁觀看，一方面還要在治療者的指導下，逐步採取行動去接觸自己所懼怕的對象（蛇），先是帶着手套去撫摸蛇，進一步再用空手去摸蛇。如果受試者不敢摸蛇，就要讓他先把手放在示範者的手上，然後一起去摸蛇身，再摸頭部及蛇尾。若受試者表演這些動作而不再那麼緊張之後，就讓蛇在房中隨意爬行。此種漸進的治療速度，需視受試的緊張狀況而定。

第三組是接受逐減敏感法訓練：這一組的受試要接受典型的逐減敏感法訓練。即先熟練深度肌肉鬆弛訓練，然後逐步提示受試者所厭惡的刺激（蛇）。亦即先提示想像中的蛇，如蛇的字眼、蛇的圖片、蛇的木彫品、蛇的標本到眞實的蛇等。每提示這些刺激時，要讓受試盡量鬆弛肌肉，一直到受試者摸到眞正的蛇而不再起恐懼反應爲止。

第四組是控制組：這一組受試不受任何治療，而只是接受兩次測驗，以測知怕蛇的程度。

實驗結果顯示，第二組的受試者對蛇的恐懼程度改善最大。亦即參與模仿組的受試有 90 ％敢去做原先認爲最恐怖的動作（抓蛇）。相比較之下，第一組的受試只有 33 ％，第三組受試只有 25 ％獲得改善。第四組受試則沒有一個人得到改善。

參與模仿時，有一位治療專家在場指導，所以可以幫助當事人克服恐懼，甚具鼓舞作用。而且，在進行逐減敏感治療時，可以隨時幫助當事人判斷下一個步驟的行動幅度之大小。治療專家也可以運用各種策略來幫助受試者進行模仿學習。諸如，想出一種較易熟練的步驟來模仿；和當事人一起接近其所恐懼的事物；使用保護罩，治療專家抓牢所懼事物再讓當事人接近它等等方式

。這些協助當事人的辦法，最後必須逐漸拋棄，以使當事人在自然情境中有最好的表現。

討 論 問 題

一、請以電視對兒童行為的影響為例，說明模仿學習的重要性。

二、模仿有那三種增進行為的效果？請各舉一例說明之。

三、模仿有那兩種減弱行為的效果？請各舉一例說明之。

四、影響模仿效果的觀察者特性有那些？請摘要說明之。

五、請舉例說明「想像模仿」與「參與模仿」的實施情境，並比較其優劣。

六、請簡述影響想像模仿成效的五項條件。

第 三 篇

改變行為的方法論

俗語說:「十年樹木,百年樹人」,可見培育一個人的歷程是長遠而艱辛的。教育的界說儘管相當紛紜,但不可否認的,教育歷程就是一段改變個體行為的過程。個體行為的改變,不管是導引於成熟的自然改變,抑或接受教導所促成的改變,固然以良好行為的發展為主體,唯個體在發展過程中,難免遭受主觀或客觀因素的影響而有所偏異,故常賴教師、家長、或是有關輔導人員隨時引導,隨地改正。由於改變個體行為時所牽連的變項殊多,所以除了須借重第二篇所介紹的行為原理之外,尚應遵循科學方法,方易收到事半功倍的效果。

一般科學方法的特質是客觀性、系統性、和可驗證性。處理行為科學的問題亦應符合這些特性。例如:行為問題的描述以及評斷應以客觀資料為依據;輔導方案(或處理辦法)的研訂與實施應遵循系統而有效的步驟;最後的輔導效果(或處理效果)更需做客觀的記錄及分析,以供需要時做再驗證。

已往各級學校教師及輔導人員所常用的個案研究法(case study)雖然也號稱科學方法,重視系統的步驟,諸如先蒐集影響個體行為的因素,然後據此開藥方,做追蹤輔導。倡導此法的專家相信,唯有發掘「病因」,然後對症下藥,方能使問題行為銷聲匿跡。這一種立論及假設雖佳,但因缺點尚多,功效始終不彰。其主要缺點是過度強調案主病因的探討,籠統的輔導辦法,以及缺乏實際數據資料的成效評估。從已往各級學校教師及輔導專家所提出的個案報告中不難窺知所能獲知的案主的病因,若不是曠時已久(諸如幼時喪母,失去母愛),就是教師個人的能力所無法處理的(如父母離婚、家居風化區等)。結果,教師永難

對症下藥，致使花費在發掘病因的長期努力變成泡影。再者，若勉強提出一些輔導辦法，亦多屬籠統而缺乏可行性，致使案主無所適從；最後所提出的研究報告，雖然也洋洋大觀，甚至文情並茂，但卻找不出評估成效的數據資料。難怪傳統的個案研究法已經盛行數十年，但在每一學校、每一班級仍然有一些學生一直在表現不適應行為，破壞教室常規，困擾著教師，誠發人深省。

　　鑑於此，本篇特分成四章，介紹一套處理行為問題的科學方法：包括其系統步驟、行為資料的蒐集及量化方法，以及應用行為分析法的主要實驗設計模式，諸如倒返實驗設計，多基準線設計，與逐變標準設計等等。誠盼父母、教師，或是輔導人員能遵循及熟練這些方法及步驟，以提高處理問題行為的成效。

第 十 章
改變行爲的系統步驟

　　教師或父母在處理學生或子女的行爲時，若能依照系統的步驟，考慮周詳在每一步驟可能產生的事件，並妥加蒐集具體的客觀資料，據此資料愼研輔導方案，鍥而不捨貫徹實施，自必容易獲得成功。尤其是遵循行爲改變技術的學者專家，誠如於第一、二章所提及，更是重視此種客觀而系統的處理行爲的有效方法。教師或父母在學校或家庭處理行爲問題，通常得遵循下列步驟：1.問題行爲的檢出，包括①指明問題的所在，並草構一幅問題側面圖，②探究形成問題的情境和條件；2.問題行爲的評量，以便確定其範圍與嚴重性；3.探討行爲的前因後果，並評估機體變項；4.確定目標行爲與終點行爲以及5.執行行爲改變方案等等。這些步驟若再進一步細加分析，則有如圖 10-1 的流程圖，本章將分節討論這些要項。

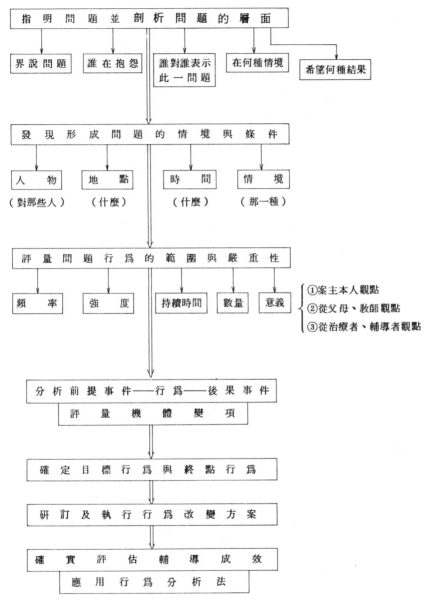

圖 10-1　改變行為方案流程圖

第一節 問題行為的檢出

一、問題行為的意義及種類

通常所說的「問題行為」(problematic behavior)，也被稱為偏異行為 (deviant behavior)，或是異常行為 (abnormal behavior)。一種行為是否構成「問題」，一方面固然在行為本身，要看這種行為是否能符合社會環境的要求，及維持個人的人格統整；另一方面亦在周遭的關係人對這種行為的看法。問題行為的認定一方面有社會文化的基礎，另一方面也跟心理衛生的知識有關。國內外已經有不少研究指出，教師對兒童問題行為的看法與一般心理衛生專業人員的看法顯然不一致。韋克曼 (Wickman, 1926) 是此一問題的研究先驅。韋克曼自編一套含有五十個學生問題行為的問卷，令小學教師與心理衛生專家評定其嚴重等第。結果發現，教師認為影響教室秩序、反抗權威與性問題等行為較嚴重；心理衛生專家則認為退縮與缺乏社會性的行為較嚴重，而對反社會行為，與違犯校規等行為較不給予過分的宣揚。嗣後又有若干學者，諸如美吉魯 (Milchell , 1940)、司克拉普與賈第 (Schrupp & Gjerde, 1952)，以及國人林美珍 (民71年) 等人從事這一方面的研究。綜合這些研究結果有如表 10-1 。

表 10-1　敎師與心理學家對學生問題行爲之評定等級

學生問題行為	Wickman 1926 教師	Wickman 1926 心理學家	Milchell 1940 教師	Milchell 1940 心理學家	Schrupp & Gjerde 1952 教師	Schrupp & Gjerde 1952 心理學家	林美珍 1982 教師	林美珍 1982 心理學家
1.異性活動	1	25	1	20	3	28	15	34.5
2.偷竊	2	13	2	5	1	9	1	12
3.手淫	3	41	6	35	26	42	43	34.5
4.講粗話	4	28	3	25	14	34	4	45.5
5.不誠實	5	23	5	15	9	20	5.5	16
6.逃學	6	22	16	24	4	18	8	8
7.無禮、蔑視	7	37	21	33	6	31	9	41.5
8.殘酷、暴虐	8	6	4	3	2	5	35	6.5
9.欺騙	9	24	10	16.5	16	25	10	9
10.破壞公物	10	45	8	22	7	22	2	20
11.不服從、抗命	11	42	18	41	10	40	14	45.5
12.不可靠	12	21	11	13	8	21	45	28.5
13.脾氣暴躁	13	17	12	18	12	16	37	41.5
14.對工作缺乏興趣	14	26	19	23	20	24	24	6.5
15.褻瀆神聖	15	47	32	38	40	48	48	48.5
16.輕率、鹵莽	16	32	31	40	21	43	22	34.5
17.懶惰	17	36	30	32	27	35	11	24.5
18.吸烟	18	49	25	44	37	49	7	28.5
19.遺尿症	19	27	17	8	25	7	50	24.5
20.神經過敏	20	19	15	6	15	12	46	10.5

21.不守秩序、破壞風紀	21	46	42	46	29	45	3	28.5
22.不快樂、沮喪	22	3	13	2	5	2	31	4.5
23.容易氣餒	23	7	14	10.5	22	15	28	18.5
24.自私	24	16	33	28	17	26	16	16
25.不用心	25	38	26	34	34	41	5.5	20
26.不注意	26	34	36	45	28	30	25	20
27.好爭吵	27	31	28	19	18	27	18	41.5
28.易受暗示	28	8	22	21	23	13	47	34.5
29.易發脾氣	29	4	20	12	11	8	42	34.5
30.遲到	30	43	37	37	44	46	27	41.5
31.膽小、懦弱	31	15	23	9	31	19	32	13.5
32.倔強	32	20	34	36	38	36	20	34.5
33.跋扈	33	11	41	39	19	17	36	28.5
34.邋遢、儀容不整	34	35	35	42	42	32	13	34.5
35.抑鬱	35	12	24	16.5	30	23	30	2
36.恐懼	36	5	9	4	24	3	39	4.5
37.懷疑	37	2	29	7	36	4	40	10.5
38.粗心大意	38	39	40	43	45	38	19	34.5
39.引人注意	39	30	47	50	41	37	33.5	48.5
40.缺乏社會性、退縮	40	1	7	1	13	1	17	1
41.幻想、白日夢	41	18	38	14	39	11	23	3
42.撒謊	42	33	44	29	49	39	12	20
43.插嘴	43	48	48	47	48	47	38	48.5
44.追根究底	44	44	50	49	47	44	49	48.5
45.過份批評別人	45	9	27	10.5	32	14	33.5	24.5
46.搬弄是非	46	29	39	30	45	33	29	41.5
47.背後說壞話、密告	47	50	49	48	50	50	26	20
48.敏感	48	10	43	27	33	10	44	24.5
49.坐立不安	49	4	45	31	43	29	41	41.5
50.羞怯	50	14	46	26	35	6	21	16

（參考林美珍，民71年，p.283～284）

　　從這些研究結果顯示，在一九二六年至一九四〇年代，一般教師僅將妨害教室常規的行爲列爲嚴重的問題。但隨着時代的改變，以及心理衞生知識的普及，現代的教師對問題行爲的態度，已經較趨近心理衞生學家的看法，開始重視缺乏社會性、退縮、抑鬱、幻想、白日夢等問題行爲。總之，教師在教導學生時，固然要注意到影響教室秩序的問題行爲及學業問題，但也絕不可忽視退縮、抑鬱及缺乏社會性的行爲。

　　問題行爲的界定，又常因年齡及性別不同而略有所異：例如，"夜夜尿床"這一項行爲，對一位滿週歲左右的嬰兒而言是常事，但若是發生在一位十歲兒童身上，就是一項問題；又如，"夜夜必須抱着洋娃娃方能入眠"，此項行爲若是發生於一位國小女童身上亦屬常見之事，但如果是一位十多歲的男童，可能就令人覺得不太尋常。這些觀點上的差異，有些是基於身心發展上的觀點，有些是深受社會習俗之影響。爲父母及教師者，在鑑別兒童的問題行爲時，若能參酌一般兒童身心發展常模，自當較爲客觀而合理。在國內，有關兒童身心發展之研究，雖然已有學者着手進行，但年齡範圍較小，且偏向於語言及動作等領域的研究，故尚待國人不斷地耕耘。「表 10-2」及「表 10-3」是一項以英國學童的行爲爲研究對象的報告，可供教師了解不同年齡及性別的兒童（包括五歲至十五歲之青少年），通常較容易表現的一些問題行爲，以及其發生百分比（ Herbert, 1981, P. 37～38）。

表 10-2　不同年齡女孩的問題行為發生百分比

項目 \ 百分比 \ 年齡	5	6	7	8	9	10	11	12	13	14	15
嚴重破壞性行為	2	—	1	—	*	*	—	*	—	1	—
怕動物	5	5	3	3	3	1	2	2	1	1	7
怕陌生人	1	*	2	2	*	2	1	1	1	2	—
怕黑暗	11	5	8	7	8	8	6	5	4	5	4
說　謊	2	2	1	1	3	1	3	1	1	3	2
不喜歡上學	1	3	2	4	3	2	3	3	5	7	4
偷　竊	1	—	—	—	*	—	—	*	—	1	—
易　怒	10	9	9	10	12	10	12	10	11	16	11
偏　食	20	19	20	22	21	23	17	17	15	17	9
怕其他小孩	—	*	1	1	*	1	*	1	*	1	—
經常飢餓	5	6	6	10	9	10	10	13	15	11	16
食慾低	21	17	21	18	13	12	12	8	7	8	5
焦　慮	5	7	4	4	6	4	7	5	1	4	5
哭　訴	7	5	5	3	6	2	5	4	3	5	—
不能靜下來	20	16	20	16	13	13	13	11	11	10	4
不太活動	—	2	1	1	2	3	3	4	7	7	5
妒　忌	8	4	5	5	6	3	4	3	3	6	4
流　淚	*	*	—	1	1	*	1	2	1	2	4
畏　縮	2	1	2	2	3	2	2	3	2	3	7
不服從	10	10	8	8	11	7	10	10	12	14	14
全然服從	8	7	7	9	9	8	14	11	12	10	12
經常曠課	*	1	1	*	1	*	*	1	1	3	4
顏面抽搐	1	—	1	1	1	*	—	*	—	1	—
心情不穩	5	2	4	3	5	3	5	5	7	7	14
閱讀困難	5	7	14	14	10	13	10	11	5	7	4

* 表示低於 0.5 %（本表資料取自Herbert，1981, p.37～38）

表 10-3　不同年齡男孩的問題行爲發生百分比

年齡 百分比 項目	5	6	7	8	9	10	11	12	13	14	15
嚴重破壞性行爲	3	2	2	—	2	1	1	1	2	1	2
怕動物	3	3	2	1	1	2	2	1	1	1	—
怕陌生人	2	1	1	1	—	*	*	1	2	*	4
怕黑暗	9	6	8	8	10	7	6	5	2	2	2
說　謊	5	3	5	2	3	3	3	5	4	2	2
不喜歡上學	4	5	5	3	5	5	5	6	7	10	4
偷　竊	—	1	1	1	1	*	1	1	2	1	—
易　怒	10	7	13	11	12	14	11	14	11	9	16
偏　食	19	20	22	22	22	18	23	19	17	17	16
怕其他小孩	1	*	—	—	*	1	1	1	1	*	—
經常飢餓	11	10	10	14	16	13	16	19	15	23	39
食慾低	11	13	17	14	11	10	13	9	7	5	—
焦　慮	4	5	5	7	6	5	3	3	5	4	5
抱　怨	7	6	8	5	4	3	4	4	3	2	2
不能靜下來	23	19	25	21	22	19	20	18	15	17	20
不太活動	1	2	1	1	1	2	2	4	3	6	2
妒　忌	6	2	4	4	4	5	3	4	2	3	2
流　浪	3	1	2	3	3	3	3	4	4	8	2
畏　縮	2	2	4	3	3	3	2	3	3	2	7
不服從	17	11	14	12	12	13	13	14	11	12	9
全然服從	8	7	7	8	7	6	7	7	9	9	16
經常曠課	1	—	1	—	*	2	—	2	1	4	16
顏面抽搐	*	1	1	2	1	2	1	2	2	1	2
心情不穩	4	3	3	2	5	3	4	4	2	2	2
閱讀困難	7	18	21	27	25	17	21	22	13	13	9

* 表示低於 0.5 %（本表資料取自 Herbert, 1981, p.37～38）

二、指明問題的所在，並剖析問題的層面

此一步驟所需要剖析的問題層面，包括界定問題，探究誰在抱怨？誰對誰表示此一問題？問題發生在何種情境？問題舉例，以及希望獲得何種結果等。茲特舉例如下：

1. 界定行為：小雄常用手腳攻擊同班同學。
2. 誰在抱怨：三甲的科任教師及全班同學。
3. 誰對誰表現此一行為：小雄對同班同學。
4. 問題行為舉例：小雄推倒小華；小雄敲擊小明的頭部；小雄故意撕破小蕙的筆記簿等等。
5. 發生問題的情境：在教室內做早自習，或是下課在操場上玩耍時。
6. 預期結果：希望小雄完全停止在學校裡攻擊其他同學。

三、探究形成問題的情境與條件

誠如俗語所說，無風不起浪，許多問題行為並非全是偶發事件。反過來說，教師若欲瞭解及預測問題行為的現狀及演變，勢必先要知道周圍環境的一些線索如何關連到此一特定的問題行為。需要追究的周圍線索有如：

1. 人物：是否有特定人物常與案主的特定問題行為牽連在一起？
2. 地點：特定的問題行為常發生在什麼地點？反之，從來不發生在什麼地點？
3. 時間：特定的問題行為常發生在什麼時間？反之，從來不

發生在什麼情境？

　　請記住，欲預測某一兒童明日在某一特定的情境將會表現何種行爲，最好的方法是觀察這一位兒童今日在這一種情境裡如何表現？或有何作爲？

第二節　問題行爲的評量

一、評量問題行爲的範圍與嚴重性

　　教師一旦主觀上發覺某生的某項行爲已經構成問題，不僅妨碍班內的學習活動，而且嚴重影響該生本身的生活適應時，下一個步驟就要針對此一行爲進行客觀的評量。根據一段時限內的評量與記錄，加上適當的圖示，教師很容易明瞭問題行爲的範圍（extent）與嚴重程度（severity）。根據這些資料，教師就可以判斷「案主」目前能做什麼？不能做什麼？問題行爲的改正宜自何處着手？

　　問題行爲的評量，通常可依據問題行爲的性質，蒐集下列行爲資料中的一項或幾項，以便判斷問題行爲的範圍或嚴重程度。

　　㈠行爲頻率（frequency）：評估在某一特定時限內所發生的行爲次數，諸如：評量張生每節課講幾次和本課業無關的廢話；李生每天在學校裡罵幾次「髒話」；陳生每週上學遲到幾次等等。這些行爲的發生頻率愈高，表示其問題行爲愈嚴重。

　　㈡行爲反應的強弱（intensity）：即要評估在特定的時間內所表現的行爲強度或大小，諸如評量甲生一天要抽「幾根煙」

？乙生在一節數學課不注意聽課的「百分率」多高？丙生每週所呈繳的作文成績屬於何種「等級」等等。這些行為的反應愈強，亦表示其行為愈嚴重。

㈢行為的持續時間（duration）：即要評量在特定的時間內，問題行為的發生持續多久？諸如評估小華吃一頓晚餐，共要拖延多長時間？小雄每次發牛脾氣要持續多少分鐘？小平每一天貪玩電動玩具要花費多少時間？小賴每節上課要延誤多少分鐘方進入教室等等。

㈣行為的發生數目（number）：即要評量在特定的觀察時限內，不同問題行為的發生數目。諸如評量小虎平均每天打人十五次，說出多少髒話？評估小翠每天上學不注意聽課的百分率、鬧彆扭的次數，以及孤獨一個人發呆的時間多久？或是評量小菁每天所表現的不適應行為有多少項等等。若評估所得不適應行為項目愈多，表示這一位案主所犯的問題行為愈廣泛，也愈嚴重。

㈤行為的意義（senses）：即要瞭解周圍有關人員對案主的問題行為之看法，以及問題行為對於周遭人物的影響如何？諸如可用態度量表測量案主本人對問題行為的觀點，父母對問題行為的看法，以及教師（或輔導人員）對問題行為的態度等等。這些資料的獲得，對於下一步驟安排輔導策略，自有很大益處。

以上僅舉五項主要行為資料的評量，至於較詳細的評量方法，將留待十一章再詳加討論。

二、評量問題行為的注意要件

不管是為了評量問題行為的基準線（baseline），或是為了

解經過一段輔導之後，問題行為的改變程度，評量工作必須注意到客觀性、穩定性，以及可信賴性，否則量化資料將無法採信。

㈠客觀性：所謂客觀性係指受評量的行為必須是人人可觀察到的，也是可以記錄的。舉例說：我們不可能看到一位兒童的公德心如何，但是我們總可以觀察和記錄這一位兒童在一項受安排的情境下，將一大堆放置在走廊的課桌椅，自動搬入教室多少張？或修好幾張？這一種行為記錄正可以表明這一位兒童是否愛護公物，亦即公德心之一部分表現。

㈡穩定性：就是說行為基線的描述，要能妥當的告訴我們受試者的行為現狀。舉例說：有一位自閉症兒童，常常企圖以自己的頭碰撞牆壁。一位行為派心理學家就根據行為改變技術來設計一套訓練方案，想矯正這一位自閉症兒童的這一種不適當行為。起初這一位訓練者發現，該兒童碰撞牆壁的次數很不穩定。有些日子碰撞次數較少，有些日子則較多。例如：有些日子他每一分鐘只碰撞五次，但有時則每分鐘要撞二十次。評量這一種行為基準線的理想方法是多測量幾天，每一天在不同的時間內抽檢幾次，然後求其平均值。若只根據某一天的一次觀察結果，即予樹立行為基準線，則很容易得出不合理的結論，發生極端高估或低估現象。

㈢可信賴性：指兩位觀察者在同一時間評量同一行為時，所得到的分數或結果應當是相同的。這不僅牽連到評量工具的信度問題，還要注意到所要評量的行為之客觀性與穩定性問題。如果評量是不可信賴的話，訓練不但不可能獲得真實的進步情形，也不可能確定所測出的行為是否就是所要改變之行為。

第三節　探究問題行爲的前因後果

一、行爲的前因後果

　　行爲改變方案的研擬與執行，必須先考慮到行爲的前因後果，以及案主的機體條件。一般而言，個體與環境的交互作用，取決於三大要項：一是引發行爲的有效條件，稱之行爲的引發要項，或稱之行爲的「前提事件」（antecedent event）；二是案主本身的「行爲反應」，包括機體本身的機體變項；三是隨着行爲反應而來的行爲後果，亦稱之「後果事件」（consequent event）。這三大要項之間的互動，構成如圖 10-2 的行爲連帶關係：

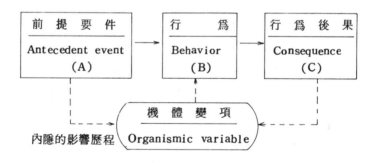

（實線表示外顯關係，虛線表示內隱的影響歷程）

圖 10-2　行爲的前因後果

二、 ABC分析法

分析行爲的前因後果，稱爲ＡＢＣ分析法（ The ABC analysis），誠有助於預測行爲的發生、改變的方向以及改變程度。通常觀察兒童的問題行爲，都可依據ＡＢＣ分析法來說明。茲特舉下列一則故事說明如下：

『有一天王叔叔專程訪問陳家，他從日本帶來一部電動小熊玩具做禮物，剛好陳家有兩位小兄弟，哥哥（雲雄）八歲，弟弟（小平）五歲。這兩位小兄弟都想占有此部玩具。由於弟弟年紀較小，身體較虛弱，所以母親當場裁決把小熊玩具送給弟弟。偏偏弟弟是一位獨占性很強的孩子，從不主動把玩具借給哥哥，甚至故意在哥哥面前炫耀一番，但倔強的哥哥也不甘示弱，仗著其結實的體格，非把小熊玩具弄到手不可。從此以後，陳家小兄弟就經常爭吵打鬧。每次哥哥均借故推倒弟弟，或強奪弟弟的玩具，弟弟就大哭一場。媽媽一聽到弟弟的哭叫聲，就衝進房間，不分清紅皂白的責罵哥哥一頓，結果哥哥就衝出房間。母親又要忙著哄騙正在哭叫的弟弟。母親的護短及哄騙又助長了弟弟的哭叫行爲，弟弟的哭叫更是助長了哥哥的好鬥行爲，因爲哥哥每能嘗試到「征服」與「報復」的滿足感。』

從這一則故事可推知，一些行爲反應(B)都有其「前提事件」(A)，及伴隨「行爲反應」(B)而來的「後果事件」(C)。王叔叔只帶來一件玩具，偏偏媽媽又較坦護弱小的弟弟，所以輕易裁決把玩具歸給弟弟。這些事件就是日後引發哥哥與弟弟爭奪玩具或打鬥行爲的前提條件(A)。換言之，哥哥的打鬥行爲(B)，就是在這一種

條件下引爆出來的。哥哥打弟弟的結果，每次均使弟弟哭叫一場，讓哥哥享受到報復成功的滿足感。這就是哥哥打弟弟的後果事件，足於助長哥哥的打鬥行爲。

三、機體變項的影響

　　表現行爲的個體內在條件就是所謂的「機體變項」。機體變項很多，諸如年齡、性別、遺傳特質、智力、興趣、性向、性格、氣質、需求、學業成就、外表、體能、以及生理缺陷等等。這些變項都可能隨時配合「前提事件」的發生而引發個體的問題行爲。因此，家長或教師在分析兒童的問題行爲時，不能忽視機體變項的影響。

　　「機體變項」可能扮演從複雜的環境因素中，察覺到「前提要件」的存在及意義；也可能扮演承受「行爲後果」而採取不同的反應取向。就舉上述雲雄兄弟的爭鬥行爲來說，哥哥的機體條件：倔強的個性、結實的體格，就是引發打鬥的有利條件；弟弟的機體條件：虛弱的身體、好獨佔的個性、愛哭的氣質等等，也都是引發兄弟爭鬥行爲的催化劑。

第四節　確定目標行為與終點行為

一、意義與重要性

　　教師一旦了解學生問題行為的範圍及嚴重性之後，若學生的問題行為太多，就該進一步依照自己的能力、時間，以及教學情境的需要，先選擇其中的一項或兩項較具體的問題行為，做為初步要輔導或訓練的目標行為（target behavior），並擬訂一套行為改變方案，確定其「終點行為」（terminal behavior）。所謂「目標行為」是教師計劃去改變的某項特定行為，諸如：打人、不繳作業、每節遲到、在課堂內亂發怪聲等行為等均可做為「目標行為」。「終點行為」則是一種訓練前所訂定的預期表現的行為標準。也就是教師執行一套行為改變方案之後，期望案主的目標行為應達到的改善標準而言，諸如說「幫助小雄在每天抽檢四十分鐘的觀察時間裡，打人的次數從往常的八次降低到兩次以下」。就此例來說，「打人」是教師要處理的「目標行為」；處理後預期達到的「終點行為」則為「每天由打人八次降低到打人兩次以下」。

　　教師或家長通常選為「目標行為」或是「終點行為」的行為，主要有兩種：一是學業性行為，亦即在學業上所需增進的行為，如讀出幾個字，做幾題一位數的加法計算題，背幾段詩歌，寫幾個字彙等等；一是在「行動上」需要矯正的行為，如打架、過分吵鬧、不合作、吮大姆指、咬指甲及不整潔習慣等等。終點行

爲的列舉必須要很具體，其主要特徵是可以觀察，可以評量的，同時還有開頭與結尾。唯有具備這些特徵，這一種行爲的改變情形，方有比較之可能。

在行爲改變方案裡是列舉「終點行爲」，在一般教學方案則列舉具體的「教學目標」（instructional objectives）。例如一般學校教育目標所標示的「自我表現」（self-realization），或是「經濟效能」（economic efficiency）甚爲簡潔而抽象，若不能具體而確切地列舉達成這些教育目標所需要的具體行爲，如知識、技能、態度及習慣等，則這些目標將是形同虛設，永難達成。就以養成兒童的自理能力（self-helping）這一項教學目標來說，若更具體的指明：「使兒童自己能每天換乾淨的衣服，自己能洗臉刷牙，自己能解大小便，自己能用餐等等」，則訓練目標更加明確，訓練更易着手，訓練結果也更易評價。反之，若列舉的教學目標過於抽象而空洞，則不僅施教重點含糊，且亦不易觀測其教學效果。梅佳（Mager, 1961）曾指出：若一位教師致力於訓練兒童的一項不可能評鑑的技能時，這一位教師所佔的地位非常不利。因爲他根本無法知道他要敎些什麼，或是在預期中打算獲得何種教學效果。反之，若一位教師所擬定的教學目標很具體而確切，則達成此一目標之可能性就愈大。一種混淆不清的目標是難以實現的。例如說：「發展兒童充分的字彙」；「發展良好的衛生習慣」；「發展默讀速度與流暢」；「發展綜合一般見識能力」；和「培養讀書的興趣」等等，其終極目標如何，一無所知，何能促其實現？因此吾人若把「發展兒童的默讀能力」這一項教學目標改寫爲「增進兒童的默讀速度，使其達到每

分鐘能讀一百二十個字」，則行為目標自然較為明顯，而也就容易達到了。

二、舉陳範例

在列舉「終點行為」時，教師宜少用一些意義空洞的字眼：如「知道」、「了解」、「真正的了解」、「欣賞」、「享受」、「相信」、「確信」等等，而多用一些意義較為確定之字眼：如「寫出」、「區別」、「讀出」、「背出」、「列出」、「列舉」、「造句」、「比較」及「對照」等等。茲介紹數則較為具體而確切的「終點行為」或「教學目標」如后：

㈠使一位五歲的幼兒能夠在實際操作的情境裡，百分之九十五以上正確指出一到九等數字所代表的具體物體（如鉛筆、紙張等）之數目。

㈡使智能不足兒童能夠從五種不同顏色的方塊（如紅、黃、綠、藍、白等色）中，百分之九十以上能正確地檢出紅色與綠色的方塊。

㈢使一位中度肢體殘障兒童百分之百能夠自行拿筷子吃東西。

㈣指導智能不足兒童能夠利用各種具體物體（如鉛筆、木塊及錢幣等），完全正確的比較大小及長短。

㈤幫助智能不足兒童能夠完全正確的寫出一到二十的阿拉伯數目字。

㈥訓練自閉症兒童在一個月的訓練期間裡，每分鐘撞頭的次數自二十次降低到五次。

㈦使一位少年犯的**攻擊性語句**在二週的訓練期間內，能自每天十句減少到兩句。

㈧**幫助**一位情緒困擾兒童在每天抽檢四十分鐘（一節課）的觀察期間內，擅自離開座位之次數從往常之二十次降低到五次以下。

由分析以上八項終點行爲的實例中得知：終點行爲的敍述應包括三種要點：㈠明確指出並命名全部的行爲；㈡註明這項行爲的改變方向，如實例第一項到第五項是增進該項行爲，第六項到第八項是減弱該項行爲；㈢確定成功的標準，如百分之九十正確或完全正確等。

這些行爲訓練方案中的「終點行爲」，或是各教學單元中的「教學目標」，若其敍述愈明確而具體，則該項訓練或教學的重點也愈加明顯；重點愈明顯，則愈易遵循，訓練結果自然也愈容易收到預期效果。

三、具體的行爲組型

近二十年來，爲了在教學上訂定具體的行爲目標，或是便於心理測驗項目的選擇與排列，若干心理學者和教育學者曾合力研擬行爲組型，並已定出行爲的三大領域，然後再分別排列更爲具體的行爲類目。此等分類在教育及行爲科學上已普遍受到重視與廣加應用，尤其是在訂定行爲目標時極具參考價值，故特轉介於后：

㈠認知領域（ cognitive domain ）：特別偏重於智能、學習事實以及解決問題等方面的行爲。柏隆姆（ Bloom et al.,

1956）等人將認知方面的教育目標分成下列六大類目：1.知識：包括對於所學習的各種基本事實、資料、術語、公式、學說及原理原則的記憶；2.理解：即把握教材的意義，如解釋或做摘要；3.應用：將所學之知識應用於新的情境；4.分析：將所學知識分析爲各個構成單位，並指出其各構成要素間之相互關係；5.綜合：將所學的片段知識、事實、要素合成爲一套新的整體；6.評鑑：側重於價值判斷，如根據精確度、熟識程度、或其科學邏輯以判斷價值。

　　㈡情感領域：包含具有情緒色彩的行爲，如好惡、愛恨、態度、價值觀及信念等等。要建立情感行爲的類目及層次較不容易。克拉斯荷等人（Krathwohl, et al., 1964）已將情感領域分成下列幾個類目及層次：1.注意及接受情報（分爲發覺、願意接受、選擇的注意等）。2.反應（分爲默許、自發反應、滿足）。3.價值（分爲接受一種價值、偏愛一種價值、固執於一種價值）。4.組織（分爲價值的概念化、價值體系的組成）。5.特質化（分爲心向、態度及信念等）。

　　從以上的分類體系可以看出，情感是人類行爲中較爲複雜的一面，也是人類生活中重要的一面，具有崇高的社會價值及團結力量。

　　㈢知動領域：一般是指動作技能及知動協調技能等。在教育課程上的「說」、「寫」、「手藝」、「運動技藝」以及「動作」等均屬此一領域。克浦拉（Kibler, 1970）等人將知動領域分成四個類目：1.粗大身體運動（如手肩運動、腿部運動、全身運動）。2.精巧協調運動（如手指動作、手眼協調、手耳協調、

手眼脚協調、四肢與感官協調等）。3.非語言溝通行為（如面部表情、姿勢、手勢）。4.說話行為（發音、聲字聯結、控制音量、聲調與姿勢協調等）。

第五節 執行行為改變方案

一、選擇適當的增強物

行為改變方案的成效所以較為卓著，係以增強原理為樞紐，並配合應用行為分析方法。因此，在研訂行為改變方案之前，教師必須先考慮何種「增強物」對案主確實有效。其考慮的要點有二：

第一、人各有所需，各有所好，這是衆人皆知之事實。例如：釣魚要用蚯蚓，魚兒才願上鈎；又如食物對一位正感飢餓的兒童方易引起食慾；同樣一本精美的國語字典，或是一枝派克金筆，對一位貧窮兒童來說或屬一項有力的增強物，但對一位富家子弟就不一定具有吸引力了。教師或訓練者往往為選擇有效增強物而絞盡腦汁。教師認為可能發生增強作用的東西，對智能不足兒童不一定發生增強作用。美國一位心理學者曾經報告一個有趣的實驗個案。在一項解大小便習慣的訓練過程，一位重度智能不足者不喜歡食物、玩具及錢等增強物，而只希望獲得「舊的襪衣」。就是說，對這一位受訓者而言，舊襪衣的增強價值遠超過其他任何東西。

第二、個人所好，往往亦因時間、空間上的改變而發生變化

。甲種東西雖然能增強張三的Ａ項行為反應，但不一定也能增強Ｂ項行為反應；同時在乙種情境裏能發生增強作用的東西，不一定也能在甲種情境裡發生作用。例如馬托斯博士（Mattos, 1969）曾經報告一個有趣的個案。他藉音樂來改正一位重度智能不足女孩童的吸吮姆指（finger sucking）與慢性顏面痙攣（chronic tics）等反應，但最後發現音樂這一種增強物，雖然有助於改正這一位女孩童吸吮姆指的不良習慣，但是對於改正其慢性顏面痙攣並未能收到預期的效果。另外就增強物本身的實際效果來說，也因時因地而異，如冰淇淋在夏天的增強效能當然比用在冬天時來得大。

就一般情形來說，各種食物、糖菓、玩具、聽音樂、看電視、籌碼、錢幣、衣飾、日用品以及社會讚許等等，都是可以選用之增強物。這些增強物可以分成三大類，已在第五章介紹，此章不另贅述。此節所特別強調的是：教師或是訓練者，宜善用次級增強物及社會性增強物。在訓練初期，或許要常常選用食物、玩具等具體物體來做增強物，但經過一段訓練過程後，教師若能付出其愛心及關懷，加上運用適當的社會讚許（如說一聲「好孩子」、「很好」、「乖孩子」等）及次級增強物，不久即能發現這些兒童或是具有行為問題的孩子們，不再需為食物等原級增強物也能對教師或訓練者的言行發生有效的反應。

另外值得注意的是，增強物只能在「所期望的行為」發生好的改變時才能給予。受增強的反應，應該是受訓者所要學習的態度、習慣或技能；同時，增強物要適時，必須隨著所期望的行為之發生而立即給予。因為增強之延誤時間愈長，不相關的反應愈

易發生，而且這一些不相干的反應還易受到增強。就增強物的多寡而言，每次正確反應之後，只能給予少許的增強物。否則，一次即給太多將易達到邊際效用，其增強價值也就降低了。俗語說「物以稀為貴」就是這個道理。如葡萄乾、巧克力球、牛奶糖等食物性增強物，都是可以分別以一粒或一顆為單位來增強某一種反應。

二、設計有利的情境

(一)物質設備條件：所謂有利的情境是指安排有益於達成終點行為的條件或環境而言。設計這一種情境一方面將提供一些有效刺激，以促進「終點行為」的達成，另一方面又要排除不利於終點行為的刺激和機會。就以智能不足兒童的整理儀容及洗手訓練來說，一些物質設備條件（諸如鏡子、洗手臺、梳子、水龍頭、給水設備等）的數目、高低以及大小均要適合於受訓者的條件，方有益於建立整理儀容及洗手習慣。再說，要訓練一位腦性麻痺兒童的大小便習慣，廁所應先有特殊裝備和補助器方能幫助他放心使用抽水馬桶。務必先使一位行動困難的腦性麻痺兒童，坐在特製的馬桶上覺得安全而舒適，訓練大小便方易進行。在實驗室裡進行動物行為的實驗時，有關的實驗儀器及裝置等條件尤屬重要。就以施金納動物實驗為例來說，要想訓練鴿子啄不同形狀的「標的物」，首先標的物的高低及位置必需適合於鴿子的高度；要想訓練一隻老鼠能夠壓槓桿，不但槓桿的高低必須適合老鼠的身高，而且槓桿的彈性又要符合老鼠本身的體力所能壓得下的。在這些動物實驗情境裡，還要盡量排除其他不必要的刺激或裝置

，以免增加情境的複雜性而分散注意，干擾「啄標的物」或「壓槓桿」等終點行爲的形成。蓋若周圍無關的刺激太多，動物容易受到其引誘而到處「操弄」、「探索」，結果增加錯誤行爲的出現頻率。這些錯誤行爲對於「啄標的物」或「壓槓桿」等終點行爲來說，即屬於一種相對抗行爲，所以在實驗情境裡宜盡量減少其出現機會。

　　㈡人的因素：設計有利情境除了注重物質設備等條件外，尚應考慮到人的因素。因爲人類行爲的改變要在和諧的人際關係中逐漸進行，所以有賴於訓練者（或教師）的信心、耐心以及愛心之處甚多。尤其是在特殊兒童的行爲改變方案裡，這些心理因素更爲重要。因爲大部分特殊兒童曾屢嘗挫折，所以特別自卑而缺乏信心，加上心身缺陷條件所引起的學習困難，導致行爲改變方案之不易執行。要養成這些兒童的良好行爲或是改善其不適當行爲，都更加需要靠訓練者（或教師）發揮充滿信心的睿智、富有愛心的灌漑、耐心的培養，方可收到事半功倍的效果。

三、訂立明確，公平而可信的契約

　　㈠契約的意義

　　在一套行爲改變方案中，最好能經由教師（或父母）與學生（或子女）雙方的同意，商訂一份明確、公平而可信的契約。我們都知道，在行爲改變過程中，訓練者與受訓者之間的人際關係，就是一項有力的社會增強物，而這一種人際關係正要建立在一份明確而有信用的契約上。明確的契約是指在訓練方案中所要求於受訓者的行爲成就標準與相等的增強份量要交待清楚。就學著

名的美國特殊教育家雷杜等人（ J. R. Lent, 1970 ）所完成的
一項訓練二十七位女性中度智能不足者的生活習慣方案來說，在
訓練開始之前，要先明確的公告：(1)何種「良好行為」的表現，
可以得到幾個積分；(2)何種「不良行為」的表現，每次要扣幾個
積分；(3)多少積分就可換取何種增強物，或是享受何種特權。這
一份契約，可使訓練者明白各訓練階段的工作重點，對受訓者也
可提供具體的行為目標。

　　公平的契約是指訓練者要求於受訓者的行為標準及增強份量
務必適合於受訓者的條件。雖然這一種受訓者的條件，較不容易
有客觀的標準，但具有經驗的訓練者，經過一段觀察後，是可以
訂出相當公平的標準的。如果所訂的標準太高，或是增強份量與
受訓者的努力不相稱時，這一份行為契約將形同虛設，不會發生
太大的作用。

　　最後談到信守契約的意義。一份有信用的契約是指訓練者要
依照契約內所規定的條件履行其職責，受訓者也可以按照契約內
所規定的條件獲取應得的增強物及某些特權。契約上的條件，有
一部分是講明完成行為效果的期限，有一部分是不講明期限，只
要依照受訓者的行為後果，即給予增強。倘若訓練者屢次不能信
守契約上的條件，則以後的訓練效果自然要大打折扣了。

　　㈡契約的內容與功用

　　　1.內容：在各類契約中，積分契約（ point-contracts ）
　　　　的用途最廣。積分契約也可以說是一種特殊化的「代幣
　　　　增強辦法」（ token reinforcement systems ）。在
　　　　這一種契約上務必詳列下列五個主要款項：

(1)詳述學生的責任，或是會受增強的行爲。

(2)詳述學生的權利及可獲得的獎賞。

(3)詳述學生無法履行合約時該受的處罰。

(4)詳述考核方法。

(5)列舉學生超越所規定要求時該獲得的「特別賞分」。

2.功用：通常在下列學校情境裏，教師採用積點契約：

(1)級任教師或科任教師均可使用積分契約，引發並維持學生在課堂內的學習動機。

(2)主持「資源教室」或「協同教學」（ team-teaching ）的教師或輔導人員可使用積分契約，使教學目標個別化，並保持一大組學生學習不同的材料，或一小組學生學習相同的東西。

(3)學校諮商人員可爲需要幫助的學生，安排與幾位有關的教師和家長訂定可行契約。

㈢契約的類別：

1.學期課程契約（ term-course contract ）：亦即依據一個學期的學習期限，將某一主科的教材分成若干單元，每一單元又分成若干小節，均依照教材本身的難易，或是體系排列；然後讓學生依照自己的能力及學習速度選習這一套教材，並根據契約上的規定逐段評量其學習成績。如果學生首次無法達成契約上所要求的成績，該生還可以再一次學習，若仍然無法通過，就要喪失該科的學分，或得較低的等級。

爲了使學生更易了解教材，必須設計若干單元，每個單

元要訂定清楚的行為目標，然後選擇適當的教學方法，如使用編序教材、教學機、學科測驗卷、練習題本，以及小團體討論綱要等等。成績考察項目包括每一單元的筆試成績、口頭報告、實際器材的操作等等。此種契約的模式可參閱表 10-4。

2.資源教室契約（ resource-room contract ）：此種契約是專為若干特殊兒童，包括特殊學習障礙兒童、智能不足兒童，或是資優兒童所設置，其主要宗旨在提供個別化教學。資源教室必須先準備各科的編序教材、學習診斷測驗、個別學生學習進度評量表，以及契約書。教師通常是按照學生的個別需要商訂契約，其期限是自一週至一個學年不等。此等契約的樣式可參閱表 10-5。

3.家庭——學校契約（ home-school contract ）：此種契約可擔任學校與家庭的橋樑，由家庭提供適當的獎賞，以便改善子女在校的學習成績或是出席率。通常在此種契約上要註明子女在學校完成多少作業，或是獲得良好成績時，父母要同意賞賜多少增強物（包括獎金、獎品、獎狀，或是某些特權等等）。子女也要在契約上約定，必須依照校方規定如期完成應該做的功課或是工作。此種契約的格式可參閱表 10-6。

表 10-4　學期課程契約範例

甲、學生方面

我希望學習有關＿＿＿＿＿＿＿＿學科第一至十八單元教材

我知道依順序做完單元作業，可得到點數與等第，且需符合下列要求：

1. 通過單元考驗（18 個單元）

　　要在 74 年 4 月 25 日前完成 1 ～ 9 單元

　　　　在 74 年 6 月 25 日前完成 10 ～ 18 單元

每次測驗若答對 90 ％以上，可得 10 點。

（我知道如第一次沒通過測驗，可再學習至少 30 分鐘後再試一次，而不受到處罰。我也知道開始做另一單元前，須先通過本單元。）

2. 完成一項學期作業

　　包含一篇讀書報告

　　　　一項實驗報告

最多 50 點（上課開始前，教師會先提供等第的標準。）

3. 參加期中測驗

　　日期 74 年 4 月 30 日

最多 50 點

4. 參加期末測驗

　　日期 74 年 6 月 30 日

最多 70 點

5. 最高點數

350 點

6. 我知道我的學科等級是依照下列標準計算：

　　300 點以上可得 A 等

　　260 點以上可得 B 等

　　220 點以上可得 C 等

　　我知道假如我得 220 點以下，將無法獲得等第或學分。

學生簽名＿＿＿＿＿＿＿＿＿＿＿　日期＿＿＿＿＿＿＿＿＿＿＿

乙、教師方面

這一個學期我同意協助你學習有關＿＿＿＿＿＿學科

我會提供你適當的講授、示範課程、作業及研究問題等。每一單元測驗及期中考試的實施，將依據列在研究問題的主要觀念及程序而進行。

我會提供你所需要的特別協助。

我會根據表上所列日程表，給你點數或等第。

教師簽名＿＿＿＿＿＿＿＿＿＿＿　日期＿＿＿＿＿＿＿＿＿＿＿

表 10-5 資源教室契約範例（閱讀指導契約）

甲、學生方面

△我要學習如何增進閱讀能力；我知道努力學習可得更多點數；我每天要盡力去獲得點數；我知道從下列作業上獲得點數：

1. 指定作業（0～5點）

   遵照信號去正確閱讀即可得點數；假如我沒有犯錯，可得5點。

2. 團體閱讀：（錯題愈多，得分愈少）

0～4 個錯	5	點
5～8 個錯	3	點
9～12 個錯	1	點
超過12 個錯課	0	點

3. 研讀故事

   假如我在別人離開教室時，繼續研讀故事，即可得2點

   假如我在別人離開教室時，我不繼續研讀故事，則得0點

   假如我在下課時，干擾別人研讀故事，要扣除2點

4. 個別考驗：（錯題愈多，得分愈少）

   第一次閱讀得點如下：

0～1錯	5	點
2～3錯	4	點
4～5錯	3	點
6～8錯或以上	2	點

   第二次閱讀得點如下：

0～1錯	3	點
2～3錯	2	點
4～5錯	1	點
6～8錯或以上	0	點

△我知道我每日所得點數，可累積成每星期等第

200	點得A等
160	點得B等
140	點得C等

△我知道我獲得的點數也可換成獎品或獎狀。

△我知道如果我不能遵守我的契約，老師可採取必要措施，以確保團體進步。

乙、教師方面

我會依契約所列規定給你點數。

我的職責是教導每一位學生，假如你干擾別人學習，我會解除你參與的權利。唯有遵守契約規定，方可在團體中學習。

假如你因正當理由缺席，我會設法盡力補足你測驗點數，

要改變規定，需另立新契約。

教師簽名＿＿＿＿＿＿＿　　　　學生簽名＿＿＿＿＿＿＿　　　　日期＿＿＿＿＿＿＿

表 10-6 家庭─學校契約

小華要把作業記錄本帶到學校，老師可依小華每次完成多少作業加以記錄，並依照規定給予積點。每得10點，可向媽媽換取 5 元，每週最多可得 50 元。

本契約將在四星期內終止，到時本契約將重新商訂。

小華本人同意上述各項協定。

教師簽名＿＿＿＿＿＿＿＿　　學生簽名＿＿＿＿＿＿＿＿＿

我們（父母）也同意上述各項協定。

父親簽名＿＿＿＿＿＿＿＿　　母親簽名＿＿＿＿＿＿＿＿＿

四、分析行為改變的效果

執行一項行為改變方案的目標，不外是藉操作有關的自變項（如輔導策略、增強誘因等等），以觀依變項（如良好習慣、生活技能，以及認知能力等等）的有利變化。若僅操作初次設計的自變項就能馬上看到預期的良好效果，教師自可宣佈大功告成。但是在許多個案中，初步的安排往往很難馬上完全成功，要再三嘗試，不斷的改變其他變因（如調整增強物、改變增強分配方式，或是修改作業本身的難度及數量等）方能收效。若想一再地分析行為之改變真象，以便達訓練目的，宜遵循合乎邏輯的方式，方易收到事半功倍之效果。以下介紹一種分析行為的方法：應用行為分析法（ applied behavior analysis ），亦稱單一個案實驗法。

應用行為分析法在近一、二十年來，在歐美普遍受到心理學

界及教育界的歡迎,其基本的實驗設計模式有三:⑴**倒返實驗設計**,⑵**多基準線**設計,以及⑶**逐變標準**設計。其中尤以**倒返實驗**設計為最基本的模式,這些模式將於第十二章詳加介紹。

討 論 問 題

一、請你舉出十項常見的國小兒童的問題行為,並依照你個人的看法,評定其輕重等級。

二、教師(或父母)若欲判斷問題行為的範圍或嚴重程度,宜先蒐集那些行為資料?請摘述之。

三、何謂ＡＢＣ分析法?請簡述其主要功能及步驟。

四、試就認知、情感,以及知動領域各提出一則具體的終點行為。

五、為何在執行行為改變方案時,治療者(或教師)與被治療者(或是學生)之間,有時候要訂立契約?契約內容應包含那些?

六、假想你是一位資源教師(或輔導教師),請針對一位特殊兒童擬訂一套資源教師契約,以激勵其學習。

第十一章
行為資料的蒐集與記錄

　　本書曾一再地強調，要想改變個體的行為，必須先設法蒐集其目標行為的量化資料，做客觀的記錄與分析，然後方能認定輔導應自何處著手；或是研判輔導成敗如何。倘若所蒐集的行為資料不完整，或是不可靠，則一切安排與努力勢必成泡影。研究行為科學猶如研究自然科學，資料的蒐集是進行科學研究的重要步驟。蒐集資料過程中若缺乏客觀性及正確性，則所蒐集之資料將成廢料，不僅後繼的研究者無法再驗證，而且研究者本身也不可能正確了解「行為現象」的前因後果。誠如施金納在其名著：「**科學與人類行為**」（ Science and Human Behavior, 1953 ）所揭示的：「科學家已經發現，對自己或是對別人，誠實處理資料是進步的要件。各項實驗並不會像一般人所期待的那麼順利而圓滿，但事實總該勝過期待。」這也就是一般科學家所遵守的重要原則：「正確的資料永遠是對的」（ The data are always right ！）。也就是說，我們可以針對其他人所提出的假說、理論，資料蒐集方法，資料記錄方法，資料分析方法以及資料的推論方向等問題爭辯不休，但卻難對獲自確實資料的事實做任何狡辯。

　　要蒐集確實的行為資料，要靠適當的資料蒐集方法、記錄方法，以及分析方法。故本章着重於分別討論行為資料的分類與量化、行為資料的記錄方式，以及評估行為資料的觀察信度等問題。

第一節　行為資料的類別與量化

　　行為資料的分類方式甚為紛紜，但本節不著重理論上的討論

，僅依照實用觀點，將行為資料分成下列四種介紹之：(1)次數資料（frequency data）(2)時間性資料（temporal data），(3)百分比資料（percent data），以及(4)大小及強弱資料（strength and magnitude data）。

一、次數資料的量化

　　㈠意義：係指在特定的期限內所發生的行為次數，有時亦稱為頻率。量化次數資料必須先定時限，並須界定目標行為，然後選用適當的工具逐一記錄。

　　行為的發生頻率反映其嚴重程度。其他和次數資料有關聯的行為資料尚有速率（rate）以及「達到標準的嘗試次數」（trails to criterion）。

　　「速率」則指每一分鐘的反應次數，或是每一小時的反應次數。亦即記錄總反應次數之後，再除以觀察時間，以便了解其反應速度。通常是以分鐘為單位，以便了解每一分鐘反應多少次，或是每一分鐘發生幾次。此等行為資料的優點是將反應次數轉換成一種單位值，故可以做比較。例如甲生在上課時的舉手速率是6，乙生是3，則表示甲生每一分鐘的舉手次數是6次，乙生的舉手次數是3次，甲生舉手次數大過乙生舉手次數的一倍。「速率」資料平常用在量化學業性行為較多，如記錄學生每分鐘計算幾題二位數進位加算題？或是每一分鐘寫幾個常用字彙？但僅注意反應的速度誠為其最大缺失。

　　另外和「速率」資料有密切關係的，就是「做對速率」和「做錯速率」。「做對速率」是指在一分鐘裡做對了多少？例如說

：「小明的演算二位數加法（不進位）的速率是每分鐘十題，但其做對速率是每分鐘三題」。此例指出，小明雖然反應很快，做得很多，但是不太正確。「做錯速率」則指在一分鐘裡做錯了多少？就上述小明一例來說，其「做錯速率」是每分鐘七題。由此等行為資料顯示，小明做得很快，但錯誤亦特別多。

　　「速率」、「做對速率」以及「做錯速率」均須根據次數資料以及時間資料來換算，所以宜歸類在何處，尚有爭論。唯若就其行為結果來說，很強調每一分鐘的行為次數。故本章將其歸類在次數資料，其記錄方法可參閱表11～4：作業成績記錄表。

　　「達到標準的嘗試次數」係指實驗者（或訓練者）設定某階段的訓練標準後，觀測案主需要嘗試幾次後方能達到此一標準。嘗試次數愈多，愈顯示目標行為愈難，或是案主的練習成效愈差。

　　(二)次數資料舉例：

　　1.小雄每天要講20次髒話。

　　2.靜芳每週上學遲到 5 次。

　　3.小明每一節上課時間，要離開坐位13次。

　　4.小平每一節課要打瞌睡三次。

　　5.小強每天要打比他矮小的鄰座兒童 5 次。

　　6.十歲大的心怡每天還要用奶瓶喝牛奶 5 次。

　　7.小菁與小美兩人在上一節國文課時，要講15次和課業無關的話。

　　8.小珍在一個月裡逃學 6 次。

　　9.小卿在吃一餐中飯時，和鄰座的同學爭吵 5 次。

　　10.小雄吃一餐飯要用手抓18次食物。

11.淑敏每天要吃10次零食。

12.正麗每天要跑 5 次廁所。

13.柏原每天抽 5 次煙。

14.小菊每節數學課要舉 8 次手。

15.小貞每一天要求媽抱15次，但只要求爸爸抱 2 次。

16.小芬打字的速率是每分鐘打60個字。

17.小娟每三十分鐘內要脾氣三次，其速率是每分鐘 0.1 次。

18.小強（自閉症）每三十分鐘要撞頭四十五次，其速率是每分鐘 1.5 次。

19.小翠計算三位數，不進位加法的速率是每分鐘可作答10題。

20.小藩學習整理床舖時，達到指定標準的嘗試次數是15次。

21.小嫚學習穿鬆緊褲，達到指定標準的嘗試次數是 5 次。

㈢行為次數的記錄方法：

次數資料的量化較簡單，通常可使用「數一數」、「劃一劃記」等方式，但若較長期而精密的觀察，記得借用下列幾種方式：

1.使用記錄表：先準備專用的記錄表，然後在記錄紙表上劃記，其格式可有下列兩種：甲種是每次使用一張，可以記錄幾種有關的行為次數，如記錄小強在上國語課時離開座位的次數，及在課堂內「亂講話」的次數等等（參閱表11～1）。這一種記錄表的使用要限定於同一觀察場所，同一的觀察時間，以及同一位案主。

表 11-1　發生次數記錄表（甲式）

案　主：王小強	觀察時間：8 月15日 9 時10分到		
觀察者：陳心怡	9 時50分		
	觀察場所：國語科教室		
行　為　概　稱	劃　記	小計	備　　　註
1.上課時離開座位	₩ /	6	常走到後面丟紙屑
2.上課時間亂講話次數	₩ ₩ ////	14	故意搗亂鄰座同學

表 11-2　發生次數記錄表（乙式）

目　標　行　為：　上課時間咬指甲的發生次數					
案　主：李愛娟		觀察場所：　教　　室			
觀察者：陳心蘋		觀察期間：自　 月　 日到　 月　 日止			
編號	觀察開始時間	分鐘數	劃　　記	小計	備　註
1	10 時 0 分	30	₩ ₩ ₩ ₩ //	22	上算術科
2	時　分				
3	時　分				
4	時　分				
5	時　分				
6	時　分				
7	時　分				

　　另一種記錄表（如表11～2），則可用在較長期間的觀察（如連續一個月），而且每一張只能記錄一項目標行為。這一種記錄表的優點是可以比較每次記錄結果的變化情形，而且每一週或每一處理階段使用一張即可，所以非常簡便。

　　2.使用黑板：通常在教學過程中，為了維持教學秩序，教師常在黑板的左上角寫明各行號數，或是特定學生的座號，一發現學生有違規反應即在各該行號或座號下劃記一次，然後在下課後總計處理。此種記錄方式的優點是較簡便，適合於班級教學情境；其缺點則較易引起其他變項之干擾，尤其是在量基準線階段，不便讓案主知道教師在記錄其行為現狀，故此種記錄方式就較不適宜。

　　3.使用計數器：新近市面上已經有若干種計數器可供使用，如精工（Seiko）電子錶的電子計數裝置，單項手按計數器（single manual counters）以及多項手按計數器（multiple-channel manual counters）（參閱圖11～1，11～2）。這些計數器的使用，既正確、又快速，所以很適合於動態情境的反應次數記錄。唯每枝計數器價格約在數百元至二千多元，所以除了專門研究機構之外一般家庭或學校較少購置。

圖 11-1　單項計數器

圖 11-2　多項手按計數器

二、時間性資料的量化

　　㈠意義：某一項行為的發生總有一段持續時間（duration）,或是延宕時間（latency）。通常在一段特定的觀察時間內,記錄案主所發生的反應行為的總時間稱為行為持續時間,此一持續時間愈長,表示此一行為愈嚴重,或愈顯著。如小強在用早餐時,從坐上餐桌到吃完分配的飯菜,拖拖拉拉一共要花費六十五分鐘,一般兒童則只需二十五分鐘就可以用完早餐。此等量化資料告訴父母,小強的用餐時間拖太久,會影響父母上班以及小強本人的上學時間,誠為不良的生活習慣。

　　又若早晨父母料理家事妥當後,一看掛鐘已經是六點半,就到小強的床邊叫醒他快起床,結果小強雖然打開睡眼,但還是一直賴在床上,經媽一再的喊叫後,於七點二十分始不情願地起床

準備上學。此段自媽媽喊醒小強，到小強離開床，一共拖延了五十分鐘時間，稱之爲小強起床的延宕時間。延宕時間有時候也稱爲反應時間（ reaction time ），指特定「刺激」（ stimulus ）呈現，到引發反應（ response ）所需時間。延宕時間愈長，表示案主愈不熱衷於此種反應，亦屬一種不良習性的指標。

　　另一項時間資料是計算每一反應的平均持續時間（ duration per occurrence ）。此項資料要依據兩項行爲資料方可計算。一是在規定的觀察期間內目標行爲發生的總次數。另一是所花費的總持續時間。以總持續時間爲分子，除以總次數，即可得知每一反應的平均持續時間。如小強吃一頓早餐共拖延了六十五分鐘。其主要原因是常離開餐桌，到處走動，或玩弄玩具。根據觀察結果得知，用一頓早餐，他離開餐桌的時間合計爲四十五分鐘，一共離開了九次，每次離開餐桌的平均時間則爲五分鐘（ 45／9 ＝ 5 ）。這一項行爲資料有益於幫助父母去了解小強用餐拖延時間的癥結所在，以便設法輔導。

　　㈡時間資料舉例：

　　1.小文晚上洗一次澡要五十分鐘（持續時間）。

　　2.小蓉每天彈鋼琴要用上兩小時半（持續時間）。

　　3.小蓮每天在家做功課只能持續二十分鐘（持續時間）。

　　4.小梅每次發牛脾氣總要持續二十分鐘（持續時間）。

　　5.小英每節上課鐘響後，總要延宕十分鐘後方進教室（延宕時間）。

　　6.小傑每晚就寢時間，總要媽媽一再地催促延宕70分鐘後方肯就寢。

7.小凌每天早上聽到鬧鐘響後，總要賴床三十分鐘後才起床（延宕時間）。

8.父母規定小芳每晚須在七點鐘開始做功課，但她總要父母一再提醒後到八點左右方開始著手做功課（延宕時間）。

9.小慧在上課時，常常擅自離開座位，每次離開的持續時間是五分鐘（單一反應持續時間）。

10.小琴每天要上五次廁所，每次平均要持續八分鐘（單一反應持續時間）。

㈢行為持續時間的記錄方法：

1.利用馬錶：馬錶的使用最簡單，也是每一個學校教師最常用的記錄持續時間的工具。馬錶有兩種型式，一是每一次只能測量一次反應的長短，亦即看到行為發生後第一次按下計時鈕，行為停止後馬上第二次按住計時鈕，然後查看分針秒針的位置，以確定行為反應的持續時間。若使用這一類錶，教師必須把每一次反應的持續時間抄錄在記錄紙上，然後方可第三次按下計時鈕，使跑針歸零，準備再記錄下一個反應的持續時間。

第二類馬錶是多了一個側面滑鈕，可以不必使跑針歸零而能繼續走動，所以每一次反應的持續時間可以直接累積下來。例如，首次按下「計時鈕」跑針就開始走動；反應停止後，觀察者要馬上按下側滑鈕，使跑針暫時停下。當第二次反應開始時，教師要馬上按下側面鈕，使分針繼續走動，以便累積記錄第一次及第二次反應的總持續時間。若在特定觀察時間內有五次反應，均可反覆操作此一側滑鈕，即可連續獲知累積的持續時間。全部觀察

活動完畢方按下「計時鈕」，跑針即可歸零。

此等跑錶的結構如圖11～3

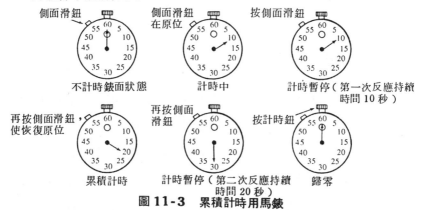

圖 11-3　累積計時用馬錶

2.利用一般電子錶：市面上的電子錶均有指示「分秒時間」的字幕，所以若借不到馬錶時教師亦可使用這一種電子錶。記錄方式是：當目標行為出現時，即看錶然後記下時間，等到行為消失或停止時，再記下時間，兩個時間的差距，即為一次行為的持續時間，反覆採取多次記錄，即可計算總持續時間，或延宕時間。唯此種計時方式較費時，且較不精確。

3.利用特別裝置的計時器：目前市面上已有多種電子計時器（ timer ），觀察者可以依照需要給予裝線連接，即可自動控制行為反應的時間。例如要記錄小華吃晚餐的擅自離開餐桌的時間，就要在小華的座椅上放置一特製的椅墊（有電路裝置）。當小華坐上椅墊後，即開始計時，小華一離開椅墊，即停止計時；小華再度坐上椅墊時計時又開始。如此反覆計時，就可馬上得知小華在用晚餐過程中，一共坐在椅上幾分鐘，離座的時間又有多少。

4.利用小電腦裝置：這一種裝置可用在學校或特殊教育機構內，以便觀察及記錄較多兒童人數的行為。唯需要人設計，且要有電腦裝置之學校，方可考慮。

三、百分比資料的量化

㈠意義：當教師在進行研究時，常常會使用百分比資料（percent data），尤其是在評定學業性行為時使用最多。最常用的百分比資料有下列三種，所代表的意義也各不相同。

1.發生百分比（percent of occurrence）：意指發生次數與應有的總發生數之比率，或是發生時間與應有的總發生時間之比率，其公式如下：

$$\frac{發生次數}{應有的發生總數} \times 100\%$$

如小英在二十次的觀察次數中，遲到行為的發生次數是十二次，則其遲到行為的發生百分比應該是60％（12／20×100％＝60％）

$$\frac{發生時間}{應有的總發生時間} \times 100\%$$

如小華上數學課時，在三十分鐘裡，離開坐位的時間達21分鐘，則其離座行為的發生百分比是70％（21／30×100％＝70％）。

2.做對百分比（percent of correct）：指做對數與反應總數之間的百分比，其公式如下：

$$\frac{做對數}{做對數＋做錯數} \times 100\%$$

　　如小雲演算18題加算題中，做對10題，做錯 8 題，其做對百分比是 55.6 ％（即10／（ 10 + 8 ）×100％= 55.6 ％）。此一資料只注重確度而忽略速度及數量。

　　3.做錯百分比（ percent of error ）：指做錯數與反應總數之間的比率，其公式是：

$$\frac{做錯數}{反應總數} \times 100\%$$

　　例如小蕾演算了十八題加法題目中，算對十題算錯八題，則其做錯百分比是 44.4 ％（ 8／18 ×100％= 44.4 ％）。

　　在研討教學策略對於增進加算能力之影響等專題時，通常若以做對百分比爲依變項，則可省略做錯百分比，因爲二者誠屬一體的兩面，取用任何一項均可自然反應另一項資料。例如做對百分比是 55.6 ％，則其做錯百分比該是 44.4 ％。

　　㈡舉例：

　　　△發生百分比：

　　　⑴小明在一節課裡（ 50分鐘 ），共打瞌睡了30分鐘，其發生百分比是60％。

　　　⑵小英在六天中遲到三天，其發生百分比是50％。

　　　⑶小雄在量基準線階段中，平均每天不注意行爲的發生百分比是80％。

　　　⑷小維在量基準線階段中，平均每一節課都有百分之九十的時間注視窗外。

　　　⑸小芬在輔導階段裡，平均每天都有百分之七十的時間和同班的小朋友在一起玩耍。

△做對百分比：

(1)在寫一篇作文中，小宜寫對了95％的生字。

(2)在量基準線階段中，小平做對加算題的百分比只有15％，但到了輔導階段則進步到90％。

(3)小菁在維持階段裡，平均每天作業的做對百分比一直維持在95％。

△做錯百分比：

(1)小華在量基準線階段裡，平均寫一百個字就有六十個錯字，其寫錯百分比是60％。

(2)小雄每演算五十題三位數加法，就有百分之六十的做錯比率。

(3)小晴平均注音二十個生詞就有百分之五十的錯誤比率。

㈢百分比的記錄方法：

百分比資料的獲得，先要利用前面所介紹的，記錄次數資料，或是時間資料的各種儀器，測出行爲資料後，方能進一步依照公式演算百分比。例如，有些行爲的發生百分比是根據行爲發生次數換算，但有些則要根據行爲發生的持續時間換算。就舉量化一位情緒困擾兒童的口含大姆指行爲的嚴重情形來說，若僅獲知該生在一節課（四十分鐘）裡口含兩次大姆指（次數資料），則無法判斷此一行爲的嚴重性。但觀察者若進一步測知在四十分鐘的上課時間裡，該生兩次口含大姆指的持續時間佔了三十二分鐘，則可依據這兩項時間資料算出此一口含大姆指行爲的發生百分比是80％（ 32／40×100％＝80％ ）。

反過來說，有些行爲發生百分比則要根據行爲發生次數來演

算較為適當，就舉改善甲生不繳作業的不良習慣來說，每天教師所指定的作業，種類不一定完全一樣，有時候是兩種，有時候是四種。在這種情況下，較合理的量化繳作業行為的發生百分比的方式是，記錄每一天應繳的作業件數，以及每一天實際呈繳的作業件數，然後演算每一天呈繳作業百分比。

此種呈繳作業百分比的計算公式是：

$$\frac{每一天實際呈繳作業件數}{每一天規定應呈繳的作業件數} \times 100\% = 每一天呈繳作業百分比$$

將每一階段的每一天「實際呈繳的作業件數」「規定應呈繳的作業件數」，以及「呈繳作業百分比」記錄在下列表上，即可求得基準線階段，以及處理階段的平均呈繳作業百分比。

表 11-3　呈繳作業記錄表

案主：_____

記錄者：_____

月　　日	星期	階　段	實繳件數	應繳件數	呈繳百分比	平均百分比
8 月 7 日	三	基準線階段	1	4	25	
8 月 8 日	四	〃	0	2	0	19
8 月 9 日	五	〃	1	2	50	
8 月 10 日	六	〃	0	3	0	
8 月 12 日	一	輔導階段	1	2	50	
8 月 13 日	二	〃	2	3	67	
8 月 14 日	三	〃	2	3	67	80.7
8 月 15 日	四	〃	2	2	100	
8 月 16 日	五	〃	3	3	100	
8 月 17 日	六	〃	4	4	100	
8 月 19 日	一	維持階段	2	2	100	
8 月 20 日	二	〃	3	3	100	100
8 月 21 日	三	〃	3	3	100	

做對百分比以及做錯百分比的計算，通常是應用在學業成績的記錄，且大部分是根據次數資料，（如嘗試次數、題數、作業件數等）來計算，其記錄方式可參閱表11～4。

表11-4　作業成績記錄表

作業名稱：三位數加三位數個位進位加法　學　生：＿＿＿＿＿＿

階段：自＿年＿月＿日至＿年＿月＿日止　記錄者：＿＿＿＿＿＿

月　日	星期	完成作業時間（分鐘）	作業題數		％		速　率		備　註
			做對	做錯	做對	做錯	做對	做錯	
8月5日	一	20	0	50	0	100	0	2.5	基準線階段
8月6日	二	20	2	48	4	96	0.1	2.4	〃
8月7日	三	20	4	46	8	92	0.2	2.3	〃
8月8日	四	20	2	48	4	96	0.1	2.4	〃
8月9日	五	20	3	47	6	94	0.15	2.35	〃
8月10日	六	20	5	45	10	90	0.25	2.25	〃
8月12日	一	20	8	42	16	84	0.4	2.1	增強階段
8月13日	二	20	10	40	20	80	0.5	2.0	〃
8月14日	三	15	20	30	40	60	1.33	2.0	〃
8月15日	四	10	40	10	80	20	4	1.0	〃
8月16日	五	9	48	2	96	4	5.3	0.22	〃
8月17日	六	8	50	0	100	0	6.3	0	〃
8月19日	一								
8月20日	二								

四、大小及強弱資料的量化

㈠意義：有些不能歸諸次數、時間，或是百分比等類別的行

爲資料，則要進一步從其大小（magnitude）、力量（force）、強弱（strength），或是等級（grade）等層面來評估其行爲狀況。例如，要改善兒童在敎室裡的喧嚷聲，必須要先設法測知敎室內的噪音大小；要改善兒童的肌肉力量，或許要先測知其握力、舉重力量、投擲鉛球的遠近，以及反彈力等等資料。這些行爲資料的測量，大部分得借重儀器，或事前規定的量尺來測量。

有些行爲資料的記錄，只能用「有」或「無」，「發生」或「不發生」，「通過」或「不通過」，「合格」或「不合格」，或是用甲、乙、丙、丁等不同等級來表示。如上學之前「吃早餐」或「不吃早餐」；說話聲音的大小通過規定標準，或是不通過；服裝整齊或是不整齊；坐姿合格或不合格；早上刷牙合格或不合格；自己穿衣服合格或不合格；作業成績是甲等、乙等或是丙等等。

㈡舉例：

1.小清的喧嚷聲已達　70 分貝（ dB ）。

2.小強的手握力只有10公斤。

3.小華的投擲鉛球距離只有 1 公尺。

4.小倩每餐平均只吃一小湯匙的靑菜。

5.小明的作文成績只達丙等。

6.小芬的服裝都不及格。

7.小靜的寫字成績是甲等。

8.小桃每天要吃十個麵包。

9.小清每天要喝十二大杯可口可樂。

10.振清每天要抽十八支長壽烟。

㈢大小及強弱資料的量化與記錄方法：

  1.借用各種自動量化儀器（ automated-quantitative apparatus ）：

    ⑴握力計：測量握力通常用公斤（ Kg ）做單位。

    ⑵聽力計：測量聽力的好壞，通常用分貝（ dB ）做單位。

    ⑶噪音測定器：測量噪音的大小。

    ⑷生理變化測定器（ Polygraphy ）：測量脈博、心跳、血壓、呼吸以及膚電反應（ G.S.R. ）等生理現象。

  2.使用評定量表：

    ⑴作文評定量表：評定作文的等級。

    ⑵書法評定量表：評定寫字成績的優劣。

    ⑶創造性思考測驗：評定創造性思考能力。

    ⑷焦慮量表：評定各種人物或事物的焦慮程度。如考試焦慮、上學焦慮、動物焦慮等等。

第二節　　觀察與記錄

    兒童在家庭或學校所發生的行為之記錄方式，通常要依據兩種不同的作業性質而有所不同：⑴固定的學業成績，如讀、寫、算、常識以及美勞等成績。這些成績的記錄則依據學生直接在測驗紙上的反應結果給予評分並記錄在成績簿上，然後依照需要換算成前節所介紹的「反應速率」、「做對速率」、「做錯速率」、「做對百分比」、「做錯百分比」以及「反應百分比」等資料

即可。這一類記錄方式均較簡單。(2)不太固定的德育、群育以及其他習慣性行為的表現。這些成績或習慣性行為的評估，就要靠注意觀察這些行為的發生，並隨加記錄，然後方能進一步分析及應用這些資料。蒐集第二種行為資料的方法有人稱之直接觀察記錄（direct observational recording），有幾種運用程序，誠為研習行為改變技術的教師或家長所必具之技巧。這些記錄程序有如事件記錄（event recording）、持續時間記錄（duration recording）、延宕記錄（latency recording）、時距記錄（interval recording），以及時間取樣記錄（time sample recording）等（Tawney & Gast, 1984, p. 122 ）。

其中有些記錄方式已於前節所述及，如事件記錄（亦即等於行為發生次數的記錄），持續時間記錄，延宕時間記錄，及大小資料記錄等，故本節不再重複，僅詳介下列三種特殊的記錄方法。這些記錄方式係關聯到觀察時間的分配問題，亦即着重於討論如何分配觀察時間。

一、繼續記錄方法

㈠意義：顧名思議，繼續記錄方法（continuous recording）是將某一特定時間內所發生的目標行為從頭至尾，繼續加予一一記錄之。有人將這一種記錄方式稱之軼事式報告（anecdotal reports），或是日記式記錄（diary records）。例如，教師若欲了解甲生在學校內一天要講出多少次髒話，最精確的記錄方法是利用整天上課的時間從早上上學到下午四時放學回家為止，隨時隨地緊迫釘人，觀察甲生講髒話的行為，並一一記錄講髒話

的行爲發生次數。這樣一連觀察及記錄一週，即可大體上了解甲生講髒話的每天平均次數；再者，若欲了解兒童每天在校內「打人」、「不合作」、「咬指甲」、「吵架」、「發脾氣」以及「打瞌睡」等不適應行爲時，亦可採用繼續記錄方式，每天從上學到放學，記錄目標行爲的發生次數，或是目標行爲的持續時間，並一連觀察一週。

　　用上述全天候的觀察及記錄方式，所得行爲資料定較爲精確，誠爲其一大特色。唯在一般教學情況裏，教師要專心教學工作，自然不易時時刻刻觀察「案主」的行爲，同時，一天的時間太長，教師也無法從早上到放學一直跟隨在「案主」的旁邊。因此若需要採用此法時，就需另請一兩位較接近案主的同班同學，擔任記錄員，或是只選定每一天的某一特定時段，如一節國語課時間，一個上午，一餐午餐時間，或是一段休息時間等，做連續不斷的觀察與記錄。

　　㈡記錄表格：表11～5是一種行爲持續時間（如每節遲到時間的長短），以及行爲發生次數（如上課遲到的節數）的繼續記錄表。每天記錄一張，須連續記錄三至四個禮拜，方能獲知目標行爲的基準線以及輔導後的改變程度。

表 11-5　遲到行爲的繼續記錄表

	節	遲到時間		節	遲到時間
上午	第一節	5 分	下午	五	15
上午	二	8 分	下午	六	3
上午	三	8 分	下午	七	2
上午	四	10 分			

案　　主：＿＿＿＿＿年齡：＿＿＿＿觀察者：＿＿＿＿＿

目標行爲：上課遲到行爲（即上課鈴響完後還逗留在教室外）

觀察時間：＿月＿日　上午／下午

遲到節數：　7　節

每節平均遲到時間：　7.28　分

遲到百分率：　7／7 × 100 ％ ＝ 100 ％

二、時距記錄方法

　　㈠意義：不管是在學校或是在家庭生活環境裡，要瞭解兒童的行爲狀況，通常採用時距記錄方法（ interval　recording ）的機會較多。此種記錄方法是，先依照需要，選定某一特定時段爲觀察時間，把它分成幾十段相等時距的小時段，然後逐一觀察及記錄在每一小時段內，究竟「目標行爲」發生與否。換言之，目標行爲只要在此小時段內發生，不管發生多少次，也不管持續多久，一律判定爲在該小時段內發生目標行爲一次，其持續時間

則等於各小時段的「時距」。俟全部觀察結束後，即可累計目標
行為發生的小時段數，以資計算其「發生百分率」。例如，教師
欲瞭解小雄在課堂內亂講話的發生頻率，特選定每天上數學課為
觀察時段，從中選出二十分鐘，並將此一時段分成以三十秒為時
距的四十個小時段。每一小時段內即要察看小雄一次，若小雄正
在「亂講話」，即在記錄紙上（參閱表11～6）的適當小格子打
「√」號；若未發生「亂講話」行為，則打「－」號。課後再統
計在四十次觀察中，究竟目標行為（如亂講話行為）發生了幾次
，據此計算發生百分率。若在四十個小時段中，打「√」號有三
十二個，則其發生百分率應為80％（ $32 / 40 \times 100\% = 80\%$ ）。

　　時距記錄方式的優點是較節省時間，操作也較簡單，但其缺
失是若「小時段」分得太少，則欠缺精確，太多則又變成繼續記
錄方式。因此，採用時距記錄方式時，分成多少小時段方屬適當
，誠為考慮的第一要件。劃定時距的大小，宜考慮到目標行為的
最大發生頻率。舉例來說，若採用10秒鐘為時距，則每一分鐘的
最大發生速率是六次，若以20秒為時距，則最大的發生速率是每
分鐘三次。因此，所劃定的時距，越能接近「目標行為」的自然
發生次數與持續時間，則越易幫助觀察者了解到目標行為的真實
現象。

　　根據一些研究者的意見，發生頻率較高而持續時間較短的目
標行為，則宜選用小時距，如以10秒為時距；反之，若其發生頻
率較低而持續時間較長，則宜使用較長的時距，如以二分鐘到五
分鐘為時距。

　　時距記錄方法的最大缺點是，在各小時段內觀察者還是要一

一觀察案主的行為。因此，在教學情境裡，教師若要專心教學，就不易兼顧到此種記錄工作，勢必另請一、二位助理人員從旁記錄。儘管時距記錄方法尚有此一小缺點，但一般而言，還不失為一種相當合用的直接觀察記錄方法。其優點有三：①可提供次數以及持續時間雙方面的大概資料；②此法對高頻率而短持續時間的行為以及低頻率而長持續時間的行為均有感應；③此法可提供較正確的觀察信度考驗資料，即便於兩位不同的觀察者進行相互核對，並計算逐距信度係數（interval by interval reliability coefficients）。如核對在二十小時段中，究竟有幾個小時段的觀察結果是一致的。此種信度計算方式，請參閱本章第三節的說明。

㈡記錄表格：時距記錄方式通常也稱之「雙向記錄法」（binary recording procedure）。意指要記錄目標行為在每一小時距究竟「發生了」，或是「未發生」。針對這一種特性，最為常用的時距記錄表格有兩種。一是較為正式的記錄表，一是簡便記錄表。

1.正式記錄表：如表 11-6 。此表可由一位觀察者記錄，亦可由兩位觀察者分別記錄，然後將記錄資料彙集一個表，以便計算其觀察信度。另外還要把有關的背景資料填寫，以便隨時留存查考。

表 11-6　時距記錄表格

案　　主：　張小雄　　年齡：＿＿＿＿觀察者：甲＿＿＿＿乙＿＿＿＿

目標行為：上課時亂講話，即不經過教師允許，就講一些與課業無關

　　　　　的話。

觀察日期：＿年＿月＿日。　　開始時間：＿＿：＿＿分

觀察情境：　上數學課　　　停止時間：＿＿：＿＿分

觀察者	1 分		2		3		4		5		6		7		8		9		10	
	30″	30″	30″	30″	30″	30″	30″	30″	30″	30″	30″	30″	30″	30″	30″	30″	30″	30″	30″	30″
甲	－	－	－	√	√	√	√	√	√	√	√	√	√	√	√	√	－	√	－	√
乙																				

觀察者	11		12		13		14		15		16		17		18		19		20	
	30″	30″	30″	30″	30″	30″	30″	30″	30″	30″	30″	30″	30″	30″	30″	30″	30″	30″	30″	30″
甲	√	√	√	√	√	√	－	√	√	√	√	√	√	√	√	√	√	√	－	－
乙																				

打「√」號表示目標行為發生，

打「－」號表示未發生。

摘要：發生次數：＿32＿　發生百分率：＿80％＿

　　　未發生次數：＿8＿　未發生百分率：＿20％＿

　　　發生持續時間：16 分　發生百分率：＿80％＿

2.簡易記錄表：如表11～7，只要把全部觀察時間（二十分鐘）分割成四十小時段（小格），每小時段的時距為三十秒，然後依照小格的編號順序，每三十秒查看案主一次，並記錄目標行為發生與否（發生時打「√」號）。觀察結束後，據此打「√」號的次數，轉化為百分率。每次觀察便用一張，並編號保存。

表 11-7　簡易時距記錄表

案　主：李大力　　　　　　　　觀察者：陳恒心
目標行為：在上課時咬指甲的行為
觀察時間：10 月 15 日 9 時 10 分至 9 時 30 分止，共 20 分

（小計）

1	2	3	4	5	6	7	8	9	10	
－	－	－	－	√	√	－	－	√	√	4
11	12	13	14	15	16	17	18	19	20	
－	－	－	－	√	－	√	－	－	－	2
21	22	23	24	25	26	27	28	29	30	
－	－	√	√	√	－	－	√	√	－	5
31	32	33	34	35	36	37	38	39	40	
－	－	－	－	－	√	－	－	－	－	1

合　計　（12）

發生次數（打「√」號數）：12次，　發生百分率：12／40＝30％

三、時間取樣記錄法

㈠意義：時間取樣記錄法（ time sample recording ）與時距記錄法很相似，均借劃分觀察時段，以便取得目標行為的發生次數資料。「時距記錄」是將每一小時段的時距固定為一樣，但是「時間取樣記錄法」則可固定每一小時段的時距，也可以採用不相等時距的分段方法，並且只要在每一小時段的固定時距，如終了時刻或是開始時刻觀察目標行為是否發生並做記錄即可。時間取樣記錄方式的最大特點是觀察者不必在特定的觀察時段內從頭到尾要觀察案主的目標行為。因此，在一般的教學情境裡，若教師一方面要維持教學進度，一方面又要記錄特定兒童的目標行為，就宜採用「時間取樣記錄法」，若能善加利用不同的信號裝置（ 如利用錄音帶 ），則成效更佳。

時間取樣記錄法的時距分割，通常要比時距記錄法的時距為長。例如，若利用上國文課的時間做觀察，就可將一節四十分鐘的時間，分割為二十小時段，每一小時段的固定時距就是兩分鐘；若一節課的時間是五十分鐘，則每一小時段的固定時距是兩分半鐘；如果想更簡化一些，五十分鐘的觀察時間，亦可分割為十個小時段，其時距就為五分鐘，記錄表可設計如表11～8。若採用不固定的時距，則有些小時段的時距是五分鐘，有些是三分鐘，有些是八分鐘，其記錄表格可如表11～9。利用這些記錄表時，若能先安置一種信號裝置，告知各小時段的開頭，則更便於幫助觀察者及時觀察及記錄目標行為的發生。一般可用的信號裝置有如定時裝置（ timer ），電腦程式控制，或用錄音帶將預先定

好的觀察時刻錄好，並用小鈴聲做信號，觀察者每聽到信號，就
要查看案主的動靜，並在記錄表上記下觀察結果。

㈡記錄表格：

記錄表格之設計，自然要依據目標行爲的性質，觀察時間的
長短，以及觀察情境等特點而有所不同。表11～8以及表11～9
，只是其中的兩個例子，僅供讀者參考。

表11-8 時間取樣記錄表（固定時距）

觀察時刻	發生	未發生	觀察時間	發生	未發生
10：00			10：25		
10：05			10：30		
10：10			10：35		
10：15			10：40		
10：20			10：45		

案　　主：_____ 觀察者：_____ 觀察日期：__月__日
目標行爲：_____

發生次數：　　　　　 發生百分率：

（備註）記錄方法：在觀察時刻若目標行爲發生，即在「發
生」一欄打「√」號；未發生，即在「
未發生」一欄打「—」號。

表 11-9　時間取樣記錄表（不固定時距）

案　　主：＿＿＿＿＿＿＿　觀察者：＿＿＿＿＿＿＿＿＿

目標行為：＿＿＿＿＿＿＿＿＿＿＿＿＿＿＿＿＿＿＿＿＿

觀察日期：＿＿年＿＿月＿＿日　　情境：＿＿＿＿＿＿

觀察時間	發生	未發生	統　　計
10：10			
10：13			發生次數＿＿＿
10：18			
10：22			發生百分率＿＿＿％
10：25			
10：30			未發生次數＿＿＿
10：38			
i0：40			未發生百分率＿＿＿％
10：43			
10：50			

註：若到觀察時刻，目標行為發生即在「發生」欄打「√
√」號；若未發生即在未發生欄打「－」號。

第三節　觀察信度的考驗

一、影響觀察結果的因素

評量行為改變方案的執行成效，端賴在輔導前後所得行為資

料的比較。因此,所獲得行為資料的可靠性如何,將直接影響到輔導結果的解釋。亦即觀察所得行為資料若有誤差,則經由此項資料所獲知的輔導成果也就不值探信。有些專家認為,通常觀察結果所以發生誤差,其主要原因可能有下列四種。因此,若欲提高觀察結果的正確性,必須先注意這些不當因素的發生。

㈠目標行為的界說不清楚、不具體,或是不完善,致使觀察者無所遵循。故不同觀察者的觀察結果也不能完全一致。

㈡觀察情境受到干擾:有些目標行為儘管已有具體的界定,但若在容易受到干擾的情境的觀察,或是在觀察過程中受到外界干擾,或是目標行為太過複雜不易捉摸,則觀察結果將起誤差。

㈢觀察者本身的條件:觀察者本身缺乏專業訓練,動機薄弱,不能勝任,甚至未做觀察之前,已俱有偏見。所以觀察結果自然容易起誤差。

㈣記錄表的設計不良,或是所採用的記錄方法不當(Martin & Pear 1978, p. 294)。

為了評估觀察者的觀察一致性,最常用的方法是,除了由一位觀察者(或稱實驗者)每天做觀察與記錄外,尚需安排一位核對者,每週抽樣做二次至三次的核對觀察,以便查核兩位觀察者的觀察結果是否完全符合。當然如果條件許可,應每天每次在同一段觀察時間內由兩位觀察者進行觀察,並分別記錄觀察結果,然後計算二者觀察結果的一致性如何?這就是最為理想的所謂「觀察者間信度」(Interobserver—reliability,簡稱ⅠOR)的計算方式。計算這一種信度的目的不外是想回答下列問題:第一件問題是兩位觀察者所見是否相同?此一問題的答案似乎不應用

「是」或是「不是」來回答，而該說：「二者所見有時候是相同，有時候則不相同」；由此衍生第二件問題，那麼兩位觀察者的所見，有多大比率的一致性？若欲回答此一問題可考慮採用下列兩種主要計算方式：一是粗略的信度考驗法，另一是逐距核對信度法。

二、計算信度的粗略方法

例如欲記錄一位智能不足兒童在每節上課時間內「亂發怪聲」的行為次數，根據甲觀察員的記錄，在禮拜一上午十時至十時四十分的觀察時間內，案主共發生十七次怪聲，但根據乙觀察員的記錄結果則只有十五次怪聲，二者觀察結果的一致性則只有88％（ $15／17×100％＝88.21％$ ），其計算公式如下：

$$\frac{較少次數（乙觀察員的觀察結果）}{較多次數（甲觀察員的觀察結果）}×100％＝一致百分率$$

如果兩位觀察者的觀察結果完全一樣，則二者的觀察一致性是1.0或是100％。這一種計算觀察信度的計算方式亦稱之計算信度的粗略法（ gross method for calculating reliability ）。此法雖然較為簡便，但亦非計算信度的最佳途徑。因為根據此一資料研究者仍然無法斷言，兩位觀察者所見是否相同，或是說，兩位觀察者所同意的事件是否全部一樣。表11～10的資料正可供吾人討論此種問題。表11～10所列舉的真實發生怪聲的次數是20次，係藉錄音機在現場（上課時）所錄音存考的資料，最為正確。甲觀察者則因在起頭時，受到外界因素之干擾，未能正確記錄，而僅記錄17次；乙觀察員則結尾時段受到干擾，僅記錄15

次。故若根據這三項資料來計算一致性，則有相當大的出入。

表 11-10　　兩位觀察者的觀察結果（智能不足兒童亂發怪聲）

眞實發生怪聲（20次）	一二三四五六七八九十圭圭圭曺固圂画圥固困曺
甲　觀　察　者（17次）	√√√√√√√√√√√√√√√√√
乙　觀　察　者（15次）	√√√√√√√√√√√√√√√

　　若採取粗略的信度計算方式，研究者只知道在四十分鐘的觀察根據裡，甲觀察員所得結果是十七次，乙觀察員是十五次，故二者的觀察一致性是88％。但事實上眞實發生怪聲的次數是二十次（用錄音機，或錄影機記錄結果），甲觀察員是記錄到十七次，故其一致性是85％；乙觀察員更差，僅記錄到十五次，其一致性是75％。現在讓我們再度詳加檢查表11～10的資料，我們不難發現在二十次發生事件中，甲、乙兩位觀察員眞正記錄到同一事件的次數則只有十二次，故其信度該是60％（ 12 ／20 × 100％ ）。

　　唯在一般觀察情境裡，研究者似乎無法一一架設各種記錄儀器（如錄音機、錄影機或攝影機等等），所以眞實的行為次數也就無法獲知，故不易採用眞實的信度計算方式。若欲避免此種缺失，可根據時距記錄方式來計算觀察信度。

三、時距記錄法的信度考驗

　　前節曾提及「逐距信度係數」（參閱 345 頁），係應用「時距記錄表格」（參閱表11～6 ），由甲、乙兩位觀察者逐一記錄

，在每一小時段內目標行為是否發生，然後核對兩位觀察者一致打「√」（即目標行為發生的記錄）的次數，以及不一致的次數（亦即甲打「√」，而乙打「－」號），最後依照不列公式計算觀察一致性的百分率。此即所謂的「逐距信度係數」。

$$\frac{甲乙觀察者記錄一致的次數}{甲乙觀察者一致的次數＋甲乙不一致的次數} \times 100\% ＝一致百分率$$

茲特試舉表11～11的行為資料，以資分別計算及說明(1)發生次數信度係數（occurrence reliability coefficient），(2)未發生次數信度係數（nonoccurrence reliability coefficient）以及(3)發生與否判斷一致百分率（percent of agreement）：

表 11-11　兩位觀察者記錄小雄亂講話次數的比較表

觀察時距	1	2	3	4	5	6	7	8	9	10	11	12
甲觀察者	√	－	√	－	√	√	－	－	√	－	√	－
乙觀察者	√	－	－	－	√	√	－	√	－	－	√	－

註：打「√」是表示目標行為發生，打「－」是表示目標行為未發生。

㈠發生次數信度係數的計算：兩位觀察者記錄目標行為的發生，若一致性愈高，愈表示此項行為資料的信度愈高，愈可採信。通常藉下列公式計算所得的「發生次數一致性百分率」，亦即所謂的「發生次數信度係數」。此一數值（％）愈高，表示信度愈高，更表示兩位觀察者的觀察一致性愈高。

$$\frac{甲乙判斷一致的發生次數}{甲乙判斷一致的發生次數＋判斷不一致的次數} \times 100\%$$

＝發生次數一致性百分率

　　若根據表11～11的記錄資料來演算「發生次數一致性百分率」，則可得出其值是57.1％（ $\frac{4}{4+3} \times 100\% = 57.1\%$ ）。亦即兩位觀察者均判斷目標行為已發生的次數（即甲乙均打「√」號的小時段數）是4次，甲乙兩者判斷不一致的次數（小時段數）是3次，亦即第3、8、9等三個觀察小時段的記錄結果不一致。例如，在第「3」、「9」兩個小時段裡，甲觀察者的記錄是「√」，（表示目標行為發生），但乙觀察者的記錄是「－」號（未發生），在第8小時段的記錄則剛剛相反，甲觀察者的記錄是「－」號，但乙觀察者的記錄則為「√」號。

　　㈡未發生次數信度係數的計算：此項信度係數即以計算目標行為未發生次數的判斷一致性百分率為代表。其計算公式則改為

$$\frac{判斷一致的未發生次數}{判斷一致的未發生次數＋判斷不一致的次數} \times 100\%$$

＝未發生次數一致性百分率

　　亦即 $\frac{5}{5+3} \times 100\% = 62.5\%$

　　從表11～11的觀察結果來說，甲乙兩位觀察者均判斷目標行為未發生的小時段有5（亦即甲乙均打「－」號的小時段，計有第2、4、7、10及12等五個時段），甲乙二人判斷不一致的小時段數則有3（指如第3、9小時段，甲記錄「√」，乙則記錄「－」，第8小時段則甲記錄「－」號，乙記錄「√」）。將此

二項數值代入公式，即可得未發生次數判斷一致性百分率。

㈢發生與否判斷一致性百分率的計算：在計算「觀察者間信度」（ interobserver reliability ）時，研究者所重視的資料是不同觀察者的判斷一致性多高？所著重的判斷不外是在特定的觀察小時段內，究竟目標行為是「發生」，或是「未發生」。如果兩位觀察者在某一觀察小時段內，均同樣判斷目標行為「未發生」，亦屬「判斷一致」。因此，在計算真正的判斷一致性百分率，即應該採用下列公式：

$$\frac{O+N}{T} \times 100\% = 一致性百分率$$

（取自Tawney & Gast, 1984, p.140 ）

其中「O」代表 occurrence，指二位觀察者判斷目標行為發生的一致性次數。

「N」代表 non occurrence，指二位 觀察者判斷目標行為未發生的一致性次數。

「T」代表 total，指事先所劃定的觀察小時段數。

根據表11～11的記錄資料，代入上述公式後可得知判斷一致性總百分率是75%（$\frac{4+5}{12} \times 100\% = 75\%$）。

總而言之，行為改變方案的實施與成效評估，完全建立在行為資料的蒐集、記錄以及分析比較，此等過程務必力求客觀而正確，尤其是目標行為的觀察與記錄更須注意客觀性與正確性。為考驗此等正確性，目前觀察者間信度值究竟應該達到多少以上方可採信？此一問題目前仍無一定的答案。有些學者認為，該在80%～100%的範圍內即可採信（Kazdin, 1975 ）。有些學者則

建議，在評估此一信度時，必須進一步檢討其他有關影響條件，例如，目標行為的界說具體而適當與否？觀察者曾受專業訓練與否？觀察結果的記錄系統適當與否？採用計算觀察信度的方法是否適當等等。

　　熱衷於研究或實施行為改變技術的教師及家長，務必先熟悉處理這些條件的技能，然後方可進一步學習如何研訂個案實施設計。下一章將詳加介紹研訂個案實驗設計的基本知能。

討　論　問　題

一、請舉三則兒童的行為次數資料，並各註明其紀錄方法。

二、請舉三則兒童的行為時間資料，並各註明其紀錄方法。

三、何謂持續時間與延宕時間？二者有何區別？

四、教師在評定學業性行為時，最常使用的百分比資料有那三種？請各舉一例說明其量化方法。

五、請各舉二則大小、等級、及強弱等行為資料，並說明其紀錄方法。

六、請採用時距紀錄方法，由兩位觀察者觀察一位兒童在上課時間所發生的某一項問題行為，並計算其觀察信度。

七、實驗者欲提高觀察結果的正確性，應注意那些因素？

第十二章
個案實驗設計 ——
倒返實驗設計

　　誠如在前章一再提及，科學方法是注重客觀的，可量化的，和在嚴密控制的情境下進行有系統的觀察與研判，以便建立原理原則，或解決實際問題。自然科學的研究大部分都是在嚴密控制的實驗室裡進行，所得結果也較易應用到其他相類似的自然情境。行爲科學的研究，儘管也可以藉動物在實驗室裡進行實驗，但所得出結果若欲全然應用到人類行爲，仍然有一段差距。尤其是教育問題之研究，所牽涉變項殊爲複雜，很不容易孤立在實驗室裡來進行。進一步說，從實驗室也很不容易得出放於四海皆準的教育法則。有不少的行爲科學家，主張教育問題的研究場所應該是實際教育情境（如教室內，或家庭），而不是在與外界隔離的實驗室，因爲受教者是「人」，不像化學或物理原素那樣單純，隨時隨地有不同的需求及表現，亦即同一受教者在實驗室裡與在實際教育情境裡往往有不同的行爲表現。因此，教育問題實驗，最好是在教育實際情境進行。在這種大前提下，行爲科學家所關心的問題是，引進何種科學方法，方能在教育情境裡有效控制有關的變項，然後由實驗者（可由教師擔任）適當地操弄自變項，以便清楚的觀測及解釋依變項的改變結果。這就是所謂的確保實驗的內在效度（ internal validity ）問題。同時，實驗者也希望實驗所得的原理原則又可推論和應用到其他類似的教育情境，或相同性質的受試，此即維護所謂的外在效度（ external validity ）問題。

　　基於上述教育上的實際需要，近一、二十年來，所謂「應用行爲分析法」（ applied behavior analysis ），或說是「單一個案實驗法」（ single case experimental designs ），在美國

普遍受到心理學界及教育學界之歡迎。應用行為分析法可以針對一位學生的某一特定行為，做緊迫釘人的研究，以發現該項特定行為受到何種因素之影響而轉變。尤其是面對個別學生的行為問題，或是學業輔導問題，應用行為分析法不僅是客觀而有效，同時也簡易而人人可行。本章特先檢討傳統的個案研究法，然後再逐一介紹應用行為分析法的三種實驗設計模式中的第一種模式，倒返實驗設計（或稱ＡＢＡ設計），其餘兩種模式：多基準線設計以及逐變標準設計等，則留待十三章介紹，以便幫助家長及教師利用這種科學方法輔導子女或學生的行為問題。

第一節 傳統個案研究法的檢討

根據已往國內外所刊行的許多個案研究報告之分析，採用**傳統的個案研究法處理學生的行為問題**時，大部分遵循下列處理程序：首先是集中精力和時間以揭發案主的生活史、家庭背景及所關連的所有事件。其次就依據所得資料，提出一些假設性病因；接著針對病因，再提出一些籠統的建議；最後，對輔導成果的評估，提出抽象而總結性的文字敍述，如說「已略有改善」、「好了許多」、或「尚須繼續輔導」等字眼，根本無具體數據可憑。有些更棘手的個案，則由輔導人員提出一份很專門性的報告書，不是將病因歸諸於神經方面的嚴重缺陷，就是判定為積習已深，乏術可陳。即使在眾人通力合作之下，個案的行為確獲進步，輔導人員亦不易了解致使其進步的真正原因何在。

傳統的個案研究法所以能盛行數十年，當然也有其優點，諸如研究步驟分明，對病因的診斷考慮周詳，以及善用週遭的資源等等。唯因具有若干缺失，所以近年來已逐漸被個案實驗法所取代。茲將先介紹一項個案研究案例，然後再詳介其缺點。

一、傳統個案研究舉例

荷爾（Hall, 1971）曾指出一個典型的個案，茲特分析如下：

㈠問題行為描述：

本個案的案主是約翰，是第四年級的學生，在上課時常常不

斷地表現吵鬧行為，諸如未經老師許可就隨便說話、玩弄自己攜帶的玩具、用鉛筆敲桌子、擅自離開座位、以及碰撞鄰座同學等，帶給導師及同學極大的困擾。他的成績不及格，通常都不能按時完成老師所交代的作業。但從他的作業及能力顯示，他是可以完成工作的。

　　導師曾屢次開導他，並提供一連串的諮商。他也答應將努力改善。導師時時給予特別指導，經常和他的母親和繼父一起商量，但一切努力均成泡影，約翰的問題行為毫無改進。由於他在課堂上所表現的惡劣行為，導師曾經三次提報校長。校長亦私下與約翰懇談，並極力想獲取他的信任與合作，期使他瞭解這些壞行為的嚴重性。校長也曾參與約翰的個案診斷會議。

　　㈡個案史：

　　除了教師及校長的輔導外，學校輔導人員亦參與此項輔導工作。輔導人員查閱約翰過去的紀錄後，發現他自上學以後就開始多方面惹麻煩，在幼稚園階段即有受懲戒的紀錄，學業成績大部分為C或D等，品性為劣等，誠令人頭疼。在團體心理測驗方面，普通能力測驗及成就測驗的成績均列於正常範圍。約翰在一、三年級時，也曾作過個別心理測驗，其結果與團體心理測驗結果相符合。約翰是有能力的，但他缺乏成就動機。學校輔導人員每星期約抽出三十分鐘，觀察約翰在教室內的表現，連續觀察數週。輔導人員與家長討論後得知：約翰四歲時父母離婚，一年級時母親改嫁，繼父由於工作關係經常出差不在家。但根據約翰母親的敘述，繼父與約翰之間的關係良好，很關心約翰的行為。約翰的姊姊還是一位優良學生。約翰在家雖然時常與姊姊打架，但過

得尙稱如意。最引人注意的是，他需要母親的大量關懷，尤其繼父不在家時，顯得更調皮，藉此引起母親的注意。

約翰的視力、聽力正常。據小兒科醫師的檢查，約翰兩歲時因摔跤而腦震盪。傷害事件後一個月，經腦波檢查結果顯示腦波不正常，但未繼續惡化。身高雖比較矮小，但其他身體狀況及病歷紀錄尙屬正常。

(三)診斷與分析：

一切測驗完成之後，隨即召開個案研討會，由敎師、校長、諮商人員、學校護士、輔導人員等人員參加，共同討論所發生的事實，並分析由學校輔導人員所提出之個案報告，這一套報告內容如下：

「約翰是智力正常的兒童，與母親、繼父及同胞姊妹同住。母親是一位和藹可親的人，但却無法管敎自己的兒子。約翰時常與姊妹競爭，繼父經常不在家，他對母親、老師和同學所表現的攻擊性行爲，可能與早年失去親生父親，而繼父又時常不在家所產生的不安全感有關。」

敎室觀察員說：約翰的導師是一位備受全班學生愛戴的老師，她的敎學方法和敎材都非常適當，又善體人意，時常在課堂上糾正約翰的騷擾行爲。觀察員認爲約翰有過度活動的傾向，注意廣度極短，容易分心，時常運用不適當的方式引起成人及同學的注意。他對功課漠不關心，即使是他能力範圍內的作業，也不能如期完成。

由上述說明可知，約翰的攻擊性行爲模式是由多重因素所決定的，造成此種行爲的原因可能有下列數端：

1. 約翰可能因幼年離開生父，繼父又經常不在家而失去安全感。這種心態可從他對同學的攻擊性行為及缺乏自尊心等特徵上窺探之。

2. 對於離開生父之事，他或許在潛意識裡責備母親，但却遷怒到教室內的有關人物身上。

3. 他可能要常與有高成就的姊姊相競爭，結果處處嘗到失敗經驗。

4. 他可能由於早年父母離婚，家庭失和，失去父母的關愛，所以特別渴望獲得別人的關注。

5. 從他的過度活動、精神不集中、注意廣度短暫等行為特徵判斷，約翰很可能有輕微的腦傷，所以須經小兒科醫師診斷，若診斷確實，則須給予醫療。

6. 如果上述輔導方式均未獲成功，則須轉介到精神科醫師，因為或許尚有其他因素未被揭發。

㈣報告的處理結果：

此一報告，除讚許導師輔導約翰所付出的努力與幫助外，還建議導師，繼續提供良好服務，保持愛心、信心、及耐心對待約翰，因為約翰特別需要導師的關懷。同時，也建議輔導人員應繼續每星期對約翰諮商一次，以幫助約翰領悟自己的困難與感受。輔導人員亦應輔導約翰的父母，尤其要求繼父，給予約翰更多的關愛與注意。

個案會議結束時，導師即席對所有與會人員的蒞臨指導表示由衷感謝，並表示願意繼續本着耐心和愛心，運用個案報告上所提示之輔導策略以達成改善其行為的目的。雖然教師在會上表示

上述謝詞，但教師內心明白，這種報告誠屬例行公事，所提列諸多建議均為老生常談。因為約翰在第一年級和第三年級時，在個案會議上亦曾被提出討論，當時所獲得的結論及建議也是如出一轍，大部分建議事項均不易執行。因為失去生父之愛，如同覆水難收，誠屬不可挽救之事實。繼父更無法辭退收入優厚的職業而賦閒在家陪伴約翰；導師也想在可能範圍內去滿足約翰的「需求」，但他也捉不住約翰真正的內心需求是什麼？

總而言之，導師對於報告上的一切建議早已瞭如指掌，但對於改善約翰的不適應行為仍然無計可施。這類報告的最大缺點，就是未能直接把握問題的重心──約翰的不適應行為。報告中所提各項建議全未顧及直接改變約翰行為的可行性；更未對導師提供如何改善約翰行為的具體實施方案。

二、傳統個案研究法的缺失

從上述案例報告中不難看出下列幾點缺失，但並非全部個案研究案例都是如此，只是較容易產生這些缺失，值得吾人考慮革新：個案實驗法，或稱應用行為分析法，即應運此一需要而誕生，可以避免下列缺點：

㈠為發掘影響個體行為的內隱因素，而耗費太多的時間及精力：這些人士誠信，唯有發掘此等案主所欠缺的深層需求（如母愛、安全感），並設法予以補足，方能使問題行為銷聲匿跡。這一種傳統的個案研究法所依據的立論雖佳，但却要花費大部分時間及精力去發掘這一些假設性病因。這些病因若不是年久失察而已面目全非，就是輔導人員知其因也難予彌補的，致使花費在發

掘病因的長期努力終成泡影。

　　㈡慣於提出一份忠告式的書面報告，可讀性雖高，却不易付諸實施：亦即傳統的個案研究，常以提出一篇文情並茂的書面報告書爲結案的依據，有如讀一篇生動的故事，但在報告中所列舉的可能原因，若不是含糊不清（如沒有安全感），就是無法直接處理的（如破碎的家庭、生理缺陷等）。同時，在這一類忠告式的報告中，輔導人員一再地呼籲有關人員應致力於瞭解及幫助案主，讓案主能滿足基本上的感情需要，但對這些需要却不易給予明確的界說，無形中只變成口號或空話，始終無法兌現。所以在報告中所提出的問題往往比所能回答的問題還要多，鮮能提供針對問題行爲的有效輔導方案。我們深信，唯有提出具體方案方能使教師有所遵循，並確實觀察行爲的改變，以及驗證輔導結果。

第二節　倒返實驗設計模式

一、意　義

　　倒返實驗設計（ reversal design ）又稱爲 A—B—A—B 設計，係個案實驗設計模式中最基本的一種，亦屬於單一受試設計（ single subject design ）；也有人稱之「 單一與反復時間系列設計」（ simple & repeated time series designs ）。其最基本的法則是在至少兩種條件下〔一是基準線（ A ），二是處理（ B ）〕，反復測量行爲的改變情形。倘若在處理（ intervention ）條件介入之後，受試的行爲狀況異於基準線階段的行

爲狀況，則可認爲此種處理條件有可能影響到受試行爲的改變（
A—B設計）。爲了證明此一假設能否成立，實驗者可撤回（
withdraw）所介入之處理條件，再倒返到基準線階段（A）的
條件，亦即不給予任何處理（A—B—A設計）。倘若經過此一
步驟的安排，受試者的目標行爲確實又恢復（或接近）到基準線
階段的水準，則實驗者就有根據說，所介入的處理條件確實影
響目標行爲的改變。倘若，再度介入處理條件（B）之後（A—
B—A—B設計），受試行爲又再度發生變化，更可證明處理條
件對目標行爲的改變確具絕對影響力。

　　簡言之，透過這一種簡單的兩種條件（即A與B條件）的反
復安排，以資觀測目標行爲的改變情形，然後藉此資料驗證自變
項（處理條件）與依變項（目標行爲）的因果關係，即爲倒返實
驗設計的最主要特點。此種設計上常用的符號有如表 12-1 。

表 12-1　　應用行爲分析法常用符號一覽表

符　　　　　號	說　　　　　　　　　　　　　　　　　　　　明
A	代表基準線階段的條件，自變項尚未介入。
B	代表第一項處理條件（亦即自變項）的介入階段。
C	代表第二項處理條件的介入，且與第一項處理條件完全不同。
A—B	代表A與B兩種鄰接的條件用一橫短線分開。
B C	代表在處理階段裡一併採用B和C兩種策略。
B'—B''—B'''	加撇符號代表在程序上與前者略有所不同。
A_1—B_1—A_2—B_2	在A、B符號右下面的數字代表各種條件的呈現順序

（摘自 Tawney & Gast, 1984, p.158）

倒返實驗設計程式若加予列舉，則可有下列幾種模式：

A─B　　A─B─A　　A─B─A─B

A─B─C─B　　A─B─BC─B

二、A─B 設計

傳統的個案研究設計或許只能說是「A設計」，或是「B設計」。因為部分個案研究者只關心受試者的行為現狀，只能花費許多時間去觀測受試的行為基準線，而並未能進一步採取有效的輔導措施，故只能稱為「A設計」。反之，有些個案研究者很關心介入輔導措施後的行為狀況，所以特別在輔導條件介入期間用心觀測受試的行為狀況。可惜未能觀測記錄未介入輔導措施之前的行為狀況，所以無法比較二個階段的行為差異，故只能稱為「B設計」。

有些教師也常使用B設計，亦即在學期中經過一段教學後，及時評量學生學業成績之優劣。這一種方式雖可獲知學生的學業成績，但却無法探知究竟學業成績的優劣是否直接受到"教學"之影響，抑或自然發展的結果。A─B設計模式的誕生或可彌補這些缺失。

㈠特點：A─B設計有時稱之「單一時間系列設計」（simple time series design），屬於最為基本的「單一受試準實驗設計」（quasi-experimental single-subject design）。採用A─B設計正可比較在基準線階段（A狀況）與處理階段（B狀況）裡觀測所得的依變項（即目標行為）的改變程度。亦即在基準線階段裏，連續觀測目標行為數天或數節，俟其行為資料較為

穩定之後，始介入實驗處理（自變項），然後繼續觀測數天（或數節），若發現目標行爲資料有所改變，則可認爲受到自變項的影響。

　　㈡實施步驟及注意要點：

　　　1.實驗者須先對目標行爲下一個操作性界說。

　　　2.至少要連續觀測及蒐集三天或以上的基準線資料（A）。

　　　3.俟目標行爲的基準線資料趨於穩定之後，方可介入自變項（B），亦即進行實驗處理。

　　　4.繼續蒐集在處理階段的目標行爲資料。

　　　5.請勿妄下因果關係（cause-effect）上的結論，因爲只靠A階段與B階段的比較尚難確切指明自變項與依變項之間的因果關係。因爲這一種A—B設計尚未嚴格控制影響內在效度的一些因素，諸如歷史因素、成熟因素、測驗工具等。

　　　6.所得實驗結果只能用來說明微弱的相關關係，所以只能稱之「準實驗設計」（quasi-experimental design）。故亟待改用A—B—A或是A—B—A—B設計，方可說明自變項與依變項之因果關係。

　　㈢範例：根據下列「案例12-1」報告，案主在上課時擅自離開座位的行爲顯然改善了，其他不良行爲也減少許多。這些成果，或許可歸究於教師選對了極爲適當而有力的增強因素（即讓案主替教師管理自然科實驗器材）。但若不能進一步提出「反證」，則所做因果關係論斷均屬武斷。因爲，在實驗處理過程中，案主又多經歷了兩星期的時光，這項時間因素也有可能使案主的

目標行為發生變化。所以說，單用Ａ—Ｂ設計，無法完全推論因果關係。

案例12-1

一、研究題目：改善兒童上課時擅自離位的不良行為。

二、研究人員：林志忠（小學教師），陳榮華（指導教授）。

三、研究日期：民國72年10月27日～12月。

四、個案的問題分析：

　　受試者，平生，現年十二歲，雨農國小六年二班的男生，上自然課時總是擅離座位到處逛，或跑到窗台邊眺望操場上的活動。經治其導師，得知平生乃生長於一個問題家庭，父母貌合神離，置兒女不顧，家中份子皆各自為政，互不關心。平生至今，午餐仍時常冲速食麵裹腹。他上課經常鬥嘴、不合作、不專心、敷衍草率，而且會惹事生非，引起爭端，甚至耍狠，弄得班上很不安寧，常逼得老師用高壓方式加以處理，然而他依然故我，頑皮不堪。平生反應很好，是學校手球隊員。對於平生這種上課行為，研究者一直想加以改變，可是常有無從下手的感覺。若用懲罰方式有效的話，他早就不是今天這種樣子了，適巧本學期上了陳教授「行為改變技術」這門課。於是想到用「積極增強」的方式試試看，以改善他這種不好的行為。

五、實驗程序：

　　㈠訂定終點行為：本個案實驗的終點行為是，受試者在每週四小時的自然科上課時間內，不任意離開自己組內的座位。

　　㈡實驗信度：除了研究者每次記錄外，請第1、5組的副組長（受試者在第4組）幫忙，於每週抽出一小時，共同核對記錄結果，每兩分鐘記錄乙次，以為考驗。核對結果總共只出現一次誤差，故相當可靠。

　　㈢實驗設計及量化目標行為：本實驗應用ＡＢ設計。因研究者為科

任老師，平生之班級，一週僅星期二、四兩天各上兩節課，因此一週只能記錄 4 節課（計 4 回），每回共觀察 20 次，換成百分比，以明瞭受試者一節課中在自己位置的時間比率。

　　㈣實驗步驟：

　　　　(1)量基準線階段：共量六**節**，以實際了解該生上課擅自離開座位的現狀。

　　　　(2)實驗處理階段：呈現增強物（自變因），觀察行為改變的情形。為了證驗不同獎勵的效果，共分兩小段，**每一小段均量六節**。

六、實驗結果：（參見圖 12-1 ）

　　本實驗的「自變因」為增強因素，而「依變因」是案主在上課時間內離位的「時間比率」，倘若受試者未離開自己組內的位置即達合格標準。茲將各實驗階段的結果分述如下：

　　㈠量基準線階段：受試者每小時上課時間均離開座位甚久，其離開座位時間比率平均達到 86.7 ％。

　　㈡實驗處理階段：

　　　　(1)**第一週**：亦即看「小叮噹」漫畫的階段。自 11 月 8 日起，給予正增強。受試者酷愛小叮噹漫畫，研究者於是和受試者商議決定，只要受試者能在一節課均不離開座位，則下課後即借予一本「小叮噹」觀賞。到 11 月 15 日止，受試者在 11 月 8 日第一節及 11 月 15 日的第一節各有 15 ％及 20 ％的離開位置。在此一階段裡，受試者的目標行為改善**甚多**。

　　　　(2)**第二週**：即分發與整理實驗器材階段。為了進一步使受試者養成良好的上課習慣，除了口頭及動作獎勵外，**本階段之積極增強採**用了更高層次的增強物──幫老師分發與整理實驗器材。這一種榮譽職，對大多數兒童而言，是件夢寐以求的事。研究者告知受試者，老師對於他最近的表現很高興，如果他能繼續的好好上課而不離開座位，那麼上課前、下課後，老師會請他負責班上實驗器材的管理。本階段記錄六

小節課。受試者的行為表現更好，每節課均能達到要求標準，完全不再擅自離開座位。

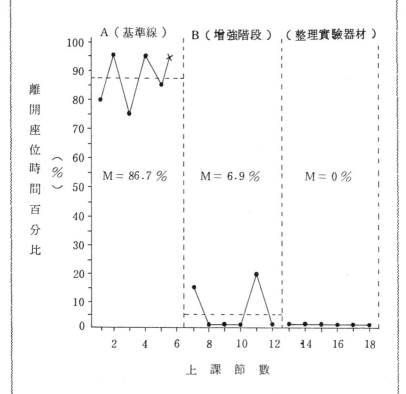

圖 12-1 改善兒童上課時擅自離開座位的習慣

七、討論與建議：

　　㈠受試者在家中的情感生活相當不正常，在校扮演著「搗蛋」的角色。推其因，乃在於發洩心中的情緒，並引人注意。實驗過程中，研究者摒棄「懲罰」而直接用「積極增強」的方式，結果行為大獲改善，不

僅要求的終點行為終於全建立，連帶著也能主動的參與該組的實驗與討論。可知，要建立良好的行為，「積極增強」的效用極為顯著。

　　㈡增強物的選擇及施予常是行為改變成敗的關鍵。受試者向來就是老師及同學感到頭痛的人物，然而適切的增強、關懷與鼓勵，終究慢慢使其建立好的行為。若老師放棄管教之責，或固執採用懲罰方式，所得結果都是可慮的。猶如山洪暴發，疏導要優於防堵，本案主即是一例。

　　㈢據研究者和其導師聯繫結果得知，在增強過程中，受試者在其本班上課時，不良行為大大減少，而且會主動要求幫助導師做事，學業成績的表現亦大有進步。第二次段考進步到 24 名(以前均在 30 名外)，得到了學校頒發的學業進步獎。不可否認的，增強因素對於受試者的這種改變有正面的作用。

　　㈣做完本實驗，研究者深深的意會到，孩子就像一張白紙，我們怎麼畫，他即呈現出什麼。兒童需要老師的關愛，只可惜現階段小學教師的工作份量太重了，我們無法面面俱到，否則我們將更能照顧教導那些需要我們深加關懷與勉勵的孩子們！

三、A－B－A 設計

　　㈠特點：A－B－A 設計是一種最簡單的單一受試實驗設計模式，可以完全排除影響內在效度因素。為了彌補 A－B 設計模式的缺點，經由第一基準線階段（A_1）與第二處理階段（B_1）之後，若目標行為的改變已趨穩定，實驗者必須暫停處理條件（亦即自變項）一段期間，恢復到與 A_1 階段相同的條件（稱為 A_2 階段），以資觀測比較撤除處理條件之後，在 B_1 階段發生變化的

目標行為是否又恢復到 A_1 階段的狀況。倘若在 A_2 階段的目標行為果然又恢復到 A_1 階段的水準，則實驗者就可以較有把握地說，此一處理條件（自變項）確實影響目標行為（依變項）。至此可以證明所謂因果關係（ cause-effect relationship ）的存在。

㈡實施步驟：首先要針對目標行為提出操作性定義，以便觀察與量化，然後再依照下列步驟進行。

　　1.第一階段是量基準線階段（ baseline phase ），亦稱A階段，若套用一般研究術語，即屬於前測階段。在量基準線階段，教師首先要切實觀察並逐日紀錄特定個案的目標行為，但不加入任何實驗處理或輔導，也不必讓特定個案知道教師在注意其行為。其目的在真實測量目標行為的現狀，以做為擬定輔導策略及前後比較之依據。量基準線階段通常要持續四天至七天，每天選定某一段時間來觀察並紀錄個案的目標行為。在這一個階段所得行為資料，可以用平均數，或是中數等統計數字來表示其一般概況。

　　2.第二階段是實驗處理階段（ treatment phase or intervention phase ），亦稱為B段，若套用一般術語，即屬於實驗階段或是輔導階段。所要輔導的「目標行為」，若屬於提高學業成績，或培養良好的技能，自應先試探學生之基本需求或喜好，藉此訂定有力的增強物體系，以便激勵個案努力學習，或試用不同的教學策略（包括逐步養成原理），以資增進個案的這些良好行為。反過來說，若目標行為是屬於改正不良的習慣、態度，或是言行，則教師可考慮採用懲罰、消弱、消極增強、相對抵制

、逐減敏感原理、飽足原理、厭惡制約策略等改善或消除這些不適當行為。利用正增強物、教學策略以增進良好行為，或是藉懲罰、消弱以及厭惡制約等策略以消除不適當行為，就是所謂實驗處理，或是輔導。一種處理不一定馬上見效，所以常要逐加試探幾種策略，一直到目標行為真正發生預期中的變化為止。是故，我們將這個階段稱為「實驗處理階段」，或是「介入輔導階段」。若是前後用過兩種相似的實驗處理或是輔導策略，則可用 B_1 段、B_2 段等符號來標示。每一 B 段的時間長短，常視處理效果而定，一般而言，均持續一兩週之久。

　　3.第三階段是倒返階段（ reversal phase ），或是稱之倒返基線階段（ return-to-baseline phase ），亦簡稱為 A_2 段。設置倒返階段的用意在於驗證目標行為的改變，是不是真正受到實驗處理（ B 段）的影響。在倒返階段（ A_2 ）應停止在 B 段所使用的輔導策略或是實驗處理。如果，個案的目標行為在 B 段已經有明顯的改變，但在倒返階段又原形畢露，或更惡化，則我們可以說，目標行為之改變確實受到實驗處理之影響。如果倒返階段是為了驗證自變項之功效，則其天數只要三、四天即可，在這種實驗情境裡，實驗處理方式是屬於「自變項」，目標行為是「依變項」。反過來說，若經 A_2 段而終點行為並未再度回到基準線階段之水準，我們就不容易斷定，在 B 段裡目標行為之改變確實受到實驗處理之影響。當然有些行為如動作技能，或讀寫算等技能，一但學成之後，不管有沒有繼續給予增強，一般人是很不容易忘掉或消除掉的。若是所輔導的目標行為在倒返階段仍然維持良好的成績，甚至和處理階段（ B 段）之成績完全一樣，則整

個個案實驗已算大功告成，其實驗設計程式常被稱爲ＡＢＡ設計，倒返階段（Ａ₂段）也被稱爲「維持階段」（maintenance phase），其維持天數可自一週至三週。

㈢應用上的限制：倒返設計之用途甚廣，對於任何對象甚至異常學生亦能實施，可兼具實驗與行爲輔導之雙重功效。但若持嚴謹的實驗觀點，此法之應用乃有若干限制：第一、有些目標行爲經處理階段而學成後，儘管在倒返階段裡已不再輔導，但仍然不會退到量基準線階段之水準，在這種情況下，實驗者就不易用倒返設計來做爲驗證自變項的影響效果。例如在一個實際的個案實驗裡，一位國中二年級學生在量基準線階段（一週）裡，只刷牙兩次，經由其姊姊以自然科參考書爲增強物，勸他每天早晚必須刷牙。經過兩週之實驗處理階段，果然該生每天均能依照規定刷牙，終於獲得盼望已久之那一套參考書。到了倒返階段（Ａ₂），觀其弟弟之刷牙行爲仍然繼續下去，使姊姊驚奇而問道：「弟弟，這一週已經不再有獎品了，你爲什麼還要每天刷牙？」弟弟回答說：「現在不刷不習慣了，口腔裡太臭。」由此可知，有些行爲如好習慣、技能或知識等一旦習得後，就不易消失。第二、就教育或倫理觀點來說，教師在輔導學生的過程中，總是盼望學生的不良行爲能早日改善，但一旦改善之後，總不該盼望其不良行爲又故態復萌。針對此一限制，教師若眞爲體驗輔導策略之功效，只能將倒返階段（Ａ₂）縮短爲三、四天，一旦看出終點行爲已退到基準線時，應馬上恢復實驗處理（即再回到Ｂ₂段）。

㈣範例：從比較案例12-2及案例12-3得知，在Ａ₂階段裡兩位案主所表現的目標行爲顯然有所不同，須做進一步的說明：

就案例 12-2 的實驗結果來說，案主（大二女生）的咬指甲習慣，在基準線階段（A_1）是平均出現 8.83 次（三十分鐘的觀察時間）；到了實驗處理階段（B_1）的頭一週減少爲平均 1.17 次。第二週就完全消失，平均是零次。這一種輔導成效竟維持到倒返階段（A_2），咬指甲次數只有發生過一次，五天的平均次數也只有 0.2 次。由此可證，有些行爲經由較長期的輔導後，儘管撤除了增強條件（或稱自變項），仍然會維持既得的水準，並不一定會倒返到 A_1 階段之水準。但若就後面（386頁）所要介紹的案例 12-3 的實驗結果來說，實驗者撤除了增強條件之後，目標行爲（說話次數）立刻又有惡化之趨勢。亦即案主（一位六歲的男孩）的目標行爲（在課堂上亂說話），在 A_1 階段是平均發生 13 次；B_1 階段則因靠增強因素而減少到平均 2.5 次；但到了 A_2 階段時（撤除增強因素），案主亂說話的次數又升高到平均 9.5 次之多。因此，不得不繼續給予增強（B_2）。此種模式稱爲 A － B － A － B 實驗設計。

案例12-2

一、研究題目：自行記錄對改進成人咬指甲習慣之影響。

二、研究人員：徐素眞（師大敎心系學生），陳榮華（指導敎授）。

三、研究日期：民國 71 年 12 月至 72 年元月。

四、個案的問題行爲分析：

　　受試是一位大學二年級的女生，本來就是個緊張型、好勝心強的人，高中就讀北一女，高三時因課業繁忙，升學壓力沉重，致使其常常產生高度的焦慮，每當看書時，顯得緊張萬分，以致於養成咬指甲的習慣。咬指甲行爲可能使受試當時的焦慮緩和，所以越咬越猛，有時咬得指

甲肉都流血，不過當時實驗者雖然注意到這種現象，除了好言相勸不要過分緊張，也別無辦法來戒除其咬指甲行為。等到她考上台大中文系後，一切緊張焦慮都消除了，但是咬指甲的行為卻日久成習慣還存在，尤其在看書的時候，常常自然而然地咬指甲，只不過不像過去那麼兇猛。咬指甲總是一種不好的習慣，因為指甲內隨時有細菌附著，「禍從口出，病從口入」，若咬到不潔的指甲，則後患可大，再則不小心吃指甲屑更是不好，況且咬指甲也是一種不雅觀之行為，或多或少在其他場合也會表現出來。綜合以上觀點，咬指甲習慣實不可存，受試也知道這些輕重利害關係，只是從前很少特別注意。自從實驗者選修「行為改變技術」，頗有心得知如何消除受試的不良習慣；受試也頗具決心、耐心願去除咬指甲習慣，所以進行了本研究。

五、實驗程序：

　　㈠目標行為的紀錄：本實驗著重在自我增強，即設計一張自我紀錄的卡片，由受試每天紀錄自己咬指甲的次數。紀錄卡貼在受試每天看書的書桌前，受試隨時都可以看到。

　　目標行為是指受試將手指放進嘴巴裡咬指甲，然後伸出來者就算一次，為了觀察方便起見，只要受試將手指放進口中而再拿出，不管有無咬指甲都算一次行為。

　　㈡實驗設計：本實驗採用「應用行為分析法」的「Ａ—Ｂ—Ａ設計」先量行為基準線（Ａ段），然後進入實驗處理（Ｂ），最後再倒返到基準線階段，以便觀察目標行為的改變情形。

　　㈢信度考驗：本實驗著重於計算次數的信度考驗，即正確地計算受試咬指甲之次數，由實驗者的弟弟幫忙作信度考核，因為實驗者與受試是姊妹關係，每天都在一起讀書，遇到信度考驗時，則請實驗者之弟弟（也是受試的弟弟）一起到我們的房間看書，抽出共同的三十分鐘來觀察受試咬指甲次數。於基準線階段抽檢二次，增強階段各一次，維持階段一次，總共有五次，每次核對結果都正確，故本實驗之信度考驗達百分

之一百。

　㈣實驗步驟：由於受試已屬成人，對於咬指甲之不良習慣常表示袪除之意願與動機，故實驗者與受試商量結果，將終點行為訂為咬指甲次數為零次，亦即經由此一改變方案之後，案主咬指甲的行為不再發生。

　本實驗是在受試的讀書房間內觀察實施的。受試每天都有讀書的習慣，讀書時間大約在晚上 8 點至 10 點之間，只有這段時間內，實驗者與受試方能在一起看書，所以實驗者能觀察受試也只有這段時間。因此在這段時間之內，實驗者以隨機方式取 30 分鐘觀察受試咬指甲的次數。

　(1)基準線階段（ baseline phase ）：這是第一個實驗階段，共有 6 天。此階段中不給受試任何暗示及增強，主要用意是看受試在正常情況下，咬指甲的次數有多少，每天的次數並不告訴受試，只由實驗者自己登記下來。

　(2)實驗處理階段（ treatment phase ）：此階段延續二星期，分為二個階段，每個階段各為 7 天。每階段並定有階段目標，每天定有即日目標，以避免受試用投機方式只求達到階段目標。

　　①階段（Ⅰ）：有 7 天，訂定的行為標準是 5 次，若每天咬指甲次數在 5 次以下，則給予受試社會性增強，讚許及請她自己記錄自己的次數，以達自我增強；階段增強物是一本書，因為受試是中文系學生，非常喜歡看書，尤其是文學作品，所以事先與受試商量好了，若她能達到標準而維持此階段，則送給她一本「中國人的文學觀念」，以資增強。

　　②階段（Ⅱ）：也有 7 天，即日增強物與階段（Ⅰ）同，但階段增強物則是為受試訂閱讀者文摘，受試非常喜歡這本刊物，常向同學或鄰居借，有時也自己買來看，況且實驗者也很想訂閱讀者文摘，曾經打算過，基於兩全其美之觀點，所以就以此來做階段增強物。

　(3)倒返或維持階段（ reversal phase ）：這一階段的實驗條件又完全和基準線階段一樣，亦即在考驗取消增強誘因之後，目標行為能否維持一定之水準。此階段進行 5 天，就終止實驗程序而進行追蹤研究。

六、實驗結果：

　　本項實驗的自變因是增強因素，而依變因是咬指甲的次數，擬探討咬指甲的次數是否會隨增強因素而降低或去除。實驗結果若加予圖示，則有如圖 12-2 。

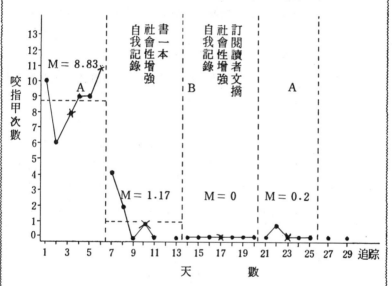

圖 12-2　自我記錄對消除成人咬指甲習慣之影響

　　茲將這些結果，依照各實驗階段逐一分析如下：

　　㈠基準線階段（A_1）：在基準線階段裡受試所得咬指甲次數之平均數是 8.83 ，咬指甲的次數起伏不大，大致在平均數左右。

　　㈡增強階段（B_1）：當自行記錄及增強因素介入之後，受試咬指甲

次數顯著地降低，平均數只有 1.17，顯然增強因素對受試發生效用。此階段的標準次數是 5 次，受試在一週內每天的次數都少於這個標準，且低了很多，只有一天因受試不在家無法予以觀察記錄，故那天不予計算。在最後幾天都沒有發生咬指甲行為，這是可喜的現象，故圓滿地完成這個階段，而進入下個增強階段。

　　㈢增強階段（B_2）：此階段的標準降為零，因為在前一階段已呈穩定狀態，受試也頗有信心自己能做到這個標準。結果顯示，受試在一週內每天之次數皆為零次，所以平均數也為零次，受試自己看得也很高興，且又可得到階段增強物，即訂閱讀者文摘一年。

　　㈣維持階段（A_2）：當增強因素撤除後（不咬指甲亦不給增強物），受試表現仍然很好，可說已經消除咬指甲不良習慣了。

　　由實驗處理階段到維持階段的「漸漸消除咬指甲次數」顯然有進步而趨於平穩狀態。此點或可說明，經由增強而消除咬指甲習慣，在停止增強誘因之後，受試仍保持進步狀況，顯示受試已能控制自己，將咬指甲習慣經過短暫的時期就完全消除了。經過一天後，實驗者做一次追踪研究，受試仍保持咬指甲零次的狀況，再隔一天再觀察，受試的行為也是一樣，亦即真正消除了咬指甲習慣。

七、討論與建議：

　　根據本實驗結果來說，增強因素使得受試徹底地革除咬指甲的壞習慣。本實驗的進行相當順利且成功，受試也相當的合作。實驗者本是受試的姊姊，這一層親蜜的關係，更促使實驗的順利完成，因為實驗者與受試每天都在同一房間內讀書，接觸次數及機會是多面的，能時常提醒受試的行為表現，她也隨時提醒自己，警覺到自己的咬指甲行為，可說是一次密集的注意，而不再鬆鬆散散，虎頭蛇尾了。再加上受試是個大學生，算是成人了，頗能主動與實驗者配合。前面提及，受試的咬指甲習慣淵源已久，曾想過要除去，但因種種因素而無法確實做到，當實驗者提及要幫她去掉咬指甲習慣，她興致勃勃，且願意傾全力去做。實驗

者觀察受試的基準線階段後，曾將實驗者所學習到的三種行為改變技術的設計告訴受試，她也非常有興趣，大概了解實驗的設計及原理。受試自己決定用逐步養成原理，因為覺得習慣也不可能一下子就改過來，須要逐步慢慢地來，實驗者與她的想法一樣，故我們商議採用逐步養成策略，且階段的標準及增強物都是與她仔細商量之後才決定的，頗符合受試的心意，只有社會性增強是實驗者自己認為應該如此做，才能更促動受試的進步，亦即實驗者向受試報告每次的記錄時，總是會帶著微笑說：「妹，妳今天表現得很好，再繼續努力」等語句，不但受試顯得興奮萬分，且在這段時間內，更促進我們姊妹倆的彼此感情。

　　動機也是頗為重要的因素，受試的動機相當強烈，決心要痛改壞習慣，更幫助此一實驗過程的順利進行。不過增強因素也是很吸引人的，由於它的介入實驗中，使整個實驗增加推動力。無論是何種增強物，只要能投受試所好，其影響力更是出乎人意料之外。不過任何行為的塑造並非可墨守相同的實驗設計，而要視受試、行為及情境而定。當然我們有時不可能一下子就能實驗成功，往往要經過一段的嘗試錯誤才能找到方法，只要我們細心設計，小心分析實驗過程，則有朝一日必能達到實驗的目的，能塑造受試的終點行為。

四、A—B—A—B設計

　　㈠特點：A—B—A—B設計係最常用於行為改變方案的一種單一受試實驗設計（ single subject design ），亦常概稱為倒返設計（ reversal design ），或稱為撤回設計（ withdrawal design ）、操作設計（ operant design ）和等時系列設計（ equivalent time series design ）等等（ Tawney & Gast, 1984 ）。

　　顧名思義，Ａ─Ｂ─Ａ─Ｂ設計包含四個步驟，首先測量行為基準線（A_1），然後操弄自變項（B_1），最後再藉一道撤回（A_2）和再呈現自變項（B_2）的手續，以佐證自變項對於依變項（目標行為）之直接影響。此一設計又可標示為A_1─B_1─A_2─B_2，係針對同一受試的同一行為，做第一道處理（A_1─B_1）之後，再反復一道（A_2─B_2），以便比較前後的處理成效。因此Ａ─Ｂ─Ａ─Ｂ設計一直深獲教育工作者、行為治療者，以及心理學者的喜愛，係一種最為簡單而又能直接評估因果關係的實驗模式，既有高度的內在效度，又有好的外在效度。

　　㈡實施步驟：Ａ─Ｂ─Ａ─Ｂ設計的實施步驟，前三階段是完全與Ａ─Ｂ─Ａ設計的步驟相同，只有第四階段是增加的，可簡列如下：

　　　1.量基準線階段（A_1）：針對目標行為提出操作性定義，並量化其基準線。

　　　2.實驗處理階段（B_1）：操弄自變項（或是輔導策略）以資改變目標行為。

　　　3.倒返階段（A_2）：等到目標行為的改變趨勢已相當明朗化或穩定之後，再撤回自變項。倘若案主的目標行為經此措施而恢復到基準線階段的水準（亦即再度惡化），就要進到第四個階段。

　　　4.再處理階段（B_2）：亦即再度操弄自變項，以期目標行為的有利改變，倘若目標行為又經此處理措施而恢復到 B_1 階段的水準，即可佐證自變項可直接影響目標行為。再處理階段所需時數，通常可自一週至二週。

㈢優點與限制：Ａ—Ｂ—Ａ—Ｂ設計的優點是最常用而又簡單的一種單一受試實驗設計法，可充分證明自變項與依變項之因果關係，根據需要又可變化爲其他模式，如Ａ—Ｂ—Ａ—Ｂ—Ｃ—Ｂ—Ｃ或Ａ—Ｂ—Ａ—ＢＣ—Ａ等模式。然而Ａ—Ｂ—Ａ—Ｂ設計亦有其限制，這些限制完全與Ａ—Ｂ—Ａ設計相同，亦屬於所有倒返設計的共同限制，係基於倫理上和實用上的考慮，而非實驗設計上的缺失。這些考慮已於檢討Ａ—Ｂ—Ａ設計的限制時，詳加分析，本節僅提示三點如下：第一、目標行爲若屬於高度危害性行爲，如打鬥或是自閉症兒童的撞頭行爲，則在完全治癒之前，行爲治療者根本不可能去考慮暫時撤除輔導策略（亦即自變項）；第二、基於倫理上的考慮，有些收容機構的管理人員，不可能在Ａ₂階段裡全然不再去幫助需要他們幫助的個案，也不可能在內心裡期望着略已起色的目標行爲再度惡化；第三、有些學業性行爲（如併音、加減乘除等四則運算）或是簡易技能（如騎腳踏車、游泳等），一旦學成之後，似乎不易再度退步，或全然消失。處理這一些行爲就不易用Ａ—Ｂ—Ａ—Ｂ設計來研究其因果關係，而必須改用多基準線設計或逐變標準設計。

㈣範例：案例12-3是一項採用Ａ—Ｂ—Ａ—Ｂ設計的典型範例，可供參考。從實驗報告得知，受試是一位一年級的男孩，喜歡在上課時亂講話。實驗者利用玩魔術板爲增強策略，經由二十多天的實驗，有效地改善了受試愛亂講話的不良習慣。此一案例取自Hall（ 1974 ）所編寫的大作，雖然所完成的年代較早，但程序簡明，結果顯著，可供Ａ—Ｂ—Ａ—Ｂ設計的說明範例。

案例12-3

一、研究題目：改善一年級兒童亂說話的惡習。

二、研究人員：Faye Hughes & Gerald Gregerson

三、研究日期：本項研究報告摘自 Hall, R. V.（1974），P. 46.

四、受試的問題行爲分析：

　　柯克（Kirk）是六歲的男孩，剛進入一年級的普通班。柯克有一種習慣，就是常在上課時說那些和課程無關的閒話。雖然屢次給予勸導，但不易改善。

五、目標行爲的測量：

　　每天只要柯克在課堂上亂說閒話，就由老師當場加以記錄。所謂亂說話是指說一些與課業無關的話。同時也另請一位老師從旁做觀察記錄，以資比較兩位觀察者的觀察一致性（以較少的記錄除以較多的記錄再乘以 100 ％）。其結果達到 86 ％。由此一信度考驗結果表示，二位觀察者的觀察結果相當一致。

六、實驗步驟和結果：

　　本實驗設計是採倒返設計，其程序及結果如下：（參閱圖 12-3 ）

　　㈠量基準線（A₁）：在實驗進行的前九天，測出柯克的基準線，柯克每天說閒話的次數介於 6 次至 19 次，其平均數則爲 13 次。

　　㈡增強階段（B₁）：由第十天開始，柯克的老師將他所做的記錄表拿給柯克看，讓柯克知道自己每天所講的無關課程的閒話有多少。然後老師向柯克呈示一塊魔術板，並告訴柯克只要他在半小時以內不亂說閒話，就可以玩五分鐘的魔術板。

　　結果，雖然柯克並不經常利用這種得到玩魔術板機會的好處，但是他說閒話的次數已降下到每天 2 次至 3 次。這段時間共四天。到第五天

，其說閒話的平均數為 2.5 次。

㈢再回基準線（A_2）：由第 14 天起，老師告訴柯克說，這段時間由於他表現得很好，所以可不必再玩弄魔術板，並且老師也不再記錄他說閒話的次數了。其結果，由 14 天到 16 天，柯克說閒話的次數又升高到平均 9.5 次之多。

㈣再度增強階段（B_2）：老師又提醒柯克他說閒話的次數，並告訴柯克，只要不亂說話，就可以再得到玩魔術板的機會。其結果柯克說話的次數又降到三次以下，而且他並沒有每次都要利用玩魔術板的特權。

七、討論：

這個研究顯示，以玩弄魔術板為增強策略，可以改善一位愛亂講話的一年級男孩說閒話的次數。由於柯克沒有完全利用玩魔術板的機會，所以老師覺得這個增強物的發生作用，可能是由承受下列回饋所致：(1)老師對柯克的注意力，(2)老師曾告訴柯克說，這是她與柯克二人之間的秘密，使魔術板具備一種神秘力量。

後來，老師又告訴柯克說，只要他不要說得太過份，他就可以把魔

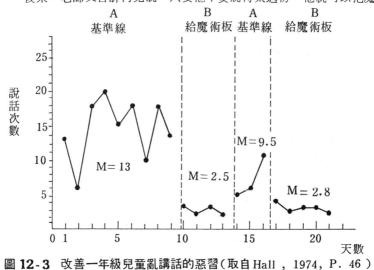

圖 12-3　改善一年級兒童亂講話的惡習（取自 Hall ， 1974, P. 46 ）

術板放在他的書桌上。自此以後，柯克不再在課堂上亂說話。

七、討論及感想：

　　㈠本實驗所採用的增強物爲玩弄魔術板，顯然對柯克具有效果。但可能對其他人無效，尤其是對那些自己有魔術板的兒童來說，此種增強策略便無法發揮作用。可見在行爲改變過程中，如何選取適當有效的增強物，眞是很重要的。

　　㈡就實驗過程言，柯克並沒有充分利用玩魔術板的權利，可是却具有增強作用。可能柯克的愛說話，只是爲了引起老師的注意，而當老師給予注意時，柯克就感到滿意了。由此可以推論，老師只要給予口頭的讚美，就可能減少受試說閒話的發生頻率。

　　㈢本實驗雖無追踪核對，但是最後老師允許他把魔術板放在桌上，所以可以推想，如果魔術板眞具有增強作用的話，此種增強效果將可保持下去。

五、多重處理設計

　　倒返實驗設計模式的應用相當具有彈性，教師得依照需要及實施成效，隨時加予改變。例如，在 B_1 階段的輔導策略未能見效時，教師可就不必依照A─B─A模式進入倒返階段 （A_2）
，而必須另行設計其他輔導策略（如C），逐一試探輔導。這一種實驗設計模式就變成A─B─C─B設計。根據專門刊載行爲改變方案的學術刊物上的記載，學者常用到的其他實驗模式尚有A─B─C─B，或是A─B─BC─B 等模式，特簡略介紹如下：

　　㈠A─B─C─B 設計：

　　1.意義：此一設計模式又稱爲多重處理設計（ multitreatment designs）。主要由Ａ—Ｂ—Ａ設計引伸而來。其主要特徵是使用兩種以上的處理策略，以資比較何種處理策略對依變項的影響較大。不同的輔導策略（或稱處理條件）可用Ｂ.Ｃ.Ｄ等代號表示。

Ａ—Ｂ—Ｃ—Ｂ設計的主要目的，在比較Ｂ策略與Ｃ策略之間的成效差異。例如，要改善一位兒童常常遲到的行為，一般教師經過評量遲到行為的基準線（A_1）後，或先用懲罰方式（如遲到一分鐘，罰站一分鐘）（Ｂ）。此一策略若未能收到預期的嚇阻效果，就該改換另一種策略，如用食物等誘因（亦即Ｃ）。倘若以食物的誘因而促使學童上學遲到行為有了改善，就可再回到Ｂ策略，以便比較Ｃ策略與Ｂ策略的輔導效果。

倘若Ｃ策略仍然無效，就該再改換成Ｄ策略（例如以管理教室大門的鑰匙為誘因）一直到所採用的策略發生效果為止。此等實驗設計模式可參閱案例12-4。

2.範例：案例12-4是探討不同的輔導策略對於學童遲到行為的影響。研究者前後改換了三種策略，如罰站、賞給冰棒、以及付托保管教室鑰匙等，終於改善了案主的遲到行為。此等實驗設計模式（Ａ—Ｂ—Ｃ—Ｄ—Ａ），雖然與本節所提到的Ａ—Ｂ—Ｃ—Ｂ略有所異，但主要精神均在於試探比較不同的輔導策略，（自變項）對於目標行為（依變項）的影響，故讀者亦可參考。尤其是研究者最後以付托保管教室鑰匙為策略，有效改善案主的遲到行為，誠屬高明的策略。因為利用此一策略，既不花費金錢，又可幫助全班同學解決保管教室鑰匙的差事。案主若欲達成教師及全班同學所付托的重任（早上打開教室的門窗），就必

須比其他同學早點到校,其結果,往常的遲到行爲自然而然就不會再發生。這一着妙策,亦即所謂「相互抵制原理」的應用,甚具教育意義,爲師者可多加運用。

案例12-4

一、研究題目:不同輔導策略對學生遲到行爲之影響。

二、研究人員:賴明伸(國小教師)、陳榮華(指導教授)。

三、研究日期:民國六十九年四月至六月。

四、受試的問題行爲分析:

本實驗受試林生,現年十一歲,男孩。家住學校附近(約五百公尺),然經常上課遲到,經訪問家長得知,林生現有高齡祖母、父親、母親及兄姊共十三人,林生排行老么,父母皆爲礦工,早出晚歸,兄姊皆已外出謀生,只剩一高齡祖母常與爲伴。

經觀察林生日常在校行爲,無精打采,做事懶散,功課低劣(第一次段考平均僅 67.5 分)。深入分析其遲到原因,旣非身體疾病,亦非家庭事故,實無遲到的理由。

五、實驗程序:

㈠訂定終點行爲:本實驗之前,研究者對受試之遲到行爲,通例皆給予懲罰、訓誡,但收效甚微。自在師大選修「行爲改變技術」後,決定改以個案實驗法來處理該生遲到行爲,故暫時停止一個星期不再懲罰或訓誡,以便測量遲到行爲之基準線。終點行爲是指該生每天早上能在七點四十五分以前到校,若超過此一時限,即稱爲遲到。

㈡計時信度:應用行爲分析法特別注重信度(reliability)的考驗。本實驗著重於「計時」信度。計時方面除由筆者本人用手錶來計量受試者到校的時間外,並還由另二位糾察隊員使用手錶計時(核對標準以學校之電鐘爲準)。每一實驗階段核對五次,核對結果總共只有二次小有出入。故計時信度相當高。

㈢實驗設計：本實驗採用倒返實驗設計中的Ａ—Ｂ—Ｃ—Ｄ—Ａ模式。第一步先量基準線（又稱為Ａ階段），以了解行為的現狀。第二步呈現自變因，看看此一自變因對受試者的行為（指預期中的行為）發生何種影響。本實驗為求證不同獎懲之效用，又將處理階段分成三個小段，施予不同的獎懲（分別標示為Ｂ、Ｃ、Ｄ）。第三階段是倒返階段，停止操弄自變因。本實驗進行中，受試進入各階段之時間如後：⑴基準線階段（Ａ）六天；⑵懲罰階段（Ｂ）六天；⑶食物增強階段（Ｃ）六天；⑷保管鑰匙階段（Ｄ）六天；⑸倒返階段（Ａ）四天；⑹繼續保管鑰匙。

六、實驗結果

本實驗的自變因是增強因素，依變因是上學遲到時間，如果每天能在七點四十五分以前到校，即符合標準，若八點到校即算遲到15分鐘。實驗結果如圖12-4。茲將這些結果，依照各實驗階段逐一分述如下：

㈠基準線階段：受試每天都遲到，其平均遲到時間是每天17.2分鐘。

㈡實驗處理階段：

⑴罰站階段（Ｂ）：第二星期負增強物開始介入，只要遲到一分鐘就罰站二分鐘，期望運用「懲罰」來消弱遲到行為，實驗結果平均每天還是遲到11.5分鐘，雖然平均數較基準線階段降低，但並未準時到校。

⑵賞冰棒階段（Ｃ）：第三星期起正式介入正增強物。告訴受試只要他不遲到，就給予冰棒吃。實驗結果顯示，正增強物介入之初，受試抱著懷疑態度，經一再給予保證後才略有改變。第三、四天（實驗之第十五、六兩天）果然不再遲到。但冰棒似乎不太能使他感到興趣，因此隔天又恢復遲到行為。研究者給予個別晤談，發現他並不很頑劣，乃給予暗示，如果他能改正遲到行為，老師一定會喜歡他，不僅不會懲罰他，且會給予表揚、讚許，及派他擔任班上重要級務，受試點頭答應，結果隔天並未遲到。

⑶付托保管教室鑰匙階段（Ｄ）：第四星期開始改變正增強物，

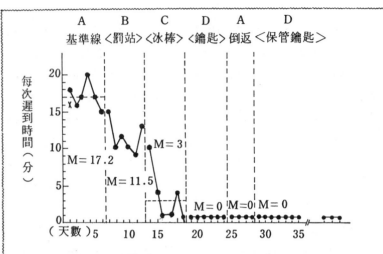

圖 12-4　不同輔導策略對學生遲到行爲之影響

以社會性增強物來代替原級增強物，教師賦予林生保管教室鑰匙之責任
。每天付托林生在早自習以前先打開教室門窗，放學時鎖好教室門窗。
實驗結果受試行爲完全改變，每天都能最先到校，完成賦予之任務，不
再有遲到之行爲發生。

　　㈢倒返階段（A）：研究者爲了觀察保管教室鑰匙是否眞能影響受
試以前懶散行爲及遲到行爲，又將自變因（付托保管教室鑰匙）拿掉。
用四天來觀察受試的遲到行爲是否返回基準線。結果並未倒返，受試不
再有遲到行爲，由此推知，受試的遲到及懶散行爲受到增強因素之影響
，確已產生良好的改變。林生的按時上學行爲，在再增強階段也一直保
持下去。

七、討論及建議：

　　綜觀本實驗之處理過程，可發現受試之遲到原因，非因身體疾病或
家務之影響。實由於已往在學校一直未受到老師的關心和鼓勵。在實驗
過程中，教師運用行爲改變的基本策略，並一再嘗試最有力的增強物，
懲罰和獎賞並用，多給予積極鼓勵，賦予特權等不同處理方式。經兩個

月的實驗結果，受試之上學行為大有改善。可見獎賞的效用要比懲罰的效用來得顯著。改善師生關係對引導學生改正其不適應行為亦為關鍵之處。多用獎賞和鼓勵，少用懲罰。因為懲罰只能阻止或暫時遏止不良行為之發生，並不能培養另一種良好行為。且由本實驗結果亦顯示，懲罰階段中，懲罰並不能完全消除不良行為，僅能降低其發生的頻率而已。要改變學生行為，應先建立良好師生關係。在本實驗中，由於先用懲罰，使得學生對老師產生厭惡之刻板現象，後來改用獎賞、鼓勵、表揚以及付托保管教室之重責，才使得受試與教師間新建立和諧關係，喜歡親近教師，並表示願意做好學生。

教師賦予學生各種不同的獨特形象，亦即形成了教師對於學生的不當期望。在本實驗中，教師先採用懲罰方式，無形中強烈表示受試是一個不受歡迎的學生。結果，只是讓受試消極的接受此一事實，而不改善他的行為。在獎賞增強階段，筆者賦予受試任務，期望他能完成，果然受試表現出前所未有的積極態度。就像蕭伯納名劇中的一段對白：「一位淑女與一個賣花女的分別，不在她的行為，而在她所受的待遇。我在希根教授的眼中，將永遠是一個賣花女，因為他一直待我如賣花女。但我曉得，我在你的面前能成為一個淑女，因為你一直待我如淑女，而且將永遠如此。」

總之，在這二個月的實驗中，受試的遲到行為完全消除，這是歸因於增強因素的影響。不僅受試不再遲到，且其第二次段考平均成績亦由67.5分提升到86.5分。這些進步，雖不能完全肯定受到增強因素影響，但增強因素能改善學生之行為則是不可否認之事實。

(二)Ａ─Ｂ─ＢＣ─Ｂ實驗設計：

1.意義：有些問題行為不一定靠單獨的輔導策略所能改變。若面對此種情境，輔導者必須兼用兩種以上的輔導策略。例如，教師若欲評估社會性讚美（Ｂ），代幣制增強（Ｃ）以及社會

性讚美加上代幣制增強（BC）等三種輔導策略，對於一位國小兒童在家庭用功時間長短的影響，則其實驗程序可安排如下：A—B—A—B—BC—C—A，或是改換其先後順序而成爲A—C—A—C—BC—B—A等。從實驗設計的觀點而言，這一種多重處理設計，旣可以確定個別的處理效果（如B和C），又可探討合併的處理效果（如BC），所以相當方便。研究者若須簡化實驗程序，亦可採用A—B—BC—B—BC設計模式等，誠可依照實驗的目的採彈性運用。

2.實施步驟：其步驟與A—B—A—B設計相似，只是增加合併的處理階段，茲簡列如下（Tawney & Gast, 1984, P. 302）：

(1)實驗開始之前，先確定目標行爲及終點標準。

(2)針對實驗處理給予操作性界說。

(3)確定每一位受試者所承受處理條件的順序。若受試者有二個人以上，應考慮順序效應（order effects），採用對抗平衡措施（counterbalance）安排各實驗處理的先後順序。

(4)觀測至少三天（次）以上的基準線資料（A）。

(5)基準線資料相當穩定之後，介入第一件處理條件(B)。

(6)再度回到基準線狀況（A）。

(7)再介入第一件實驗處理（B）。

(8)介入第二實驗處理（C），或是介入合併處理（BC）

(9)再度有系統地介入各實驗處理，如（B），然後BC，以資前後比較。每一種實驗處理至少要呈現兩次方

易確定其相互關係。

⑽可依照實驗的目的，酌允變換各實驗處理的前後順序。

3.範例：Agras 等人（1974）曾經治療一位食慾不振，體重不足的住院病人。目標行爲是增加病人的食慾，並提高其體重。採用的治療策略有二，一是增強，即讓受試享有特權（Ｂ），一是回饋（Ｃ），即讓受試知道其結果。實驗者採用Ａ—Ｂ—ＢＣ—Ｂ—ＢＣ實驗設計。

量基準線階段共有十天，每天平均提供 6000 卡熱量的食物，計量受試究竟攝取多少，並每兩天測量體重一次。從圖14-5可看出，受試的攝取卡熱量逐日下降，體重雖然起伏不定，但仍然很低，平均在 35.7 公斤左右。

增強階段（Ｂ）也進行十天，其增強辦法是依照體重的增加標準而給予享有特權，如允許受試離開病房去看電視，或和護士們玩牌等。其結果是受試的攝取卡熱量以及體重均逐日下降，平均體重約在 35.2 公斤左右，似未見效。

增強策略與回饋策略併用階段（ＢＣ）：共進行十四天。在這一階段裡，除了繼續介入增強處理外，加入回饋處理，讓受試知道每天自己所攝取的卡熱量、食物份量，以及體重。其結果是攝取卡熱量以及體重均呈上升，平均體重約在 35.7 公斤左右。

再給予增強階段（Ｂ）：共實施十天，只讓受試享有特權，不再給予回饋。其結果是攝取卡熱量以及體重均停止上升，但卻能維持在比前階段都高的水準。

再給予增強與回饋併施的階段（ＢＣ）：共實施十四天，其結果攝取卡熱量以及體重又開始上升，最高攝取卡熱量竟達3300

，最高體重是 39.7 公斤。

　　由此實驗結果可知，增強策略（Ｂ）與回饋策略（Ｃ）兩項實驗處理有交互作用效果，唯未單獨操弄回饋處理（Ｃ），所以無法陳示回饋處理的單獨效果，誠屬此種實驗設計的缺失。

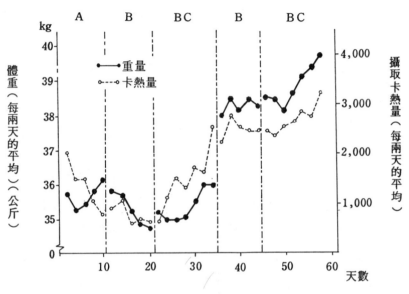

圖 **12-5**　矯治神經性厭食症患者的攝食行為

討 論 問 題

一、試評傳統個案研究法的優劣點。

二、為何把案例 12-1　的實驗設計稱為「準實驗設計」？請分析此一實例後，提出合理的說明。

三、試評 A－B－A 實驗設計的特點及限制。

四、從教育或輔導的觀點而言，A－B－A 設計與 A－B－A－B 設計二者比較結果，何種設計較為合理而適用？請簡述其理由。

五、試評案例 12-4　的實驗設計及輔導策略之特點。

六、請採用「倒返實驗設計」模式，自行找一位受試，設計一套行為改變方案，實際進行為期一個月的實驗工作。

第十三章

多基準線設計與逐變標準設計

第一節 多基準線設計的特點

一、意 義

顧名思義，多基準線實驗設計（multiple baseline design）是測量二項以上的基準線，以便做相互比較。此法較適合於研究學生的讀寫算等學業行為或是技能動作等。因為這些行為一旦學成之後，除了可能有一部分遺忘之外，就不太容易使其全然倒返到基準線階段之水準，所以不便採用倒返設計。

多基準線設計事實上也是屬於ABA設計之一種轉變模式，只是實驗對象可以用二個人以上，或是所處理行為或是情境可以在兩種以上，其實驗設計模式可借A—B標示如下：

1. A B B B
2. A A B B
3. A A A B

「A」是代表基準線階段，三個A段之長短不一致；「B」是代表實驗處理階段，其日數長短亦不一致。1. 2. 3.等阿拉伯數字則可代表不同個案（如甲、乙、丙生），不同行為（如數學、國文、英文成績），或是不同的條件（如在早餐、中餐、和晚餐等）。

若根據假設性資料來說明則有如圖 13-1。圖中，阿拉伯數字1，2，3代表三位受試（或三種行為，或三種情境），依變項是反應百分比，自變項是在B階段所投入的輔導策略。在基準線階段（A），三位受試的反應百分比均很低，約在 20％左右，但一到處理階段（B），各受試的反應百分比（％）均提高到90％左右

。此一結果表示，輔導策略顯然影響到三位受試的反應百分比。因從三位受試的自行比較（亦即A階段與B階段的反應百分比之差異），以及三位受試間的反應百分比的改變趨勢之比較，都可以看出這些影響，並不需要如A—B—A設計要"倒返"到基準線狀況，方可證明二者之間的因果關係。

　　若是處理條件依照預定的 1，2，3 等順序介入後，所要改變的目標行為也隨之而改變；或是處理條件尚未介入之前，目標行為均未改變，即可斷言處理條件與目標行為之間具有因果關係。由此可知，多基準線設計對於內在效度的控制相當適當，而且又可用於不同的受試，不同的行為，以及不同的條件；在教室以及家庭均可便於應用。這些均為多基準線設計的優點。

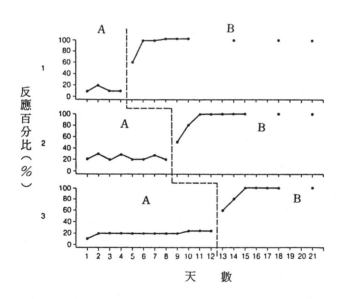

圖 13-1　多基準線實驗設計模式（假設性資料）

　　從圖 13-1 可看出，第一位受試從第五天起進入 B 階段，其反應百分比有顯然改變，但是第二、三位受試仍然在 A 階段，所以維持同樣的反應百分比。從第九天起第二位受試始加入處理條件，反應百分比也及時提升；第三位受試則由第 13 天起進入 B 階段，其反應百分比也隨著提升。由此可證，三位受試（或是三種行為、情境）均因處理條件的加入而提升其反應百分比。

二、實施要點

　　採用多基準線設計時，實驗者應該遵守下列要點：

　　㈠正式開始實驗之前，要先明訂終點行為。

　　㈡俟所有的基準線都保持穩定或是可以接受的「傾向」之後，方可對第一位受試（或是行為、或是情境）施加處理條件。

　　㈢等候第一位受試（或是行為，或是情境）的目標行為已達到預定的要求標準後，方可進一步對第二位受試（或是行為、或是情境）施加處理條件。

　　㈣等候第二位受試（或是行為，或是情境）的目標行為，因處理條件的加入而達到預定標準時，方可進一步對第三位受試（或是行為，或是情境），施加處理條件，以下類推。

　　㈤倘若，第三位受試（或是行為，或是情境）的目標行為，在尚未施加處理條件之前，即隨著第二位受試（或是行為，或是情境）的目標行為之改變而發生改變，就不必再施加處理條件，而一直以基準線階段（A）結局（參閱圖 13-2）。此等結果，是否由於類化所致，或是尚有其他額外變項之影響就不得而知，故須由實驗者進一步研究。

　　㈥如果，第三位受試的目標行為並不因處理條件的加入而改

變，就必須另改換處理條件（假定為 C 策略），以促進其目標行
為的改變。此等狀況有如圖 13-3 。

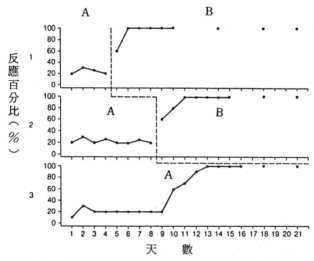

圖 13-2 第三位受試的反應百分比顯然受到第二位受試承受
　　　　處理條件的影響而發生變化，故不必另施加處理(B)

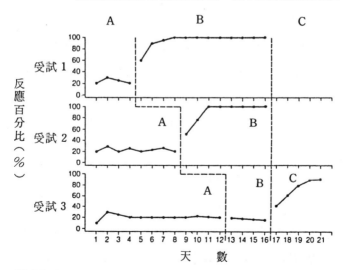

圖 13-3 第三位受試的目標行為在 B 階段裡並未因處理條件
　　　　的加入而改變，故須再介入 C 條件

第二節　多基準線設計的類型

多基準線設計通常可以在同一個實驗裡，應用在兩個以上的受試（或是組別），兩種以上的行為，或是兩種以上的條件。因此，其主要模式可有下列三種：(1)跨越不同受試的多基準線設計（ The multiple baseline design across subjects ），(2)跨越不同行為的多基準線設計（ The multiple baseline design across behaviors ），以及(3)跨越不同條件的多基準線設計（ The multiple baseline design across conditions ）。茲分別介紹其主要特點以及應用範例如後：

一、跨越不同受試的多基準線設計

㈠意義：這一種設計模式，可以同時用幾位受試（或是兩個組別）做對象，但所要處理的行為，以及所面對的情境則同屬一類。亦即實驗者可以在同一種情境裡，針對幾位受試的同一種目標行為，做有系統的實驗處理。在開始實驗之前，實驗者（或教師、父母）必須先設法選出具有相同背景，而又有相同目標行為的幾位受試者，然後在同一種情境下進行實驗。例如，有一位教師若欲探討代幣制對於不同受試在閱讀速率上的影響成效如何，則這一位老師必須先找出幾位年齡相同，學歷程度相等，年級相同，以及閱讀速率相等程度的學生做受試，然後分別介入實驗處理條件，以資觀測實驗處理條件對於受試的閱讀速率有何影響。

又如甲生和乙生的數學成績都很低劣，需要設法輔導或鼓勵

。其實施步驟是先量甲、乙兩生的數學成績之基準線，一俟成績隱定後，先對甲生實施實驗處理（如提供有效教學或獎勵等），但對乙生仍繼續量基準線，不給予任何輔導。等到甲生之數學成績因輔導而有顯著進步之後，再對乙生實施輔導，藉此評估輔導成效。如此設計，不僅可以比較甲生、乙生二人在基準線階段與實驗處理階段之不同數學成績，也可以比較甲生與乙生二人數學成績之轉變點是否因實驗處理而產生。一旦甲、乙兩生的數學成績均因實驗處理或輔導策略之加入而增進之後，可暫停實驗處理，以便觀測其成績之維持狀況，故又稱「維持階段」。不同個案但同一種行為的多基準線實驗設計的詳細實施步驟，請參閱本文所提示的範例 13-1 。若處理三位受試，則其步驟可如案例 13-2 所示。

　　㈡優點與限制：

　　　1.優點：多基準線設計模式適用於下列三種常發生在教室情境的狀況及需要。⑴學校課程的主要部分均要求不同的學生去熟練同樣的技能；⑵學生的學習速率略有所差異——亦即並非所有學生均在同一段時間裡已經準備好去學習同一種技能；⑶教師對於尋找一種有益於增進幾位學生的教學方案及輔導策略甚感興趣。

　　　除此之外，多基準線實驗設計模式在實驗結果的推論方面也相當可靠，因為此一實驗設計可以讓幾位學生學習同一種技能，以資比較；也可以依照學生的不同學習速率而安排學習步驟，一直到熟練為止。

　　　2.限制：不同受試的多基準線設計要求實驗者去固守若干

約束，所以有時也形成下列若干問題：第一是必須要先選出二人以上的受試，而這些受試必須是具有相似的學習背景，以及相等水平的目標行為，故往往不易找到。第二是每一位受試的目標行為必須同時而繼續的觀察與記錄，所以有些工作將浪費太多時間，亦變成不太切合實際。第三是由於第二位及第三位受試的量基準線階段過分拉長，易介入其他因素（如疲勞，或受試遷移他處），影響實驗的進行。第四是易發生受試間的互動影響。亦即在不同個案，但同種行為的多基準線實驗設計裡，有時候藉實驗處理來影響其中某一個案的行為後，其他個案的行為也往往會受到影響。例如有一項研究顯示，甲、乙、丙三位學生的國文成績均不佳，教師先對甲生鄭重宣示：「若每天隨堂考試之成績在六十分以下，放學後就要留下來補課。」這一種輔導策略果然見效，甲生每天均能先做溫習並注意聽講，所以國文成績大有進步。乙、丙兩生在這一段時間內雖然未接受「放學後留下來補課」之輔導策略，但他們的國文成績却也隨着甲生之成績而大有進步。推究其因，原來甲、乙、丙三位同學在放學後，均常常在一起閒逛，但因甲生之行為受到老師之約束後，三人不能常在一起，乙、丙生也因缺少一位玩伴而減少其閒逛的時間，並致力於國文科的學習。這一種影響是實驗者事先所未能料到的。

㈢範例：跨越不同受試的多基準線設計模式，可以使用兩位受試，也可以用三位受試，或更多的受試。在本節中，特介紹兩個範例，好讓讀者了解此一實驗模式的特性。

案例 13-1 是以兩位美國特殊學習缺陷兒童做對象，利用積分制來改進其減算能力，係筆者本人在美國進修期間所完成的研究報告，成效顯著。

　　案例 13-2 則摘自 Hall, R.V. (1974)所編著的一本書：**處理行爲（第三卷）：行爲改變技術～在家庭及學校的應用**。Hall在這一本小册子裡介紹了 21 個範例，係用不同個案實驗設計法所完成的研究報告。這些範例均屬在家庭及學校裡實際應用的成果，可供一般教師及父母參考。茲特介紹其中的一篇研究報告，利用跨越三位高中生的多基準線設計模式，以研討留校補習課業的策略，對於受試學習法文成績的影響。三位受試是美國一所高中學生，專習高級法文。在基準線階段，每天的隨堂作業成績大部分是屬於不及格的等級（亦即 C.D.F 等級）。第一位受試 Dave 從第十一天起介入實驗處理。亦即由教師告訴他，從明天起，若每天隨堂作業成績在 C.D. 或 F 就必須利用**課後**時間，留校補修法文。此一策略立即使 Dave 的法文成績進步到 B 等級以上；第二位受試 Roy 則從第十六天起介入實驗處理，成績也立即有了進步；而第三位受試 Debbie 則自第二十一天起介入實驗處理，其成績也馬上自 F 級進步到 C 級。由此可知，此一處理策略確實影響三位受試。

案例13-1

一、研究題目：積分制對兩位特殊學習缺陷兒童減法運算成績之影響。

二、研究人員：陳榮華

三、研究日期：民國六十五年九月至十二月。

四、個案的問題分析：

　　本實驗係以兩位特殊學習缺陷兒童爲實驗對象。一位是十一歲的男孩，其智商是九十（在 WISC 的語文智商是七十七，作業智商是一〇九

），另一位是十二歲的女孩，其智商是七十七（在 WISC 的語文智商為七十六，作業智商則為七十九）。兩位美國兒童均就讀於納城（Nashville）的一所特殊學校。兩位受試雖然均屬於五、六年級的年齡，但對算術特別感到困難，連最簡單的基本減法都還不太熟練，更談不上運算借位減法，所以需要研究者幫助他們學習借位減法。（按：筆者當時正在納城畢保德師院進修）

五、實驗方法：

㈠終點行為：幫助兩位受試能夠計算兩位數減一位數的退位減法，並將答對百分率自 0％提高到 90％以上。此等減算題有兩種：一種是屬於基本減法，如 $18-9=9$；$13-6=7$；$11-8=3$；$15-7=8$ 等稱之 A 類題，另一類題稱為 B 類題，如 $58-9=49$；$33-6=27$ 等等。

㈡信度考驗：本實驗着重於「計時」、「計分」，以及「繪製圖表」三方面的信度考驗。計時方面除了由實驗者本人使用跑錶來計量受試者的作業時間外，還由另一位研究生使用另一只跑錶從旁核對。每一實驗階段只核對兩次，核對結果完全正確。「計分」的核對則由一位研究生代勞，每一實驗階段結束後，由該研究生逐一核算每一份卷子的評分結果。在全部作業卷子中，只發現有一題評分有誤（錯誤的答案看成正確的），故及時予以改正。繪製成績紀錄圖亦經一位研究生逐一核對，結果均屬正確。

㈢實驗設計：採用跨越兩位受試的多基準線設計。本實驗是在受試者所就讀的特殊班級之觀察室實施。每一受試者的作業時間每天只限一次，每次均在上午十點十五分到十點三十分之內實施。每次的作業時間只有四分鐘，即 A 類與 B 類題各計算兩分鐘，兩位受試者依序介入下列三個實驗階段（男孩子在先，女孩子在後）。

　　1.基準線階段：不給受試者任何的指導或增強。主要用意是評量受試者對 A、B 兩類減算題的熟練程度。每天的成績則當場告訴受試。男孩介入基準線階段共有四天，女孩受試則有九天。

　　2.增強階段：針對受試者的減算成績給予增強。增強方式是採用

積分制（point system）。受試者每答對A類減算題一題可得一分，B類減算題每對一題得二分。每天均當場示知成績，並把受試者的成績記錄在記分卡上。受試者依據記分卡上的積分，得向實驗者換取相當代價的增強物。增強物計有台灣風景明信片、國劇臉譜、竹製胸別針、台灣五元及一元硬幣以及彌勒佛陶器等等。這些增強物的代價則依據受試者對這些增強物的喜愛程度而定。例如男受試最喜歡獲得彌勒佛陶器及五元硬幣，所以彌勒佛則訂為二八〇分，五元硬幣一枚是二〇〇分；女孩是喜歡竹製胸別針，其代價則為二五〇分。每張風景明信片的代價只訂為二十五分。這些台灣製的小玩意兒，對這兩位美國孩童均具有相當大的吸引力。這些增強條件事前均逐一告知受試。

3.維持階段：這一階段的實驗條件又完全和基準線階段一樣。受試者的成績雖然還是當天就告訴他們，但不再使用積分制。就是說受試者的成績優劣不能再換取增強物。其要旨是觀測已習得的減算技能，在取消增強誘因之後，能否維持一定之水準。

六、實驗結果：

本項實驗的自變因是增強因素（由積分換取獎品），依變因是「A類」減算技能（二位數減一位數不退位減法），和「B類」減算技能（二位數減一位數退位減法），包括其答對百分率（即答對題數除於做答題數），和答對速率（指每一分鐘之答對題數）。茲將實驗結果依照各實驗階段逐一分析如下：（參閱圖13-4A及13-4B）

㈠基準線階段：在基準線階段裏，男孩受試所得A類題的答對百分率之平均數為42％，B類題的答對百分率則為0％；女孩受試在A類題的答對百分率之平均數為27％，B類題的答對百分率也是0％。可知兩類受試只能運算A類基本減算題，但尚未完全熟練；對B類借位減算題則完全無法運算。

㈡增強階段：當增強因素介入之後，兩位受試兒童的運算成績顯然有所增進。從圖上可以看出，男孩在A類題的答對百分率之平均數為86％，B類題的平均數為73％。女孩的A類題答對百分率的平均數提高

為 68 %；B 類題的平均數提高到 55 %。男孩在增強階段第五天時，答對百分率已達 100 %，女孩則在第八天時方達 100 %，隨後幾天成績雖然略有起伏，但到最後三天均能維持 100 %的成績。

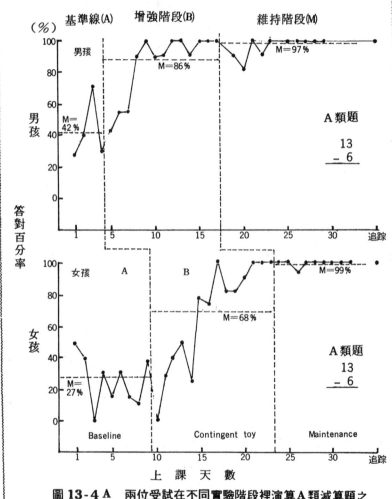

圖 13-4 A 　兩位受試在不同實驗階段裡演算 A 類減算題之「答對百分率」的進步情形

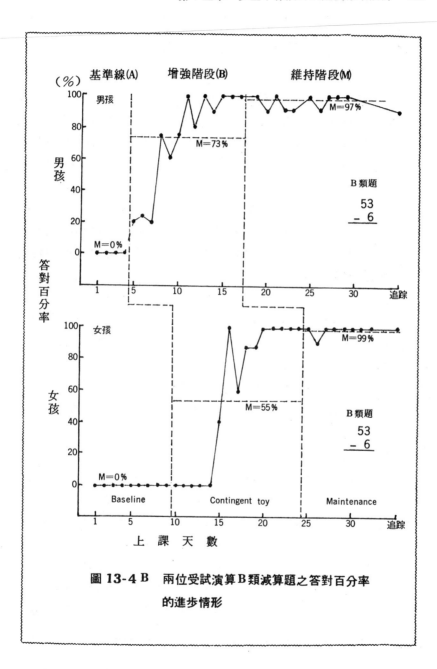

圖 13-4 B　兩位受試演算 B 類減算題之答對百分率的進步情形

又從「圖13-4B」可以說明所謂「習得」現象：兩位受試在基準線階段裡運算B類題的成績是 0 ％，但增強因素介入後，男孩受試於第一天就略加見效，其答對百分率提高到 20 ％，從 0 ％改變為 20 ％，即為「習得」B類減算題之運算技能，但尚未達到完全熟練之地步。男孩到第八天時方達到 100 ％。女孩的學習效果較為緩慢，於增強因素介入後第六天，始自 0 ％提高到 40 ％，第七天雖已達到 100 ％，但而後時而有所升降，要到第十一天後，方一直維持 100 ％的成績。在增強階段裡，兩位受試者均分別獲得三項增強物，顯得高興萬分。

㈡維持階段：當增強因素取消之後（即答對與否不再給予增強物），兩位受試的減算成績仍然維持相當好的水準。男孩在A類題的答對百分率的平均數是 97 ％，B類題的平均數是 97 ％；女孩在A類題的答對百分率的平均數是 99 ％，B類題的平均數也是 99 ％。

男孩受試經由十天的維持階段，而最後三天在B類題的「答對百分率」均達 100 ％，所以本項實驗即算成功而結束；女孩子也經由八天的維持階段，其中有七天的答對百分率均為 100 ％，也算圓滿結束本項實驗。

經一週後，實驗者再前往做一次追蹤研究，得知女孩子仍能維持 100 ％之答對百分率，但男孩子則略降為 92 ％（計算B類減算題），兩位受試在A類減算題的答對百分率則一直維持 100 ％。

七、討論與建議：

增強誘因是本項實驗的自變因，A與B類減算成績是依變因。因此，所選用的增強物是不是真正為兒童所好，乃是決定實驗成敗的關鍵。「何物」在「何種時機」對「何種個體」的「何種行為」較易引起增強作用，乃是實驗者必須先加考慮的要件。在本實驗中所用的增強物是台灣的小玩藝兒，對美國兒童來說，是相當新奇而具有引誘力的。這一點可以從兩位兒童第一次看到這些增強物所表現的行為，諸如驚奇的表情、玩弄不停，以及盤問這些增強物的功用予以推斷。同時也可以從兒童

的情緒反應來推斷這些增強物的功效。男孩受試在基準線階段常常埋怨說：「他不會做這類題，因為太難，他沒有學過……」。所以一做到B類題，他就玩弄鉛筆或卷子，不能專心作業。A類題的成績也起伏不定，常憑其注意集中與否而異。進入增強階段的前一天，實驗者呈示各種增強物，並且告訴他獲取這些增強物的積分辦法時，他當場露出充滿希望的眼神，並表示願意好好學會B類減算法。果然在增強階段的第一天，他就很努力去計算B類題，在十題中共算了五題，結果算對一題。在計算過程中，明白地表達已具有「借位」概念。實驗者很驚訝地問他說：「前天你還說不會算B類題，怎麼今天上午已經會做這一類題目呢？」，他很得意地回答說「我昨天晚上在家裏學的」。我們會詫異，為何一位滿十一足歲（等於五、六年級）的兒童一直未能在學校裡，或家庭裡習得最簡單的借位減法，而卻要等到這個時候有了增強條件之後，纔表現正確的反應？這個正確的反應，不管是出自兒童的領悟，抑或別人之教導，總是增強條件所引出的結果，這一點是我們無法否認的。女孩受試的增強效果較為緩慢，到第六天始略加見效，但其學習效果則較為平穩而持久。實驗結束後，她曾給筆者一封信，感謝筆者送給她那些寶貴的禮物，又使她學會做較難的減法運算。

　　總之，兩位受試經過兩三年都還沒有學會之B類減算技能，經過一個月實驗期間，每天只花費四分鐘就習得，其功勞自應歸究於增強誘因。當然，教材之難易能適當配合兒童之能力亦是本實驗能獲得成功之一項要因。今後為了做有系統的算術教學，或是從事類似實驗，積極建立各項算術技能或概念之學習層次，以及有效的增強系統乃屬當前之要務。

案例13-2

一、研究題目：增進三位高中生法文作業成績方案

二、研究人員：Cranston, S.S.

三、研究日期：1970 年發表

四、個案的問題分析：

　　受試是三位高中生，在一所美國高中高級法文班受業，其姓名分別為 Dave，Roy, 和 Debbie。這三位受試的學習成績特別差，每天的作業成績均屬不及格的等級，如 D 等級和 F 等級。雖然老師一再地勸告他們好好用功，但成效不大。老師認為三位受試的學習能力尚佳，只是不努力用功。其中，Dave 是學校足球隊的隊員。

五、實驗方法：

　　㈠訂定終點行為：使三位受試每天法文的作業成績，能提高到 C 級以上。法文作業成績的評分等級及標準是：A 級（ 92～100％），B 級（ 84～91％），C 級（ 72～83％），D 級（ 64～71％），F 級（ 63％或以下）。

　　㈡信度考驗：經由教師及一位高材生，共同評閱作業成績及等級的結果，二者的一致性是 100％。

　　㈢實驗設計：採用跨越不同受試的多基準線設計，其步驟如下：

　　　1.基準線階段(A)：此一階段只記錄三位受試的法文作業成績，不介入任何的指導。第一位受試（ Dave ）的基準線階段是十天，第二位受試（ Roy ）是十五天，第三位受試（ Debbie ） 是二十天。

　　　2.實驗處理階段(B)：處理策略是逐一告訴受試者：「若是每天的法文作業成績還是在 D 級或 F 級，就要利用每天放學以後的時間，由任課老師給予補習。」因為老師認為受試在課堂上課時，似乎還有許多不了解的地方。第一位受試的處理階段期間是十六天，第二位受試是十一天，第三位受試是六天。

六、實驗結果與討論：

㈠基準線階段裡：第一位受試的法文作業成績只有一次是C級，其餘都是在D和F級；第二位受試在十五次成績中，也只有三次是C級以上，其餘均不及格；第三位受試共有二十次成績，其中只有一次是C級，其餘都是D級和F級，其詳細結果有如圖13-5。

㈡實驗處理階段：三位受試的法文作業成績立即有了進步，大部分都提高到A級或B級。第一、二位受試只有一次是C級，第三位受試有四次C級。

此等進步情形可以從圖13-5看得很清楚。可知，輔導策略（若成績不佳，放學後留校補習）對這三位受試發生了嚇阻作用，讓三位受試不得不在課堂裡注意聽課，而且回家後，也認真作法文作業。

㈢利用跨越不同受試的多基準線設計，確實可以分析比較，三位受試接受輔導策略前後的法文作業成績的差異。教師起初認為，三位受試或許需要課外輔導方能提高成績，但結果顯示，課外輔導竟成為一種懲罰手段，讓三位受試視為畏途。尤其是第一位受試Dave是學校足球隊的隊員，常要利用放學後的時間集中練習球技，故下課後被留下補習法文，就無法參加球隊訓練，所以他要加強法文的學習，以免被剝奪練球的機會。Roy和Debbie二人雖然不是足球隊員，但却也畏懼承受留校補課的輔導策略，故均能自動勤作法文作業，因此，也都提高了法文作業成績。

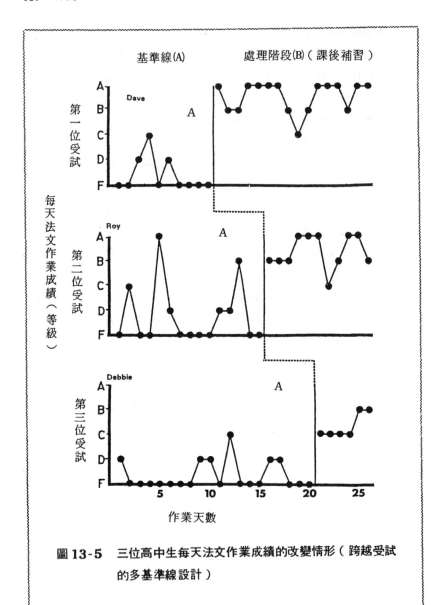

圖 13-5　三位高中生每天法文作業成績的改變情形（跨越受試
　　　　　的多基準線設計）

二、跨越不同行爲的多基準線設計

㈠意義：此一設計模式是由實驗者（教師或父母）針對一位受試的幾種不同行爲，在同一種情境之下進行實驗（或輔導），以資觀測自變項（或輔導策略）對依變項（受試的不同目標行爲）的影響。通常選做目標行爲的種類相當多，可自學業性行爲（如每分鐘念對幾個字，每分鐘答對幾題不進位的三位數加法，或是十分鐘內能寫出一篇三百個字左右的短文等等）到社會性行爲（如在每三十分鐘的觀察期間裡，對於同年輩友朋的交談插嘴多少次？在一天裡自動向老師請教問題的次數有多少？在一個小時的交談過程中，注視對方眼睛的時間百分率是多少等等）。

以跨越不同行爲的多基準線設計進行實驗的研究者，在開始實驗之前，必須要先有下列共識：不同的目標行爲在功能上必須互爲獨立，方能在量基準線階段維持相當程度的穩定性，一直到處理條件介入之後方起變化。亦即選做目標行爲的不同行爲，不宜屬於同一反應類別的項目。例如“二位數加二位數個位進位的加算技能”（ 27 ＋ 34 ＝ ？）與“三位數加三位數個位進位的加算技能”（ 127 ＋ 234 ＝ ？）係屬於同一反應類別的項目，學成二位數加法後，易遷移到三位數加法；反過來說，“併寫注音符號”、“計算不進位加算題”，以及“練習造句”等三項行爲，就是不屬於同一反應類別的行爲項目。研究者若選用同一反應類目的幾種行爲做目標行爲時，往往只對第一項行爲介入實驗處理策略，第二項行爲也隨着起變化。此種互爲影響結果，將導致實驗結果的解釋發生困難。

　　還有一些社會生活技能也互爲影響的，例如敎導一位學生注意修飾儀表後，可能會增進他與同輩間的交往行爲。此種結果又可能帶動他，從同輩友朋中學習到一些自己照顧技能，諸如注意口腔衞生與選擇衣服等等。是故，一位研究者若欲以修飾儀表、口腔衞生及選擇衣着等三項行爲爲目標行爲，借跨越三種行爲的多基準線設計模式，以研究某一項自變項與這三種行爲的因果關係時，恐難收預期效果。

　　反過來說，若選用＂併字注音符號＂、＂計算不進位加法＂，以及＂練習造句＂等三項行爲做目標行爲，則均屬不同類別的行爲項目，但又有較相似的反應形態（如同樣在紙上作業的學業性行爲），故較易獲得實驗結果。又如敎師若發現甲生因學習動機薄弱而導致國文、數學以及社會等學科成績不及格，則可設法提出一套增強辦法，以便試探此一自變項對於甲生學業成績之影響。其實施步驟可有：第一步驟是測量三科成績的基準線，等到這三科成績的水準相當穩定之後，先對其中之一科（如數學科）之學習提供輔導策略（如依成績之優劣給獎），但對另外兩科（國文、社會）之成績仍然不加任何之輔導，每天繼續測量其基準線。一俟數學成績已有增進，再繼續對第二種科目（如國文）之學習提供輔導策略，但仍然繼續評量第三種科目（社會）之基準線。最後確知數學、國文二科之成績均因輔導策略之加入而進步之後，再對社會科實施輔導，經過這些實驗步驟，敎師自可從三種學科之「基準線階段」與「實驗處理階段」之不同成績做相互比較，以確知實驗處理對於甲生三種學科成績之影響。

　　㈡優點與限制：

1.優點：⑴不必藉倒返階段亦可控制有關變項；⑵不必掛慮到由“倒返”措施所引發的實際困難，及教育倫理問題；⑶有些材料一旦學成之後，就不易倒退（如併音、四則計算、併圖等），故只能借此一實驗設計模式方可探討因果關係；⑷許多教育工作者對於學習類化以及學習成績的維持現象之研究甚感興趣，此一設計模式正可以迎合此一要求。

2.限制：此一設計模式若用來研究教育及輔導問題是相當適用的，唯若要嚴格追求實驗處理與行為間的真正因果關係，仍有下列限制。個案的A種行為因實驗處理而發生改變之後，往往對同一個案的B種行為也產生類化作用。在這種情況下，B種行為之改變實際上不是受到實驗處理之直接影響，所以無法驗證其因果關係。例如甲生的數學成績和國文成績都不及格，教師決定探討積分辦法對於激勵甲生的國文及數學成績之影響。量基準線之後，第一週先對數學科成績試用積分辦法，若其數學成績每次達到六十分即可得十點積分，每超五分再得一點。所得積分可以換取適當的學用品、糖果，或是特權等增強物。結果甲生的數學成績大有進步，每天均在八十分至九十幾分。在這一段期間，甲生的國文科成績雖然尚未受「積分辦法」之激勵，但也大有進步，均達及格分數。在這種狀況下，我們就很難斷定甲生國文科成績之增進究竟受何種變項之影響。另一項個案研究也指出，本擬利用社會增強（如讚美、微笑等）來改善一位幼兒的兩種行為：即自動收檢玩具之行為，以及與同年輩兒童和好相處之行為。結果，第一週只對自動收檢玩具之行為適時讚美之後，不僅此一行為大加改善，而且該幼兒和其他幼兒相處之友愛行為也大有進步。

㈢範例：案例 13-3 是一篇矯治自閉症智能不足兒童的 亂 抓 亂碰的舉動，發表在**兒童的教育與處理**（Education and Treatment of Children, 1979,2（3）, 177-184 ）上的一篇報告，並轉載於 Tawney ＆ Gast（1984）的大著。因採用跨越四種行為的多基準線設計，其敍述及圖示均很清楚，而且成效顯著，故特引用為本節的範例。

案例13-3

一、研究題目：不同自閉症狀的過度矯正成效研究

二、研究人員： Savie P., & Dickie, R.F.

三、資料來源：本篇案例發表於 Education & Treatment of Children, 1979, 2(3), P. 177-184.

四、個案的問題分析：

受試是一位十二歲的重度智能不足女孩，收容於一所私立情緒障碍兒童特殊學校。具有自閉症狀，智商只有十四，無語言行為，常用手觸摸自己的生殖器、肛門或鼻孔後，再放進自己的嘴裡；也常用力拉抓自己的頭髮，並捲纏成一條，自行刺激與自行虐待。喜歡攻擊或推拉同學，擅自拿走他人的東西。

五、實驗方法：

　　㈠目標行為：矯正下列四種不適當行為：

　　　1.把手指放進嘴裡：指用手觸摸其他身體部位後，再放進嘴裡。

　　　2.觸摸頭髮：指用力拉、捲纏，或是揮動自己的頭髮。

　　　3.擅取他人的東西：指擅自拿走或丟掉同學的東西。

　　　4.碰擊他人：指用力拉或推開其他學生。

　　這些目標行為的觀察記錄，係由一位觀察者利用每天兩次的訓練時間，由單面鏡觀察受試的行為，並連續記錄每一項目標行為的發生次數

。每一次的觀察時間是一小時，一共觀察了十天（共二十節）。

　　㈡實驗設計：採用跨越不同行爲的多基準線設計。

　　　1.基準線階段（A）：第一種目標行爲（手指放進嘴裡）的量基準線階段是五節（共兩天半）；第二種目標行爲（觸摸頭髮）是九節（四天半）；第三種目標行爲是十二節（六天）；第四種目標行爲（碰擊他人）的量基準線階段最長，共延續了二十節（十天）。

　　　2.實驗處理階段（B）：在此一階段所採用的輔導策略（亦即自變項）是，當受試表現第一種行爲（手指放進嘴裡）時，立即先用口頭警告：「不可以，把手指放進嘴裡是不允許的！」然後進行三分鐘的「過度矯正」（overcorrection）。這一種矯正方法是把受試帶到教室裡的特定一個角落，讓她坐着，把雙手伸放在桌面上，並雙掌心合握，再用膠布象徵性地貼住雙掌，稱之"好雙手"（good hands）。除此矯正策略外，若受試有良好行爲表現，亦立即予以讚美說：「好女孩，凱倫（Karen）！妳今天表現很好！」第一種目標行爲的實驗處理階段進行十五節。

　　　第二種目標行爲是從第十節起進入處理階段；第三種目標行爲是從第十三節起，第四種目標行爲（碰擊他人）則從第六節起發生次數銳減，故未進入處理階段。各處理階段所採用的過度矯正方式均如同上述要領實施。

六、實驗結果：

　　輔導效果如圖13-3所示相當良好。過度矯正策略實施後，第一到第三種目標行爲的發生次數均有顯著的減少，其改進情形如下：

　　㈠手指放進嘴裡：在基準線階段（五節觀察期間），平均每節發生次數是102次，但在實驗處理階段則減少到平均每節僅發生1.4次。

　　㈡觸摸頭髮：在基準線階段平均每節發生102次，到實驗處理階段也減少爲平均每節2.9次。

　　㈢擅取他人東西：在基準線階段平均每節發生115次，到實驗處理階段則減少爲平均每節1.7次。

㈣碰擊他人：開始五節的平均發生次數是在 80 次以上，但從第六節起，隨着第一種目標行爲（手指放進嘴裡）承受過度矯正之後，不僅把手指放進嘴裡的次數銳減，而且碰擊他人的行爲雖然未承受矯正，但也有極顯著的減少，到最後五節的觀察期間（基準線階段），其發生率等於零。

七、討論與建議：

㈠實驗結果顯示，受試的四種目標行爲均有顯著的改善，其發生次數到了實驗終止時，幾乎都是零。但此種結果究竟完全由＂過度矯正策略＂奏效所致，抑或由於＂隔離策略＂（把受試帶到教室的特定角落實施矯正）的影響所致，則不得而知。爲瞭解此一問題，尚待進一步研究。亦即每一處理階段，僅宜試用一種策略，以觀其目標行爲的改變情形。

㈡本項研究若能進一步提供有關＂類化＂以及＂維持＂的資料，則更有價值。亦即須進一步探討下列問題：(1)發生在教室裡的這些目標行爲經過改正之後，在其他情境裡（如餐廳、車上、遊戲場以及家庭），這些行爲是否也不再發生，或發生次數也銳減？(2)除了特定的四種目標行爲獲得改善之外，其他不適當行爲是否也跟着改善？(3)四種目標行爲的改善成效究竟能維持多久？

㈢從圖 13-6 的資料可以得知，這四種目標行爲之間存在着共變項（ covariation ）。如第一種目標行爲（把手放進嘴裡）在第六節的介入過度矯正手續後，發生次數減少許多，而第二種目標行爲（觸摸頭髮）及第四種目標行爲（碰擊他人），雖然尚在基準線階段，但也跟着減少發生次數。

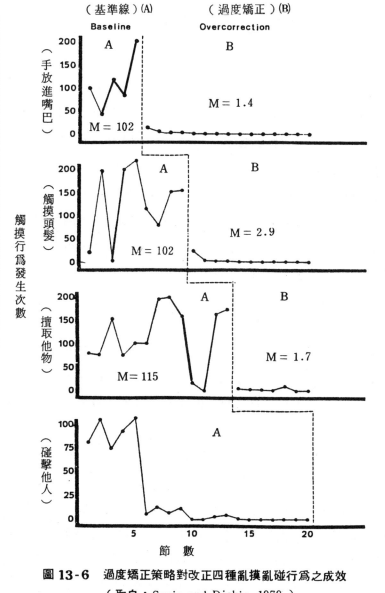

圖 13-6　過度矯正策略對改正四種亂摸亂碰行為之成效
（**取自：**Savie and Dickie, 1979 ）

三、跨越不同條件的多基準線設計

　　㈠意義：採用跨越不同條件的多基準線設計時，實驗者要選定一位受試（或一組受試）的某一項特定行為，針對幾種不同的刺激條件（ stimulu conditions ）逐一介入自變項（指實驗處理或輔導策略），以觀察特定行為（亦屬依變項）的改變情形。此文所提及的「刺激條件」層面較廣，可有時間（time）、教學安排（ instructional arrangement ）、活動（ activity ）、環境（ setting ）、控制人員（ control agent ），或是同輩團體成分（ composition of peer group ）等等。這些層面又可細分如下：

　　　　1.時間層面：分為早餐、午餐、晚餐時間等。

　　　　2.教學安排層面：分個別教學、小組教學、及大班級教學等。

　　　　3.活動層面：可分為上數學科、國語科、自然科等。

　　　　4.環境層面：可分為教室裡、操場、實驗室等。

　　　　5.控制人員：可分為教師、教師助理、及學校輔導人員等。

　　　　6.同輩團體成分：可分為輕度智能不足、中度智能不足、重度智能不足等。

　　跨越不同條件的多基準線設計的實施步驟，完全與前面兩種設計模式相同。例如教師若欲改善一位情緒困擾兒童（特定對象）上課時不能專心聽課的行為（目標行為），就可以採用跨越不同活動的多基準線設計，分別在上“數學科”“國語科”以及“自然科”等活動中，逐一介入“獎懲並用”策略（自變項）

。經過數節的評量基準線結果得知，不管是上數學科、國語科，或是自然科都只有 20％左右的專心聽講率。因此，先選在上“數學科”時介入獎懲並用策略。亦即事前規定受試注意聽講之百分率若超過百分之七十以上，即可獲得若干積分。每週所得積分可隨時提取相對的增強物或享受自由時間等特權。反之，若其注意聽講的百分率低於規定（70％），即不僅要扣分，同時要剝奪其自由時間。但在“國語科”、“自然科”的上課時間則不給予任何的實驗處理，只是每節繼續評量注意聽講的百分率。等到上“數學科”時注意聽講的百分率提高到規定標準後，纔開始對於“國語科”上課時間之注意聽講行為進行實驗處理，亦即實施同樣的獎懲並用之輔導策略。等到在國語科的注意聽講百分率也提高到預定標準後，再針對在自然科的注意聽講行為施予處理，然後再評估成效。

㈡優點與限制：與前面兩種多基準線設計模式的優劣點大同小異。

1.優點：(1)不必藉倒返階段亦可控制有關變項；(2)不必掛慮由“倒返”措施所引發的實際困難，及教育倫理問題；(3)跨越不同條件的多基準線實驗設計模式最符合一項教育理念：即教師要考慮在不同條件下學生的學業性行為及社會性行為的正常發展。所以要常常評估學生在不同教育環境、不同教育時段、不同教育安排、不同團體之間的行為表現；(4)便於研究在不同條件下所培養的行動有何類化現象。例如 Bennett ＆ Maley（1973）等人設計一套訓練方案來增進一位精神病患在實驗室裡的講話次數，受此種訓練結果，病患不僅在實驗室裏之講話次數大有改進，

而且在病房裡的講話次數也增加不少。

　　2.限制：⑴必須要選定幾種不同的條件，方可進行實驗；⑵目標行爲必須在不同的條件裡，同時繼續觀察及評量，此項工作可能給老師帶來較大的麻煩；⑶基準線階段若拖延太長，易介入其他變項之影響，致使實驗結果之解釋發生困難。

　　總而言之，多基準線實驗設計法雖然在若干狀況下，不能明確地證明實驗處理與行爲變化間之因果關係，但若基於教育與輔導之立場，不管採用何種增強因素或是處理策略，若能使學生行爲產生有利的變化，教師都可心滿意足矣！

　　㈢範例：案例 13-4 是一篇一位師大四年級同學在選修"行爲改變技術"的期末報告。實驗者利用各種增強因素（如口頭讚美、說故事、贈貼紙，以及帶出去散步等等）以改善一位三歲多小女孩的用餐拖延時間。選用中餐、晚餐及早餐的三段不同時間，逐一介入實驗處理。誠屬一篇採用跨越不同條件（時間）的多基準線設計實驗報告，其實驗步驟尚清楚，實驗效果也相當顯著，故特列爲範例。唯這一篇實驗報告也有缺失，亦即在增強階段裡，對三餐時間所介入的增強策略不相同，致使其成效也有所不同，故在實驗結果的解釋上有困難。例如在中餐時間是採用讚賞與貼紙，晚餐時間則改用說故事及贈彩色筆，早餐時間又改用上菜市場。結果晚餐增強效果最大，平均拖延時間爲零；其次爲早餐，只有一天拖延，其平均拖延時間是 4.3 分鐘；中餐的平均拖延時間是 30 分鐘。這項實驗設計上的缺失，可能是初學者易犯的錯誤，故特加說明。

案例13-4

一、研究題目：改善兒童飲食習慣的方案。

二、研究人員：林玲娥（大四學生）、陳榮華（指導教授）

三、研究日期：民國71年11月～12月，共34天。

四、個案的問題分析：

　　本實驗的受試以一位滿三歲又二個月的小女孩係研究者的姪兒，其父母在外經商很忙，故受試者與爺爺奶奶及研究者同住一處，受試者聰明伶俐，說話能力極佳，惟其三餐用飯時間不正常，例如：早上10點才吃早餐，中午就吃不下，到了下午一二點，又喊肚子餓，就要吃別的東西，吃飽了，晚上又吃不下，如此惡性循環，致使三餐無法按時吃飯。

五、實驗方法：

　　在進入實驗階段之前，先取得婆婆的合作，做好下列工作：受試者如早上很晚才起床，則早餐只給予一瓶牛奶或餅乾數片或麪包一個，這樣才不致影響中餐；受試者如討零食吃，則只限於少許餅乾或水果，以免影響三餐吃飯的食慾。

　　㈠實驗設計：採用跨越不同時間的多基準線實驗設計。三餐介入實驗處理的前後順序是中餐在前，晚餐其次，早餐在後。

　　㈡訂定終點行為：由筆者訂定標準，早上八點至九點為早餐用餐時間，中午十一點半至十二點半，晚上六點半至七點半，每餐均得在規定的一個小時內吃完半碗以上的飯菜，早餐喝200 c.c左右的牛奶或吃麪包亦可。

　　㈢依變項的量化：記錄受試者超過規定的用餐時間（以分鐘表示）。例如：中午用餐時間為十一點半至十二點半，如果受試者在下午一點才吃，或一點才吃完，則算超過30分鐘，餘此類推。

　　㈣實驗步驟：

　　1.基準線階段：不給受試者任何增強，只是觀察其三餐用飯時間

的拖延情況，並作記錄。量基準線階段的長短分別是中餐為一星期，晚餐為二星期，早餐為三星期。

　　2.增強階段：由於研究者的中餐均能在家準時用餐，故自第八天起先由中餐時間開始介入實驗處理。受試者如能在十一點半至十二點之間吃完飯，則給予即時增強，包括口頭上的鼓勵，說故事，贈送彩帶或帶到外面散步。並在事先準備好的一張圖表上，由受試者親自貼上一張貼紙，如吃得飯量較多，且吃的速度在 20 分鐘內吃完，則給予一張較大貼紙。晚餐則自第十五天起介入實驗處理；早餐是自第二十二天起介入實驗處理。

　　3.間歇增強階段：改變即時增強的作法，只是偶而給予增強。其目的在於觀察取消增強誘因後，受試者是否恢復拖延吃飯的壞習慣。

六、實驗結果：詳見圖13-7

　　㈠基準線階段：用中餐時間，平均每餐超過規定時間是 90 分鐘，晚餐平均超過 20.7 分鐘，早餐超過 28.1 分鐘。由圖 13-7 顯出，在基準線階段裡，晚餐及早餐的拖延分鐘均有明顯下降趨勢，可見有類化情形產生。

　　㈡增強階段：飯前、飯中隨時給予受試者口頭的增強，飯後立即給予原設增強物（貼紙、說故事、買水果）的結果，中餐時間的超過分鐘，平均減少到 30 分，晚餐平均為 0 分，早餐為 4.3 分。

　　㈢間歇增強階段：只有當受試者表現有食慾不佳或拒食情形產生時，才給予增強，此階段內，中餐拖延分鐘平均為 10.5 分鐘，晚餐為 4.5 分，早餐為 0 分。

七、討論與建議：

　　由本實驗中發現，各種增強方法對幼兒的飲食行為確有很大影響。值得提出檢討的是造成兒童飲食習慣不好的主要原因，若非是兒童本身的消化器官不良，就是在家庭生活中所塑造的，故家長應該負起大半責任。例如本案的受試，自小由其姨婆帶大。至一歲半時才由祖父母代為照顧。通常祖字輩的親屬，過度溺愛孫子，惟恐孫子餓壞肚子，故不管

在任何時間內；只要孫子要求吃東西，無不盡量滿足其需要。此等結果，才逐漸養成受試者的不良用餐習慣，導致三餐無法定時定量。

此外，受試者有一位六歲大的哥哥，至今仍不會自己吃飯，三餐均由其外祖母或媽媽親自餵食，且吃飯中邊吃邊玩，一頓飯吃下來，超過一個小時是免不了的。在本實驗進行到第二十七天及第二十九天，受試者與其父母共同吃午飯，致使受試有機會模仿其哥哥的吃飯動作，以致

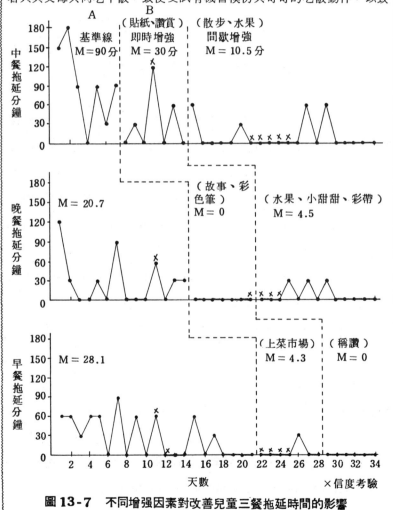

圖13-7　不同增強因素對改善兒童三餐拖延時間的影響

用餐時間又拖延了六十分鐘；在實驗中第二十一天至二十五天，受試者
至其姨婆家玩，獲得許多玩伴，並一起吃飯，故均能和玩伴一樣按時吃
飯。由此可見，同年紀兒童間的模仿學習，影響兒童的習慣養成至巨，
做家長的必須特別注意。家長若能採取適時的處置，而不再以「孩子太
小不懂事爲藉口」，放棄教養之責任，則許多兒童的不良習慣，當可消
失。

第三節　逐變標準設計的特點

多基準線設計除了上述三種主要模式外，尚有兩種變異模式
：一爲「多樣探測設計」（ the multiple probe design ），二爲
「逐變標準設計」（ the changing criterion design ）。這兩種
實驗設計模式也都很適用於教育情境，尤其是便於評價教學方案
與行爲改變方案的成效問題。「多樣探測設計模式」與「多基準
線設計模式」較多雷同，均可同時使用於不同的受試，不同的行
爲，或是不同的條件（如時間、活動或是環境等）。最大差異是
多基準線設計尚有基準線階段（ A段 ），但多樣探測設計則無基
準線階段。實驗一開始，就將探測性嘗試（ probe trial ）斷斷
續續加諸於受試，以資比較實驗處理成效。除此而外，多樣探測
設計的變化模式較多，所可涉及的變項也較複雜，爲若干專業臨
床心理學家所偏愛，但似非一般家長或教師所能應用自如，故本
節不多介紹，讀者若有興趣，可參閱Tawney & Gast（ 1984 ）
的著作“ **單一受試研究在特教上的應用** ”（ Single subject
research in special education ）的第十一章。

　　逐變標準設計則更適合在家庭及學校情境實施，其實施步驟簡易明瞭，成效顯著，誠值推介，故特增加此節，詳加介紹。

一、意　義

　　「逐變標準設計」係由 Sidman, M（1960）在其著作："科學性研究的策略——心理學實驗資料的評價"所提示的一種研究設計模式，並由 Hall, R. V.（1971）所命名。顧名思義，在實驗處理階段裡，須將達成終點行為的標準（Criterion），從易至難，分成若干小階段，依據逐步養成原理逐段遞昇，讓受試在各小階段裡稍稍努力，就易達到預定的各階段標準而獲得應有的獎勵，循序漸進，終點行為即可塑成。

　　Hartman, D. P., & Hall, R. V. 二人於一九七六年，在應用行為分析學報（Journal of Applied Behavior Analysis）第九期上發表一篇專論："逐變標準設計"（The changing criterion design），對此一研究設計有一段相當中肯而清楚的界說，特摘述如下：「逐變標準設計首先須為單一目標行為做基準線評量，然後進入實驗處理階段。在實驗處理階段就要採取逐步實現目標行為的方式，將整個處理階段劃分成若干小階段，並事先訂定每一小階段的要求標準。這樣，每一小階段的成就，就成為下一個階段的基準線，依序遞昇，終可塑成終點行為。若每一小階段目標行為的發生率，每能跟着預定的標準而變化時，所謂治療效果（或是輔導成效）也就獲得肯定，並表明實驗控制已加考慮。」

　　根據上述界說可知，逐變標準設計最適宜於研究煙癮、酗酒

、偏食、貪睡、減肥、以及其他涉及生理機能的習癖。因爲這些
習癖係經由長期的嘗試所塑成，似非一早一夕所能改正，務必根
據生理上的適應原則，逐步改善方可見效；同時，這些目標行爲
的量化，諸如抽煙支數、喝酒量、食量、以及睡眠時間的長短等
等，均可分割爲明顯的不同程度，故便於訂定明顯而具體的階段
標準。茲舉改變一位酗酒患者的飲酒量爲例，說明如下：

假定受試在基準線階段每天晚餐平均要喝二十小杯紹興酒（
每杯是 50 cc）。實驗處理階段之第一週，只要他喝酒量不超過
十八小杯，即該獲得獎勵；反之，即要受罰。第二週以後每週減
少二杯，喝酒標準量則改爲十六杯，第三週改爲十四杯，以下類
推，到第八週只能喝四杯，這樣安排，可以幫助受試者在生理上
或心理上做逐漸的適應。所以實驗處理階段較長，往往要在幾週
到幾個月之久。最後還有「維持階段」，以便觀察終點行爲塑成
之後，是否不再需要實驗處理而亦能長久維持下去。

再舉減輕體重方案來說，若某一位國二學生的體重超過八十
公斤，知其食量驚人，每餐必須吃五大碗飯。爲了減輕其體重，
決定試用減食方案。實驗處理的第一週，受試每餐只能吃四碗半
飯，菜餚也給予限量，若達到此一標準即可獲獎，反之則受罰。
第二週只能吃四碗，第三週減爲三碗半，第四週減爲三碗飯，第
五週以後只吃二碗飯。這樣逐週減少食量，生理上方能適應，若
實驗處理一開始就把標準訂得太高，只准受試每餐只能吃一碗飯
，則很不容易讓受試接受，自然更難收到預期效果。Wolpe
（1969）等人所創用的系統逐減敏感原理亦特別着眼於生理的，
或心理上的適應特性。唯有逐步調整刺激強度與個體的感受關係

，方能徹底消除或減弱個案的不適當行為。逐變標準實驗設計能否發生功效，除了依靠逐步養成技術之應用外，端賴所選擇之增強物是否合乎受試之最大需要而定。要革除受試根深蒂固的不良嗜好，如酗酒、煙癮、沉緬於電動玩具場所等等，若不能找出更有力之積極增強物來替代，恐怕個案不易就範。從後面所舉「案例 15-5」戒煙的輔導成效，便可知選擇增強物之重要性。

二、實施要點

採用逐變標準設計時，實驗者應遵守下列要點：

㈠等待基準線階段的行為資料顯示相當穩定之後，方可介入自變項，亦即進入實驗處理階段。

㈡實驗處理階段要依據終點行為的難易，劃分成四至八個小階段，每一個小階段應達成的「標準」亦應由易至難，依序訂定，並事先告知受試，好讓受試有努力的目標。

㈢正式進入實驗處理階段之前，必須先指明各小階段的要求標準，以及劃分這些標準的策略。所訂定的各小階段標準，宜根據受試者的能力及條件而定。最理想的小階段標準是，受試者略加努力即可達成的。

㈣唯有第一小階段的標準達成後，方可鼓勵受試依據第二階段的標準繼續努力；第二小階段的標準達成後，再繼續設定下一個階段的標準，以下類推。唯若某一小階段的標準一時無法達成，就該重復嘗試此一階段的標準；若再延長一小階段之後，仍然無法達成此一目標，則實驗者應自行檢討，考慮暫時降低標準，抑或改變增強策略，俟突破難關後始可進行下一個階段。

㈤各小階段的長短不必完全一致，視受試的表現而異。但最短也要讓目標行為能維持在規定標準水平上，至少不得少於三天（或三個觀察時段），通常在學校或家庭實施，為了觀察及處理上的方便，也可以以一星期為一小階段。

三、優點與限制

㈠優點：⑴逐變標準設計每次只需要一項目標行為，所以目標簡明，着手容易。⑵此一設計最適合於塑造行為方案的成效評估。⑶此一設計不僅可用在增進行為的方案：如提高完成作業的百分率；增進在教室聽講的節數；增加和友朋溝通的次數；幫助增加偏食兒童的食量等等，而且還可以用在減弱行為方案：如酗酒、煙癮、亂講話、講髒話、亂丟衣服及書籍等等。⑷不必倒返到基準線階段。⑸由於各階段的標準均依序逐加遞升，所以學童（或其他受試）可不必一開始接受輔導就要承受很大的壓力，故較樂意嘗試，因此，成功的可能性也較高。這一點對教師或輔導人員尤其重要。

㈡限制：⑴須小步驟地遞升各階段的標準，所以要達成終點行為的期限較長，對一些爭取短期時效的個案就不太適合；⑵認定各小階段的標準達成與否，全賴主觀上的判斷，所以若遇到有時達到階段標準，有時達不到標準的個案，就難推論自變項與依變項之間的關係；又如，有時候實驗者所訂定的每一階段標準只須少量的改變（如每一週只減少一支抽煙量），但個案的抽煙量經兩個禮拜的實驗後卻有很大的改變（如從每天抽二十支減少到抽五支），而並未隨著每一階段的標準而做小幅度的變化時，或許

除了實驗處理之外，尚有其他因素影響著受試之抽煙行為，只是不為實驗者所控制。在這種情況下，若要取嚴謹的研究態度，我們就不易推知實驗處理與終點行為之確切因果關係。不過從教育的觀點而言，這一種限制並不足為慮，因為學生的行為終究有了好的改變。

總之，逐變標準設計雖然有若干缺失，但若應用得體，致使目標行為能隨著所訂定之標準而逐段改變，則可驗證相當明確的因果關係之存在。尤其對於若干可分成不同程度之行為處理，諸如戒煙、戒酒、戒喝咖啡、減體重，或改善偏食行為等等最為適用，成效也最為顯著，教師及家長不妨多加應用。

四、範　例

本節所介紹的兩篇案例，均屬國內現任教師在進修期間所完成的實驗報告，輔導成效卓著，方法適宜，可供各級教師參考。

案例 13-5 是一位國中女教師，採用逐變標準設計改善其丈夫的抽煙行為，雖然是一篇選習師大輔研所「行為改變技術研究」的期末報告，但對於目標行為（抽煙的支數）的評量與記錄，以及階段增強物和即日增強物的選擇，頗具創意；對實施步驟之結果及討論等方面的敍述也非常詳盡，故值得列為本節的範例。（詳閱「案例 13-5」）

案例 13-6 是一位國小女教師，採用逐變標準設計模式，改善一位八歲大的智能不足兒童，上課時間擅自離開座位的行為。輔導策略是以允許參加早晨升旗典禮為即日增強物，並以文具及故事書為階段增強物，有效地改善了受試的惡習。所使用的增強策略（允許參加升旗）很適宜，值得一般教師參考。（詳閱「案例

案例13-5

一、研究題目：不同增強物對成人戒煙的成效。

二、研究人員：鄭××,(國中教師),陳榮華(指導教授)

三、研究日期：民國七十年七月至八月。

四、個案的問題分析：

　　個案是一位三十四歲成人，係實驗者的丈夫，每天的抽煙量相當大，平均在一包左右，似已成習。為了避免影響身體健康，實驗者屢勸受試戒煙，但他一直沒有恒心，甚至有越抽越多的趨向，實驗者經常為此與受試鬧彆扭，却無良策可行。受試有時良心發現，誠懇提出假如實驗者有良方協助戒煙的話，將會與實驗者合作。七十年暑期，在師大輔導研究所選修「行為改變技術」，激起一絲希望，期能運用所學的輔導技術，實際實驗，減少受試抽煙支數，以保障身體健康，增進家庭和諧氣氛。

五、實驗方法：可分成下列幾個步驟：

　　㈠訂定終點行為：由於受試抽煙習慣已久，且實驗時間不很長（只限暑期），所以不能把目標立即定在完全戒煙，而只能使受試從平均每天抽煙十五支左右減少到平均每天抽煙六支以下。

　　㈡記錄目標行為：實驗者先覓得一硬式香煙盒，一次可裝滿二十支，每天上班前，由實驗者負責裝滿。煙盒背後以透明膠帶黏貼一張小記錄表。每張可記錄六天，每星期換一張。記錄表分「自己抽」，「別人請抽」，「請別人抽」等三欄，以「正」字畫記，與受試約好，每天上班時間，由受試誠實記錄。每天早上八時至下午五時是上班時間由受試自己記錄；每天下午五時下班回家至隔天早上八時上班以前的時間由實驗者親自測量記錄。星期假日，受試不必上班，由實驗者記錄。若受試於晚上時間或假日需外出應酬或辦事，則由受試在方便情形下自己記錄，否則回家後再向實驗者口頭報告，由實驗者記錄。記錄方式是劃正字

，一律用藍黑原子筆。爲了方便當受試達到即日目標時給予增強，所以不把當天起床到就寢的時段訂爲一天，而把當天晚上五時下班以後的時間與隔天晚上五時以前的時間合併當作一天，每天受試下班回家後，由實驗者核對香煙支數與記錄表，並將一天的總抽煙數圖示於總表上，若達到即日目標，則當晚立即予以增強。

　　㈢實驗設計：採逐變標準設計。分成下列階段。

　　　1.量基準線階段：此階段五天，不給受試增強，只記錄每天抽煙支數，並告訴受試當天抽煙總支數。

　　　2.增強階段：此階段延續五星期，分成五個增強階段，每階段定有階段目標，每天定有即日目標，避免受試以投機方式只求達到階段目標。受試若達到即日目標，就可獲得即日增強物，每一階段所抽的平均香煙支數若低於階段目標，又可獲得階段增強物。

　　　3.維持階段：此階段只有一個禮拜，不再給受試任何增強物。

　　㈣選擇增強物：增強物是和受試訂契約時共同決定的，但因時間的先後而分爲如下：

　　　1.即日增強物：

　　　　⑴階段（Ⅰ）：煮甜點（如芋頭湯、綠豆湯）。

　　　　⑵階段（Ⅱ）：一起選購一張唱片贈送。

　　　　⑶階段（Ⅲ）：贈啤酒一瓶，作晚餐飲料。

　　　　⑷階段（Ⅳ）：贈啤酒二瓶，實驗者陪伴喝。

　　　　⑸階段（Ⅴ）：一起選購受試喜愛的茶葉。此種茶葉很貴，平日是捨不得買的。

　　　2.階段增強物：各階段均有不同的增強物。

　　　　⑴階段（Ⅰ）：七天中受試平均每天抽煙十四支以下則加菜並贈啤酒一瓶，於晚餐時享用（平日實驗者不允許受試在家喝酒）。

　　　　⑵階段（Ⅱ）：七天中受試平均每天抽煙十二支以下則烹煮麻油雞作晚餐加菜，並陪他到體育館觀賞籃球賽。（受試對麻油

雞相當偏好，但實驗者只在冬天偶而烹之，此菜在夏天從不上桌，所以是一大誘因，同時籃球賽是受試沉迷的球賽，每逢比賽均渴望前往現場觀戰，但大部分時間均被實驗者說服留在家裏看電視轉播）。

(3)階段(Ⅲ)：七天中受試平均每天抽煙十支以下則陪伴去游泳。（每逢夏季受試總希望實驗者陪伴去游泳，奈何實驗者是旱鴨子沒興趣，相對的剝奪受試的游泳興緻與機會，所以答應陪伴游泳是一大增強）。

(4)階段(Ⅳ)：七天中受試平均每天抽煙八支以下，則早起陪受試晨跑打羽毛球。（實驗者一向不習慣早起，每回受試力邀陪同晨間運動均不得要領，因此主動陪同晨跑，受試相當興奮）。

(5)階段(Ⅴ)：七天中受試平均每天抽煙六支以下，則繼續陪他晨間運動並購買一組昂貴的古色古香茶具贈送。（受試者習慣喝茶，但家中所用的茶具是瓷製小水壺，對精通喝茶者，一具講究的茶具是相當必要的，而實驗者又常以年青人不需如此講究來拖延購買，因此此次以購茶具贈送，是很大的增強）。

六、實驗結果：

本實驗採逐變標準設計。實驗者的家庭是小家庭，孩子送往南部渡假，暑假期間只有實驗者夫妻倆，而受試是公務員按時上下班，下班後難得外出。且因事先徵得受試同意，所以實驗進行很順利。增強效果顯著（詳閱圖13-8）。

㈠量基準線階段：觀察受試在五天中，每天平均抽煙 15.4 支，此階段是暗中記錄，不予增強。

㈡增強階段：五個星期的觀察，將每天總抽煙數圖示於總表，總表貼在月曆旁，月曆掛在臥室明顯位置，若達到即日目標則在月曆日期以紅筆劃「○」，並當面告訴可於晚上得到增強，若達到階段目標則在各

階段結束日期上貼微笑貼紙，並告訴受試可得到增強。

1.增強階段(Ⅰ)：此一階段的預期目標是十四支，而受試平均每天也只抽13.7支，未超過階段目標，故獲啤酒一瓶。只有7月15日那一天，受試抽了十五支煙，超過標準，未獲取即日增強物。

2.增強階段(Ⅱ)：此一階段的預期目標是12支，而受試平均每天抽11.3支，未超過階段目標，獲階段增強物。7月26日受試抽十支達即日目標，獲即日增強物。

3.增強階段(Ⅲ)：此一階段預期目標是10支，而受試平均每天抽9.6支，已達階段目標，獲階段增強物。

4.增強階段(Ⅳ)：此一階段預期目標是8支，而受試平均每天抽7支，已達階段目標，獲階段增強物。8月8日與9日皆達即日目標，共獲贈四瓶啤酒。

5.增強階段(Ⅴ)：此一階段預期目標是6支，而受試平均每天只抽5.1支，已達階段目標，獲階段增強物。8月13日達即日目標，亦獲

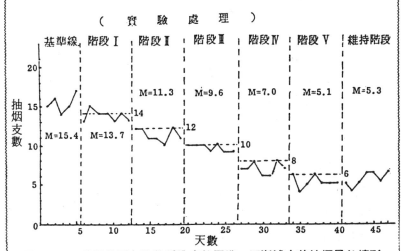

圖 13-8　受試依照各階段所設定的標準，逐漸減少其抽煙量的情形。各階段的橫虛線旁的數字，即爲階段目標的抽煙支數

即日增強物。

　㈡維持階段：觀察受試在沒有增強物之情形下，是否繼續維持，結果測得七天中平均每天抽 5.3 支，仍維持階段（Ⅴ）之目標。

七、討論：茲提出幾點心得討論如下：

　㈠本研究顯示受試由原來平均每天抽煙 15.4 支，而逐漸減少至平均每天 5.1 支。這項事實對一個抽煙歷史悠久的人來說，是相當良好的成績，此為本實驗之一大收穫。又在實驗過程裡，受試表現非常良好的合作態度。實驗者亦能履行契約上所訂之增強條件，這些均是實驗成功的必要條件。

　㈡增強物中以陪伴晨跑最令受試興奮，因為這是他企求已久的事，此舉使他晨跑不必羨慕那些有伴的夫妻，而且更增加夫妻感情。同時使受試定下完全戒煙的目標，只要實驗者繼續陪伴晨跑，此乃本實驗另一大收穫。

　㈢本實驗由於受時間限制，無法定出完全戒煙的目標，同時維持階段只有一星期，無法觀察到受試在沒有增強物之情況下，抽煙支數一直維持在六支以下的時間能繼續多久。

　㈣由於本實驗都能達到預期目標，因此實驗者確信，若繼續實驗，將可協助受試完全戒煙，當然實驗者也要付出相對的代價，如陪伴丈夫早起晨跑，或隨時關心丈夫，但這是值得的。

案例 13-6

一、研究題目：增強因素對改善學生離開座位行為之影響。

二、研究人員：吳靜枝（國小教師），陳榮華（指導教授）

三、研究日期：中華民國 71 年 4 月至 6 月

四、個案的問題分析：

　個案嚴生是一位一年級學生，八歲，係實驗者班上小朋友，經實驗

者近一年的觀察，該童性情孤僻，略有自閉症傾向，甚少與其他小朋友一起遊戲，瑞文氏彩色推理測驗（C.P.M）得百分等級4，智能偏低。該童每於上課中，利用實驗者轉身板書時，突然離開座位奔出教室，或洗手，或上福利社、廁所……等，起初實驗者以口頭勸告，却屢勸無效。後來採懲罰方式，收效仍微，嚴重的影響教學進行，頗令實驗者頭痛。經與該童家長研討，得知原來嚴生平日甚少接近其他小朋友，養成了強烈自我保護態度。因嚴生畏懼小朋友偷他的東西，下課從不敢離開座位，而養成了上課離開教室上廁所、洗手、……等習慣。實驗者曾開導他信任別人，鼓勵他下課時到外面與其他小朋友一起遊戲，但成效一直不彰。

五、實驗方法：

㈠訂正終點行為：由於受試者離開座位行為已經持續將近一年，很難短時間內即予消除，但若不完全去除，却又嚴重影響上課，遂決定以較長實驗時間，分成數段，使該童離開座位次數，能從每天每節平均7.2次，逐段遞減到最後階段完全消失。計算方式以每天4節離開座位總次數除以4，做為每天每節平均離位次數。每天放學之前核對次數，若達預定目標，便給予增強。

㈡實驗信度：本實驗著重「計次」，由實驗者及兩位小朋友分別劃記，每節核對。在整個實驗期間，除了五月十七日筆者少計一次外，其餘計次都很正確。

㈢實驗設計：採逐變標準實驗設計

　1.量基準線階段：此階段五天，不給受試者任何增強，只記錄每每節離開座位次數，得平均7.2次。

　2.增強階段：此階段延長五星期，分成五個增強階段，每天定有即日目標，每階段有階段目標。以六天全部達成即日目標方算達成階段目標。

㈣增強方式：因受試的智力偏低，對增強物的選擇不當，故全部增強物均由實驗者選定後，再徵求受試者同意。

1.即日增強物：階段Ⅰ的即日增強物是得梅花章一枚（五枚梅花章可換拼圖一個）；從階段Ⅱ起改為參加次一天早晨升旗典禮。

2.階段增強物：每一階段的增強物如下：

階段Ⅰ：鉛筆盒一個

階段Ⅱ：彩色筆一盒

階段Ⅲ：故事書一本

階段Ⅳ：白金自動筆一枝

階段Ⅴ：到動物園玩

六、實驗結果：

本實驗採逐變標準實驗設計，除增強階段Ⅰ，因所選增強物對受試者缺乏吸引力而未達預定效果外，其餘實驗進行頗為順利，增強效果顯著。但在增強階段Ⅴ時，因受試者尚未養成下課離開位子習慣，而無法達到預期目標0次。

㈠量基準線階段：此階段在暗中觀察受試者離開座位次數，求得基準線每天平均7.2次（其中第六天受試者請假），此階段不予增強。

㈡增強階段：實驗處理過程持續五個星期，每天將受試者離開座位次數（包括出教室及在教室內）標示於佈告欄，若達到即日目標，便以紅筆畫上"☆"，並告訴他可得到獎勵，若達階段目標，則在各階段結束日期貼上小叮噹貼紙，也同樣告訴他可得到獎勵。

1.增強階段Ⅰ：此一階段的預定目標是每天每節平均6次，其中第一、二、三、五天受試平均在標準之下，各得梅花章一枚，唯此種積分制增強，對受試者的吸引，無法維持較久，效果只有幾天，第四、六兩天行為次數又高出預定目標，可見此階段增強物選擇並不很恰當，此階段每天每節平均為6.17次。

2.增強階段Ⅱ：因階段Ⅰ的增強物選用不當，導致實驗結果不盡理想，遂決定延長階段Ⅰ的預定目標6次，再實驗一週。經與家長討論得知，受試很希望能參加每天的升旗典禮（因受試有手心多汗症，又常在升旗時東碰西碰周圍小朋友，教師經常要他看守教室，不參加升旗）。因此

便以參加次日早晨升旗典禮爲本階段即日增強物。實驗結果相當好，六天全部在預定目標之下，每天每節平均爲 5 次，除了每天都可參加升旗典禮外，還可得到彩色筆一盒。

3.增強階段Ⅲ：此階段的預定目標是每天每節平均 4 次，仍以參加升旗典禮爲即日增強，除了第一天平均高於標準外，其餘均在標準之下，每天每節平均爲 3.83 次，未獲階段增強。

4.增強階段Ⅳ：本階段預定目標是每天每節平均 2 次，即日增強物不變，其中有五天在標準之下，只有第二天高出標準，每天每節平均爲 2 次。

5.增強階段Ⅴ：本階段預定目標爲 0 次，却意外受試者全部未達預定目標，究其原因，乃是每節他至少須離開敎室上廁所一次，每天每節平均爲 1.5 次。

㈢維持階段：爲免受試者離開座位行爲再度遽增，在維持階段只取消階段增強物，保留即日增強物（尤其參加升旗禮），預期目標由階段Ⅴ的 0 次改爲階段Ⅳ的 2 次（ 0 次對該量是種無法達到的目標），實驗結果，維持階段每天每節平均 1.73 次，仍維持階段Ⅳ之目標。

七、討論與建議：茲提出幾點心得討論如下：

㈠受試者離開座位行爲係由心理上的防衛而導出的行爲習慣，亦即怕其他小朋友偷自己的東西，因而下課不敢離開座位，改在上課時間離開。一般而言，要想去除此種行爲，應該先從消除其心理防衛作起。但在本實驗中，却能由每天每節平均 7.2 次降至維持階段每天每節平均 1.73 次，增強原理的運用得法，誠屬最大關鍵所在。因爲受試者相當渴望能參加升旗典禮，以此作爲增強，收效極爲顯著，且能維持長久的功效。

㈡作完本實驗後，深深感到家庭敎育之重要。父母的敎育態度常直接影響子女人格的發展。受試者的過度自我保護態度，便是父母不當管敎態度下的產品。

㈢本實驗的額外收穫是，同時減少了受試者愛碰觸其他小朋友的習

慣。受試者平日總認為別人要打他，欺負他，因此，只要一有小朋友接近，他就會出手先抓別人。在實驗過程中，只要受試一有摸或打人行為，便會立即被叫進教室，宣告取消即日增強：亦即不再讓他參加升旗典禮，無形中，他的摸人行為減輕了不少。

㈣本實驗所以能成功，對受試心理上的輔導是關鍵所在。受試的父母相當配合，所有的階段增強物均由家長提供。可知，輔導能否成功，教師與家長的影響力是並重的。

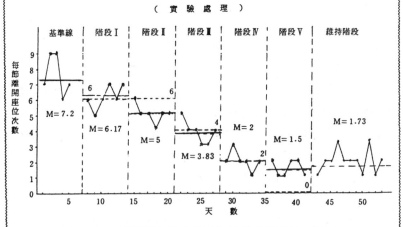

圖 13-9　增強因素對改善學生離開座位行為之影響

（註：虛線為階段標準，實線為階段平均成績）

討 論 問 題

一、試舉例說明「跨越不同受試的多基準線設計」，並評述其優
　　點和限制。

二、試舉例說明「跨越不同行為的多基準實驗設計」，並評述其
　　優點及限制。

三、試舉例說明「跨越不同條件的多基準線實驗設計」，並評述其
　　優點及限制。

四、試評案例 13-4　的實驗設計特點及輔導成效。

五、試舉逐變標準設計的特點及其實施要點。

六、試評案例 13-5　的實驗設計特點及輔導成效。

第 四 篇

應用與案例分析

誠如在緒論中所提及，行為改變技術的應用成效卓越，所以近一、二十年的發展相當迅速，不僅所依據的行為原理及策略愈加豐碩，應用層面愈趨廣大，應用成果的發表量更是愈積愈多。僅就美國來說，為了刊載這一類的研究成果，專門的學術性雜誌也陸續問世，其中較重要的有下列八種，特依照其創刊年代的先後順序列舉如後。當然還有其他許多有關特殊教育、輔導及心理學刊物也均刊登此類研究成果。

1. 行為研究與治療（Behavior Research & Therapy, 1963）
2. 應用行為分析學報（Journal of Applied Behavior Analysis）（JABA）（1968）
3. 行為治療（Behavior Therapy, 1970）
4. 行為治療與實驗精神病學報（Journal of Behavior Therapy & Experimental Psychiatry, 1970）
5. 行為改變專論（Behavior Modification Monographs, 1970）
6. 行為工學（Behavior Engineering, 1973）
7. 行為改變技術（Behavior Modification, 1977）
8. 認知研究與治療（Cognitive Therapy & Research, 1977）

從發表在上述刊物上的研究成果得知，行為改變技術的應用對象包括不同年齡、性別的正常人與異常人，以及各種不同職業身份的人；應用場所則包括家庭、學校、特殊機構，以及各社會生活情境；所處理的行為則從日常生活上的衣食住行、學業等行為，到各種不適應行為。根據已發表的應用及研究報告，治療成

效卓著的案例雖然很多，但不成功的例子也有，均值得專闢篇幅
介紹。本篇特分成三章，分別介紹行為改變技術在家庭、學校，
以及各類特殊機構等方面的應用成果。所介紹的案例，大部分是
在國內，由家長、教師以及研究生等人所完成，值得國人參考。

第十四章

在家庭方面的應用

　　俗語說：「家和萬事興」或「齊家平天下」，均在強調和諧而齊心合一的家庭，是為發展個人人格、維持社會安寧以及建立富強康樂國家之基礎。若欲建立和諧而幸福的家庭，務必考慮三種關係：一是夫妻關係，二是親子關係，三是兄弟關係。良好的夫妻關係，建立於夫妻雙方的恩愛、互勉，故必須夫妻二人共同承擔責任。美好的親子關係，建立於「父慈子孝」，但要父母先能幫助子女有健全的人格發展，方能讓子女踐履孝道。故其教養之責任全落在父母身上。早期的教養，對於樹立子女良好的生活習慣及態度影響深遠，為父母者不得不格外重視。合理的兄弟關係則建立於「兄友弟恭」，但其先決條件，仍然要靠父母如何去輔導此種親善的兄弟關係之建立。這些「父慈子孝」、「兄友弟恭」、「夫唱婦隨」、或「婦唱夫隨」等有關家庭倫理的建立，若能充分利用第二篇所介紹的行為原理，自易收事半功倍的效果。本章着重於介紹應用實例。

第一節　改善兒童的一般行為問題

　　本節着重於討論一般家長與具有問題行為的子女之間的關連性，並舉數例說明家長宜如何自行擬定改變行為的有效計畫，以便幫助自己的子女解決困難。這些行為改變方法對擁有適應不良兒童的家長固然具有參考價值，對於尚未有適應不良兒童的家長也同樣有所幫助，因為對於兒童行為問題的輔導重點應該是預防重於治療，平日就該注意兒童良好行為的培養。另者，幼稚園教師在教室裡應用各種行為的一般原理及方法，也同樣可以培養兒

童的正常行為，或矯正兒童的不良適應行為。

一、不合作的兒童

㈠**問題分析**：很少有一個孩子經常都是順從的。有些孩子總是喜歡說「不」字，或是慣用「我不要！」等口頭禪。這些字眼似乎就是孩子不合作，或不服從的表現。

事實上，任何年齡的兒童多少都會表現出這一種反抗行為。當母親說：「小平，吃完這碗飯吧！」小平聽見了，反而把飯碗推得更遠些，時常要母親一再地請求，他才開始吃。同樣地，也要母親三請四請之後，小平才會把衣服掛好。因為藉拒食或不掛衣服的方法，可以使父母注意他，因此母親的作法無形中更增強了他的反抗行為。

要了解兒童不合作行為的出現次數及發生情境，父母必須先做一段時期的觀察，並做記錄。在進行觀察時，父母可從正的方面數一數兒童合作的次數，也可以反過來計算兒童拒絕合作的次數。無論是計算合作的行為或是不合作的行為，都能提供有效的參考資料，以便擬定訓練計畫來矯正不合作行為。

有些成人也知道「否定論」的用處。當一群人聚集談論某一件事情時，若想引起大家的注意，一種有效的方法是否定每個人的論點。當一個人獨唱異論時，其他人往往暫時停止談論而注視他，傾聽他的妙論。同樣一種道理，在家庭生活中通常父母都是在孩子拒絕合作或是不服從時才去注意他，因此很容易養成兒童的「反抗」心理。當兒童說「不」時，有些父母就試著用賄賂的方法使他合作，像這種賄賂的手段反而更進一步增強了孩子反抗

行為。

有些小孩根本不理睬父母的話，這是因為在某些情境中，父母對小孩所表現的合作行為沒有給予適當的增強。「合作」與「拒絕」往往是相對抗的。如果「合作」的行為不能獲得增強，那麼「合作」的傾向更會逐漸減弱，其結果「拒絕」行為的出現率必將提高。

㈡**輔導方法**：要有效的進行訓練計畫，必須先設法減弱反抗行為。如果孩子喊叫「不要」，初步的對策是「別理他」。不理他這種喊叫，也能減弱兒童大叫「不要」的次數。其次，父母須確實做到，孩子不合作時就把他隔離起來。這個處置或許較為嚴厲，而且所需要時間也較長。最上策是致力於增強孩子的「合作行為」。父母宜安排一種訓練情境，選擇幾種孩子容易表現「合作」的差事，刻意請他做。如果他能夠服從，就給予適當的增強，這種辦法可以加速收到訓練效果。

父母也可以混合運用社會性（如讚許）與非社會性增強物（如點數）。當兒童表現合作的行為時，就馬上給他這些增強物。訓練剛開始時，父母的要求不要太高，先請他做些簡單而願意合作的事，然後漸漸要求他做一些他從來沒有合作過的事情。例如，請他到廚房的冰箱拿一包牛奶糖過來。對這一類拿食物的差遣，孩子們較易合作，所以容易見效；接着再請孩子到隔壁房間拿一本雜誌過來。我們要他這樣做，主要目的要他注意到雜誌的存在，所以當他拿來時，你就說：「很好，你已經找到它了。」同時給他一塊糖菓或一種標誌物。他這種表現合作而參與尋找的活動，便受到了增強。以後，凡是託他去拿東西，他表現合作的態

度，都得給予適當的增強；經此反覆訓練，也就養成合作的態度。在這一訓練方案中，父母探取的步驟及增強方式，宜根據兒童所表現的行為而定，如果父母收到預期效果，就可以告訴孩子：「我很高興，因為你的行為已經有了好的改變。」如果父母發現未收到預期效果，就得降低訓練標準，或提高增強份量。一般而言，父母為了達到訓練目的，試用一些新的增強物乃屬必要，因為兒童往往會對相同的增強物感到厭煩，所以必需適當地更換新的增強物。有時候，父母可以事先和孩子商量，共同決定增強的方式，例如與孩子設定：「若得到一百個點數，父親將帶他去旅行。」孩子為了要旅行，得設法賺取一百點數。因此，每一次父母要求他合作，他可能就要順從，以便獲得一個點數，日積月累下來，孩子就習得合作的態度了。合作態度一旦養成，孩子們逐漸會自「合作」這一項行為本身，獲得一種快樂，而不必再靠其他增強物，因為「快樂」就是一種有力的增強物。

二、過分活動吵鬧的兒童

㈠**問題分析**：當母親忙著打掃、熨衣服或煮飯時，多半不喜歡有兒童的喊叫聲或搗亂行動，因為兒童的這些舉動，確實令成人頭痛和不愉快，所以不管母親如何忙碌，她總得設法制止這些使她厭煩的事件。例如小明與哥哥在房間裡鬧得天翻地覆，母親趕緊進去喊叫他們安靜下來。經她喊叫恫喝後，孩子們或許暫時安靜下來了。然而，這種對策的後果，無形中養成了母親「叫喊」的習慣。母親回到廚房繼續工作不到一刻鐘，這兩個男孩又開始玩起來了，他們推著玩具車在房間裡穿進穿出，當哥哥稍為用

力推一下玩具車，車就撞到牆上，小明也學著用力推，因為哥哥格格的笑聲增強了小明用力推車的行為。兩個男孩是互相增強，在無意中製造吵鬧。

　　他們在屋裡追逐、嬉笑、大喊大叫、互相增強，兩個人表現得更加吵鬧，更加越軌，在廚房裡工作的母親，實在又忍不下去，氣冲冲地又和往日一樣跑進去，大發脾氣說：「等晚上父親回來後，我會叫他賞給你們幾巴掌的。」這一種恫喝，有如：「只聽雷聲，不見雨下」，根本對這兩位「寶貝兒子」不發生作用。母親一走，孩子們又開始亂喊亂叫，於是母親採用咆哮或恫喝手段來對付孩子們的吵鬧行為，只是徒增雙方面的不愉快而已。這一種孩子的吵鬧，母親的叫罵，片刻的安靜，孩子的吵鬧……竟成為永無止息的惡性循環。從此，孩子們教會了母親的謾罵和嘮叨；母親認定這些孩子是「頑童」，母親與孩子之間形成很不愉快的關係，即使孩子表現的行為是好的，母親總覺得是壞的。

　　根據研究結果顯示，過份活動的兒童，有一些是起因於腦傷或內分泌異常，但有許多個案是，得不到社會性增強物才開始吵鬧。就是說，兒童在日常生活中學會了以吵鬧為引人注意的有效手段，尤其在一個不太關心孩子的家庭中，兒童過份活動或吵鬧似乎是逼使父母供給社會性增強的一種有效方法。兒童為了得到父母的關心，或是獲得所喜好的東西，學會了採用吵鬧的方式。唯有他越大聲吵鬧才能愈容易得到這些增強。這種不適當的增強歷程不僅助長兒童的吵鬧，也教壞了父母的恫喝與嘮叨。

　　㈡**輔導方法**：誠如在前面所提及，如何增強相對的適當行為以排除不適當的行為，乃是一項有效的改變行為原理，所以母親

得先設法增強孩子的某一項良好行為，而這一種良好行為是不能與吵鬧或過份活動的行為同時發生的。為了養成適當的行為，母親可以教孩子畫圖，同時對他所畫的圖表示興趣並加讚許，這樣就能增強孩子畫圖的行為而減少吵鬧騷擾的行為。因為他要坐下來畫圖，就不能到處亂竄亂叫。父母又可以設計幾種其他情境，讓兒童靜靜地坐下幾分鐘，如講故事、唱歌或玩跳棋等，都可以使孩子安靜下來。

　　如果根據記錄圖上的曲線表示，這一個訓練方案在幾天之後已失效，父母於是改用積分制度：訓練初期，只要孩子能夠安靜幾分鐘就在記分卡上記一點，孩子為了多得點數，保持安靜的時間將會繼續的增加。到了訓練方案的後期，若積分制度發生效用，給予點數的標準要逐漸提高。但是要特別注意，在訓練初期小明每安靜五分鐘，就能賺取一個點數和獎品，訓練中期若擬改為每安靜十分鐘方給一個點數，就得先看小明的進步情形。如果小明所得到點數不多，那麼就不要改變太多，寧可將原定的行為標準降低，自「安靜十分鐘縮短為八分鐘」。就是說，小明一安靜八分鐘即給予一個點數，這就是所謂逐步養成原理的運用。

　　在訓練過程，父母只能期望孩子的行為能夠慢慢地改變。對於極度好動的兒童，最初幾天，父母要坐在他旁邊看他畫圖，並盡可能時常給予適當的增強。當他可以跟母親在同一房間裡靜靜地玩一段時間之後，就可讓他獨自在隔壁房間玩，但切勿操之過急。每天吃晚飯時，藉家人全在場的機會，母親可以向家人宣佈小明所得的點數，並讚美他的進步；也可以利用機會宣揚父母如何為他的進步而感到高興，並利用假日或傍晚的休息時間帶孩子

們到公園或運動場盡情地玩樂，使他們知道在何時何地宜保持寧靜，何時何地又可開懷遊樂。

兒童之間也會互相增強製造吵鬧，因此父母還要另定一套輔導策略以改善兄弟互相增強吵鬧的行為。每當兒童捲入吵鬧的漩渦時，就把他們分別送入隔離室。在隔離室，兒童無法彼此得到正增強，故吵鬧的行為無法獲得增強而勢必減弱。經過若干天的對策運用，孩子們就知道吵鬧不能得到任何的增強。孩子們從此逐漸了解到，在屋裡只有保持安靜或扮演合理的「好」孩子，才能獲得父母的關心與喜歡，並從和諧的家庭生活中獲得無比的快樂。

三、過分依賴的兒童

㈠問題分析：無疑的，父母平時若對兒童照顧得太週到，反而會使兒童永遠難以自立。一個人在嬰兒時期必須依賴別人的幫助才能過活，這是極為自然的現象，例如，要別人餵他吃奶，幫他穿衣服，甚至替他處理排泄物。但隨著年齡的增加，個人必需逐漸學習照顧自己，以便適應複雜的環境。可是有些父母過分寵壞子女，始終待他如嬰兒，處處越俎代庖，結果使他成為不能自立、過分依賴的孩子，連他自己會做的事也依賴父母替他去做。倘若一位七歲大的正常智力孩子，不會自己穿衣服、自己繫鞋帶，常常要求父母替他做，這就是過分依賴的孩子。

另外一種依賴方式是整天纏著母親。母親在廚房，他就跟到廚房，甚至要母親陪他睡覺，如果母親與朋友聊天，他就要母親抱，並跟母親耳語要這個要那個。這一種過分依賴的兒童似乎不

願意與兄弟姊妹分享父母所給予的社會性增強物。依賴性孩子的所作所爲，往往是企圖獲得社會性增強，諸如父母的關心、同情、和幫助等。這一類孩子成長後，常常需仰仗別人的幫助。

　　爲什麼有些父母會增強孩子的依賴性行爲呢？這個原因可能是多方面的：有些是小孩生病需要父母的照顧；有些是父母過分希望子女能過最舒服的生活，所以每件事情都替孩子做；有些是父母爲了滿足自己生活上的需要，教導兒童要依賴他們，這些父母或許有強烈的孤獨感，所以要兒童處處依賴他們。總而言之，這些父母所採取的方法雖然不同，但後果則相同，即增強子女成爲軟弱與依賴的人。

　　有些兒童的依賴行爲是父母與子女相互影響所形成。例如：小明的母親每天必須送走小明去上學之後方能上班，但因小明的動作愚笨，致使母親不得不每天早上替他穿衣服，甚至餵他吃飯；母親也不希望小明幫她的忙，因爲每次讓小明幫忙的結果，總是越幫越忙。例如：要他擦桌子，反而把地板弄髒；要他拿飯碗，反而弄破碗皿等等。所以母親一直侍候他，替他穿衣服、餵他吃飯、講故事給他聽、送他上床睡覺等等。小明幾乎什麼事都不必做，就能獲得許多增強物，因此他就繼續依賴下去。但這種依賴關係，却不能存在於其他新的環境，要小明去應付另一個環境時，就會感到困難，甚至遭受挫折。例如第一次帶他上學，他會感到懼怕，對學校的一切感到焦慮，不能與其他小朋友互助合作，所以常常變成孤獨、畏懼的兒童。

　　㈡**輔導方法**：經過幾天的觀察之後，父母就會對這些兒童依賴性行爲的發生經過及出現率有了清楚的認識，然後設法對兒童

所表現的依賴行為逐步採取不干預的策略，同時也要告訴家人依照這個計畫實行。因為對於孩子們所表現的依賴行為，如果不去增強它的話，這些行為就會逐漸減弱，最重要的是，家人要通力合作，儘量對兒童的依賴行為不再給予增強。父母態度的突然改變，或許會使兒童懊惱，甚至擾亂家裡的安寧，但若不能暫時忍受煩惱，想革除子女過份依賴的不良習慣，勢難收效。

　　因此，父母開始執行減弱依賴行為的訓練方案時，必須先增強那些足以和依賴行為相對抗的積極行為，這些積極行為應當是孩子所能學習，而又能助其自立的。舉例來說，若孩子對自己穿衣服感到困難，你就要鼓勵他自己穿衣服，剛開始時，宜採取如前章介紹的「養成行為方式」，將穿衣服的動作分為幾個小階段，每一階段一完成，即給予增強。若要訓練自立行為，最初的階段裡，在初期只要自立的行為發生，父母必須立刻給予增強；同時還要設計適當的情況，使兒童能夠有機會學習新的適當行為。例如：每天可以利用增強的方式，鼓勵他去找自己的鞋子，並且訓練他把鞋子穿好，然後再令他去找他的睡衣，這樣一步一步的訓練就可以使他樂於處理自己的事務。

　　最後父母還要增強他跟別的兒童一起玩耍，不要整天纏着母親寸步不離。並且要讓他瞭解，他不僅可以從母親獲得增強，還可以從其他任何人得到增強，因為與別人相處也可以獲得無窮的樂趣與幫助。

　　訓練方案若收到一些效果，父母應隨時讚美他，並和悅的告訴他，對於他已經長大而能學習獨立，感到無限欣慰，或是在全家人面前宣佈他能自己穿衣服，自己在外面玩耍，或今天都沒哭

過等等，並且隨時提醒家人，不要怕麻煩，務請有始有終繼續貫徹訓練計畫，一直到孩子過分依賴行為能獲得相當的修正為止。

四、極端恐懼的兒童

(一)**問題分析**：害怕未必是一種不良現象。例如：兒童要越過馬路時，看到在街上橫衝直撞的車輛而感到一些懼怕，或是在某些情境裡，對於水、火或刀槍等略具警戒心，也都是應有的心理現象，因為基於安全需求，懼怕某些事物；這本是無可厚非之事。在這一節裡，我們所討論的對象是對很多事物都感到懼怕的兒童，或是對某一些事物懷有極端恐懼情緒的兒童。在日常生活中，有很多學習害怕的方法，其中之一，就是經過制約歷程學得懼怕情緒。例如：一位兒童每次看見母親一談及老虎就色變，表現極度的恐懼情緒，久而久之，他也勢將懼怕「老虎」；或是一個小女孩看見姊姊為了一隻竄入房間的老鼠而驚惶失措、甚至驚叫，日後，這個小女孩很可能受其影響而怕老鼠。倘若成人時常對兒童敍述黑暗的可怕，或在說故事時過分強調在黑暗中發生的可怕事情，那麼這個兒童就很可能因此而怕黑暗。父母若時常對自己的孩子說，陌生人會傷害你，他們會綁架小孩，拐走小孩，很自然地，小孩就會怕陌生人。假如父母走到水池旁，或走到橋邊都會感到懼怕，而且神經緊張，小孩目睹數次之後，自然對水池也會懼怕。有許多研究結果告訴我們，母親所懼怕的事物，小孩同樣會對這些事物感到懼怕，這些都是學習的結果。

另外，還有一種學習懼怕的途徑。一些父母雖然不曾對某些刺激物表現極度的懼怕，但其孩子也可能養成另一種恐懼感，這

一種恐懼感往往是在父母離開他的時候所引起的，所以稱為「隔離恐懼」（ separation fear ）。例如：母親為了外出而常將兒童交託傭人，結果兒童因離開母親而感到恐懼。因為某些兒童不會從其他友伴或成人獲得社會性增強，其唯一的增強來源就是其父母，每次父母要外出，就把孩子托給褓姆照顧，或是送他到托兒所，這種安排方式，無形中增加孩子的不安，這些孩子往往會耽心這些人是否像母親那樣能關照他、增強他。不管是兒童或成人，其增強物突然被中斷時，都會顯得情緒不安，一個離鄉背井的留學生，每抬頭「望明月」也都會感到悲傷、孤獨、緊張，至於低頭「思故鄉」，因為他們除了藉書信來相互關心之外，已經無法直接獲得社會增強物。所以說，不但兒童會因得不到適當的社會增強物而感到懊惱，大部分的成人也會有相同的感覺。

小明的母親，為了制止小明第一天上學時的哭泣，想盡方法來安慰他、照顧他。安慰與照顧確是有力的社會性增強物，使小明停止哭泣，母親也就越樂意表現出其關切的母愛。從此，只要小明一哭，她就馬上哄他、安慰他、愛撫他，却不知孩子的哭泣行為因而獲得增強。因為小明哭泣的行為得到增強，所以當他感到害怕或離開母親時就要哭泣。假如這種狀況天天出現，那麼小明將越害怕上學。

㈡**輔導方法**：孩子懼怕什麼？在實施輔導方案之前，父母要先觀察並確實做記錄。在一天中，究竟有多少次跑過來告訴你他懼怕什麼東西？或是在一天之中有多少次不讓母親離開他？這些都是父母在進行再訓練之前，所要搜集的資料。

要改變孩子懼怕的心理，除了靠兒童本身年齡的增長條件外

，還要憑藉適當的訓練。一些研究結果表示，只是採取哄騙，或說服等方式，並不能收到效果。最要緊的是，敎他幾個具體的對策，使他感到懼怕的時候得以用來鬆懈緊張的情緒。茲舉一位怕上臺講話的小女孩爲例，說明如何逐步改善此等行爲。第一步先要訓練她如何把全身肌肉放鬆；第二步再訓練她在假想的聽衆（例如使用洋娃娃）面前講故事時，能夠把全身肌肉放鬆。兒童對洋娃娃講故事，一定會覺得特別輕鬆而愉快。這個策略就是所謂相對抑制原理：一個人不能同時從事兩件相對立的事情，例如「肌肉放鬆」與「害怕」，不能同時存在。經過這種訓練後，再進入第三步，讓這個女孩在全班同學面前講故事時，將能夠放鬆肌肉，而不再表現過分的懼怕。

　　同樣的方式可以用來訓練兒童的其他行爲，例如：要讓兒童浸在洗澡盆裡不再怕水。訓練是採取逐步養成的方式：起初若小孩坐在水裡幾秒鐘而不會哭，父母就給他一塊糖，小孩若想吃糖就不能哭；要哭就不能吃糖。給他糖吃後，再給塑膠玩具，這樣安排可以使他不可能一邊哭，一邊玩玩具（至少這兩種行爲是不可能並存的）。剛開始，浴盆裡的水要放少一點，等孩子減低害怕情緒之後，再酌量增加水的分量。

　　有些小孩不敢坐「訓練大便用椅」（ pottychair ）。訓練初期只能讓他穿好衣服，坐在「訓練大便用椅」幾秒鐘就要抱他起來，然後逐漸延長時期，一直到他能坐上幾分鐘而不哭。在初期的訓練階段，只要他不哭，乖乖地坐在「訓練大便用椅」上，就可以獎勵他，讓他一面吃糖果，一面聽故事。經過多次訓練之後，下一步驟就要讓他脫下褲子坐在「訓練大便用椅」上，一面聽

你講故事，因爲聽故事或吃糖果都是哭泣的對立行爲。

　　如果孩子的恐懼感是由於怕離開母親，就要先讓他瞭解世界上除了母親之外，還有其他人也一樣可以給他社會性增強。這就是說使兒童瞭解褓姆、老師或是友伴都能給他增強物。這種訓練宜先在家裡開始。例如：母親告訴他：「我到地下室洗衣服，一會兒就來，待會兒見！」如果他能不哭而與你說聲再見，就馬上嘉獎他，或給他一個標誌物。在訓練期間，母親可請祖母、鄰居或朋友來代替你。這些人是孩子所熟習的，母親把孩子交給其中之一，而說一聲再見就走出門外，當孩子沒有哭泣時，就由代替人及時給他糖菓或其他增強物。開始時，不超過幾分鐘母親就要回來，母親留在門外時間的長短，決定訓練之進度情形。經過十次、廿次的練習，母親就可以在門外逗留十分鐘之久，這個期間只要孩子沒哭，就由別人馬上給予增強物。如果母親逗留在外面時孩子哭了，母親一定要等到他停止哭泣以後才可以進來。假如在兒童哭泣時，母親又進來抱他，則孩子的哭泣又是得到了增強。

　　母親可以與看管人（或是傭人）事前協商好訓練方式：當母親離開後，孩子不哭叫就要馬上給他點數或其他增強物。起先看管人看他能在一分鐘之內不哭，就可以給他一個點數，逐漸延長到能待上五分鐘，十分鐘方給一個點數。再後，甚至要求孩子一起玩完一場遊戲後，方給予一個點數。每天所獲得的點數都可以換取他所喜愛的東西。

　　小明是一位非常膽怯的孩子，剛剛開始上幼稚園時，天天需要母親陪他坐在教室裡。要改正小明這一種行爲，母親安排下列幾種方法：開始時每當小明停止拉緊媽媽的衣服時，母親就增強

他給予點數，後來則要小明能在教室或園內與別的孩子一起玩，媽媽才給他增強物。在訓練期間，母親又常常安排一些小朋友來家裡玩，並準備豐富的點心和有趣的故事。只要他們能夠好好的一起玩，就給予這些增強物。再則小明和其他小朋友一起玩耍時也可以獲得許多愉快的經驗，這種愉快亦是其他小朋友給予他的社會性增強物。經過一種體驗過程，小明開始明白除了父母親之外，其他的人或友伴同樣可以給他增強物。經過一個月之後，小明在幼稚園裡逐漸獲得師長及友伴的增強，與別人相處得很和好而愉快。這種在幼稚園、學校、或其他環境裡與別人和諧相處的經驗，正可以與隔離恐懼相對抗，足以減弱隔離恐懼。

五、過分孤獨的兒童

㈠問題分析：所謂孤獨或是反應冷漠的兒童，係指盡量逃避與別人相處的兒童而言。就是有人主動跟他談話，他也只簡短的回答一兩句，從不敢正視對方的視線，也很少露出笑容，更不希望別人給予增強，也不會增強別人。對於這一類反應冷漠，從不敢正視對方，或對話題不感興趣的人，一般人都不太願意與他交談，因為人們交談都希望獲得增強，即使是對自己的孩子或配偶談話也是一樣。

母親看見小平孤單地玩著小汽車，就問他：「你在玩些什麼呀？」小平不但不抬頭看看母親，也不給她一個愉快的答覆，他只嘰嘰咕咕的說：「車」。如果這種對答情形在父母與小平之間已發生了數十次，那麼，我們就可預料，父母也不太樂意再去和他談話，因為小平已暗示父母不要常來打擾他，讓他單獨一個人

玩耍。這種孩子即使是處於許多同伴中也是孤獨的，因為他已拒
人於千里之外。

　　有些孤獨或反應冷漠的兒童，從玩具或書本上所獲得的增強
，遠比從別人那裡得來的還要多，這一類兒童覺得單獨玩耍比跟
父母談話有趣多了。也有些成人認為他個人從看書、集郵或園藝
等嗜好中所得到的增強，要比人際交往中所能獲得的增強為多。

　　有許多經驗使兒童覺得人際交往並不是有趣的增強物。如果
父母時常用懲罰的方法教育子女，則其孩子將盡量避免與人們接
近。對孤獨兒童來說，避免與人接觸却是一種增強作用，因為這
樣才能夠避免痛苦事件的發生。有些父母雖然不用體罰的方法，
但却常用冷言冷語刺激孩子，使孩子覺得自己是壞孩子、笨孩子
，或是沒有用的孩子。這種懲罰方式，對孩子來說可能比「挨打
」還要痛苦。生長在這種家庭的兒童，會逐漸覺得離開人群是唯
一可以避免痛苦的方法；換句話說，有些小孩子的孤獨，不合群
的行為也是受了父母管教方式不當的增強結果。

　　㈡**輔導方法**：首先要使小平覺得接近父母就可獲得增強物。
要達到此一目的，就要設法使父母與小平所最喜歡的增強物發生
積極關係。訓練者要先找出小平最喜愛的增強物是什麼？並列出
先後次序。譬如：(1)冰淇淋(2)小汽車(3)小娃娃(4)看電視(5)玩跳棋
等等，然後利用這些增強物做橋樑，逐步建立正面關係。

　　父母同時要檢討是否常用痛苦的刺激來處罰兒童的壞行為？
如果父母是常用懲罰的方法，那麼第一個步驟父母就得減少使用
懲罰，改用社會性增強。

　　在訓練的初期，積分制可能有效些。例如兒童在一週內獲得

一百點後，帶他到兒童樂園一邊吃冰淇淋，一邊乘坐小汽車。這些增強物須隔幾週變換一次，使小平能夠依照自己的需要，用點數去換取新的增強物。每當小平因開口多談而獲得點數時，父母還要給予社會性增強，例如說一聲：「真棒！你又得一分，你講話非常好聽。」運用積分制度時，通常是每得一個點數，就要連帶獲得一次社會增強物。

為了鼓勵小平說話，開始時只要小平有意說話，父母就得及時給他點數與社會性增強物。當小平在說話時，父母務必暫時停止工作，專心聽他說些什麼，並表示關心孩子的一舉一動，經過這些措施，父母會很驚奇的發現，一個又孤獨又害羞的孩子，正在努力學習改善其人際關係。

當孩子努力學習與人交往時，若因其行動與言語尚不熟練而顯得有點拘束與孤獨，則父母也不必特別去糾正這種缺點。若一位孤獨兒童開始努力學習說話，父母務必要使孩子覺得你正在傾聽、正在欣賞他所說的事情。父母的這些輕而易舉的行為，就是促進孩子樂於開口的有效增強物。父母還要多設計一些情境來讓兒童有開口講話的機會：例如吃飯的時候，提出童話集內的幾個有趣故事，問問孩子所知道的人物及內容，然後用心聽他的回答，也可以互相談些小笑話，談話中父母要設法不要讓別人來打斷孩子的發言，盡量使孩子對談話感到愉快；也不要讓別人改變孩子正在談的話題，如果別人改變了話題就等於破壞了訓練計畫。

訓練方案有了進展之後，小平在家所習得的不孤獨不害羞的人際交往行為，勢將擴展到其他的人際關係中。如果在其他人際關係中他也獲得鼓勵，則其人際交往行為將更日趨積極，而變成

合群且開朗的兒童。總之，一切計畫要由父母開始，然後推展到家庭環境，最後到一般社會情境。

六、攻擊性特強的兒童

㈠問題分析：在日常生活裡，小孩偶爾打一兩次架是無關緊要的，但若時常打架，父母就得留意了。例如一位兒童在一小時內，連續攻擊友伴兩、三次以上，就是屬於時常打架的個案，父母須設法予以改正。要擬定一套計畫來改正兒童的打架行為，必須先做一段時期的觀察，以資瞭解在一天之內打了幾次架，並畫一曲線圖，表明打架次數的變化情形；又可以從觀察中瞭解容易引發打架的情境，及助長其打架行為的變因。根據多方面的研究報告得知，下列幾種情境容易助長兒童的打架行為：

如果在一個家庭內，兒童經常發生打架的話，那就表示父母在日常生活環境中逐漸助長了小孩的暴戾行為。例如：觀察一位哥哥在家中所表現的行為，發現他平均每小時推、打弟妹兩三次，而每次推、打的結果，都是使得弟妹大哭一場。哥哥打弟妹後就衝出房間，母親因忙著哄騙正在哭叫的弟妹，所以只能慣用謾罵的方法。但對哥哥來說，母親的叫罵已是司空見慣，絲毫不發生嚇阻作用。因為哥哥的好鬥行為已經被弟妹的哭叫所增強了，他經常嘗到「征服」的滿足。哥哥打人的行為獲得增強後，必將是變本加厲，對這種兒童來說，採用「不給予增強」（nonreinforcement）的方法，似乎比懲罰有效。但除了應用隔離法之外，還得靠積極的增強，恩威兼施，方易收效。如案例14-1是一個很成功的個案，利用代幣制（用貼紙）來改善一位男孩的攻擊行

為，可供一般家長參考。

　　㈡**輔導方法**：就一般情形來說，當子女比較守規矩的時候，父母都很少主動與子女接觸，因為每天父母下班後，只有在孩子們和好相處時，才能獲得幾分鐘的休息與安寧，所以一有機會，他們就坐下來休息。父母的這一種行為，子女們却誤解為對他們的不關心，所以為了引起父母的注意，只好動手打人，造成問題，讓父母不得不出面來處理難題。就案例 14-1 的個案而言，父母除了適當的應用隔離法之外，還要積極參與孩子們的活動，如達到規定貼紙張數，就帶他回外婆家，到阿姆坪烤肉，或到台中的奶奶家遊玩一番。這種積極參與子女郊遊活動的方式，必定可以減弱小孩的攻擊性行為。

案例14-1

一、研究題目：代幣制對消除兒童攻擊行為的影響

二、研究人員：黃詠梅（國中教師），陳榮華（指導教授）

三、研究日期：民國 73 年 7 月 10 日至 73 年 8 月 20 日

四、個案的問題分析：

　　本實驗的對象係實驗者的男孩，六歲八個月，長得很壯，出手有力，攻擊性強，自今年二月起與妹妹住在一起以後，經常打妹妹，或用其他方式攻擊妹妹。妹妹很愛哭，因此，近半年來，家裡幾乎每天吵鬧不安，令實驗者夫婦頭痛不已。

　　受試與其妹妹幼時皆由奶奶照顧，不與實驗者同住，分別到四歲半才陸續接來與實驗者住在一起。由於受試是長孫，被爺爺奶奶寵愛有加，遂養成「唯我獨尊」的小霸王作風，因此實驗者較難管教他，這幾個月來，雖恩威並施，用過多種方法，就是很難改進他攻擊妹妹的習慣。

五、實驗方法：

㈠訂定終點行為：以每天下午一時至九時之間，受試攻擊妹妹的行為完全消除為目標。所謂攻擊行為是指如「表一」所列之各項行為，其量化方式是在每天下午一時至九時之間，只要犯其中一項就記一次。

表一　攻擊行為與扣除貼紙數

攻　擊　行　為　項　目	扣除貼紙張數
1.用手或其他東西推、打或敲妹妹。	1
2.用手抓妹妹頭髮。	1
3.用橡皮筋射擊妹妹。	1
4.用各種東西投擲妹妹，觸及身體。	1
5.故意碰、撞、踩或踢妹妹。	1
6.用嘴咬妹妹。	1
7.用腳或其他東西絆倒妹妹。	1
8.用水噴或潑妹妹。	1
9.用彩色筆塗妹妹的衣物。	1
10.故意塗髒妹妹的簿本或書、畫冊。	1
11.搶奪妹妹的東西。	1
12.撕壞妹妹的東西。	1
13.割破妹妹的東西。	1
14.把妹妹的玩具或其他東西丟在地上。	1
15.用腳踩妹妹的玩具或其他物品。	1
16.裝神弄鬼，使妹妹因驚嚇而哭泣。	1

㈡實驗信度：每天由實驗者的先生負責記錄，每星期六及星期日實驗者亦參與記錄並加以核對，核對結果無誤。

㈢實驗設計及程序：本實驗採倒返實驗設計（ＡＢＡＢ設計），分

成下列階段：

(1)量基準線階段：此一階段爲 5 天，只記錄受試每天攻擊行爲的次數（並告知受試），但不給予增強。

(2)實驗處理階段：此階段延續四星期，分成四個階段，每階段七天，採「隔離」與「代幣貼紙換獎」合併使用。亦即每當受試攻擊妹妹致使哭泣時，就隔離在浴室站五分鐘。代幣貼紙換獎方法則爲事先與受試商定，每一、三、五發給貼紙各 40 張、30 張及 30 張，一週共發給 100 張，若犯一次則扣除一張。貼紙可按「表二」所示換獎：可以每日換獎，亦可累積起來換大獎。此外，如果在週六結算時能保有該週的貼紙總數 60 張以上，另有不同的階段增強物：

B_1——炸鷄翅膀

B_2——回外婆家

B_3——到石門水庫或阿姆坪烤肉

B_4——星期日回中部爺爺奶奶家

表二　若干獎品項目與應付之貼紙張數

獎　　　品　　　項　　　目	貼 紙 張 數
1.鷄蛋小布丁或甜甜果凍	5
2.冰棒或冰淇淋	5
3.易開罐汽水或沙士	5
4.魷魚絲或鱈魚香絲	10
5.企鵝玩偶	20
6.遙控飛機	30
7.看大俠沈勝衣與神鵰俠侶	15
8.自動鉛筆	15
9.故事錄音帶一套	50
10.陪他騎捷安特郊遊	80

六、**實驗結果**：如圖一所示，茲逐一叙述如下：

　　㈠基準線階段(A)：觀察並記錄受試在五天中，平均每天攻擊妹妹的行為次數為 20 次。

　　㈡實驗處理階段(B)：此階段延續四週，分成四個小階段，將受試每天攻擊妹妹的行為總次數登記在總表上，若稍有進步，即口頭稱讚並予輕擁，此階段有明顯進步。

　　(1)階段Ⅰ：此階段受試平均每天攻擊妹妹的次數為 11 次，被扣除貼紙 77 張。本階段因扣除貼紙張數較多，因此貼紙於星期三就全部給完，以增加增強效果。但未得到本階段的階段增強物，僅能換取小獎。

　　(2)階段Ⅱ：本階段受試平均每天攻擊妹妹的次數為 6 次，被扣除貼紙 42 張，所餘總數雖未達到 60 張，但受試要求預借 2 張，故能得到第二階段的階段增強物，星期日回外婆家。

　　(3)階段Ⅲ：此階段受試平均每天攻擊妹妹的次數為 3 次，被扣除貼紙 21 張，還掉上週借的 2 張，本階段保留貼紙總數仍有 77 張，可得到第三階段的階段增強物，因此星期日到阿姆坪烤肉。

　　(4)階段Ⅳ：本階段受試平均每天攻擊妹妹的次數為 0.71 次，被扣除貼紙 5 張，得到第四階段的階段增強，帶他回中部奶奶家。

　　總計受試在實驗處理四個小階段中，共得到貼紙 255 張，除換取多種獎品外，也買了遙控飛機，還預定於 8 月 26 日全家陪他騎捷安特腳踏車去郊遊。

　　㈢維持階段(A)：此階段未給貼紙，不給增強，觀察四天，結果平均每天攻擊妹妹的次數為 2.5 次，雖未惡化，但仍趕快再予增強處理。

　　㈣再處理階段(B)：再繼續給予受試增強的階段，共觀察記錄了 5 天，平均每天攻擊妹妹的行為次數為 0.8 次。

七、**檢討與建議**：

　　㈠受試自幼未由實驗者照顧長大（此乃不得已），母子之間沒有像一般母親親自照顧幼兒那樣的「母子連心」，因此實驗者在做本實驗之

圖 14-1　代幣制對兒童攻擊行為的影響

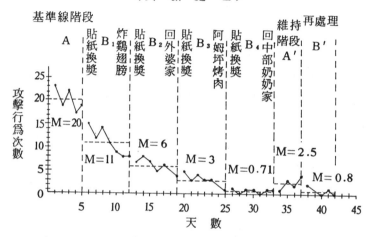

前，幾乎就要失去耐性與信心，覺得古人所謂「易子而敎」應予提倡，否則豈不令許多父母親束手無策嗎？然而，經過本實驗之後，發現「行為改變技術」更可大力推廣，利用親職敎育座談或講習會，敎給今日為人父母者，也算一大貢獻。

　　㈡綜觀本實驗之過程，發現受試的攻擊行為實由於被爺爺、奶奶所寵慣，而自與實驗者同住之後，實驗者要求的規範較多，當受試犯規時，常要嚴格訓戒，尤在零食方面，不能讓受試隨心所欲，再加上妹妹又要與之平分秋色，因此常以攻擊妹妹來發洩不滿情緒。實驗者在實驗過程中，運用「隔離法」與讓受試「滿足需求」的基本策略，並儘量使用社會性增強（如讚美、拍肩、擁抱），經 42 天的實驗結果，受試之攻擊行為顯有改善，可見「獎賞的效用要比懲戒有效」。

　　㈢本實驗所採用之增強物與獎品乃至於貼紙本身，都事先與受試商定，都是受試較喜歡的，故有很高的增強效用，尤其受試自從學會騎「捷安特」以來，為了安全，從未讓他騎上大馬路，因此父母陪他騎捷安

特郊遊便成了最有力的增強，促使他積存貼紙以達願望，也因而減少了攻擊行為的次數，足見「愼選增強物」的重要。

　　㈣行為習慣是長時間逐漸養成的，受試幼年時期養成的習慣自難於短時間內完全改善，故不能期望太高、操之過急，實驗者以前未顧及這一點，生活規範定得稍嚴，致使欲速則不達。

　　㈤小孩子的模仿力極強，實驗者用以處罰受試的方式被受試習得，也如法泡製用在妹妹身上，經過本實驗之後，受試也會用增強方式對待妹妹，眞叫實驗者猛然警醒，「上行下效」之理豈能大意忽略？

　　㈥本實驗由於受時間限制，未達完全消除受試攻擊行為之目標，但往後如能繼續使用「間歇性增強」，同時也將「行為改變技術」運用在改進妹妹愛哭習慣及其他方面，必能達到促使兄妹和睦相處的目標，增進家庭的和樂安祥。本實驗歸功於實驗者的先生之合作與支持，相信以後在管教孩子方面，必能更同心協力，此亦為本實驗之另一大收穫。

　　㈦由於換獎要計算貼紙張數，受試的減法計算能力無形中進步不少，亦是額外收穫。

第二節　培養良好生活習慣的案例分析

　　利用行為原理固然可以改善孩子的不良適應行為，進一步更有助於培養良好的家庭生活習慣。從教育及輔導的觀點來說，培養良好生活習慣，當然比改正不良適應行為更具價值。習慣的養成必須經由學習，且深受增強原則的支配。我們若重視孩子的身心健全發展，更不能忽視最基本的生活習慣的養成。因為行為發展是一連續的歷程，端賴點點滴滴、經年累月，由簡易的反應方成根深蒂固的習慣，縱使不再刻意給予增強，亦將歷久不變。

通常大家所強調的良好生活習慣，包括定時起床及就寢，整理床舖、修飾儀容、物歸原處、遵守禮節、吃飯要定時定量、保持起居場所的整潔、樂意幫忙家務、定時做功課、以及隨手關燈等等，範圍很廣。這些良好生活習慣的養成，愈早着手愈易見效，而且愈能維持長久。父母若欲培養子女的良好生活習慣，可有兩種方式：一是在特定的時期裡，列舉數項子女較忽視的生活習慣，一併加強培養，如「案例 14-2」即為其範例。另一方式是在某一特定時限裡，僅選出一項子女最弱的生活習慣，緊迫釘人，誘導篤行，如「案例 14-3」即為其例。茲分別介紹如下：

一、改善不良生活習慣實例

案例 14-2 是以一對姊弟為對象，由父母充擔實驗者，設法改善十五項生活習慣。父母都是國中的教師，平素忙於教學工作，較少時間有系統地引導子女，所以容易使子女養成一些惹事生非、不合家規的習慣，導致不和諧的家庭氣氛。此一案例所描述的子女行為，可能在多數家庭均已司空見慣，惟苦無良策，任憑惡化。事實上，父母若能撥出一些時間與子女相處，並善加利用增強原理，一切難題將迎刃而解。實驗者所安排的增強物很適宜，實驗程序條理井然，實驗結果的分析中肯，建議頗有見地，值得一般家長參酌。

案例14-2

一、研究題目：改善兒童不良生活習慣方案。

二、研究人員：鄭淑（教師），陳榮華（指導教授）。

三、研究日期：73 年 7 月 18 日至 8 月 16 日。

四、個案的問題分析：

　　本實驗受試的兩位兒童是實驗者的一對子女。女兒現年 13 歲，兒子 12 歲，今年均上國一。平日在家凡事不夠自動自發、喜歡吵嘴、做事互相推託；在生活習慣方面，諸如洗澡、刷牙、關燈、看電視距離太近等等，總要媽媽再三叮嚀才肯動或改善。每隔一段時間，父母總要發發脾氣，責罵一番，方見改善幾天，又故態復萌，久之影響家庭氣氛，拉長父母與子女之距離。

五、實驗方法：

　　㈠訂定終點行爲：實驗者特針對受試之不良生活習慣，列出十五項生活習慣，以便加強培養（參閱表一）。終點行爲是指受試每天能自動自發不需提示，即能通過上述十五項生活習慣中的十三項。每通過一次可得積點一分。

　　㈡實驗設計：採逐變標準設計。分成下列階段：

　　　(1)量基準線階段：持續五天，逐日記錄受試的現狀，不給受試增強，也不告訴受試。

　　　(2)增強階段：本階段延續三星期，分成三個增強階段，每階段定有階段目標；每天定有即日目標，避免受試以投機方式只求達到階段目標。

　　　實驗者在量基準線之後，將前列十五項要求寫在四開大的圖畫紙上（約需一張半），張貼於房間牆上，逐日記載，便於受試觀察每天的得分成績及自行比較。每通過一項得給一分。

　　㈢選擇增強物：增強物是和受試訂契約時共同決定的，目的在選擇

表一　生活習慣記錄表

項　　　　　　　　　　　　　　　目	通　過	不通過
1.定時音樂響，五分鐘內起床		
2.整理床舖		
3.物歸原處（書包、文具、茶杯、衣物）		
4.倒垃圾（或澆花）		
5.看電視保持 3 公尺距離		
6.姊弟相處，不口出惡言		
7.禮貌（①客人來會打招呼，說再見，②接電話）		
8.家人喊叫，立即回答		
9.吃飯不超過 20 分鐘		
10.隨手關燈		
11.晚上 8 時前做完功課		
12.幫忙其他家務		
13.睡前刷牙		
14.就寢前洗澡		
15.晚上 10:30 以前就寢		

受試喜歡者，依時間先後分為：

　　(1)即日增強物：

　　　　①階段（Ⅰ）:點心（冰淇淋或乖乖等）。

　　　　②階段（Ⅱ）:陪同散步半小時。

　　　　③階段（Ⅲ）:外出打棒球或閒逛、找朋友等自由時間。

　　(2)階段增強物：

　　　　①階段（Ⅰ）:六天中，受試每天平均達 7 分以上，則週日由父

　　　　　　母陪同外出吃牛排。

②階段（Ⅱ）：六天中，受試每天平均達十分以上，則由父母陪同外出吃麥當勞牛肉餅。

③階段（Ⅲ）：六天中，受試每天平均達 13 分以上，則陪同看電影或郊遊。

㈣實驗信度：實驗者在本實驗期間，需赴師大進修班上課，白天經常不在家，適逢實驗者母親北上遊玩，小住兩個月，所以本實驗請母親及先生兩人一起觀察，都認爲某一項通過才給分，故信度方面仍相當可靠。

六、實驗結果：

本實驗採逐變標準設計。實驗者家庭是小家庭，包括夫婦倆及兩個小孩。由於要求的良好生活習慣十五項都是受試能力所能及的，且得到實驗者先生的支持和母親的協助，又事先徵得受試同意，共同訂定增強物，所以實驗進行很順利。現就實驗結果分述於下：

㈠量基準線階段：觀察受試在五天中平均每天女得 4.6 分，男得 3.4 分。此階段是暗中記錄，不予增強。

㈡增強階段：三個星期的觀察，受試每通過一項即打〇，每日合計總分，若達到即日目標，於第二天給予即日增強物；若達到階段目標，則於週日給予增強。

1.增強階段（Ⅰ）：此階段的預期目標是 7 分，受試每天達即日目標獲即日增強物。平均每天女得 8.7 分，男得 9.3 分達階段目標。故週日陪同吃牛排。

2.增強階段（Ⅱ）：此階段的預期目標是 10 分，受試第一、二天未達即日目標（ 7 月 30 、 31 日），未獲即日增強物。而受試平均每天女得 10 分，男得 10.5 分已達階段目標，故週日陪同吃麥當勞。

3.增強階段（Ⅲ）：本階段預期目標是 13 分，女受試第一、二天（ 8 月 6 、 7 日）和男受試第一、三天（ 8 月 6 、 8 日）未達即日目標，未獲即日增強。平均每天女得 13 分，男得 13.2 分，已達階段目標，故週

日陪同看電影。

(三)維持階段：觀察受試在沒有增強物情形下，是否繼續維持，結果測得四天中平均每天男、女受試皆得 13 分，仍維持階段（Ⅲ）之目標。

七、討論與建議：

(一)本實驗結果成效顯著，充分證明行為改變技術值得推廣與重視。學生一向很聽老師的話，所以在學校如果多加運用，則成果更可觀。

(二)平日懶散的兩位受試，於實驗第一週，精神振作，志在必得，早起後自動疊被子，隨手關燈，倒垃圾或澆花，姊弟相處不再像往日以吵架為樂，尤其看電視能注意到距離等，由於受試有顯著的改變，實驗者與先生也不再嘮叨，增加家庭和樂的氣氛。受試自動自發才能得分，所以一再告訴實驗者：「媽媽，你不可以叫我洗澡、疊被……，否則我就得不到圈了。」甚至「媽媽，你還要我幫忙什麼事？」等，受試和平日判若兩人，行為大有改善，可見獎賞和鼓勵方法確實優於往日用的懲罰方式。

(三)第二週開始，受試反應似乎沒有第一週積極有興趣，要實驗者提醒、鼓勵加油，分數再往上升；第三週亦然。因此選用的增強物是否真正為兒童所好，乃是決定實驗是否成功的關鍵。增強物常因人而異，不限於原級增強物。

(四)行為改變技術只是用增強原理來養成或消除行為，但增強物只是一個達到目標的手段，其最終目的是好的行為本身即是增強物，不必倚賴外物來增強。

孩子接受增強物的心理，並非如一般所批評的「媽媽在賄賂我」，而是一種「媽媽關心我」的溫暖感受。一般說來，實驗初期，每一次正確反應均應立即予以增強，到了中期可改為間歇性增強，因為用間歇性增強方式訓練出來的行為，最不易消滅。在我們實驗後段，取消增強物時，可以告訴受試：「你們現在真的長大了，都不須要給任何東西，就能表現得很好，我真為你們感到驕傲。」我想受試一定會很高興的流露出

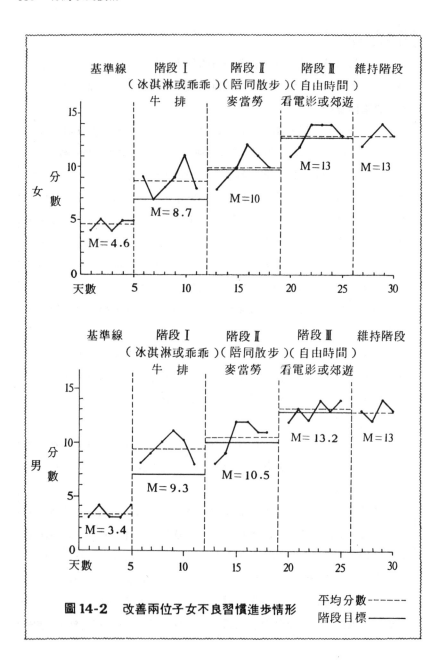

圖 14-2　改善兩位子女不良習慣進步情形

平均分數------
階段目標——

(五)本實驗選取兩個受試，實驗中，兩人會互相比較，求好的表現，增加實驗成效。但記分時須客觀，勿讓受試有認為實驗者偏心的感覺，以免造成受試反感。

(六)本實驗受試均國小畢業，實驗者列出每天應做到的日常生活習慣達十五項之多，野心稍大，但心想這些都是能力所能及的事，所以決定試之。日後可就不容易達到的項目如「八時前做完功課」、「十時三十分前就寢」等項目做行為分析，依逐步養成原理，針對某一項行為進行改變。由於時值暑假，受試較沒有功課壓力，晚上喜歡看電視，常會過十點半就寢，因此實驗者訂定終極目標只達十三項即算通過，以免受試認為要求不合理。

(七)本實驗原訂增強階段四週，結束時帶受試南下旅遊，旅遊之增強更具吸引力，惜由於受時間限制，須提早結束本實驗致增強階段縮為三週，加上前後階段才一個月。如果能照預計延長一週　，相信成效會更好。

(八)本實驗如果採用ＡＢＡ設計也是可行辦法，可用積分辦法，列出多種獎品或特權項目來吸引受試，可避免受試在某一階段只達目標就滿足，不多加努力的缺點。

二、培養整理廚房工作習慣實例

案例 14-3 是以一位職業婦女為對象，由其親人為實驗者，設法改進整理廚房的工作習慣。就家庭成員較多的家庭來說，飯後的善後工作，並非一件輕鬆愉快的工作。家庭主婦若認定飯後的整理工作，仍然非我莫屬，則自然不會感到極端的厭煩，但對一位未結婚的子女來說，既乏處理家事經驗，又難主動承擔此項煩

事，故每望着一大堆待洗的油膩碗盤，難免生厭而起逃避之念頭。

就一般子女來說，在無可奈何的心情下，洗碗和收拾的工作就會馬虎。若採輪班制，則輪到洗碗的人，總是想快快洗完，以了却一件推不掉的苦差事。在這種心情下所完成的工作，其成效如何，不難揣測。當事者未能把工作做好，別人就會責備和批評，長期的不滿與責備，自然對當事者又形成一種不愉快的刺激，釀成不和諧的家庭氣氛，但施予批評責備的人並無法提出一套解決的辦法，致此，問題癥結永難解開，庸人自擾之問題也就一直環繞在人間。案例 14-3 即為此一問題提供一種解決方案，尤其將廚房整理工作細分二十項要點，誠值家長參考。

案例14-3

一、研究題目：改進職業婦女整理廚房之工作習慣。

二、研究人員：蔡順良（研究生），陳榮華（指導教授）。

三、研究日期：民國 73 年 5 月至 7 月。

四、個案的問題分析：

本實驗受試為女性，今年 24 歲，商專畢業，現任職於貿易公司，擔任會計工作。受試平時在家與其三姊輪流洗碗，因均在外工作，中午自帶便當，所以洗碗多積存到晚餐後再一起洗，平時洗碗，家人（包括母親、三姊及大妹）對她的評語是：整理廚房太馬虎，飯桌及廚房地板整理不乾淨等，而且個性懶散。

五、實驗方法：

㈠訂定目標行為：即受試每天晚餐後，整理廚房的工作能夠符合每週所規定的標準。亦即在實驗者所自訂的「廚房整理項目檢核表」上的

二十個項目中，能夠通過所規定的項目數（詳見表一），通過數愈多表示整理廚房的工作愈佳。

表一　廚房整理項目檢核表

編號	檢　　　　查　　　　項　　　　目	通　過	不通過
1.	收拾碗筷		
2.	收拾剩菜放回冰箱		
3.	擦拭餐桌		
4.	收拾菜渣		
5.	洗碗槽無雜物		
6.	碗筷歸定位		
7.	洗碗槽四周保持乾淨		
8.	清洗抹布		
9.	扭乾抹布		
10.	抹布放回定位		
11.	先洗碗後倒垃圾		
12.	保持地板乾淨		
13.	桌椅排放整齊		
14.	清洗多餘的碗盤		
15.	收拾用具放回定位		
16.	洗完碗，把廚房的燈關掉		
17.	洗碗時使用圍裙		
18.	擦拭瓦斯爐台		
19.	清除不吃的剩菜		
20.	鬃刷用完後甩乾		

㈡實驗設計：採用逐變標準設計。其中基準線階段是三天，實驗處

理階段爲兩週，分成兩個標準，最後維持階段爲五天。

㈢信度考驗：廚房整理工作的評分，每天由實驗者自評，並由受試的三姊負責複評，唯每一階段只能核對一次。結果在四次核對中，有三次是二者完全一致，只有一次是相差一分（實驗者低估一分），但均在標準之上。

㈣實驗程序：本實驗是在受試家裡實施（實驗者同住在一起）。只針對晚餐後的廚房整理予以評分。受試每天（除週末、假日外）下午約七點才回家，家裡平時多在晚上七點至七點半左右才吃晚餐，所以飯後之收拾與整理多在八點以後。本實驗實施程序，包括以下幾個步驟：

1.量基準線階段：由於吃飯地方在一樓，實驗者住四樓，而且一樓做生意，人聲吵雜，待受試吃完飯，即囑咐受試之三姊注意受試進入廚房之時間，並記下整理廚房所花時間。待受試走出廚房後，即由受試之三姊以對講機聯絡，實驗者下樓秘密評分。一共評了三天作爲基準線。本階段不給予受試任何增強。

2.實驗處理階段：

(1)第一增強階段：在本階段第一天吃晚餐前，先向受試說明本實驗之目的，並陳示檢核表，使受試明白檢查的項目，並告知她在基準線階段的得分與缺點，讓她明白平日的工作效率，同時也告訴她預定的增強標準。本實驗的記分採用積分制，檢查項目每通過一項即得 1 分。量基準線階段的得分（中數）爲 15 分，所以增強階段 I 的獎勵標準訂爲平均 17 分以上。增強物由受試自行決定，最後受試決定如達到標準，則可擁有點一道她最喜歡吃的菜的特權。實驗者每日按實將評分結果和所花時間記錄在卡片上，至週五評分完後，再作總核算，並告知受試本週的記錄情形。

(2)第二增強階段：本階段除了將增強標準提高到 19 分，所選擇之增強條件是：如達標準，則享有決定看電視節目的特權（受試喜歡看週二晚上的「愛心信箱」節目，而其他人（包括三姊及大妹）不准她看

這個節目，因為二比一，少數服從多數）以及請看電影和上她最想去的館子外，其餘程序與前一階段同。

　　3.維持階段：除了不給受試任何增強（在本階段開始第一天時就向受試表明不再給予增強）外，其餘程序與實驗處理階段同。

　　4.間隔一週：實驗進行至第四週，剛好輪到受試之三姊洗碗，所以無法對受試予以評分。

　　5.追踪研究：第五週起，又輪到受試洗碗，但因自本週起，受試又報名商業英語會話班，連續上課十週，上課時間均在晚上，所以回到家都將近十一點。因為時間的改變，無法配合，所以就從該週週日起（換洗的日子）再評量三天以作為追踪研究的資料。本實驗至此，終告一段落。

六、結果：

　　本實驗之自變項是增強因素（點菜及選看電視節目的特權和請看電影與上館子），而依變項是廚房整理的每日評分。本實驗之結果，從圖14-3可以看出：隨著增強因素之介入，受試者之成績亦隨之提高，而且此一效果一直持續到維持與追踪階段。在基準線階段，受試者整理廚房之得分，中數15分（平均數為14.67分），當進入第一增強階段後，中數提高為18分（平均數為18.2分），第二增強階段時，中數再提高為19分（平均數為19.2分），在維持階段，除第一天得19分外，其餘四天均得滿分（20分），甚至隔一週後之追踪，連續三天之追踪評量，仍得中數20分（平均數19.67分）。由以上資料可知：自實驗處理以後之各階段，受試者整理廚房的評量結果均較基準線階段時高。換句話說，自增強因素介入後，受試者對於廚房之整理，顯然有所改善，甚至不再給予增強以後，受試者之表現，仍能維持令人滿意之水準。在追踪評量之第三天，受試者之成績由20分降為19分，可能與受試者晚上都得上英語會話班有關，每天回到家幾乎均已近十一點，白天上班，晚上上課，身心定感疲憊，回到家又得洗碗，難免心情煩躁，收拾馬虎。

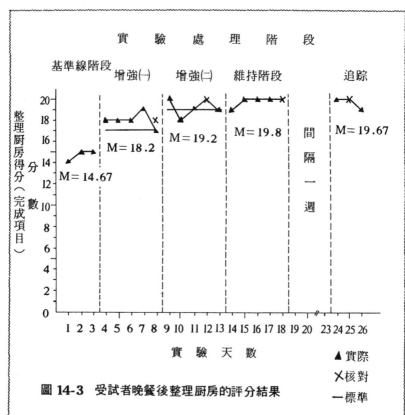

圖 14-3　受試者晚餐後整理廚房的評分結果

　　除了用以上之數據資料來說明受試者在本實驗過程中之種種表現以外，還可以由家人對受試者印象之改變來加以佐證。當受試者未參與本實驗之前，家人每次對其洗碗及飯後收拾頗感頭痛，也頗多消極的批評，總是認爲她做事很躐蹋；但自從參加本實驗以後，她的表現，大大地改變了家人對她的觀感，由消極的批評，轉爲積極的稱讚，同時發現了她有不少的優點。從以上這些觀感上的改變，也可說明受試者之行爲表現，確實與往昔有顯然的不同。總而言之，本實驗之設計對於受試者廚房整理的行爲之改善是有效的。

七、討論與建議：

　　根據本實驗之結果來說，增強因素與本實驗設計本身，不僅有助於改善受試者之廚房整理的行為，而且亦有助於改善家人對受試之觀感。嚴格來說，這兩種積極性的改變，是相互影響的。因為行為的改善，因此改變了家人對她的消極觀感；受試者亦因家人對她的積極回饋，而產生更強烈的動機去改善她以往的不好的行為或習慣。因此，**本實驗之增強因素**，除了有形的享有某種特權或酬賞外，另外還包括社會性的增強，如口頭上的讚賞、家人友善的態度與自我成就感等。雖然本實驗的結果，對於行為的改變是有效的，但就整個實驗的實施過程而言，仍有一些設想不周全之處，有待進一步改進，今檢討如下：

　　㈠基準線階段時間太短。本實驗因個人因素以致開始得較晚。量基準線的時間如能在五天或五天以上，則對於受試者在接受實驗處理之前的起點行為或一般水準之掌握，可能會更準確。如此，對於實驗處理前後的改變之解釋會更有信心。

　　㈡本實驗之受試者，年紀似嫌稍大，如能以國小中高年級至國中階段年齡的人為受試，則增強物之選擇較容易，受試年紀大，增強物不易選定，而且年紀大，考慮的多，不合作的可能也較大。

　　㈢本實驗所使用之「廚房整理項目檢核表」之設計不盡理想。檢查項目之設計應該是針對受試者還沒有做到的行為。但本實驗使用之檢核表，未能完全符合這種要求。檢核表內部分項目，受試者早已做到，因此，形成在量基準線時，受試之得分就很高，而造成逐變標準設計時的標準難以明顯的分段提高。

　　雖然本實驗之設計有上述之缺失，但就行為改變技術之應用而言，仍不失為具體、有效的行為改變之策略，而且具有實用之價值與意義。在我們之日常生活中，我們的子女或兄弟姊妹或學生，可能有許多的行為，我們看不慣，因此，不斷的批評與嘮叨就一再地發洩在這些人身上，但是只是一味的批評與嘮叨，並不能解決問題。甚至當事人也不知道

自己什麼地方做錯了。最具體的辦法就是指點錯處，拿出一套辦法，幫助當事人去改善他的行為。要達到這個目的，行為改變技術原理與方法之應用，可以說是一種很有效的策略。總而言之，本實驗之增強因素（包括原級增強物和所點的菜以及次級增強物如點菜、選看電視節目的特權和其他權益如請看電影、上館子；還有社會性增強物如家人的口頭讚賞、友善的態度以及自我的成就感等）確實有助於改善廚房整理的行為。

三、培養準時起床行為案例

在日常生活上，準時起床或是就寢，也是一項很重要的習慣，尤其是一個人從就讀幼稚園起，一直到大學畢業，甚至就業之後，為了準時上學或上班，必須要先養成早起早睡的好習慣。有些兒童則因睡懶覺成性，無法準時上學，復養成逃學缺課的惡習；有些兒童則為了貪睡片刻，連早餐都可以犧牲；有些家庭則由於子女賴床成性，每天要讓父母一再叫喊，甚至責罵方能起床，致使家庭氣氛從一大早就顯得雞犬不寧，籠罩一片低氣壓。由此可知，培養兒童早起習慣，不僅有益於其個人的身心健康，而且對於家庭的生活氣氛影響至巨。然而，有些父母雖然也能了解此一習慣的重要性，但每逢面對賴床的子女，就是一籌莫展，除了靠責罵或體罰等消極手段，以獲取短暫效果之外，其餘只有「望子興嘆」罷了。

以下所推介的「案例 14-4」，係以一位國小學童為對象，由堂姊利用郵票、集郵冊、以及吃飲茶等積極增強策略，在一個月之內，就有效改進賴床習慣，此一報告簡明，運用郵票等增強物

很適當，採逐變標準設計也很合宜，故一般家長均可參酌應用。

案例 14-4

一、研究題目：改善國小兒童賴床行為之研究。

二、研究人員：黃富美（國小教師），陳榮華（指導教授）。

三、研究日期：民國 72 年 11 月 7 日至 12 月 9 日。

四、個案的問題分析：

　　本實驗受試者黃生，現年十一歲，男生，乃筆者的堂弟，每天必須在 7 點以前出門搭車上學，過 7 點出門上學就會遲到，故撥鬧鐘在隔天早晨 6 點 20 分響。當早上 6 點 20 分鬧鐘響，黃生醒來馬上就**按止鬧鐘**，但並沒有起床，仍然躺在舒服的被窩中，任憑其母催促、責罵也不起床，直到 6 點 45 分，不能再拖延時，才慢慢起床，如此一來，時間太緊迫，匆匆忙忙穿上衣服，隨便抹一把臉，也沒刷牙，帶著早餐就上學了。黃生的母親每天為了叫兒子起床弄得情緒很壞，母子兩人天天為此事爭吵，使得全家一大早就充滿火藥味，一家人都不得安寧。

　　為了改善黃生此行為，其母親強迫他晚上 9 點鐘就入睡，但第二天依然如故，可見其賴床並非睡眠不足。黃生既非身體疾病，亦非睡眠不足，實無賴床的理由。

五、實驗方法：

　　㈠訂定終點行為：在實驗之前，黃生的母親通常予以責打、訓誡，但只能收到短暫的效果，隔天又恢復故態。自筆者修了「行為改變技術」後，決定以個案實驗法來處理黃生賴床的行為，遂請嬸嬸幫忙，不要再口頭催促或責打堂弟，以免影響實驗結果。終點行為是指該生每天早上鬧鐘 6 點 20 開始響後，一分鐘內下床，超過一分鐘就算賴床。

　　㈡實驗信度：本實驗著重「計時」、「計分」的信度考驗，計時除了由筆者用手錶計時，並請嬸嬸協助，（核對鬧鐘為準）。每一實驗階段核對二次，僅有二次略有出入，故信度相當可靠。

（三）實驗設計及程序：本實驗採逐變標準設計，分成下列若干階段：

1.量基準線階段：此階段六天，不給受試者任何增強，只記錄其每天賴床時間。

2.實驗處理階段：共三星期，分成三小段，每階段有階段目標。B_1 階段六天，連續六天賴床時間不超過 10 分，送二套外國郵票。B_2 階段六天，連續六天賴床在 5 分鐘以下，送一本精美的集郵簿。B_3 階段六天，鬧鐘響 1 分鐘內起床，星期天帶他到動物園，並且到今日百貨公司飲茶。

3.維持階段：觀察受試者已養成的習慣在取消增強物誘因後，能否繼續維持。此一階段共四天。

六、實驗結果：

本實驗採逐變標準設計，因事前先徵得嬸嬸、堂弟的同意，增強物也是共同討論後約訂，所以實驗進行很順利。

（一）量基準線階段：觀察受試在六天中，平均賴床 22.5 分鐘。

（二）實驗處理階段：共三星期，將每天賴床時間逐一圖示於總表，並把總表貼在受試房間內床邊明顯位置，受試躺在床上就可以看得到。其圖示結果有如圖 14-4。

1.增強階段 Ⅰ：階段目標是 10 分鐘以內，而受試平均每天賴床 8 分鐘，獲得階段增強物二套外國郵票，同時每天都給予口頭讚許。

2.增強階段 Ⅱ：本階段的預期目標是 5 分鐘以內，而受試者每天平均賴床只有 3.7 分鐘，達到階段目標，除了即日的口頭讚許，獲得階段增強物集郵冊。

3.增強階段 Ⅲ：預期目標爲 1 分鐘內，但結果受試賴床時間平均只有 0.3 分鐘，顯然進步很大，故亦獲得階段增強物。

4.維持階段：雖然不再給增強物，但受試每天還是可以在 1 分鐘內起床。

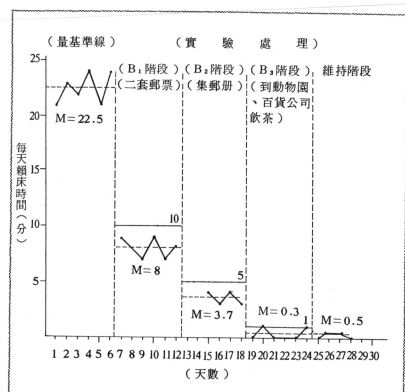

圖 14-4　改進兒童每天賴床行為

七、討論與建議：

　　由本實驗可知，對於家中有賴床孩子，最好的處理方式，是以讚許等正增強物代替訓誡或責打，因為責罵次數多次後，再也起不了任何作用，孩子任其家長責罵，假裝沒聽見相應不理，如此長期下來，不但無法改善孩子賴床行為，反而容易破壞母子間親密的關係。

　　受試在經一個多月的實驗處理，對賴床行為大有改善，主要是除了每天獲得家人讚許外，增強物中的郵票、集郵冊及飲茶是受試者早已期許多時的東西，為了得到這些增強物，受試表現良好的合作態度，實驗者亦履行契約所訂之增強物，這均是實驗成功的必要條件。

> 　　總之，若父母能略加用心，提供一些時間和增強物，應用行為改變技術，有恒心地執行，可以解決孩子很多問題，有助於增進父母子女間的感情。

四、培養物歸原處的好習慣

　　經濟愈發達，每一個家庭或個人所購置的衣物、器具以及文具也愈來愈多。這些衣物用具必須給予安排固定的放置場所，方易取用，而且也可以保持住所的條理井然。可惜，有些子女，甚至已成家立業的成人，往往因生活的忙碌，加上貪圖一時的方便，將使用完的器具，或是脫下的衣物，任意丟在不應該放的地方，讓父母或家人感到困擾。例如，有些子女從小就懶散成性，無論是玩具、學用品、衣物、書本等等，每天使用過後常常隨處亂丟，從不收拾，把房間弄得一團糟，任憑父母好言相勸，或是大發雷霆責罰一番，亦毫無成效。如「案例14-5」的受試，即為其例。另外，有些丈夫也常抱着「大男人主義」的觀念，以不拘小節為由，下班回家後，將上衣、鞋襪、以及公事包等隨便丟在沙發上，讓太太天天跟着班，口出怨言，一件一件代為收拾。如「案例14-6」的受試即為其例。以下特地介紹這兩個案例，好讓父母學會如何來「馴子」，或妻子學會如何來「馴夫」。

案例14-5

一、研究題目：培養子女物歸原處習慣。

二、研究人員：盧麗卿（教師），陳榮華（指導教授）。

三、研究日期：民國 71 年 4 月 15 日～5 月底。

四、個案的問題分析：

　　本實驗是以實驗者之女為對象，現年七歲半，就讀國小二年級，學業成績很好，喜歡閱讀兒童讀物；但是，也許因為自小父母照顧得太周到，造成懶散的個性，致對物歸原處的習慣非常不好，使用過的物品到處亂放，為此經常受到實驗者夫婦的責罵。

五、實驗方法：

　　㈠實驗設計：採用倒返實驗設計（ＡＢＡＢ）。本實驗的自變項是運用代幣制（如用小卡片、卡通貼紙），依變項是兒童物歸原處的行為。所要觀察記錄的物件，係由實驗者就受試每天必用的物品中選擇十項。這十項物品是課本、作業簿、鉛筆盒、聯絡簿、書包、衣服、襪子、鞋子、椅子、溜冰鞋。其中課本、作業簿、鉛筆盒、聯絡簿、書包等是每天做家庭作業時必定要用的；衣服、襪子、鞋子則是每天放學後必換下來的，椅子做功課必須坐，溜冰鞋則是受試特別偏好，每天一定要穿起來玩的。

　　㈡訂定終點行為：由於考慮到即使成人之物歸原處習慣亦未必每次均能做到百分之百，而且這種習慣稍有疏忽並不致引起嚴重後果；因此，終點行為訂為「每日使用的十項物品中，至少有七種做到物歸原處」。

　　㈢信度：本實驗著重於物歸原處次數計算和繪製圖表等方面的信度考驗。均由受試之姑姑負責觀察記錄和核對，各階段均有一、兩天的核對。結果在全部八天的考驗中，除二天的結果有一次之差外，均與實驗者相符，此兩次誤差係因實驗者對歸還之位置規定較嚴，故較少給分一次。至於繪圖表亦經考驗者逐一核對，均屬正確。

㈣實驗程序：觀察受試每天放學返家（約下午 4 時 40 分），至晚間就寢（約 9 時 30 分）這段時間內的物歸原處習慣。

1.基準線階段（A_1）：每天觀察記錄，但不予增強或指正。主要是評量其原有習慣之真實現象。一共記錄七天。

2.實驗處理階段：在量基準線最後一天將結束時，與受試者訂立口頭合約，約定受試在本階段若每天成績達七次以上則可獲獎品——小卡片一張，得到三張可再獲高級鉛筆一枝。每天在就寢前，把觀察結果告知受試者。如此持續一星期，是為實驗處理階段 I（B'）。

由於階段 I（B'）的成績不算理想，乃嘗試變更增強物，思量多時，憶及受試似乎對貼紙很有興趣，乃於實驗進行之第十四天晚上，與受試再約定自次日起，小卡片改為卡通貼紙，其餘規定不變，但獲獎時還要誇獎一番，受試欣然同意，筆者即前往重慶南路選購貼紙。果然此一增強物對受試之增強作用極大，使本階段（B''）進行七天中，成績一直相當理想。

3.倒返階段（A_2）：在共進行二週的實驗處理階段中，受試之物歸原處習慣顯有進步，於是進入倒返階段，停止增強，以便確定受試之進步是否受實驗處理階段增強因素之影響。本階段五天的觀察，一天比一天退步，為免剛養成之好習慣再度消失而前功盡棄，故迅即進入第四階段（B_2），以與 B'' 階段相同之增強方式再處理。

4.再處理階段（B_2）：除如上述之增強方式外，因受試提出買新鉛筆盒之要求，乃與之約定在本階段中，若受試能連續十天達到要求（每天做到七次以上）即可買此鉛筆盒。受試果然每天都很努力地注意做好。

六、實驗結果：

本實驗的記錄方法是，以次數計算，將課本、作業簿、鉛筆盒、聯絡簿、書包、衣服、襪子、鞋子、椅子、溜冰鞋等十項物品列入日記表，有做到物歸原處則記"○"，沒有做到則記"×"，每日全部做到算

十次，有一項未做到即記九次……依此類推，記錄簡易。全部實驗過程之日記表如附表一。茲將實驗結果依各實驗階段逐一分述如下：（見圖14-5）

㈠基準線階段：在七天中有四天零次，二天一次，僅第四天有二次，平均次數 0.57 次顯示受試物歸原處習慣極為不好。

㈡實驗處理階段：

階段Ⅰ（B′）：受試僅前三天達到標準而獲獎。亦即有兩天是各七次，有一天是八次。由此可推知，受試積習已久，一但要馬上改，即使有那個心，也易忘記。第四天到外婆家一整天未記錄，沒想到其後三天均在標準之下，全部僅獲三張小卡片及一枝高級鉛筆。似乎小卡片對受試之吸引力並不很大。平均歸還次數為 6.5 次。於是試圖改變增強物。

階段Ⅱ（B″）：鑑於階段Ⅰ之效果不大，於是將小卡片改為卡通貼紙，並加入社會性增強。實驗結果一星期中有四天達到滿分，總平均是 9.4 次。

㈢倒返階段（A_2）：頭一、兩天受試還記得已養成之好習慣，但逐漸變壞竟每況愈下，至本階段第五天已降至三次而已。全段的平均數為 6 次。

㈣再處理階段（B_2）：再度呈現增強條件後，受試的成績驟然上升，其後十天表現均相當好，平均達 9.3 次。

七、討論與建議：

㈠從本實驗統計圖顯示，受試的物歸原處習慣不但養成而且表現良好，似乎應歸功於增強因素的運用，但在實驗過程中，下列三點因素亦不無影響：

1.受試的個性較溫和，在整個實驗過程中表現態度相當合作，使實驗進行順利。

2.受試的弟弟現年四歲半，原來也沒有物歸原處的好習慣，在實驗之增強階段中，因見受試得到卡片、鉛筆，心理很喜歡也想要。於是

表一　　「瀚文」物歸原處習慣日記表

記　錄　者：爸爸和媽媽
日　　　期：71.4.15.起
信度考驗：姑姑記錄用紅筆表示

填表說明：逐日記載，有做到"物歸原處"之項目記"○"，未做到者記"×"。

日數 日序	月	日	課本	作業簿	鉛筆盒	聯絡簿	書包	衣服	襪子	鞋子	椅子	溜冰鞋	未做次數	做到次數	備　　註
1	4	15	×	×	×	×	×	×	×	×	×	○	9	1	
2	4	16	×	×	×	×	×	×	×	×	×	×	10	0	
3	4	17	×	×	×	×	×	×	×	×	×	×	10	0	測基準線
4	4	18	×	×	×	×	×	×	×	○	×	○	8	2	
5	4	19	×	×	×	×	×	×	×	×	×	×	10	0	
6	4	20	×	×	×	×	×	×	×	×	×	○	9	1	
7	4	21	×	×	×	×	×	×	×	×	×	×	10	0	
8	4	22	○	○	○	○	○	○	×	×	○	×	3	7	物歸原處達7次以上可得小卡片1張集3張可再得高級鉛筆1支
9	4	23	○	○	○	○	○	○	×	○	×	○	2	8	
10	4	24	○	○	○	○	×	○	×	×	○	○	3	7	
11	4	25													（4月25日到外婆家一整天未記）
12	4	26	○	○	○	○	○	×	×	×	×	○	4	6	
13	4	27	○	○	○	○	○	×	×	×	○	○	5	5	
14	4	28	×	○	○	○	○	○	×	○	×	○	4	6	
15	4	29	○	○	○	○	○	○	×	○	○	×	2	8	
16	4	30	○	○	○	○	○	○	○	○	○	○	0	10	
17	5	1	○	○	○	○	○	○	×	○	○	○	1	9	達7次以上可得貼紙1張集3張仍可再得高級鉛筆1支
18	5	2	○	○	○	○	○	○	○	○	○	○	0	10	
19	5	3	○	○	○	○	○	○	○	○	○	○	0	10	
20	5	4	○○	○○	○○	○○	○○	○○	○○	○○	○○	○○	00	10/10	
21	5	5	○	○	○	○	○	○	×	○	○	○	1	9	
22	5	6	○	○	○	×	○	○	○	○	○	○	1	9	
23	5	7	○○	○○	○○	○○	○○	○○	×	○	○○	○○	2/2	8/8	倒返到A
24	5	8	×	×	×	×	○	○	×	○	○	○	5	5	
25	5	9	○	○	○	○	×	×	×	×	○	×	5	5	
26	5	10	○	○	○	×	○	×	×	×	○	×	7	3	
27	5	11	○	○	○	○	○	○	×	○	○	○	1	9	
28	5	12	○	○	○	○	○	×	×	○	○	○	2	8	
29	5	13	○	○	○	○	○	○	○	○	○	○	0	10	
30	5	14	○○	○○	○○	○○	○○	○○	○○	○○	○○	○○	00	10/10	維持10天達到7次以上可再得鉛筆盒1個
31	5	15	○○	○○	○○	○○	○○	○○	○○	○○	○	×○	1/1	9	
32	5	16	○	○	○	○	○	○	○	○	○	○	0	10	
33	5	17	○○	○○	○○	○○	○○	○○	× ○	× ×	○○	2/1	8/9		
34	5	18	○	○	○	○	○	○	○	○	○	○	0	10	
35	5	19	○	○	○	○	○	○	○	○	○	○	0	10	
36	5	20	○	○	○	○	×	○	○	○	○	○	1	9	

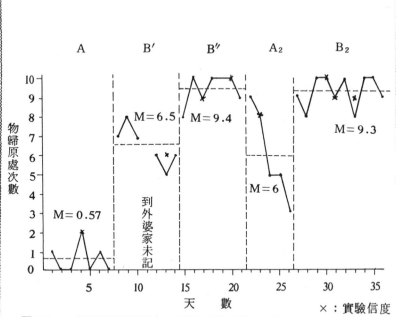

圖 14-5　增強因素對養成兒童物歸原處習慣之影響

主動要求也要表現一番，以博得獎品。筆者見其自發強烈動機，機會難得，乃答應之。但因弟弟使用的物品玩具偏多，且無固定性，故僅鼓勵其學習姊姊之表現，即可獲獎。是故，姊姊一方面因表現好，獲獎品和父母的口頭稱讚，一方面要給弟弟示範作用，同時也互相產生競爭性，因而成績良好，這種因素無疑具有很大的助力。

　　3.本實驗的終點行為標準不很高，對於一個七歲半的女孩來說，算是恰當，使她有信心達到標準，而樂意努力地去做。

　　㈡增強物的應用要因人因時而異：例如實驗之前，受試原本很喜歡蒐集小卡片，但得到幾張後，興趣漸低，致使實驗者及時改換增強物，

以卡通貼紙為增強物，才使實驗成績上升。又受試平日即是一位好表現的人，愛人讚美的人，故社會性增強物對她有很大的效用。

㈢好習慣不僅要幫助個人養成，且應使之固定。本實驗實施天數為36天，而後，仍每日留心觀察，並採間歇增強，結果一個月之後，受試與弟弟之物歸習慣仍稱良好，平均也有八次，只是偶而忘記一兩件，但只要口頭提醒一下，都能馬上做好，顯示實驗已相當成功。由此可知，行為改變技術是值得試行的。

案例14-6

一、研究題目：改善丈夫亂丟衣物的習慣。

二、研究人員：Alley, S. J. & Cox, L.

三、研究日期：取自 Hall, R. V（1974）: Managing Behavior, P. 42.

四、個案的問題分析：

實驗者的先生有個壞習慣，喜歡把衣服隨便放置在客廳的沙發上，鞋子也經常亂放。實驗者雖然經常提醒他把衣服鞋子放在該放的地方，但是屢勸不聽。實驗者遂想以行為改變技術來改善她先生的行為，實驗目的是消滅她先生亂放衣服在客廳的壞習慣。

五、實驗程序及結果：

㈠量行為基準線階段：太太計算先生把衣服放在客廳超過十五分鐘的件數，她並且要求她的訪客也記錄她先生把衣服放在客廳超過十五分鐘的件數，核對二者的記錄，作為信度考驗的依據。經過七次的信度考驗，一致性達100％。

在實驗處理之前，實驗者觀察受試七天，並記錄她先生的亂放衣服之件數。實驗者僅記錄，未給予懲罰。大概言之，每天平均約有二件衣服放在客廳超過十五分鐘。

㈡實驗處理階段：從第八天開始，實驗者和她先生取得一個協議，

在一個星期當中，誰放在客廳的衣服件數較多，誰下個星期就得洗盤子。在這個承諾之後的二個星期當中，受試沒有放過一件衣服在客廳裏。

㈢倒返基線階段：經過二個星期，受試沒有亂放一件衣服之後，實驗者又對受試說：「好了，現在已經沒什麼問題了，我們取消我們的協議吧。」結果受試亂放衣服的件數遂增加到一天一件或二件，平均是1.3件。

㈣再處理階段：當實驗者又再和受試取得協議，丟衣物件數多的人要洗盤子，受試亂放衣服的件數又馬上歸回到零，亦即不再亂丟衣物。

㈤事後考核：結束這個實驗之後，實驗者在二十天當中，觀察記錄了八天的情形，結果只有二天各亂丟一件衣服在客廳，改善結果尚令人滿意。

六、實驗結果：

由圖 14-6 可以看出，罰洗碗盤對制止年輕丈夫亂放衣服是十分有效的。也可以證明受試因不喜歡洗盤子，所以寧願把衣服放好也不願受罰。雖然在整個實驗過程當中，受試均未受罰，但我們可以說洗盤子對受試而言是一種懲罰，受試表現所謂「逃避行為」（ avoidance behavior ）。實驗之後，受試所以沒有恢復到亂放衣服的原來狀況，實驗者認為可能是因為受試理解到實驗者比較喜歡他把衣服放好的行為，也希望他不要再犯舊毛病。實驗者擔心若不再繼續處理，受試的良好行為可能會逐漸消失，但已呈現的實驗效應，能持續多久，則有待長期的追踪核對。

七、討論與建議：

這個實驗結果，可以證明實驗者所用的懲罰對受試十分有效。這可能是因為「知夫莫若妻」吧！我在想若受試不是一個成人而是小孩的話，這種延宕懲罰的效果，就值得懷疑了。

我覺得夫妻共同研訂協議的方法很好。在家庭裏，藉商訂契約或合同，明確的界定成員彼此該做的事，以盡各人的義務或責任，誠為最公平合理的方法，也可以避免責罵與爭吵，更有助於增進家庭的和諧氣氛

。總之，行爲改變技術的確有推廣到實際生活中的必要，只局限於實驗情境中實在太可惜了。

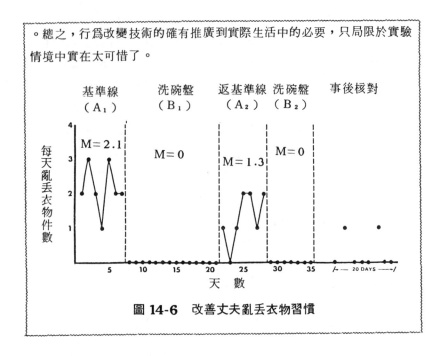

圖 14-6 改善丈夫亂丟衣物習慣

第三節 培養良好飲食習慣案例分析

飲食行爲是人類飢渴需求的表現。如在飢餓邊緣掙扎的人，想的是食物，談的是食物，只要有東西吃，什麼事都願意屈就。又如對乾渴欲絕的人，水可能就是第二生命，往往爲了爭取一滴水，顧不了面子。但隨着社會的進步，以及經濟的發展，飲食行爲已非單獨由飢渴需求所激發，而衍生另具社交、習俗以及階層意義的行爲體系。例如，有些家庭是常藉晚上的餐聚，充分表達人倫之樂；有些家庭則每餐必須禱告上帝，藉此行宗教儀式；有些家庭則在餐具上用功夫，藉此炫耀其財富及地位。孩子們在這

些家庭長大之後，其飲食習慣也大不相同；有些孩子每餐必須拖延一個多小時，藉此引人注意；有些孩子則表現極端的偏食，好讓家人窮緊張；有些孩子則扮演大食客角色，好轉移內心的不安，有些孩子則浪費成性，令人刮目相看。這些不良飲食習慣，不僅損己且亦害人，無不令家人頭疼萬分，故必須早日改正。

以下介紹兩個案例，分別說明父母及家人如何幫助自己的子女，改善不良的飲食習慣，進而培養良好飲食習慣。

一、改善兒童的偏食行為

案例 14-7 是一位輔研所研究生設法改進一位學童的偏食行為。根據研究資料顯示，偏食行為的養成有若干原因：(1)兒童在生理及體質上排拒若干食物；(2)父母慣用不適當方法（如哄騙及懲罰），強迫孩子攝取他所不太喜歡吃的東西；(3)父母的烹飪技巧太差，導致孩子的飽足感或厭惡感；(4)兒童的心理因素，如藉偏食策略以引起家人的關心及注意。受試者確實的偏食原因不詳，但實驗者卻利用增強原理及逐減敏感原理，在一個多月的實驗階段裡，終於使受試攝取一些多年來從不入口的食物，如海鮮類、豬內臟、蛋以及豆腐等等。此一實驗採用逐變標準設計，非常合適，增強物的選擇以及指導語的提示也都很適當，故已頗具成效。唯實驗時間較短，每餐滲入太多種受試厭惡的食物，以及未能按週逐一記錄體重，誠屬美中不足。

案例14-7

一、研究題目：改善兒童的偏食行為。

二、研究人員：孫敏華（研究生），陳榮華（指導教授）。

三、研究日期：民國73年5月至6月。

四、個案的問題分析：

　　受試為國小六年級男生，年齡12足歲，智商為132（WISC）。家境富裕，排行老三，有兩位姊姊及一位妹妹。受試於4歲時曾患一場大病，從此就非常偏食，尤其是對海鮮類、豬內臟、蛋類等食物非常厭惡。平常用飯，均以肉鬆為主菜，也喜歡炸雞。受試喜愛運動，但個子非常短小，外表看起來像三年級的學生，比其妹妹矮九公分，瘦七公斤，常被姊妹譏笑將來無法服兵役。其父母也非常擔心，試過許多方法都無效。

五、實驗方法：

　　㈠實驗設計：採逐變標準設計。這種設計對應付生理改變特別適宜。各階段所設定的攝取厭惡食物量的標準如下：

　　　1.量基準線階段：觀察受試平日進食的情況。

　　　2.處理階段一（Ⅰ）：要求受試達到2湯匙的標準。

　　　3.處理階段二（Ⅱ）：要求受試達到3湯匙的標準。

　　　4.處理階段三（Ⅲ）：因前一階段未達原定標準，因此本階段的要求仍停留在3湯匙。

　　　5.處理階段四（Ⅳ）：要求受試達到四湯匙的標準。

　　㈡實驗程序：本項實驗係在受試的家裡進行。由於實驗者擔任其家庭教師，所以利用每天晚餐實施。其步驟如下：

　　　1.訂定偏食食物等級：亦即先調查受試平日所喜愛的食物，以及最不喜愛的食物，並由受試自行評定其等級分數。最討厭吃的食物定為十分，最愛吃的食物評分為一分，其結果如下：

10分：魚、蝦、花枝、螃蟹等海產類。

9分：魚丸、香菇、貢丸、豬心、豬腰等。

8分：香菇、草菇、蒸蛋、絲瓜、茄子、木耳等。

7分：滷蛋、荷包蛋、豬肝、豆腐、雞肝、蝦米等。

受試平日愛吃的食物則有炸鷄、薯條、牛排、酸辣湯、玉米湯等。

取得受試母親的同意與合作，從受試評分最低的食物開始實驗起，同時要求受試的母親將受試不吃的食物，切成細小塊，或成醬，混合在其他受試吃的食物內，也因為受試對每種食物敏感的程度不一，因此計量的單位也有所不同，評7分的食物，計量的單位是大湯匙（約 18 cc），評8分的食物，計量單位是中湯匙（約 10 cc），評9分、10分的食物，計量的單位是小湯匙（約 4 cc ）。

根據受試的評量，開始擬菜單，菜單的範圍有評7、8、9分三種，隨機出現，交由受試母親購買，每日菜單有受試不吃及愛吃的食物。進行實驗。

　2.實驗階段：

　　(1)基準線階段：不給受試任何的指導和增強，每日晚餐時，在受試面前擺上一個碗，裏面有 4 湯匙的份量，另外在旁邊擺上一個湯匙（湯匙大中小視食物而定），以供受試取用，視其吃了多少，本階段的記錄，由受試母親擔任。

　　(2)處理階段Ⅰ：基準線階段結束後，實驗者即向受試說明本實驗的目的，及對他的幫助，並製作了一張圖表，以供受試自行記錄，記錄的項目有(a)不吃的食物是什麼(b)吃了幾湯匙(c)貼紙，每吃一湯匙，貼上小貼紙一張，3 湯匙大貼紙一張。貼紙的花色由受試自行選擇，自己貼。實驗者根據受試者平日的喜好，定出下列三種增強物：(a)看電影，(b)吃美國炸鷄，(c)玩具模型（分大、中、小三種）。由受試自己選擇，在階段Ⅰ，受試選擇為增強物是看電影，片名是＂野玫瑰＂。

(3)處理階段Ⅱ：本階段的標準是要吃完3湯匙的食物，增強物爲玩具模型（小）。

(4)處理階段Ⅲ：根據階段（Ⅱ）的表現，故本階段的要求仍維持3湯匙，增強物受試仍選擇玩具模型（中）。

(5)處理階段Ⅳ：本階段實驗者的要求爲4湯匙，受試仍選玩具模型（大）爲增強物。

(6)維持階段：這一階段的實驗條件完全和基準線階段一樣，只有記錄，而沒有任何增強，其目的乃是觀察受試已形成的行爲，在取消增強誘因後，能否維持一定水準。

㈢信度考驗：每日晚餐後，均由受試自己記錄，自己貼貼紙，並由母親及妹妹檢核，在實驗期間，實驗者和受試共進餐六次，觀察結果的一致性是100％。

六、實驗結果：

本實驗的自變項爲增強因素（如看電影、玩具模型及吃美國炸鷄等），依變項爲受試吃下多少湯匙的不喜歡的食物。

㈠基準線階段：前二天拒絕吃碗裏的食物，第三天勉強吃了一湯匙鷄肝，第四天拒絕吃晚飯，平均的份量爲0.25湯匙。

㈡處理階段Ⅰ：實驗者的要求標準爲2湯匙，實際上受試者平均吃了2.6湯匙的食物。

㈢處理階段Ⅱ：在這階段裏，受試有1天拒絕吃（豬心），有一天全家出去吃晚飯，所以平均吃的食物降爲2.2湯匙，未達標準的3湯匙。

㈣處理階段Ⅲ：此階段的標準仍維持處理階段Ⅱ的3湯匙，受試實際吃完的平均數爲3.2湯匙。

㈤處理階段Ⅳ：標準提高到4湯匙，受試實際吃完的食物平均爲5.2湯匙。

㈥維持階段：平均吃完的食物又降低爲2.85湯匙。

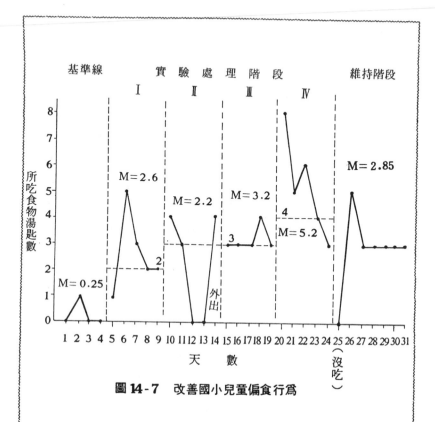

圖 14-7　改善國小兒童偏食行為

七、討論與建議：

　　(一)根據本實驗的結果，增強因素確實能改變兒童的偏食習慣，但筆者認為單純的增強物並不能達到預期的目標，還需配合其他的因素。因為在量基準線階段時，受試甚至以不吃晚飯為要挾，揚言若要強迫他吃不喜歡吃的食物，他就不吃晚飯。因此在基準階段結束後，實驗者就向受試解說“本實驗只是要幫助你改變偏食的習慣，並不是要強迫你吃不愛吃的東西，而且你馬上就要進入國中，這段時間是決定個人身體生長的關鍵期，若是你這時營養吸收不夠，身高自然較矮小，可能會遺憾一輩子。尤其是你的妹妹現在的身高已超過你許多，你再不迎頭趕上，別

人還以爲你是弟弟呢！但若你覺得實在無法下嚥，我絕不勉強 ”。自此之後，受試的態度有了 180 度的轉變。因此筆者認爲，對於 IQ 較高，年齡較大的孩子，必須給予合理的說明，激起受試的行爲動機，使他瞭解實驗的目的乃是幫助他，而不是強迫他。

㈡受試每日自己記錄自己的行爲，自己選貼紙，貼貼紙選增強物，這些對他來說，都有成就和滿足的感覺。筆者每次和他共餐時，都會聽到他說 “我今天又可以貼×張貼紙了”。每日晚飯後，他最迫不及待的一件事，就是趕緊做記錄，並貼貼紙。每次給過增強物之後，受試的成績都陡增。可見自我記錄，以及選擇自己所喜愛的增強物，對受試而言具有相當大的吸引力。由此可知，增強物的選擇，及適當的實驗設計，乃是實驗成敗的關鍵。

㈢因爲受試對每種食物的敏感程度都不一樣，所以本實驗以評分（rating）的方式，讓受試自行評定食物的嫌惡程度，然後根據受試評分結果，定出量化的單位，如評 7 分的食物，每一大湯匙算一單位（約18 cc），評 8 分的食物，每一中湯匙算一單位（約 10 cc），評9及10分的食物，每一小湯匙算一單位（約 4 cc），這樣在量化的程度上較爲一致，而且不會讓孩子有不公平的感覺。

㈣受試所偏食的原因相當多，大部份似屬心理因素，但仍有部份食物會引起其生理反應。筆者記得實驗進行到第 12 天時，當天的菜單是豬腰。受試在餐桌上掙扎了約半小時，就是沒有勇氣去嘗試。飯後受試自己表示，他實在無法忍受腰子的氣味，他只要一聞到那一種味道，就想嘔吐，更遑論去吃它了。筆者認爲這和烹調的技巧非常有關。碰巧那一天受試的母親把豬腰子切的很大塊，因此　受試才會刻意注意該食物。爲父母者，不妨採用逐減敏感原理，開頭時將受試不吃的食物切成細小的粒狀，混合在孩子愛吃的食物內，讓受試不易辨別。受試的母親經此經驗後，將每項食物切的更細小，讓孩子無從挑選，結果發現，效果非常良好。

總之，受試積了八、九年的偏食習慣，經過一個多月的實驗期間，已獲得長足的進步，在追蹤期間，每天的份量也都能達到三湯匙。晚飯的時間再也聽不到母親的喊叫聲及孩子的抗拒聲，最近受試的體重已逐漸上升，臉頰也豐潤了起來，一家人都很高興。其功勞應歸於陳所長的鼓勵和指導，以及家庭成員的配合。更希望今後能藉著這一項實驗經驗，幫助更多的偏食孩子改變其惡習，也提供為父母者做參考。

二、培養兒童按時用餐的習慣

俗語說：「飢不擇食」，往昔在抗戰等窮苦日子裡，大部分家庭均飯菜不多，所以若能享用一簞食，一瓢飲，即該感恩上蒼，是故子女們面對三餐食物，無不狼吞虎嚥，似鮮有吃一頓飯要花費一、兩個時辰的情形。但目前的富裕社會，一般的家庭均進入小康局面，所以家家不僅豐衣足食，餐餐用慣山珍海味，且兒童常常邊看電視、邊動嘴巴，往往花費一兩個小時，還未用完一餐飯，致使沒有經驗的年輕母親，時常右手拿著湯匙，左手捧著碗，緊跟在孩子後面，半強迫性地，連哄帶騙，從右側餵他一口飯，或從左側塞他半口菜，忙得不亦煩乎。但孩子們卻早已胸有成竹，媽媽越顯得著急，他們却越表開心。反正餓不到他們，所以半習慣性地菜來張口，飯來閉嘴，養成吃飯拖延時間的不良習慣。像這些例子，在一般家庭裡是常見的。輔導這一類兒童的最好辦法是利用自然懲罰方式，不管子女吃多少，等到用餐時間差不多過了（如30分鐘），就該將桌上所有的飯菜全部收起來，並嚴格限制他吃零食。這樣經歷幾天，在飢不擇食的原則下，他可能遲早會就範的。如果軟心腸的母親認為此一辦法太過強硬不便

使用，則可改用增強原理，激勵準時用餐的行為，如於第十三章
所介紹的案例 13-4，即為一項很適當的案例，可供父母參考，本
節不另舉其他範例。

討 論 問 題

一、請針對兒童的 " 不合作 " 及 " 過分活動吵鬧 " 等行為，分別
　　給予操作性定義，並提出有效的輔導辦法。

二、針對兒童的 " 過分依賴 " 與 " 過分孤獨 " 行為，在輔導策略
　　的應用方面有何不同？

三、試評 " 案例 14-1 " （消除兒童攻擊行為方案）的優劣點。

四、試評案例 14-2 　（改善不良生活習慣方案）所以獲得輔導成
　　效的主要關鍵所在。

五、請參考案例 14-3 　的「廚房整理項目檢核表」，自行編訂「
　　教室清潔檢表」，並試用其可行性。

六、試評案例 14-7 　（改善兒童的偏食行為）的優劣點。

第十五章
在學校方面的應用

　　學校是一種社會的縮影，也是特別安排的教育場所，旨在啓迪學生的智慧，陶冶學生的德性，增進學生的生活技能，逐級上進，最後培養健全的人格。學校教育若欲圓滿達成此一功能，每一學校必須先建立優良的校園倫理，充實教學設備，編訂適當的教材，最後運用有效的行爲改變原理及策略，方易收到事半功倍的效果。每一位學生處在學校的時間相當的長，同學間的相互影響很大，所以學校對於個體行爲發展的影響誠不容忽視。茲分別從教室常規訓練及學習輔導等問題，提出若干應用案例，以供教育界同仁參考。

第一節　教室常規訓練

一、教室常規訓練的重要性

　　教學活動能否順利進行，一半要看教師能否適當的維持教室常規。一般而言，多數學生在教室裏參與學習活動，都是循規蹈矩，聽從教誨，但一班中總有三兩個非但不想唸書，反而以破壞教室常規爲能事，鬧得全班雞犬不寧，老師怒髮衝冠，往往不知所措。尤其是初出茅蘆的教師，面對一班五十多位良莠不齊的學生，管教問題確實是一大棘手問題，教師如何在開學不久即先發制人，運用適當的方法建立良好的教室常規，乃是以後教學成功的先決條件。時下輿論常常談及「愛的教育」問題，但若家庭因素及社會風氣未能同時受到適當的約束與革新，而獨往教育工作者身上硬推責任，似欠公允。因有少數頑劣學生，在不正常的家

庭及社區環境之長期薰陶下，行為已相當乖戾，所以一到教室就成為製造問題的禍源，經常惹老師發怒。一般教師對這一類學生所採取的反應，我們不難推想：在初期，這些被激得火冒三丈的教師，恨不得當場就賞給一巴掌，但在千鈞一髮之際，想及此掌之後果，卻又不得不緊急罷手，將怒氣往肚子裏吞。

這些教師在經歷這種酸甜苦辣的教學生涯後，為了明哲保身，抱着老莊不為而治之處世態度，只管唸自己的經，不問學生撞什麼鐘；只圖苟安無事，不計教育後果；其影響所及，對學生、社會以及教育均極為不利。

筆者認為「愛的教育」，應該是關懷的教育，教師關懷學生得對學生之行為採取積極的輔導態度，但積極的輔導態度不一定要表現於「又打又罵」的壓制方式，也不是「不打不罵」的放任方式，二者均有所偏頗。愛的教育應當是合理的教育，針對受教學生的身心特性，善於衡量行為的因果關係，運用適當的增強原理，包括獎勵與懲罰，利導學生的人格發展。更進一步來說，教室常規的建立，也不是只圖消極的壓制壞行為的發生，而是要積極設計或安排一個良好的教學情境，以便使學生的不良行為無從發生，同時還得積極培養良好的學習與生活習慣。根據行為改變原理來說，要培養好的教室常規，教師必需善於控制教室情境，務使學生的良好行為得到好的後果，不適當行為得到相對應的懲罰；使學生在教室內的一舉一動，均能助長學習效果，從簡單的動作到簡單的習慣，再從簡單的習慣，塑成理想與觀念等複雜行為，如此循序漸進，方易發展健全人格。這種行為養成的方式，已於第六章詳加敍述，本章不再贅言。

　　本節著重於介紹幾個將行為改變技術有系統地運用於教室常規訓練上之例子。教室常規訓練的範圍相當廣泛，包括在教室內，良好人際關係的建立，物質設備的合理使用，以及順利進行各種「教」與「學」活動所必須遵守的規範之建立等等；其目標則於協助教師達成教學目的。本節所推介之例子，雖屬教室常規訓練中之幾項雞毛蒜皮小事，但其重點並不在於強調案例本身的重要性，而在說明行為改變原理及策略在教室情境的應用過程。誠盼各位教師善於舉一反三，共同開拓更廣大的應用領域，為學生提供最好的幫助。

二、改善學童上課不專心行為方案

　　學童在課堂上不能專心聽講，立即會影響到學業成績；學業成績的優劣，又常會決定學童在班級上的地位；學童在班上不受重視或關注，更會步入旁門左道，或以扮演班上小丑的角色，自欺欺人，自誤誤人。許多行為偏異的學童，常有此種傾向。如案例15-1是一個很適當的範例。鄭生是一位上課不專心，在班上善演惡作劇的丑角，不僅令教師頭疼萬分，且讓同學厭惡透頂。處理此類個案，教師通常是想藉教鞭的權威來鎮壓，結果常弄巧成拙，反而助長其惡習。研究者在處理此一個案時，改變了傳統的懲罰策略，試用原級增強物及社會增強物，終於在愛心的灌溉下，改善受試的不注意聽課行為，且也增進其人際關係。教師本身也增加一位得力的助手。案例15-1的最大優點是目標行為（減少不注意行為）的界定很具體，共列舉五大項目的不注意行為，以便做客觀的量化；在輔導策略方面，善於利用受試的長處（聲音

宏亮），以及其基本需求（引人注意），讓受試擔任"喊口令整隊"的榮譽職務，誠爲輔導成功的關鍵所在。指派受試擔任此種榮譽職，旣不必花費教師的金錢，且又可幫助教師，更能滿足受試的心理需求，一舉數得，値得各級教師仿效。

案例15-1

一、研究題目：改善學生不注意行爲方案。

二、研究人員：徐高鳳（國小敎師），陳榮華（指導敎授）。

三、研究日期：民國七十四年四月至五月。

四、受試的問題分析：

　　本實驗受試鄭生，現年十一歲，男孩，就讀二年級。據家庭訪問得知：鄭生的父母均未受過教育。父親爲臨時工，早出晚歸。母親好賭成性，不關心孩子們的生活。家長曾明白的表示：只要鄭生能天天快樂的上學即可，不必強求其學習。因爲鄭生小時候曾嚴重燙傷，影響智力發展。且由於學習障礙及過度的好動，常有不良的行爲發生，而對其他小朋友的學習活動造成干擾。

五、實驗方法：

　　㊀目標行爲的界定：首先先把「不注意的行爲」列舉在核對表上，上課時間鄭生表現這些行爲，即記錄爲「不注意行爲」。

　　⑴走動：即未經老師的允許而站起來或到處走動。

　　⑵在椅子上的動作：如在椅子上前後滑動，把椅子推來推去，把椅子倒過來坐等。

　　⑶身體的動作：如抓頭、伸懶腰、搖動雙腿、變換位置等。

　　⑷無聊的動作：如用手玩弄物品、敲桌子、用刀片刻桌椅。

　　⑸妨礙他人學習的動作：如大笑、說話、未經許可拿別人的物品等。

　　㊁訂定終點行爲：希望該生每節課不注意行爲的發生率能從百分之

九十八減少至百分之二十五。不注意行為發生率的計算方式如下。

$$不注意行為發生率 = \frac{不注意行為的次數}{行為發生的總次數} \times 100\%$$

不注意行為次數記錄表

記錄日期：4 月 11 日＿＿時

1	2	3	4	5	6	7	8	9	10
11	12	13	14	15	16	17	18	19	20

註：紙上標明日期，每天計算其結果，不注意行為打“×”記號，
　　注意行為打“○”記號。

計	行為發生的總次數 = 20 次
算	不注意行為的次數（打×的）= 19 次。
例	$\frac{19}{20} \times 100\% = 95\%$
子	

　　利用上述記錄格式，每個格子是以 2 分鐘為單位，在每 2 分鐘內隨機觀察受試的行為一次，若發現受試者有不注意行為發生，就在記錄紙的格子內打「×」，若行為良好，則打「○」。每節課一共觀察記錄二十次。

　　㈢實驗信度：基準線階段，由實驗者親自觀察記錄，而處理階段則由三位成績優秀、熱心負責的小朋友幫忙，一位用馬錶計時，一位觀察記錄，另一位也同樣地負責觀察記錄，以便核對，結果未發現誤差。（註：把座位調整適當，以便觀測，同時以不影響三位小朋友的學習為原則。）

　　㈣實驗設計及程序：本實驗採用「倒返設計法」。第一步先量「基準線」（A段），以了解受試的行為現狀。其次是實驗處理階段，利用

各種增強策略試探對受試者的目標行為發生怎樣的影響。實驗處理階段又分成三個小段。第三階段是倒返階段（A_2），停止在 B_1 段所使用的實驗處理。本實驗進行中，各階段的時間如下：(1)基準線階段六天；(2)使用牛奶增強階段六天；(3)使用蓋有「獎」字的蘋果榮譽卡的階段五天；(4)口頭讚美、喊口令整隊階段八天；(5)倒返階段五天；(6)再增強階段八天。

六、實驗結果：

　　本實驗的自變因是增強因素，依變因是不注意行為的發生百分率，因此如果每節課的不注意行為發生次數百分率能因輔導而減少到百分之二十五以下，即屬小功告成。實驗結果如圖15-1。茲將這些結果，依照各實驗階段逐一分述如下：

　　㈠基準線階段（A_1）：每天觀察記錄一節課，受試的不注意行為的發生百分率是平均每節百分之九十八點三（ 98.3 ％ ）。

　　㈡實驗處理階段（B_1）：

　　　(1)使用牛奶增強階段（B'）：第二週開始使用食物性增強物。實驗結果顯示：當以牛奶做正增強物時，起先受試尚有所疑惑，後經實質的行動保證才有所改變。但牛奶似乎不太能使他感到興趣，因此在實驗的第十一天便故態復萌。研究者跟他個別談話，發現他並非無可救藥，因而給予暗示，如果他能改正不良行為，老師一定會喜歡他，並給予榮譽獎章（蘋果形狀），受試者點頭答應，結果隔天（實驗的第十三天）其不注意行為發生率降到了百分之五十五（ 55 ％ ）。

　　　(2)使用蓋有「獎」字的蘋果榮譽卡階段（B''）：這個蘋果獎是由老師親手做的，別處買不到。而通常都是頒給學科成績優秀或行為表現優良的小朋友。因為鄭生功課差，且行為不良，所以老師鼓勵他只要肯努力去改正不良行為，就可以獲得蘋果獎，且將此獎貼在受試個人所擁有的大樹上，並公佈在公佈欄。實驗結果顯示：受試的不注意行為發生率有了改變，且已降到百分之五十三（ 53 ％ ）。

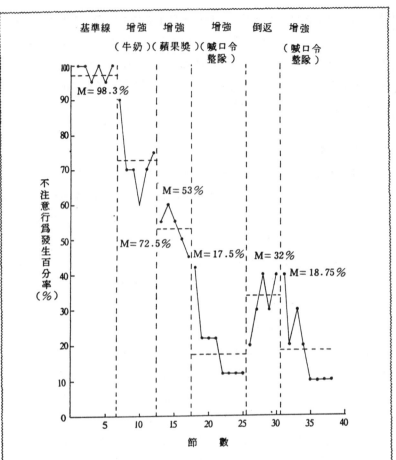

基準線　增強　增強　　增強　　倒返　增強

（牛奶）（蘋果獎）（喊口令　　　　（喊口令
　　　　　　　　整隊）　　　　　整隊）

不注意行爲發生百分率（%）

M＝98.3％

M＝72.5％

M＝53％

M＝17.5％

M＝32％

M＝18.75％

節　數

圖 15-1　不注意行爲發生百分率因不同處理策略而逐漸降低情形

　　(3)口頭讚美、喊口令整隊階段（B‴）：第四週則使用社會性增強物。一般朝會、放學的路隊，都是由班長喊口令整理隊伍。如今老師賦予鄭生喊口令整隊的責任。由於鄭生從來不曾擔任過班上的幹部，而他的聲音宏亮，常喜歡學班長發號施令。因此事先與鄭生說好，只要有良好的行爲表現，盡力改正上課不注意行爲，那麼就准他接替班長發號施

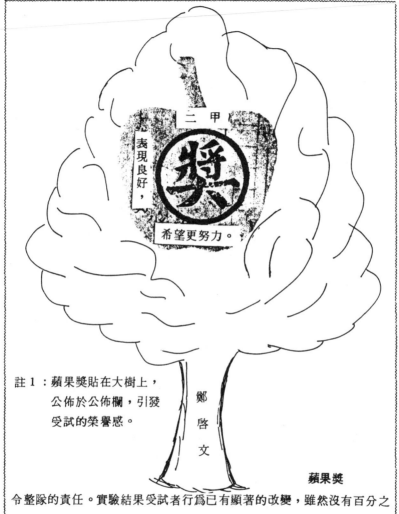

二甲

表現良好，

奬

希望更努力。

註 1：蘋果獎貼在大樹上，
　　　公佈於公佈欄，引發
　　　受試的榮譽感。

鄭啓文

蘋果奬

令整隊的責任。實驗結果受試者行爲已有顯著的改變，雖然沒有百分之
百的改變，但上課不注意行爲的發生率已降低到百分之十七點五。

　　(4)倒返階段：研究者爲了觀察喊口令整隊是否眞能影響受試以前
的極不注意行爲，又將自變因（任喊口令整隊之職）拿掉，用五天來觀
察受試的不注意行爲是否返回基準線。結果顯示：受試的不注意行爲發

生率又漸漸的增加，平均每節升高到百分之三十二。

(5)再增強階段（B₂'''）：由於個案的終點行為在倒返階段有再度轉劣的趨勢，故再度以喊口令整隊為增強條件，**繼續輔導八天**。結果，上課不注意行為的發生率又降低到十八點七五。

七、討論及建議：

㈠要改變學生行為，首先應建立良好的師生關係。在此實驗中，我們知道多去接近學生，了解、關心他們，使師生間有了良好的溝通後，對改變受試不注意行為有很大的神益。

㈡受試不注意聽課行為減少後，也改善了他的人際關係。因為過去班上的同學常常受到他的干擾，所以討厭他的惡作劇，因此人際關係惡劣。經過這一個多月實驗後，不但減少了不注意行為，且由於老師在班上公然讚美他，使得班上同學逐漸的喜歡他，看重他。

㈢老師對學生各種不同的標記，常形成老師對於學生的不同期望及教導方式。以前，鄭生在大家的心目中，是一個愚笨愛鬧事的人，因此老師也都使用懲罰來改善他的行為。然而一味地用懲罰，無形中告示全班同學，受試是一位不受歡迎、一無所長的人。結果更導致其行為的惡化。如今改用各種增強策略後，其不良行為有了好的改變。所以說適當的讚美、鼓勵是必要的。就像林肯說的：「用一滴蜜去捉蒼蠅，比用一加侖的膽汁更為有效。」

㈣愛心是融化頑劣的必需品。張天麟說過：「教育上不重情、不施愛，便根本行不通教育，唯有疼人的人，才有教人的資格，唯有感到有愛可受的人，才願意傾心受教育。」在我求學的歷程中，曾碰到一個只喜愛長得漂亮、家境富裕的學生的老師，對於那些不漂亮、家境不佳的學生，不但不關心，反而常予以諷刺。在我的心靈中，便立下一個心願：如果有一天，我是老師，我將一視同仁的對待我的學生。如今也為人師，雖然發現這是很難做得到，但我仍盡力去做。因為我知道我的學生需要愛心與關懷。

> 總之，只要我們肯付出，我們就會從付出的過程中品嘗到無比的快樂。

三、改正學童好鬥行為

在班上若有兩三位好鬥的學童，足於使全班雞犬不寧，不僅讓班內同學人心惶惶，且使教師為兼充"判官"而心煩，影響教學甚巨。例如，案例 15-2 的受試是一位八歲大的男童，可能在家裡常與妹妹爭寵而起衝突，或是藉機惹是生非，因而常常承受繼母的懲罰。結果，帶着滿懷的怨恨，到學校後就專找班上小朋友出氣，藉機搗亂。教師一再勸導或是懲罰他，不僅難及時使他改邪歸正，且使他變本加厲；甚至對教師亦生敵視的態度，讓教師望而生厭。誠如，研究者在心得中所提示的，小孩子也像成人一樣，需要別人給予尊重與關懷，採用懲罰徒增受試的怨恨與報復，對誰均無益處。反之，改用鼓勵方法，安排機會讓受試在班上擔任令人尊重的差使（如幫助教師拿簿子或端茶），竟使受試逐漸成為一個天真浪漫的好孩子。針對受試的個性——好表現自己，選對了增強策略（讓他擔任榮譽職），就是此一方案成功的關鍵所在；同時，教師也充擔受試與繼母之間的溝通橋樑，逐步化解雙方的對立，更是高明的招術。世上常用「遊手好閒，不務正業」來形容一批為非作歹的惡人。在教室裡仍然有少數幾位「遊手」的孩童，在學業成績上既無法出人頭地，在服務上亦因有前科而無機可施，只好熱中於旁門左道。對這一類學童，教師應先設法安排他「樂務正業」，其後果必然使他自然而然無餘力去重施故技，或扮演丑角。

案例15-2

一、研究題目：增強因素對改正學生，毆打同學行為之影響。

二、研究人員：王淑姬（國小教師），陳榮華（指導教授）。

三、研究日期：七十三年五月一日～六月六日。

四、受試的問題分析：

受試郭生現年八歲（男孩），為本校一年級的學生，時常表現毆打同學的行為。經訪問家長得知，郭生在家排行老大，家有父親、母親（繼母）及妹妹一人。郭生的親生母親在郭生四歲時，不幸生病去世。不久，父親娶了一位繼母，並生了一個妹妹。郭生的父母親忙於做生意，經常不在家，郭生對妹妹極為討厭，常常欺負她，使得繼母極為生氣常懲罰他。

經觀察郭生日常在校行為，功課平平但極愛表現，常無緣無故毆打其他同學，或藉機搗亂，影響教室秩序很大。

五、實驗方法：

㈠界定目標行為：毆打行為係指郭生隨意抓、拉、推、打同學，或採取其他使同學肉體上感到疼痛的舉動，均稱之。

㈡訂立終點行為：因受試者時常毆打同學，招惹了許多家長的抱怨，到校求其換位置；上課時亦常常搗蛋，影響上課秩序，令老師深感頭痛。故擬藉此次實驗，徹底改變其不良行為，使受試每天毆打同學的次數，從四、五次減少到一次以下。

㈢實驗設計及程序：採用倒返設計中的多重處理設計（A—B—C—A—D）模式。

第一階段先量基準線（A），以了解行為的現狀，共實施五天。

第二階段是處理階段，分為三小段，施予不同的輔導策略，如階段一施予懲罰及訓誡，共實施六天；階段二，給予榮譽卡，實施六天；階段三，給予口頭讚賞並賦予拿簿子及倒茶等服務專職，共施行七天。

第三階段是倒返階段（A ），不給任何處理，實施三天。

第四階段是再度處理，以幫助老師做事為增強策略。

六、實驗結果：

㈠基準線階段：受試每天毆打同學的次數，平均發生 4.2 次。

㈡實驗處理階段：隨着輔導策略的改變，目標行為也有所改變（詳見圖15-2 ）。

1.處罰階段：自第六天起進入處理階段，實驗者事先告訴郭生，每天若再打同學一次，就須承受自行打手心三下的懲罰。毆打同學兩次，就打手心六次，以下類推。此一嚇阻策略，實施前三天確實收到效果，但到了後三天又失去效力。其因，一則受試者對於處罰已經習以為常；二則母親節的來臨，聽到每個同學在談論自己的母親，引起受試思母之情，致使毆打同學的次數再度增加。每天均有五次，平均打人次數是3.8次。

2.給予榮譽卡階段：自第十二天起，改用榮譽卡策略。由於實驗者自開學起即在班上施行榮譽卡制度，規定凡是功課進步，作業整齊，有良好行為表現者，都可以獲得一張白色榮譽卡。凡是獲得三張白色榮譽卡即可換一張粉紅色榮譽卡，集兩張粉紅色卡可換一張藍色卡。持有一張藍色榮譽卡可以向老師換取20元以下的獎品,或是集兩張藍色卡,可以換更大的獎品。筆者告訴受試者只要他每天不再打同學，就給予他一張粉紅色的榮譽卡。實驗結果顯示，實施此一策略之初，受試者尚抱著懷疑的態度，第一天打人次數尚發生三次，經實驗者一再予以強調，保證後，第二、三、四天果然不再毆打同學，並獲得一樣獎品。後兩天受試者對榮譽卡似乎不再有興趣及耐心，所以故態復萌。

3.口頭讚賞及幫老師做事階段：由於實驗者在班上有一規定，每天要請一位最聽話而功課有進步的小朋友，幫老師拿簿子及倒茶。受試者對於此項榮譽職最為喜歡，曾經向實驗者多次的要求，但因其行為不好，所以從不能如願以償。因此，筆者告訴郭生，若他每天不再打同學

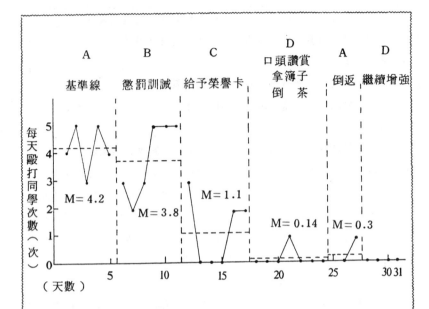

圖 15-2　不同輔導策略對改善學生毆打行為之影響

，就可以擔任此項榮譽職，並適時給予讚賞。實驗結果顯示，果然受試者
在一星期中，又在第四天因考試成績不好被繼母處罰，來學校毆打同學
一次之外，其餘六天均未發生打人行為。此一階段的平均打人次數是
0.14 次。

　　㈢倒返階段：實施三天的結果，於第三天又發生一次打人行為。其
平均打次數是 0.3 次。

　　㈣再處理階段：再度允許受試擔任拿作業簿等榮譽職，並適時給予
口頭讚美，實施結果相當良好，五天內未發生打人行為，其他不良行為
也改進很多。

七、討論及建議：

　　在選定以郭生為研究對象時，實驗者心中頗為擔憂，不知道該以何
種策略方能改善受試的打人行為。因為自從實驗者帶領這個班級開始，

郭生對實驗者所說的話，老愛唱反調，處處表現不合作的態度；有時候實驗者找他來個別談話，他總是一付蠻不在乎的樣子。但經過這次實驗之後，實驗者深深的體會，小孩子也像成人一樣，需要別人給予尊重與關愛，不要常認爲他們只是小孩子，不需要尊重他們。在實驗處理階段之初，實驗者想用懲罰或可阻止其不良行爲，但却收到更壞的反效果。使得他原本充滿怨恨的心，更加不信任別人。改用獎賞及鼓勵方式之後，情況大變，頗受歡迎。在實驗的過程中，實驗者發覺郭生逐漸接納有關對繼母偏差觀念的開導。一方面老師也與其繼母取得聯繫，共同幫助郭生；另一方面，在班級裡，由於老師不斷地給予稱讚，並讓郭生有表現良好行爲的機會。他不再是同學心目中的壞孩子，而大家都樂於與他親近，並一起做遊戲，使他逐漸成爲一個天眞快樂的孩子。做完此一實驗，實驗者感觸良深。雖然實驗者只是花了一個多月的時間，竟想不到地收到有意義的回饋，若能持之以恒，必可改變一個孩子一生的命運。一分耕耘卻對學生有如此重大的影響，做爲一位人師何樂而不爲呢？還有比此事更可驕傲、更可安慰的事嗎？

四、改進學童的勤勞合作行爲

"好吃懶做"，似乎是多數兒童的通病，但若偷懶成性，似非個人之福。因爲，處於工商業極度發達的社會，工資高昂，大小家務，勢必無法事事僱用他人，必須由家人共同操勞，所以人人需從幼年起就該養成勤勞美德。學校更是一所教育環境，校園的整潔工作有賴全體師生共同維護。一般而言，打掃工作不認眞的學童，往往也是一位班上的問題人物。如案例 15-3 所提及的受試王生，就是此類典型人物，亦爲教師心目中的頑劣份子，亟需教師付出加倍耐心及愛心方易導入正途。研究者嘗試懲罰策略

失敗後，改用積極增強策略，運用社會性增強物幫助受試建立自信心，並派任小組長工作，檢查打掃成績。其結果不僅使受試不敢再偷懶，且亦較能專心上課，班上的人際關係也大大改善。研究者善於運用同學之間的團體動力，設法安排其他同學來幫助受試，並給予協助者應有的獎勵，樹立和諧的班風，均爲相當有效的高招，可供一般教師參考。爲人師表若善體行爲原理，肯多投入一份心力，自當多一份收穫，不僅學子受惠，且使教師本身心安理得，永享春風化雨的樂趣。

案例15-3

一、研究題目：增強因素對改善學生掃除工作態度的影響。

二、研究人員：石兆蓮（國小教師），陳榮華（指導教授）。

三、研究日期：七十二年十一月一日至十二月十日。

四、受試的問題分析：

　　王生現年十一歲，爲五年級男生，家中開設水電行，父母忙碌無暇照顧。其學業成績低劣，一至四年級在班上人緣頗差，爲老師眼中之頑劣份子。本學期至筆者班級，亦採不合作態度，雖按時上學，極少缺課；然不遵守規則，凡事得過且過，學業敷衍了事，尤其在每天的掃除時間，常常無故偷懶，不做自己負責的工作，還到處搗亂，影響他人。多次申誡，不見改善，故擬運用行爲改變技術，先行改進其打掃工作態度，然後再改變其他行爲。

五、實驗方法：

　　㈠訂定終點行爲：受試者每天於掃除時間，能自動做好被指派的清掃工作，並須經檢查通過。本校之掃除時間爲每天早上七點三十分至七點四十五分，及下午三點四十五分至四點整。星期一、二、四、五上下午各一次，星期三、六僅早上一次，故一星期共十次。其計分標準是受

試者如能於規定時間內完成被指派的工作，且經小組長檢查合格方給予1分；如未能於規定時間內完成，或敷衍了事，檢查不合格則不給分。

㈡實驗信度：本實驗著重於評量受試者是否於規定時間內完成工作。每次由筆者親自暗中觀察其掃除時之態度，及檢查其成果並記錄。另外，請班上兩位同學：李生（班長）及張生（衛生隊長）共同協助，觀察並檢查記錄。三人每次記錄後，再聚合對照記錄於總表。

㈢實驗設計：本實驗採「倒返設計」中的多重處理設計（A—B—C—D—A—D），其步驟如下：

　　1.量基準線階段（A）：受試者於開學（九月四日）至實驗前（十月三十一日），因掃除工作未能自動完成，而屢受申誡。雖然偶有完成之時，但積習已深難於一時改正。於本實驗開始之五天內，不加任何指導或增強，而只希望了解其行為的真實現狀。

　　2.處理階段：此階段採取三種不同之輔導策略：

　　　（1）階段Ⅰ（B）：以補做工作並罰站五分鐘為輔導策略。因掃除工作為每位學生均應分擔負責，以養成勤勞與合作習慣之訓導措施，故於本階段開始之日即告知受試者，如未能自動完成，則於組長檢查後立即補做，做完後至教室後罰站五分鐘才可回座。

　　　（2）階段Ⅱ（C）：以受試所喜好的工作為增強因素，並繼續採用階段Ⅰ（B）之策略。因受試者於掃除時間常常喜歡到另一工作區（廁所）沖水，故與受試協商改換工作，並約定如不能自動完成則照B階段處理。

　　　（3）階段Ⅲ（D）：以社會性增強物為誘因，於掃除工作中派其擔任小組長，並隨時給予讚美、表揚。賦予其指導之使命，並需以身作則來完成掃除工作。

　　3.倒返階段（A ）：取消各種增強因素，以觀察其目標行為的成習程度。

　　4.繼續增強（D ）：繼續賦予小組長之責任，以便強化其行為，

使此習慣強固。

六、實驗結果：

本實驗的自變因是各種增強策略，依變因是自動完成被指派的日常工作的行為表現，其結果如圖 15-3 及「表一」：

㈠基準線階段（A）：王生於學期開始時，所分配到之掃除工作是擦圖書室（本班負責之公共區域）之玻璃窗戶兩扇。開學後從無自動於規定時間內完成工作，必須小組長報告筆者後才隨便應付。此次量基準線階段五天，受試者連續五天均需小組長監督才補做，且隨便敷衍，甚至到處搗蛋。

㈡處理階段：分成三個階段，施予不同處理。

1.階段Ⅰ（B）：用「懲罰」來消弱偷懶行為的結果，五天中僅自動完成一次。受試者對受罰似覺家常便飯，毫不在意，故收效甚微。

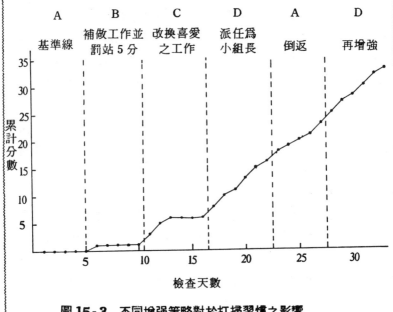

圖 15-3　不同增強策略對於打掃習慣之影響

表一　各實驗階段成效記錄表

	A 基準線階段					B 處理階段 I					C 處理階段 II					
日期	11/1	11/2	11/3	11/4	11/5	11/7	11/8	11/9	11/10	11/11	11/14	11/15	11/16	11/17	11/18	11/19
上午	×	×	×	×	×	×	×	×	×	×	○	○	○	×	×	×
下午	×		×	×		○	×		×	×(虛框)	○(虛框)	○			×	×
積分	0	0	0	0	0	1	1	1	1	1	3	5	6	6	6	6

	D 處理階段 III						A′ 倒返階段					D 再處理階段 III					
日期	11/21	11/22	11/23	11/24	11/25	11/26	11/28	11/29	11/30	12/1	12/2	12/5	12/6	12/7	12/8	12/9	12/10
上午	○	○	○	○	○	○	○	○	○	×(虛框)	○	○	○(虛框)	○	○	○	○
下午	○	○		○	○		○	×		○	○	○	○		○	○	
積分	8	10	11	13	15	16	18	19	20	21	23	25	27	28	30	32	33

備註：①能自動按時完成，且經檢查通過記"○"號。

②筆者之記錄與協助者不一致時，三人交換意見，共同決定×或○，則在記錄表上加 ⌞⌝。

③未能自動按時完成，或檢查未通過則記"×"。

④積分乃累計分數，○為一分，×則為零分。

2.階段 II（C）：本階段內的十次清掃工作，僅自動完成五次。於本階段之前三天，因頗具新鮮感，所以尚能自動盡力完成。但到了後三

天，因同組同學皆認真工作，不願與受試在工作時間內玩耍，致使受試趣味減低，又開始偷懶，於掃除時間在圖書室閒逛，干擾他人。

　　3.階段Ⅲ（D）：鑑於C階段的策略未能見效，故特與負責清掃廁所之同學商議，期能一起幫助受試者。徵得全體同學的同意後，特派受試者為此一小組的組長，並與受試者約定，每天於掃除時間除自己的工作外，還要監督記錄同學之掃除情形，並可對同學的工作加以指導。受試者欣然接受此任務，於本階段開始時即認真工作，並能與同學合作，且自備一記錄本於檢查後詳細記錄該組工作情形。而同組之學生協助筆者，接受受試者對工作提出的意見，筆者亦於生活倫理時間對該小組之整潔成績予以表揚，於檢查時亦給予立即口頭讚美，受試者在此階段每次之掃除工作均能自動按時完成。

　　㈢倒返階段（A ）：結果在五天內，僅有一次因打球而延誤掃除時間，雖事後補做，亦不能得分。又一次因幫助另一組同學洗走廊，而不能於時間內完成自己的工作，除此二次外，其餘均能如期完成，行為未返基準線，可見D段策略很有效。

　　㈣再增強階段（D ）：為使其清掃行為更加強固，再與同組之學生協商，再派受試者為小組長。藉此社會性增強物使受試者之良好行為完全養成。

七、討論及建議：

　　從本實驗之處理過程來看，受試者的偷懶行為，不是其能力不夠、懶惰成性，而是因受試者一直未能受到關懷及鼓勵。在同學間又因其行為表現消極而得不到認同、無歸屬感，而自暴自棄，形成消極的不負責態度，（由該生在課業及其他活動中的行為表現亦可看出）。在數十天的實驗過程中，筆者運用行為改變原理，嘗試各種增強策略，仔細觀察及記錄受試者之表現。結果得知，採用積極鼓勵，賦予督導責任，方使受試者在同儕中漸漸受歡迎，而自動改變行為。此次實驗不僅對受試者有所幫助，也獲得許多啟示如下：

㈠增強因素要因人因事因時因地制宜：掃除工作誠爲本校每位學童必需分擔負責，以養成勞動習慣與分工合作的重要措施，故在單獨改善受試的行爲時，務必避免引發其他同班同學的不滿情緒。亦即不要使其他的學生覺得爲什麼我們做好是應該的，而王生做好了就該有獎賞？故在運用增強策略時，也要特別注意增強其他正常兒童的好行爲。另如受試這一類能力中等，而成就偏低，缺乏關懷之學生，尤須運用社會性增強物以助其建立自信心，進而提高其成就動機。若單靠懲罰方法而欲消弱不良行爲，勢難見效。唯有觀察受試者之所喜，投其所好，才能助其改變不良行爲，養成良好行爲。

㈡改善受試者的目標行爲，亦可影響其他態度：由每日之觀察發現，經階段Ⅲ（D）後，不僅受試者之掃除工作習慣改善，且其上課態度也逐變專心，每天功課均如期完成。又因受到教師讚美，在同學中聲望提高，受試者自覺受到重視與肯定，若干不良行爲亦有所改進：如搗亂、欺負女生……等行爲均減少，頗積極參與班上活動，與同學相處日益融洽，實爲本實驗之一大收穫。

㈢同學間的互相幫助甚大，團體動力學的觀念及方法亦可應用於行爲改變技術中：於處理階段Ⅲ（D）請三位同學協助，而學生均能發揮同學愛，幫助不受歡迎的王生。可見兒童是純眞而令人喜愛的。當然在請協助者合作時，亦應予以適當增強（即在本班之榮譽榜上加蓋獎字），使其既能得獎又能助人，何樂而不爲。班級氣氛也由此更臻和諧，在潛移默化中又能影響其他同學。

㈣教師應多注意所謂的“頑劣兒童”：從這一次實驗中，透過耐心而又有計劃地改變一位頑劣兒童，使筆者深知愈是有問題或是功課跟不上的學生，愈需要教師付出時間心力去幫助他們。如本實驗的受試者是一位素來被視爲“搗蛋的”、“懶惰的”、“成績低劣”的不可愛學童。僅予輔導月餘時間，教師應用幾句褒獎，或是眞情的微笑就改變受試的態度。教師的眞摯關懷及耐心的幫助，實爲“頭痛份子”的最好處方

。研究者深切體會到人人都需要愛和關懷，也更希望得到肯定。尤其是當老師的，一言一行都足以影響兒童，不要吝於開口讚美好的行爲。從事教育工作者，能看到自己的孩子們一個個活潑愉快，與自己相處時"如沐春風"是多麼值得欣慰呀！

第二節　語言溝通訓練

學生在上課時間愛擅自發言，或是極端的沉默寡言，均不利於教學的進行。面對此類吵着搶先回答的兒童，教師固易感覺心煩，但若遇到"三緘其口"的兒童，教師更是無計可施。是故，這兩類兒童的語言溝通習慣均屬偏異，有賴教師設法改善。茲特擧兩個案例分別說明如下：

一、改善上課擅自發言行爲

案例 15-4 的受試是兩位喜歡擅自發言的國小學童，其惡習素來令全班師生感到困惑。研究者首先試用懲罰策略（重覆擧手發言五十次），但只能在頭幾天略見功效，不多久又逐漸故態復萌。改用獎勵策略（上台講故事）後，竟一針見血，兩位受試擅自發言的惡習大爲改善，每天上午的擅自發言次數，從基準線階段的 33 次，降低到平均 2 次以下。由此一案例又可獲得鐵證，懲罰只能收暫時性的效果，"利導"方屬上策。

案例15-4

一、研究題目：獎懲對兩位學童愛擅自發言行為的影響。

二、研究人員：黃麗真（國小教師），陳榮華（指導教授）。

三、研究日期：中華民國七十二年十一月至十二月。

四、受試的問題分析：

　　本實驗受試的兩位學生為王生與李生，均為五年級男生。平日上課愛擅自發表言論（不舉手發言），影響上課秩序甚巨，老師的教學常被打斷，故經常引起全班兒童的攻擊與反感。經深入調查，王生是其家中唯一的男孩，李生則為其家中的老么，在家均為得寵之一員，故養成其唯我獨尊，擅作主張之性格。

五、實驗方法：

　　㈠**訂定終點行為**：使王生與李生每天在教室裡不舉手而任意發表言論之行為低於兩次以下。

　　㈡**實驗信度**：指定班上兩位兒童及老師共同觀察與記錄。若兩位受試不舉手而發言即在預先準備的記錄表上畫個"×"。每天觀察上午四節課，下午不計（因為下午都是藝能科觀察不甚客觀），利用中午時間總記錄。

　　㈢**實驗設計及程序**：採跨越不同受試的多基準線實驗設計，由王生先觀測，李生跟其後，以資相互比較。

　　1.**基準線階段**：王生觀察六天，李生觀察九天。

　　2.**懲罰階段**：每一次不先舉手而發言即讓受試重覆舉手並發言50次。王生從第八天起進入懲罰階段，李生則自第十一天起施予懲罰處置。

　　3.**增強階段**：每天擅自發言次數不超過二次以上，則另指定時間讓受試上台說故事，以示獎勵。王生自第十五天起實施此種增強，李生則自第十八天起實施增強處理。

　　4.**維持階段**：本階段和基準線階段一樣，不給予增強或懲罰。

六、實驗結果：

㈠基準線階段：在同一天同一時間觀察兩位受試的擅自發言次數。結果顯示，在觀察六天的基準線階段裡，王生平均每天擅自發言次數是 32.5 次；李生則繼續觀察九天，其發言次數平均爲 33.8 次。詳細結果請參閱圖15-4。

㈡懲罰階段：王、李二生在此階段的初期，擅自發言次數略有減少，但後來二人表現越來越差，甚至認爲重覆舉手非常好玩，所以擅自發言次數又逐漸增多。王生在此階段平均爲 8.3 次，李生爲 9.7 次，均未達到終點目標。

㈢增強階段：此階段兩位受試表現都很好；王生擅自發言平均次數降低爲 1.1 次，李生平均發言次數也降爲 1.6 次，都達到所求之目標行爲——每天擅自發言次數低於二次。

㈣維持階段：本階段和基準線階段一樣，不給予增強或懲罰。王生對舉手發言已養成習慣，故不舉手而發言之次數始終維持在一次以下（M ＝ 0.2 ）。李生則因性情狡猾調皮，看到沒增強物又開始不加節制亂發言，故平均次數又提升到 9 次，故不得不再予以處理。經處理後其擅自發言次數又降低到 1.2 次。

最後隔一星期之後，予以追踪觀察，兩位受試均能在發言前先舉手。並且此種行爲能一直維持下去。

七、討論及建議：

增強與懲罰策略是本實驗的自變因，兩位學生擅自發言的次數是依變因。因此所選的增強物是否爲兒童所好，乃是實驗成功與否的關鍵。兩位受試均有發表的強烈慾望，所以選擇讓他們利用時間上台說故事，正是投其所好的措施，故增強效果可圈可點。另外，由此次實驗得知，懲罰只能收暫時性之成效，一旦兒童認爲沒啥厲害時就故態復萌。且若全不顧及兩位受試的強烈發表慾，而強加壓制亦非上策。故若選用增強策略既能收效又不會傷害兒童之自尊心，我們爲人師者何樂而不爲？

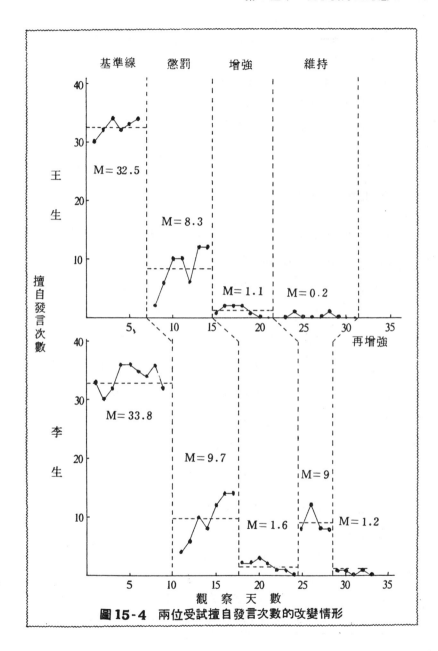

圖15-4　兩位受試擅自發言次數的改變情形

在尚未"鑽研"行爲改變技術時，常覺得自己眞拿學生沒辦法，動不動就大發雷霆，學生雖然當時個個嚇得如驚弓之鳥，但時隔一兩天，卻又馬上忘得一乾二淨，又必須重新叮嚀，常鬧得教室氣氛沉重。經過此次實驗以後，對學生不良行爲之改善或是良好行爲之培養都知有良方。但願日後，我能在輕鬆愉快的氣氛下進行教室活動，建立良好的師生關係。

二、改進緘默兒童説話行爲

另就"案例15-5"來說，受試是一位極端緘默的八歲女童，上課時常三緘其口，且鬱鬱寡歡，誠屬極端內向性格的兒童。研究者採用逐變標準設計，以教師自行設計的"蘋果獎"及獎狀爲代幣，集到規定張數後，即可換取各種增強物。這一種"代幣制"確有其特點，也是此一方案獲得成功的關鍵因素。另外，研究者特地安排五種有助於激勵語言行爲的情境，逐步配合各階段的增強策略實施教導，也是本方案成功的另一要件，實有其創意，值得讀者參酌用來輔導緘默兒童。

案例15-5

一、研究題目：增強因素對緘默兒童說話行爲之影響。

二、研究人員：陳梅冬（國小教師），陳榮華（指導教授）。

三、研究日期：民國七十二年四月～六月。

四、受試的問題分析：

個案張生，女生，八歲，外表清秀美麗，衣著整齊，頗逗人喜愛。現就讀二年級，一年級時做「瑞文氏推理測驗」顯示低下現象。爲配合

研究，在進行個案行爲改變前，筆者爲她實施「魏氏兒童智力測驗」，結果是屬於中下智商。

　　張生上課時常深鎖眉頭、鬱鬱寡歡，而且從不發言。被點到回答問題時，也僅是搖頭或點頭，一定要等老師再三催促之下，才肯發出微小的聲音。平常下課時總是自己呆坐、畫圖，或在走廊上看人遊玩。經由家庭訪問，發現個案每次放學回家後，總是一個人關在書房裡，很認眞的寫功課。對於老師平常賞給的獎牌視如至寶。張生和同學間並不互相往來，除了偶而跟姊姊和妹妹說說笑笑外，平常不輕易開口。根據她父親說，因爲個案長得不像母親，所以母親很不喜歡她，甚至對她有些排斥，因此個案對母親的話常常置之不理。

五、實驗方法：

　　㈠實驗設計：本實驗採「逐變標準設計」，並安排不同輔導情境以及應用代幣制，以改進受試的說話行爲。

　　㈡目標行爲的訂定：由於受試緘默行爲養成已久，並非短期內能立即徹底予以改善，故採逐步養成原理。在實驗初期只要受試有了說話反應即給予增強。而爲了避免上課分心及受不同教材之影響，本實驗只在下課時間實施，每節下課爲十分鐘，因此以十分鐘爲計算單位，除非有特殊原因，否則每節下課時間均逐加觀察記錄，然後再計算當天說話行爲每十分鐘的平均句數。每天由實驗者抽出十分鐘親自計算，其餘下課時間則由班上二名兒童幫忙計算。

　　㈢終點行爲的訂定：爲使訂定終點行爲的要求標準合符實際生活狀況，特在班上實施說話行爲狀況調查，時間共有一週，在全班兒童中，抽樣指定三名學生（羅生、彭生、游生）作爲參照標準，結果得知，三位同班兒童每十分鐘的下課時間，平均講話句數爲 39.83 句。張生則只講 0.5 句，故擬藉此實驗能使張生在十分鐘的下課時間內說話句數能提高到 40 句。

　　㈣實驗程序：

1.測量行為基準線：在不予增強、不告知個案的情況下，於每節下課十分鐘，計算其說話句數，其記錄表如表二，每一階段記錄一張。

表二　說話句數觀察記錄表㈠

實驗階段：基準線階段　　　　　　　週別：一

句數\節次　星期	一	二	三	四	五	六
一	0	0	0	0	1	0
二	1	0	2	0	0	4
三	0	0		0	0	1
合　　計	1	0	2	0	1	5
平　　均	0.3	0	1	0	0.3	1.7

2.增強階段：此階段延續七星期，分成五個增強階段，每階段有階段目標，藉以鼓勵個案時時不斷的努力。增強物由受試自行選擇，而增強次序則由實驗者安排。

即日增強物：每日說話行為平均數達到階段目標，則可得到實驗者自行製作的蘋果獎牌一個，獎牌背面蓋有實驗者姓名的圖章（參閱附圖）。在一星期六天中若得蘋果獎牌5個，就可換取獎狀一面（如附圖），而以此作為換取階段增強物之依據。

階段增強物因階段不同而異，如階段Ⅰ是獎狀一張，階段Ⅱ是裝獎狀用的小相簿一本，階段Ⅲ是素描簿一本，階段Ⅳ及Ⅴ是兒童畫冊一本，階段Ⅵ及Ⅶ是36色彩色筆一盒。

3.為引發目標行為的發生，特在實驗實施時，安排下列五種輔導情境，希望受試能在這些情境裡，逐漸增加與別人的語言溝通意願及能力。㈠讓受試與老師單獨相處：亦即安排受試在上課時間外的半天和老師相處。㈡讓受試幫老師做事，進一步使受試產生成就感，引起同學的注意而消除退縮的心理。㈢有計畫安排三名人際關係良好的兒童與受試

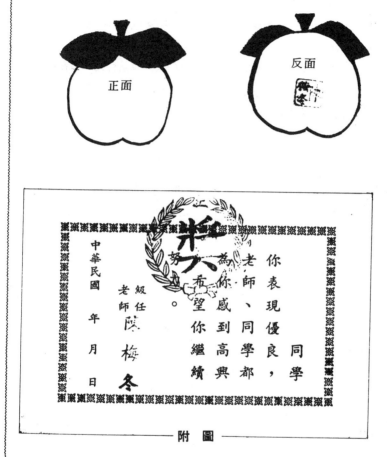

正面

反面

同學

你表現優良，老師、同學都為你感到高興，希望你繼續努力。

中華民國　年　月　日

級任老師　陳梅冬

附　圖

單獨相處，藉以提示良好人際交往的模式，並去除逃避的心理。㈣由教師提供受試遊戲器材，增加受試主動邀請同學共同遊玩的機會。㈤於每節上課時，教師隨機發問兩三個簡單的問題讓受試回答。使他易於體會到成功的滿足，並對自己產生信心，而樂意加入班級活動。

以上五種輔導情境的安排，係配合各階段逐步實施。如於階段Ⅰ是安排㈠與㈡兩種情境；階段Ⅱ是安排㈠、㈡及㈢等三種情境；階段Ⅲ是

安排㈡、㈣及㈦三種情境；階段Ⅳ是安排㈡、㈣、㈦及㈤等四種情境；
階段Ⅴ是安排㈡、㈦及㈤等；階段Ⅵ及Ⅶ則均安排㈦及㈤等兩種情境。

六、實驗結果：

　　㈠基準線階段：於每節下課時間觀察受試的說話行為，於觀測六天
中不給予任何增強，每十分鐘的說話句數，平均只有 0.5 句。

　　㈡增強階段：此階段延續七星期。

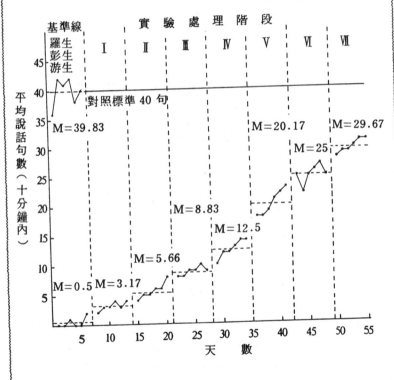

圖 15-5　受試說話句數逐日增加情形

1.階段Ⅰ：階段目標是平均每節（10分鐘）說3句話。在第一天時，受試平均只說2句，未達標準。經教師一再鼓勵，後五天的說話句數均在3至4句。整個階段的平均數爲3.17句，獲得階段增強物。

2.階段Ⅱ：階段目標是平均每節說5句話，受試除第一天未達標準外，其餘五天均在5句以上，整個階段的平均是5.66句。

3.階段Ⅲ：階段目標是平均每節說8句話。在此一階段裡，受試每天均能達到此一標準。整個階段的平均是8.83句。

4.階段Ⅳ：階段目標是平均每節說12句話。受試除第一天未達標準外，其餘各天的每節說話句數均在12句以上，其平均爲12.5句。

5.階段Ⅴ：由於受試連續三週均表現顯著的進步狀態，因此特地將階段目標提高爲18句。此一標準雖然較高，但受試仍然每天達到標準，且幾乎呈現直線上升的趨勢。可見此階段的增強物（兒童畫册）對受試有相當大的吸引力，而且受試也逐漸願意與其他同學交往。整個階段的每節說話句數平均爲20.17句。

6.階段Ⅵ：階段目標爲平均每節說25句話。除了第二天因上課不專心曾受實驗者警告，而未達階段標準外，其餘均在25句至27句之間，所以本階段的進步不太穩定，其平均說話句數剛好是25句。

7.階段Ⅶ：由於階段Ⅵ的說話句數進步較緩慢，所以此一階段目標只提高到28句。經實驗者一再對受試給予鼓勵與支持，結果六天的說話句數均超過到階段目標，其平均爲29.67句。

㈢與班上參照標準之比較：剛開始的幾週個案的說話句數與班上的參照標準（39.83句）相差極爲懸殊，但由於個案不斷的努力，經過七週的輔導後，已提高到平均29.67句，二者只差10句左右。此一結果雖然並未達到終點行爲（40句），但實驗者確信只要繼續付出愛心、耐心與時間，加上有變化的輔導策略，必可改善受試之緘默行爲，達到一般兒童的說話水準。

七、討論及感想：

如於本書第十章所提及，內向性兒童在一般適應欠佳兒童中所佔比率並不少，且其問題的嚴重性常不亞於其他外顯行爲。一般教師及父母往往只注意到那些對教學秩序構成阻礙的外顯行爲。僅管專家學者不斷呼籲，應對兒童的內向性症候特別加以注意，但仍未獲得普遍性重視。本項實驗係以緘默兒童爲對象，培養其說話及溝通行爲，實驗結果相當令人滿意，不僅受試的說話句數顯然進步，而且在其他方面的表現亦有顯著進步。例如：受試面對教師及同學會表示微笑；參與班級活動及課業成績等也都有明顯的進步。更難能可貴的是，在階段Ⅲ時，個案已會主動找同學說話，到階段Ⅳ時個案已開始主動舉手回答教學上的問題。這些進步絕非偶然，誠屬教師所付出的愛心與增強策略的成果。實驗者在執行此一方案過程中個人所花費的時間及精力誠難計算，但看到個案已有了顯著良好的進步，一切的辛苦都有了代價。

第三節　增進學業性行爲

一、改進學童作業習慣

不管是正常兒童，或是特殊學習缺陷兒童，在學習過程中，常遭遇許多挫折。推究其因，不外是教師的教學方法不適當，學生的學習動機不強烈，教材不適合學生的程度，或是學習環境不盡理想所致。倘若學生所遭受的挫折愈多，拖延時間愈長，將形成消極的學習習慣，馬上反映到學業成績的優劣。通常一般學童常表現的消極學習習慣，有如：不寫作業、拖延寫作業時間、作功課敷衍了事、請求家人代作作業、學習缺乏計畫、缺乏主動的學習態度等等。在這些消極的學習習慣中，表現在學童的作業習

慣尤其顯著，也是日常令教師感覺最煩心的事。因爲平常不繳作業，或是繳了作業而品質欠佳的學童，學業成績必然低劣；成績低劣馬上反映在班上的地位；在班上無適當地位，自然要藉各種不良行爲獲得補償。這一種惡性循環，不知塑造了多少問題青少年，故基於防患於未然的觀點，必須先要輔導改進不良的作業習慣。

　　案例 15-6 的受試是一位典型的個案，不僅具有極端的不良作業習慣，而且還有懶散的生活習慣。像這一類學生每一班級都可能有兩三位，若不趁早輔導改正，則其積習愈深、改正愈困難、危害也愈大。研究者先試用懲罰策略（剝奪下課休息時間）失效後，改用積分辦法，選擇贈予漫畫書、公佈優點、以及派任「班上管理員」等積極增強策略。實驗結果，竟收到意想不到的豐碩成果，不僅改進受試的作業習慣，而且也增進其上課的學習態度，班級的人際關係，以及課業成績。訂定客觀的評定作業分數，以及選擇有力而適當的增強策略，誠爲此一方案成功的要件；但研究者本身的耐心以及研究熱心更是功不可沒。誠如，研究者在報告中所提及的，執行此種實驗所花費的時間及精力太多，毅力更須堅定，似非一般教師所能實施。但爲人師者，若眼看班上有少數幾位經常不繳作業，亂寫作業的兒童，因經年累月的惡習所困而難於自拔時，仍然束手無策，甚至袖手旁觀，則其教育良知將如何自處？

案例15-6

一、研究題目：增強因素對改善兒童不交作業行為之影響。

二、研究人員：謝淑玲（國小教師），陳榮華（指導教授）。

三、研究日期：民國七十一年四月～六月。

四、受試的問題分析：

　　本實驗受試吳生，現年十一歲，男孩，五年級。吳生的父母親並不跟吳生住在一起，在西門町經營麵店的生意。吳生乃唯一的兒子，與其祖母住在一起。祖母很溺愛他，但無法指導吳生的作業；母親對其課業上的督導也是以月考成績單為憑，對其平時學習態度，無法多加以管教，如吳生成績不合雙親意，即於會面之時遭父狠打。

　　吳生祖母曾說吳生放學回家，即外出與同學玩，回家即看電視，很少拿出書本來唸。平時在家，亦是隨便亂丟東西。

　　吳生較嚴重的行為問題是不交作業及做事的態度很草率，事事敷衍，真令人生氣。此班因四年級時老師給的功課太多，故他們將近十幾位同學（中下之資）都養成不繳作業的習慣，五年級於筆者緊迫釘人之下，至今已剩三四個偶爾不寫作業，但有三個是經常不繳作業，其中有兩位是智力很低的兒童，另一位就是吳生，吳生反應並不慢，只是懶。雖其繳作業及學習態度不佳，但五年級上下學期的數學平均分數已達76分。由此可知，受試一切不良行為，均因懶惰及四年級時所養成的不良作業習慣所致。

五、實驗方法：

　　㈠訂定終點行為：本實驗之前，筆者對吳生懶散的態度，軟硬兼施聲淚俱下，但收效均不大。吳生曾經連續十幾天有交回家功課，但除此之外，他在五年級這段時間交功課的態度總是很被動的。若是興緻來了，或老師給予獎勵，受試寫功課的態度就稍微好一點，但也不是全部寫完。終點行為是指吳生能把每天的功課寫完，並得到實驗分數22分以上。

㈡交作業得分的換算方法：得分為甲類分數加乙類分數之和。

1.甲類分數是根據三種作業核分：作數學、抄寫國語、背一段國語課，每一種作業的得分標準是依其作完的百分比而定：全部作完得 5 分。作完五分之四得 4 分，作完五分之三得 3 分，作完五分之二得 2 分，作完五分之一得 1 分。

2.乙類分數的計算標準有二：①當國語抄寫部分全部作完才給予等第，而等第在乙上以上者方酌予加分一至九分。②數學作業的分數達八十分以上者才酌予加分一至四分：如八十至八十四分加一分；八十五分至八十九分加二分；九十分至九十四分加三分，九十五分至九十九分加四分，一百分加五分。

㈢實驗設計及程序：本實驗採用倒返實驗設計。本實驗進行中，受試進入各階段之時間及處理方式如後：

1.基準線階段：共實施七天，不給予任何增強、及暗示。

2.懲罰階段（B）：吳生每天回家功課如沒做完，則當天不准下課，把功課寫完才下課。共進行五天。

3.增強階段（C_1）：以下增強階段，皆採用積分制。在此階段每天如能得 12 分，即給予在班級佈告欄上的登記卡（吳生特別擁有）上以正字劃記。每成一個「正」字，即可得漫畫書一本。如「小叮噹」、「老夫子」及「惡魔的新娘」等書。

4.增強階段（C_2）：每天得分在 20 分以上方給予劃記正字一劃，每積成一個正字可換取漫畫書一本，及在班上優點欄上記優點三次。

5.增強階段（C_3）：得分在 23 分以上才得正字劃記一劃。積成一「正」字可得漫畫書一本，及當班上管理員一星期。管理員乃是本班的一種自治制度，每一星期換人擔任，負責維護班級制序及喊口令等工作。吳生在本實驗之前未曾當管理員，故此項增強對他是一個很大的鼓勵。

六、實驗結果：

㈠基準線階段：受試只有兩天寫一些作業，其餘四天均得零分，亦

即都沒寫功課。吳生在量基準線之前大部分的星期假日及小週末（指星期三下午）的回家功課都不寫。問其原因，他坦白承認看電視及出去玩。

（二）實驗處理階段：

1.懲罰（不准下課）階段（B_1）：吳生在此階段所表現的成績雖比基準線階段好，但亦不甚理想。尤其是星期四的檢查作業，幾乎沒寫功課，只得一分，（國語塗鴉幾個國字，注音亂七八糟）。其後幾天，吳生寫作業的習慣依然故我，故此階段僅試五天即停止。

2.增強階段（C_1）：吳生因長期不寫功課，經常受老師責罵，故當開始進入增強階段時，他露出躍躍欲試迫不及待的心情。在此一階段中吳生表現良好，每天總三番二次查看佈告欄上的登記分數及正字劃記。同學們亦鼓勵他爭取漫畫書。此階段的標準分數是 12 分，吳生則有五天的得分超過 12 分，只有一天得 9 分。問其原因，他說看電視太晚了，臨睡前才發覺功課沒寫完，匆匆趕出來的。那一天他心情很沮喪，一直希望老師能夠給分多一點。此階段吳生上課的情形亦很活躍，他能專心聽課，並於數學課時常舉手發問。

3.增強階段（C_2）：在此階段吳生的表現比 C_1 階段更好，只有在月考完後那一天，吳生因心情鬆懈，邊看電視，邊寫功課，故作業分數並未達階段標準分。在此一階段，吳生得漫畫一本，優點三次。他很高興，老師亦很高興。

4.增強階段（C_3）：階段標準是 23 分，是很高的分數。在階段開始時，雖然吳生興緻高昂，但實驗者很擔心吳生會遭遇挫折而自暴自棄。但很高興的是吳生確表現良好。數學作業的正確度不僅提高，而且亦比較整齊；背國語課文方面亦能完整流利的背出，在國語得分方面更令人高興，他曾有兩次得到甲上而加六分。這是很令他興奮的一件事。在數學及國語的小考成績方面，吳生亦均有顯著的進步：從以前不及格或及格邊緣的分數提高至 80～90 分。當他擔任管理員時，充滿著喜悅及成就感。

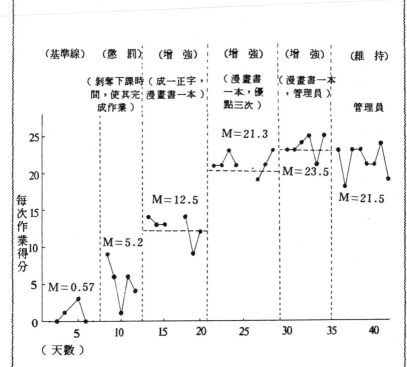

圖 15-6　增強因素對改善兒童不繳作業行為之影響

　　㈢維持階段：吳生在此一期間內是擔任管理員的身份，故除了他本人對功課已經不覺討厭之外，此項榮譽職亦是使他維持良好表現的原因之一。在此一階段中，唯在背書方面較不理想，其他方面的表現都很令人滿意。同學間的鼓勵及期許，對受試幫助很大。

七、討論及建議：

　　綜觀本實驗之處理過程，吳生不寫功課的原因乃是長期的不良讀書

習慣，以及本身懶散的生活習慣所致；如吳生的簿子全班最髒，抽屜最亂，服裝也最髒，晨檢均不合格。經一個半月來的輔導，配合極有力的增強物、老師的關心、以及同學們的激勵而能有此良好的效果實令人警喜。反觀以往一年多的懲罰策略不曾收到如此的效果，可見適當的獎賞不僅可疏導學生不良的行爲，更可培養良好的行爲。以下是吳生在此實驗過程中，除了寫作業的習慣改正以外，下列一些壞習慣亦能改進。

受試平常在上課時愛說話，坐姿亦懶散，經常玩弄鉛筆。如今上課時，這些缺點改正很多，已不太會被老師指責，只是科任老師來上課時，有時仍不免與其他同學開玩笑。大部分時間都會自動拿作業簿來請老師批改。

對班上的一些活動，譬如級會，較已往關心。在一次級會中，同學們安排他說故事，雖然他說得並不好，但對他及同學都是一大鼓勵，亦受好人好事的表揚。掃地已往總敷衍了事，而今卻能認眞打掃。

在此實驗設計過程中，並沒有遭遇到比較大的困擾，如果說有的話，那就是實驗得分的記分法，似乎不太嚴密，有待改進。因爲像超過二分之一而未達四分之三時該如何給分？所幸，增強物的選擇很具效果，才能使此實驗得一圓滿的結束。

在此實驗過程中，教師除了輔導吳生以外，對幾位不常寫功課的同學也給予增強。結果，對這些同學也同樣的發生了效果。目前班上不寫功課的只有少數二個成績極差的學生。由此，使我深深的體會到，獎勵比責罵、懲罰更能培養一個人的榮譽心及上進心。大部分教室常規問題均需老師動動腦筋去設計解決的。教育是百年樹人的工作，期望孩子的行爲改變，要有信心及耐心。

行爲改變技術由此一實驗可知確有其效果，但所花的時間太多，恐非一般級任老師所能實施。在此實驗過程筆者曾與其他老師商量，他們總認爲那有那麼多的時間、精力。在開始時，我亦覺得麻煩，但看到受試及班上同學的進步狀況，使我對從事這一類輔導及實驗的興緻不禁更加提高，正是教學相長也。

二、增進國中生自動讀書習慣

　　青少年行為問題的日趨嚴重，誠為世界各國的共同現象，在台灣地區也不例外。不僅其行為問題類型與往昔不盡相同，而且犯罪年齡亦更趨降低。尤其是在國中階段，頗多的學生有適應困難。因為國中生的生理發展已接近成熟階段，但一般社會知識及生活經驗仍然很幼稚，加上須面對高中入學考試的沉重壓力，故一部分能力較差的同學處處遭受挫折，轉而尋求其它刺激（諸如溜冰、撞球、異性交往、抽煙、吃迷幻藥……等等），形成嚴重的行為問題而難以自拔。國中教師採用傳統的訓導方式處理無效後，往往會轉介至張老師等專業輔導中心。將在案例15-7所介紹的個案，即為典型的例子。案主於 69 年度暑假參加幼獅育樂營，即由研究者接此個案，延續輔導一二年之久。研究者起初處理此一個案時，採晤談方式澄清她對生活目標的看法，希望經由晤談促使她尋得自己的生活目標。案主也曾了解讀書是非常重要的，而且是國中階段最應該做的工作，但是因基礎不好，英、數、理、化奇差無比，拿起書來就極度的厭煩，所以明知要好好的讀書，卻一直了無行動。研究者曾對案主施予課業輔導，但實施一個月的結果成效還是不彰，因為案主除課業輔導時間外，並不主動的讀書，所以難收宏效。研究者自從選修行為改變技術後，經與指導教授討論之後，決定先訓練案主養成每天自動看書的習慣，進而培養其讀書的興趣，使其學生生活有目標，不再遊手好閒、不務正業。根據相互抵制原理來說，案主將唸書視為苦差事，所以放學回家後，馬上就溜出家門到西門町遊蕩，夜夜沉湎於舞

廳、咖啡廳等是非之場所，以求暫時的解脫，結果越陷越深，不良行為習慣也愈來愈多。若欲阻止案主不再夜夜閒遊於西門町一帶，最良策是設法使案主放學後，樂意留在家裡，做她所樂意做的事情。在同一段時間內，案主若能留在家，她就不可能泡在咖啡廳；留在家看什麼書，或做什麼事，總比沉湎於遊樂場所有益多了！是故，輔導這一類問題青少年的妙方，第一步是設法讓案主願意留在家裡；第二步是讓她做一些她所願意做的事情；第三步纔逐漸引導她在家裡抽出幾十分鐘，看一看書，或做一做功課；第四步方再逐漸延長自動讀書的時間；最後再設法輔導其課業，提高讀書興趣及學業成績。若能做到這些地步，案主的一些不良行為徵候，將自然而然化為烏有。

　　案例 15-7 的研究者，很巧妙地運用相對抵制原理，並配合逐步養成策略，經過四十多天的努力後，終於使案主留在家讀書的時間，自每天平均三分鐘（基準線階段），提升到每天平均九十四分鐘。這一種成果，對這一類案主來說，實在難能可貴。研究者所選用的增強條件確實發生效果，正投案主所好；實驗設計也相當合理而可行，故值得一般國中教師參考。從追踪階段的成績看來，案主的讀書時間似趨減短，所以亟須繼續予以增強輔導。由此可知，經歷數年所養成的惡習，已非一朝一夕，或一年半載所能徹底根治；全賴教師無比的恆心與愛心，加上運用有效的增強策略，方能收到預期效果。

案例15-7

一、研究題目：增進國中生讀書時間方案。

二、研究人員：田文秀（師大教心系同學）；陳榮華（指導教授）。

三、研究日期：民國六十九年十一月至十二月底。

四、受試的問題分析：

實驗對象是研究者所輔導的一位女學生，余××，台北市××國中三年級女生，今年15歲，身體健康，外貌清秀可愛，口齒伶俐，素來不愛好讀書，放學後沉湎於遊樂場所尋求不正當的刺激，生活漫無目的，經常違規犯過，在校中被視爲無可救藥的壞學生。經一段輔導後，余生自己省悟爲了自己未來前途著想，必需使生活步上正軌，一定要先讀完國中（當時有5科學年平均不及格的記錄），然後進一步升入高中。但一下子要使他能靜下心來讀書實非易事，故須借重行爲改變技術以逐步養成其讀書習慣。

五、實驗方法：

㈠訂定目標行爲：本實驗的依變項是讀書時間，亦即目標行爲。所謂讀書時間是指受試端正的坐在書桌前，借讀、寫、看、計算……等方式，研習學校的課業所花費的時間長短而言。本實驗用分鐘來表示，其終點行爲是要受試能看九十分鐘左右的書本。

㈡實驗材料：

1. 爲便於讀書時間的記錄，由家長提供一座鬧鐘置於桌前讓受試者知道自己到底讀了多少時間。

2. 受試每次要開始看書寫作業時，要告訴母親，由母親記錄受試每天讀書時間的起訖時間。

3. 由實驗者提供一塊「記錄板」，上面繪製表格，標明實驗日期、階段標準、讀書時間的長短、及有關說明事項。記錄板掛在牆上明顯處，便利母親之記錄，並讓受試見到自己的成績，以資激勵。

(三)實驗設計及步驟：本實驗採用逐變標準設計。

本實驗擬藉一連串的增強策略來改變受試者不願費時讀書的行為，逐步增加讀書時間的標準，最終養成她自動自發讀書的好習慣。讀書行為改變之後，更期望他能自動自發安排正常的學生生活作息時間表，並革除不良行為習慣。

實驗的實施地點是在受試者的家中書房裏。時間從受試放學回家後至睡覺前。在這一段時間內，若表現讀書行為，均可隨時記錄其時間。當受試坐到書桌前開始看書時，就要先告訴母親一聲，由母親登記起點時間；結束時亦告訴母親登記終點時間。受試者亦可借桌前的鬧鐘自行記錄及核對。母親有空時則來陪讀，沒空則以抽查方式監督受試是否遵照約定的讀書方式進行讀書。各實驗階段的日期及處理方式如下：

1.基準線階段：自11月18日至11月24日共計7天。這個實驗階段，不給任何的處理，結果根據其母親的記錄觀察只有11月19日看了20分鐘的國文。因為隔天老師已指明要她抽背一課文，所以當晚她僅看20分鐘而已。

2.實驗處理階段：自11月25日至12月22日，共計28天。實驗者與受試，和其母親一起討論，約定所有有關實驗事項，諸如：記錄方式，獎賞給予方式，以及階段的行為標準等。

處理階段Ⅰ：自11月25日至12月1日，共7天。受試若每天依照規定讀書40分鐘，即可在該日的記錄欄內貼一貼紙。連續七天（一星期）都做到的話，實驗者帶她到師大校園，宿舍參觀遊玩，又請她吃師大牛肉麵，看師大免費電影。實驗者與受試者的關係一向很好，故受試頗希望知道實驗者的生活實況，但實驗者一直未給予任何線索。此次利用實驗的機會，允許她涉入實驗者的生活圈子，使受試極為高興。為避免在一星期中，若有一天未能達成階段目標，即不可能取得階段增強物，因而自暴自棄，特另加一項增強物，即每累積三張貼紙可換取一件小飾物。（因受試素來頗好蒐集裝飾品，奇形怪狀的小戒指、鍊子及胸針）

等等。此項增強物全由其母親提供。

處理階段Ⅱ：由 12 月 2 日至 12 月 8 日，計 7 日。讀書時間的階段標準提高到 60 分鐘，三張貼紙累積可得一小飾物，一週七天都達到標準的話，由主試帶受試到台大玩，吃一頓越南餐並開逛公館夜市。

處理階段Ⅲ：自 12 月 9 日至 12 月 15 日，計 7 天。讀書時間提升到 80 分鐘才算達成階段目標。三張貼紙累積可換一小飾物，一週內都達到階段標準時，父親將帶全家人到淡水遊玩並吃海鮮。這是一項全家計劃已久的事，但一直未成行。採用此種增強策略，其目的即想讓受試有榮耀分享家人的成就感。

處理階段Ⅳ：自 12 月 16 日至 12 月 22 日，計 7 天。讀書時間標準僅提高 10 分鐘而訂為 90 分鐘。因鑑於第三階段的成績已略呈勉強，故階段標準的提升幅度予以減慢。累積三張貼紙仍可換一小飾物，一週內都達到階段標準，父母將答應她參加救國團的冬令自強活動。

　　3.追踪階段：自 12 月 23 日至 12 月 31 日，計 9 天。不再給受試任何獎賞，以觀察受試是否已養成讀書的習慣，且讀書時間能超過 1 個半小時左右。由母親登記受試的讀書時間於記錄紙上。

六、實驗結果：各階段的讀書時間如表一，及圖 15-7 。

　　㈠基準線階段：基準線階段的讀書時間平均只有 3 分鐘，七天中只有一天（ 11 月 19 日）讀了 20 分鐘，其餘均為 0 分鐘。

　　㈡實驗處理階段：

處理階段Ⅰ：此階段目標為 40 分鐘，結果受試表現良好每天都達成目標，獲得兩個小飾物，並到師大校園及宿舍遊玩，吃牛肉麵，看電影等獎賞。

處理階段Ⅱ：本階段目標為 60 分鐘，結果受試均天天達成此目標。因此，獲得兩個小飾物，及到台大玩，吃越南餐，開逛夜市等獎賞。

處理階段Ⅲ：本階段目標為 80 分鐘，結果受試有二天沒達到，其中一天是 65 分鐘，另一天是 0 分鐘，故總平均數只有 77 分鐘。受試僅獲

表一　各實驗階段的讀書時間記錄表

基準線階段			第一實驗處理階段			第二實驗處理階段		
日期	讀書時間（分）	平均數（分）	日期	讀書時間（分）	平均數（分）	日期	讀書時間（分）	平均數（分）
11.18	0		11.25	66		12.2	61	
19	20		26	45		3	65	
20	0		27	60		4	63	
21	0	3	28	65	60	5	65	62
22	0		29	60		6	60	
23	0		30	70		7	60	
24	0		12.1	55		8	60	

第三實驗處理階段			第四實驗處理階段			追　踪　階　段		
日期	讀書時間（分）	平均數（分）	日期	讀書時間（分）	平均數（分）	日期	讀書時間（分）	平均數（分）
12.9	80		12.16	90		12.23	72	
10	90		17	90		24	65	
11	0		18	82		25	54	
12	120	77	19	122	94	26	80	
13	85		20	64		27	94	72
14	65		21	95		28	82	
15	98		22	115		29	80	
						30	56	
						31	65	

得二個小飾物的獎賞，而未能全家到淡水郊遊及吃海鮮等獎賞。

處理階段 IV：本階段的目標為 90 分鐘，結果 7 天的總平均讀書時間為 94 分鐘，但其中兩天未達目標（一天是 82 分鐘，一天是 64 分鐘）。

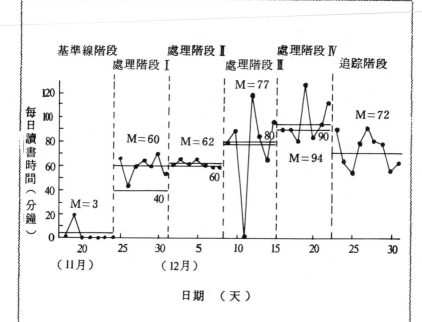

圖 15-7　不同實驗階段的讀書時間改變情形

僅獲得兩個小飾物的獎賞。另一項獎賞（參加冬令自強活動），若依據雙方合約，7 天中並未全達成目標，應該不給予的，但因鑑於最後一次實驗處理階段，為鼓勵受試繼續保持讀書精神，及以總平均讀書時間達到標準為由，特別商請父母允准她參加冬令自強活動。

　　㈢追踪階段：受試於 9 天追踪時間內，天天都能自動安排讀書時間，但平均只有 72 分鐘左右，平均較處理階段Ⅳ少 22 分鐘，故尚待繼續增強。

七、討論及建議：

　　㈠實驗結果顯示，增強因素有效的影響余生讀書時間的增加，雖然停止增強後，並未維持到第三、四階段的標準，但已有顯著的成效出現，每天都能讀 1 個多小時的書。

㈡影響此一實驗結果的因素可推測如下：

1.受試覺得這種合約新鮮有趣，增強物也頗能符合受試需要，所以願意一直努力嘗試；同時受試原先就有願意改進其不良行為的動機，故有助於實驗進行。

2.從事這項實驗，家人都非常贊成，並隨時給予受試許多社會性增強，如讚美、關懷等等。雖然此項增強未列在實驗變項中，但影響頗大，是另一種有效的增強方式。

3.因為余生養成良好的讀書習慣後，妹妹也跟著姊姊讀書，在姊妹之間產生了正向的影響力，讓她自覺是個好榜樣。

4.在實驗期間，受試逐步學會按時繳作業，考試成績已經很有進步，雖然英、數、理、化等成績還是很差，但國文、史、地已有進步，而非只在及格邊緣。因此，他在校生活較為愉快，也建立了些自信心，所以她學會了要回家做作業，準備考試……等的習慣，這樣子他的日子會快樂的過，而不必另求刺激。

㈢此實驗結果造成的影響：

1.受試會自動自發的讀書了，雖然時間不太長，但已知道該如何在家多預習、複習、學習，成績才會進步。

2.晚上不再常常出門去遊樂，就是出門也會想到早些回家把一些責任做好。原先父親常為她深夜才回家的事動怒，現已無此種事，親子間不再有正面直接的衝突，而較為和諧。

3.從前回家不讀書，常霸佔家中電話線，一談一兩小時，這種情形近來改善多了，因為沒有太多的時間給她打電話。

4.到過台大、師大後，受試頗羨慕大學生的生活，希望自己也能考進大學，但量一量自己的能力，覺得不太可能償願，但還是給她正向的影響。

5.記錄表的設計，掛於牆上明顯處，貼紙貼得花花綠綠，讓受試很有成就感，願意保持下去。受試家人，尤其母親的完全合作，使實驗得以順利完成。

討 論 問 題

一、試申教室常規訓練的重要性。

二、試評案例15-1（改善學生不注意行爲方案）的優劣點。

三、從案例15-2　的輔導成效來說，教師要使「頑石點頭」，必
　　須要靠何種輔導策略。

四、根據案例15-3　來說，不僅受試的目標行爲（打掃工作）有
　　所改善，而且那些行爲也有好的改變？這一種現象叫做什麼
　　？

五、改進緘默兒童說話行爲，除了提供增強物外，尚要設計何種
　　輔導情境？（參考案例15-5　）

六、實施一項行爲改變方案，教師確實要付出更多的精力與耐心
　　，你認爲值得嗎？

七、試評案例15-7　學業輔導方案的實施成效及輔導策略。

第十六章
改變身心殘障者的行為

　　身心殘障者係在某些心理特性上（如智力、認知、情緒、社會適應等）較趨偏異，或是在生理條件上（如視覺、聽覺、語言、肢體等）具有缺陷，不僅使其無法從一般的學校教育獲得良好學習效果，而且於家庭及社會生活中發生適應上的困難，因此，亟需藉特殊教育、醫療及復健上的特別扶助，方能充分發展其殘餘能力，重新獲得較佳生活適應。這些殘障者固然具有一些心身特性的偏異與缺陷，但仍然有許多長處，有待家人、敎師、以及專業人員設法扶助其充分發展，而成爲殘而不廢的良好公民。這種理念，正符合「人盡其才，才盡其用」的人力資源的開發目標，也是現今提倡殘障福利措施的指南，更是目前興辦特殊教育的主要目標。但要想達成此一目標，除了需要付出更大精力、財力、以及愛心之外，尚賴一套有效的方法。因爲不管是心理特性的偏異，或是生理上的缺陷，均早已構成學習上的不利條件，或是生活適應上的障碍。有關人士務必先幫助殘障者克服這些不利條件或障碍，方能進一步助其建立良好的生活習慣及技能，獲得較佳的生活適應。行爲改變技術的發展，亦正是應運此一需要而來，且已經有許多研究報告問世。本章只能介紹若干智能不足者、肢體殘障者、以及精神病患者方面的應用案例，希能借此收到擧一反三的功效。

第一節　改變智能不足者的行為

一、智能不足者的輔導重點

　　智能不足兒童不僅在讀寫算等工具學科的學習效果較劣，且在行為上有許多偏異傾向，乃是衆人皆知之事實。其主要原因是多方面的：如機體性智能不足兒童（ organic retardation ）是由於腦中樞神經受到損傷，導致認知能力以及自我控制能力的缺陷；文化家族性智能不足（ cultural-familial retardation ）則由於其家族的社經地位較差，文化刺激條件欠佳，致使其認知能力的發展遲滯，良好生活習慣的建立偏廢。由於過去已有太多的研究，特別着重於比較智能不足者的學習效率比普通兒童如何地低劣，或是比較其行為特性如何地缺陷，所以最近十多年來，有關的專題研究已趨向於探討提高智能不足兒童學習效率的策略，以建立良好生活習慣及增進其生活技能。

　　智能不足者的教育目標，不管是國小階段的啓智教育，或是國中階段的益智教育，甚至是一般成人階段的職業訓練，都應該着重於使這一群人，成爲在社會上有用而可自立謀生的公民，並過着適合其個人的幸福生活。欲達到此一目標，智能不足者的教育及輔導應着重下列各項：(1)培養良好的生活習慣；(2)訓練動作及感覺，以發展其技藝能力；(3)發展讀、寫、算等最基本的知能，以及(4)訓練簡單的工作技能及工作態度。在這些教育及輔導重點上，行為改變技術的運用，常可收到事半功倍的效果。目前已有許

多研究報告公諸於世，有興趣的讀者可參閱懷特門等人（Whit-man et al., 1983）的大著：「**重度及極重度智能不足者的行爲改變術**」（Behavior Modification with the Severely and Profoundly Retarded）。

懷特門等人在這本書上曾強調，過去已有若干著作介紹，如何利用古典制約論及認知理論以幫助輕度及中度智能不足者；所以該書特偏重於介紹，如何利用操作制約論以幫助重度及極重度智能不足者。其應用面已經很廣，包括(1)大小便訓練，(2)自理技能訓練（如餵食、穿衣、修飾儀容、及衛生習慣等），(3)一般生活適應技能訓練（如工作技能、休閒技能、社交技能、社會生活技能、粗大動作技能等），(4)大衆溝通知能訓練，(5)改善不良固執行爲（如無意義的搖擺身體、搖頭、複雜的手動作、不斷地操弄物體、以及自行刺激等動作），(6)改正自傷行爲（如撞擊頭部、咬傷肢體、抓傷肢體、亂嚼東西、反芻食物等）以及(7)其他不適當反應（如攻擊性行爲、鬧情緒、喜歡脫光衣服、玩弄性器官等等）。本節因篇幅有限，僅介紹在國內所完成的幾項案例，以資說明行爲改變技術如何幫助智能不足兒童。

二、增進智能不足兒童的計算能力

智能不足兒童在三R（讀、寫、算）等工具學科的學習效果最不理想，已於前面所提及。尤其是在學習數學過程中，遭受最多的挫折，推究其因，不外是學生本身的基礎數學能力之發展有了橫溝；學習動機不強烈；敎法不能引起興趣；或是敎材的安排不能配合學生的數學程度等等。我們都知道數學本身就是一門具

有嚴謹學習層次（ learning hierarchy ）的學科。其所包涵的概念、原理原則，以及運算技巧等等均有一定的先後順序及難易層次。倘若教師未能指導智能不足兒童按部就班、確確實實學習這些概念、原則以及運算技能，則兒童勢將愈覺困難，挫折也愈大。反之，我們若能將加算技能依照其難易層次詳加排列，而後依序教學，並加入適當的增強，則智能不足兒童在計算技能的學習成效也是很大的（陳榮華，民 68 ）。

　　如案例 16-1 所介紹，研究者曾建立一套加法運算題解學習層次架構，將三位數加三位數以內的一百萬題加法運算題，從易至難分成二十七個「級類」（ level-category ），據此選編有系統的加算題，配合有力的增強物（如食物及日用品），以及具體的教學法（利用硬幣及紙幣來說明進位觀念），幫助十五位智能不足兒童習得加算技能。雖然十五位受試的學習成績有極大差異，但客觀而論，行為改變技術確是有助於提高智能不足兒童的加算技能的。

案例16-1

一、研究專題：增進智能不足兒童加算技能方案。

二、研究人員：陳榮華。

三、研究日期：民國六十八年六月至六十九年一月。

四、研究方法：

　　㈠**實驗對象**：由 15 位在實驗一中均獲得零分的智能不足兒童參加本項實驗。其中 7 位是男孩，8 位女孩。受試兒童的年齡範圍則從 7.1 歲到 12.8 歲，其平均年齡為 9.4 歲，標準差是 1.8 歲。他們的平均智商是 58.47 ，範圍則自 48 到 77 不等，標準差為 11.28 。

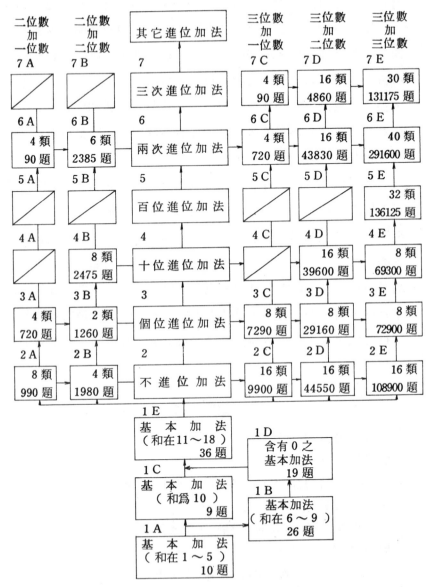

圖 16-1 加法運算題的類型與題數分析

15 位受試兒童中，3 位有 Down's 併發症狀，2 位有癲癇症，3 位有輕度腦傷，其餘的則屬於文化家族性智能不足。

㈡實驗材料：本項實驗所使用的加算技能難易層次級類如圖16-1。根據每一位受試兒童的加算能力，選編每日的作業紙。另外還為每一位教師準備一套演算示範卡片（13公分寬、18公分長），在這些卡片上詳細圖示演算步驟。另外還要準備一套錢幣。

㈢實驗設計：實驗採用單一受試的ＡＢＡ倒返實驗設計，以便探討不同教學策略對智能不足兒童計算學習的影響。各實驗階段的改變係依據每一位受試兒童的學習成績而異，但通常量基準線要連續做三天以上。在第一次的基準線階段，其答對百分率要都在 50 ％以下，每一級類題的教學期間至少要有六天以上，而且在最後三天的答對百分率均須維持 90 ％以上。維持階段至少要延續三天以上，同時最後三天的答對百分率要在 90 ％以上方可停止。當受試兒童經歷上述教學而熟練某一級類題後，再重新開始學習另一類較高一層次的級類題目。其學習程序仍依上所述的「量基準階段」、「教學階段」，以及「維持階段」等步驟進行。每一受試兒童在 10 ～ 13 週內能學習多少加算級類題，悉依其本身的計算能力而定。

㈣信度考驗：本實驗係從測量時間，記算分數及圖示資料等三方面來做信度考驗。每天均由測驗者（即特殊班教師）用馬錶測量做作業時間；實驗者以抽驗方式，曾經核對三次，其結果是二者所量時間完全相吻合。在記分方面，則由三位研究助理每天核對教師所記錄的分數，核對結果均獲得 98 ％以上正確。

㈤程序：七位特殊班教師參與在實驗的研究工作。每一位教師指導一至二位受試兒童，實驗開始之前，實驗者曾邀請七位教師共同研討實驗的目的及程序。實驗期間實驗者也經常訪問這些教師，以便隨時討論教學策略及做記錄時間的信度考驗。

實驗工作是在各受試所屬的特殊教室中進行。每天的實驗時間大約

在上午十時至十時三十分左右。每一位受試兒童各做不同的加算題目。每天實施教學之前,先讓受試兒童試答五分鐘而不給予任何指導。教師只能說:「請盡你自己的力量去做」。五分鐘的作業時間一到,教師就說:「請放下鉛筆。」然後當場批改分數,並開始根據這些題目進行教學。每一天的教學時間約為 10 ～ 15 分鐘。

除了上述一般的實驗程序外,尚有下列特定的程序,茲分別討論如下:

㈠基準線階段(A):在量基準線階段,不給予任何指導,也沒有增強,只告訴受試兒童答對幾題。每一位受試兒童的量基準線期間約為三至六天,端賴受試兒童作業進行情況而定。

㈡教學策略階段(B):採取兩種教學方式,分別指導每一位受試兒童。

1. B₁教學階段:即使用示範卡片加上口頭說明。當受試兒童開始做完五分鐘的作業後,教師即拿出示範卡片來說明計算步驟。因為示範卡上列舉有詳細的計算步驟,可供兒童參考。每天實施的教學時間為 10 ～ 15 分鐘。受試兒童在作業紙上所獲得的分數,經過登記累積,可用來換取各種不同的增強物。例如故事書、玩具、鉛筆、糖果、餅乾或自由時間等。這些增強物任由受試兒童選擇。每天所得分數及累積分數均由教師記錄在小卡片上。

2. B₂教學階段:即使用示範卡片及錢幣來示範教學。由於有些受試兒童在用示範卡片及口頭說明的情況下仍無進步,因此就利用實物(包括一元、五元硬幣及十元、五十元、百元紙幣)來幫助兒童學習進位觀念。例如教師在教 3 B 級類加算題(37 + 25 =)時,可利用五張的十元紙幣及十二個一元硬幣來說明進位觀念:「讓我們把三張十元和二張十元的紙幣放入『十位數』的盒子裏,然後將七個一元硬幣與五個一元硬幣放入『個位數』的盒子裏。現在數一數個位數盒子中有幾個一元的硬幣。你看,共有十二個一元的硬幣,可拿出十個硬幣換成

一張十元紙幣，並把它放入十位數盒子裏。現在，十位數的盒子裡共有
六張十元紙幣；個位數的盒子則有二個一元硬幣，兩個盒子共計有六
十二元。」每天教師均須利用這種錢幣來進行教學。在這一個階段所獲
得之分數，仍然可以換取增強物。

　　㈢維持階段：依照一般的程序，到了這個階段，教師不再給予示範
說明，只讓兒童做作業題。如果受試兒童在這個階段能夠維持三天的優
異成績（即答對百分率在 90 ％以上），即算已熟練此類題目的計算方法
，所以可進一級去做較高層次的加算題目。

五、結果與討論：

　　每位受試兒童的每天成績（答對題數與答錯題數）登記完竣後，即
據以計算其答對百分率、答對速率（即每分鐘之答對題數），及答錯速
率（每分鐘之答錯題數）。

　　如表16-1所表示，每一受試兒童的成績，則因其計算能力之不同而有
顯著的個別差異。茲為簡化實驗結果的說明，特將 15 位受試兒童的學
習成績歸類為三個等級：優等、中等及劣等。

　　根據表16-1的資料，獲得優等成績的受試兒童只有第 3 、4 、15 號三
人。這三位在十幾週的實驗期間，學完了四個級類以上的加算題目，他
們在各實驗階段的成績均顯示相當進步。換言之，本實驗所提供的教學
策略，使這三位智能不足兒童學習 3 E 級類到 7 E 級類的加算技能，獲
得很大成效。從 3 E 級類到 7 E 級類的加算題目都各有些原則變化。諸
如 3 E 級類是個位進位一次；4 E 級類是十位進位；5 E 級類是百位進
位；6 E 級類是進位兩次；7 E 級類是進位三次。由於這三位受試者在
實驗前已經熟練了 100 題基本加算題，故當指導他們習得進位法則後，
對於學習 3 E 級類以上的加算技能也就較有進步。

　　茲特舉三個個案，分別繪圖分析如後：

　　㈠個案一：

　　誠如圖16-2所示，第15 號受試兒童在十四週的實驗期間，熟練了 3 E

表 16-1　十五位受試的性別、年齡、智商以及總學習成績

受　試 （編號）	性 別	年齡 （月）	智商	實　驗　用　加　算　材　料			總成績
				基準線	終點 作業	已　習　得　級　類　題　※	
1	男	85	67	2 A	3 A	2 A、2 B	中等
2	女	90	56	2 A	3 A	2 A、2 B、3 A	中等
3	女	97	77	3 B	7 E	3 B、3 E、4 E、5 E、 6 E、7 E	優等
4	男	100	77	3 B	7 E	3 B、3 E、4 E、5 E、 6 E、7 E	優等
5	男	108	55	1 E	3 A	1 E、2 A、3 A	中等
6	男	119	49	1A 1B	1 E	1 A、1 B、1 C、1 D	劣等
7	男	125	49	1A 1B	1 E	1 A、1 B、1 C、1 D	劣等
8	男	143	49	1 E	2 A	1 E、2 A	劣等
9	男	154	48	1 E	1 E	1 E	劣等
10	女	91	63	2 A	2 A	2 A	劣等
11	男	94	67	2 A	3 A	2 A、2 B、3 A	中等
12	男	109	48	1A 1B	1 E	1 A、1 B、1 C、1 D	劣等
13	女	144	49	2 A	2 B	2 A	劣等
14	女	134	49	1 E	1 E	1 D	劣等
15	女	106	74	3 E	7 E	3 E、4 E、5 E、6 E、 7 E	優等

註：※已習得級類題一欄所依據的標準是：在教學階段及維持階段
　　最後三天的答對百分率必須是 90％以上，而其答對速率要在
　　每分鐘答對三題以上。

、4E、5E、6E和7E等級類的加算題。他在學習3E級類題目的基準線階段，三天所得答對百分率均是零，答錯速率是5.9。嗣經教學階段（B₁），以示範卡片及口頭說明，其平均答對百分率增爲50.6％（答對速率爲2.8，答錯速率爲2.7），但尚未達預定標準（即答對百分率應達90％以上）。是故，再安排第二階段教學（B₂）（即用示範卡片、口頭說明，再加上眞實錢幣）。在這一個教學階段，他的成績有驚人的進步，平均答對百分率達97.3％，平均答對速率爲6.9。平均答錯速率爲0.2。在六天的維持階段，他還是維持非常高的答對百分率（96％）。

　　該受試兒童熟練3E級類題後，繼續學習4E級類題。在三天的量基準線階段，雖然未給予指導，但他的平均答對百分率已達82.2％，答對速率爲4.04。這項結果指出產生了學習遷移的效果。即這一位智能不

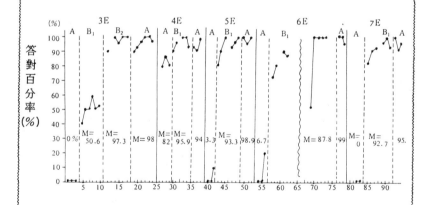

圖 **16-2**　第15號受試的實驗結果，圖中3E～7E代表受試所習得加算級類題，A＝基準線階級，B₁＝用演算示範卡階段，B₂＝用錢幣教學階段，A₁＝維持階段

足兒童學會了３Ｅ級類題（三位數加三位數，個位進位）的計算方法後
，立即遷移到４Ｅ級類題的計算方法（三位數加三位數，十位進位）。
只經三天的Ｂ₁教學階段，他已能百分之百答對４Ｅ級類題（平均答對百
分率是95.9％，平均答對速率是7.09），直到維持階段，均保持優異
成績。以此類推，該受試兒童繼續學習５Ｅ、６Ｅ及７Ｅ級類題，其成
績均進步很快。

　　㈡個案二：

　　在實驗中獲得中等成績的受試兒童，計有四位（第１、２、５、11
號）。這些兒童在 10～13 週內習得兩個至三個級類題的加算技能。圖
16-3 顯示，第 2 號受試在12 週的實驗期間，僅習得２Ａ與３Ａ級類題
，其進步相當緩慢。在學習２Ａ級類的基準線階段所得平均答對百分率
僅為 14％。經過Ｂ₁教學階段，其平均答對百分率提高為 87％，但仍未

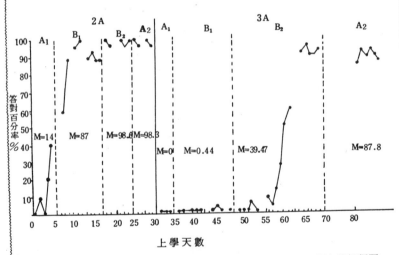

圖 16-3　第 2 號受試的實驗結果。圖中２Ａ，３Ａ代表受試所學習加算級類題，
　　　　　　Ａ₁＝基準線階段，Ｂ₁＝用演算示範卡階段，Ｂ₂＝用錢幣教學階段，
　　　　　　Ａ₂＝維持階段

達 90％。是故乃須經 B_2 敎學階段，而其平均答對百分率亦提高到 98.64％。此種學習效果一直保持到維持階段（平均答對百分率爲 98.34％，答對速率爲 6.08，答錯速率爲 0.1）。

當他熟練 2Ａ級類題的計算方法（二位加一位，不進位）後，開始進一步學習 3Ａ級類題（二位加一位，個位進位）。在基準線階段，他對 3Ａ題類的加算完全不會，三天的量基準線成績，其答對百分率爲零，答錯速率爲 4.0，當經過九天的 B_1 敎學階段，其成績仍無多大改善（平均答對百分率只有 0.44％，平均答對速率爲 0.03，平均答錯速率爲 4.15）。這一種結果正可證明，對一些智能不足兒童來說，單靠卡片示範，並不能幫助他們瞭解進位槪念。因此需進一步進行 B_2 階段的敎學，運用示範卡片、口頭說明及眞實錢幣等多方面的策略。但這一位兒童的學習效果相當緩慢，直到第六天，才得 9％，然後逐漸進步，於第 13 天時方到 96％。但整個階段的平均答對百分率則只有 39.47％，平均答對速率爲 2.13，平均答錯速率爲 2.68。在維持階段，其平均答對百分率則提高到 87.8％，平均答對速率爲 5.36，平均答錯速率爲 0.7。

㈢個案三：

最後談到學習效果最劣的一類受試，這一類受試計有八位（第 6、7、8、9、10、12、13 及 14 號受試）。在 10～13 週實驗期間，他們只能學一些基本加算題及不需進位的題目。他們的計算旣緩慢又不正確。主要原因是他們還未能熟練基本加法（如 5＋8、4＋6 等等），所以更無法學習進位加法。其中有幾位受試兒童雖然能正確計算基本加法，但算得非常緩慢。例如第 13 號受試在計算 2Ｂ級類題時，獲得相當高的答對百分率，但答對速率却相當慢，平均每分鐘做不到一題。屬於成績低劣的受試兒童，在實驗過程中都用手指來幫助計算。

圖16-4是第 14 號受試兒童在十二週的實驗成果。他只學了 1Ｅ級類題（即如 8＋5＝，3＋9＝題），但成績非常差。在基準線階段的平均答對百分率 27.91％，平均答對速率爲 1.54，平均答錯速率爲 4.83。

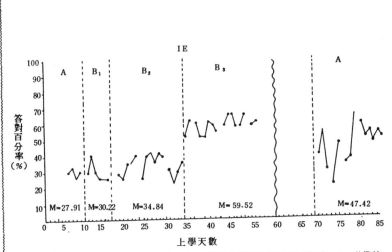

圖 16-4 第 14 號受試的實驗結果。在 13 週實驗期間只學 I E 基本加法，A ＝基準線，
B₁ ＝用示範卡，B₂ ＝用錢幣教學，B₃ ＝用基本加法速示卡

在 B₁ 教學階段，他只有少許進步（平均答對百分率為 30.22 ％，
平均答對速率為 1.63 ，平均答錯速率為 3.81 ）。到了 B₂ 教學階段，
不論教師如何運用真實錢幣詳細說明指導，受試兒童也很努力去學習，
但學習效果仍然沒有進展（其答對百分率也只有 34.84 ％，平均答對速
率為 2.77 ，平均答錯速率為 5.22 ），反使答錯速率增加。

由於 B₂ 階段的教學策略對這一位受試兒童的計算成績未發生影響
，所以特增設 B₃ 教學階段，改用基本加法速示卡來訓練。此一知覺訓
練的目的是幫助他能集中注意，並努力記牢 36 題（ I E ）基本加法。經
過三週的加強訓練，答對百分率顯然有了進步，但也只能達 59.52 ％。
到了聖誕節前，該受試由家長帶往香港旅行，所以實驗也中止了二週左
右，等她回到學校後雖然繼續做實驗（維持階段），但其成績一直很不
穩定，平均答對百分率也降低為 47.42 ％。總而言之，這一位女童係腦

傷智能不足，智商只有 48 左右，年齡雖然已有 11 歲，但算術能力的發展特別遲滯，尚不及小學一年級程度。由此可知，對於機體性智能不足兒童的教學，教師更須具有耐心，並要多加研究教學策略，方能收到一點點效果。

六、結論與建議：

增強因素確能增進計算的熟練程度（如提高答對速率），但對於習得新計算技能並無顯著的直接影響，還要靠有關教學策略之配合應用。如機體性智能不足兒童若缺乏運算「加法基本結合」的技能，則教師給予任何的增強物，都無法幫助他們習得進位加法技能。

沒有一種教學策略能普遍用於幫助所有智能不足兒童獲得學習效果；同時，智能不足兒童的「個別間差異」（ interindividual differences ）與「個別內在差異」（ intraindividual differences ）都很大，所以智能不足兒童更需要個別化教學。針對個別化教學之需要，ＡＢＡ倒返實驗設計正可提供有效的資料，以便評量不同教學策略對不同兒童的學習效果。就本研究來說，應用演算示範卡，真實錢幣，以及基本加法速示卡等策略，並依照難易的學習層次，按部就班指導智能不足兒童學習計算能力，均能收到效果，只是每一位兒童的進步速率及成就極限有別而已。

三、改善智能不足者的不良適應行為

如前所提及，智能不足兒童常兼具許多不良適應行為。由於這些兒童的語言及理解力欠佳，所以靠說教、或是勸導似乎很難收效，亟待運用行為改變技術。貝蒂斯和韋門（ Bates & Wehman, 1977 ）曾自十種研究智能不足者及行為改變的專門性刊物中，分析一九七一年至一九七五年所發表的五十六篇有關智能不

足兒童的論文。在這些論文中，一共處理 244 位智能不足者的不良適應行為，包括：(1)攻擊行為（占 17.9 ％），(2)自傷行為（占 16.1 ％），(3)不良的固執行為（占 14.3 ％），(4)破壞教室常規性行為（占 19.6 ％），(5)不順從行為（占 10.7 ％），以及(6)不適當的社會行為（占 21.4 ％）等等。

最常運用的行為原理以及處理策略則可歸納為下列十種：(1)增強其他相對立的行為（亦稱之 DRO）（占 23 ％），(2)過度矯正（占 20 ％），(3)隔離（占 16 ％），(4)懲罰及 DRO 兼用（占 13 ％），(5)扣罰特定的增強物（ response cost ）（占 7 ％），(6)禁止（占 5 ％），(7)電擊（占 3.6 ％），(8)改變環境（占 3.6 ％），(9)消弱（占 3.6 ％），(10)飽足（占 3.6 ％）等等。五十六篇行為改變方案的實驗設計，則以採用倒返實驗設計（ A—B—A—B ）為最多（占 42.9 ％），其次是多基準線設計（占 17.9 ％）。從這些資料或可證實，行為改變技術的應用面是相當廣泛的。

茲特介紹兩個案例，以資說明我國特殊班教師如何利用行為改變技術，矯正智能不足兒童的不良適應行為。案例16-2 的受試是國小啓智班兒童。他在上課時，常常無緣無故的發笑，影響教學的進行。實驗者善用時下所流行的各色各樣的貼紙做代幣，經過一兩個月的輔導，終於顯著地減少受試任意大笑的次數。實驗者所設計的實驗處理方式相當適用於中度或重度智能不足兒童，誠值推介。在處理階段時，先發給受試者 12 張他最喜愛的小貼紙，每當受試任意發笑一次，立即取回一張當面撕毀，以示警告。對一位缺乏語言能力的兒童而言，此種具體的措施，最能讓

他直接感受到，表現不良行爲的後果是不愉快的。

案例 16-2 的受試是國小四年級的輕度智能不足者，從一年級時被標記爲智能不足兒童之後，每一位教師先是感覺乏術可施，接着就乾脆採放任政策，任其自由上下課，養成終日閒逛校園之惡習。在這一種學習環境下，雖然美其名爲接受特殊教育，但實質上卻完全被放任，聽其自生自滅，誠令人痛心。實驗者接班之後，有機會研習行爲改變技術，爲驗證理論與實務，付出很大的心力及財力，終於感受到成功之喜悅。受試從平均每節只待在教室 8.2 分鐘的習慣，改進到平均每節（四十分鐘）可坐在教室裡 39 分鐘左右。可惜，實驗者只設法使受試停止到校園閒逛，却未提出如何幫助受試在教室內參與學習。有賴教師更進一步幫助他發展良好的適應行爲，並提高其學業成績。

案例16-2

一、研究題目：貼紙對改善智能不足兒童任意發笑行爲之影響。

二、研究人員：鄭秋蓉（國小教師），陳榮華（指導教授）。

三、研究日期：民國七十二年十一月十四日～十二月廿四日。

四、個案問題分析：

個案鄧生，現年十歲，女生，是實驗者班上學生（啓智班二年級），智商 41，情緒易興奮，常會無緣無故的發笑，而且笑聲大又長；說話能力極差，只限於簡單的詞彙，如爸爸、媽媽、書包、鉛筆、老師早、大象、長頸鹿……等，很難與人做語言上的溝通。其愛笑的行爲常影響班上同學的學習，聲音也會叫人難以消受。自從去年入班以來，這種行爲就一直讓我很困擾，雖然經過不斷的提醒而稍有改進，但仍是依然如故。本學期選修改變技術之後，特別應用所學之增強原理及倒返實驗設

計法，對鄧生做輔導實驗，希望改進他的發笑行為。

五、實驗方法：

㈠訂定終點行為：據實驗者了解，受試者於一個上午時間任意發笑次數頻繁，尤以早上到校時間始至第一節上課止約一個小時的時間內，所發笑的次數最多。推究其因，在這段時間內班級活動多，如打掃、體能活動、排隊升旗……等，都是屬於活動性的，所以特別容易引發鄧生發笑的行為。因此實驗乃以 7:45 ～ 8:45 這段時間做實驗之依據，每天觀察其發笑次數，並訂 7:45 ～ 8:45 間任意發笑次數不超過三次以上為其終點行為目標。由於鄧生的發笑行為主要乃與其情緒狀態有關，一旦興奮就無法克制自己，所以屬於難以自制的行為，要完全消除，需要一段長時間，因此在本段實驗僅先降低到三次為準。

㈡實驗設計：採倒返設計ＡＢＡ，其步驟如下：

1.量基準線階段：此階段六天，不給受試增強，只記錄每天任意發笑次數。

2.增強階段：此階段延續四星期，分四個增強階段。增強物乃是各式各樣的貼紙，為受試者所喜愛的，每個階段都應用到貼紙，積滿若干張貼紙後，可換取其增強物。

⑴增強階段Ⅰ：每天給予受試 12 張貼紙（因受試在基準線每天任意發笑的次數平均 12 次），由實驗者保管，只要受試者發笑一次即撕下一張，到上午八點四十五分止方將所剩餘的貼紙賞給受試者。

⑵增強階段Ⅱ：貼紙的給予方式同階段Ⅰ，但所得之貼紙，需貼在繪有二十個空格的紙上。每集滿二十張貼紙，即能換班級增強物，如五塊錢左右的小玩具。本校啟智班普遍設有增強物，平時本班小朋友若積滿二十個貼紙獎，就能換取小玩具等獎品。

⑶增強階段Ⅲ：此階段的貼紙是更漂亮精美的人頭塑膠貼片。增強方式改為對良好行為的誇耀，每十分鐘只要受試者不任意發笑，就給一張貼紙，而所得之貼紙仍然貼於畫有二十個空格的紙上，積滿了二

十張貼紙，亦可換得同階段Ⅱ相似的小玩具獎品。

(4)增強階段Ⅳ：亦採增強用塑膠貼片，唯將每十分鐘增強一次，延長爲每二十分鐘才增強一次。亦即在二十分鐘內受試者不任意發笑，就給一張人頭塑膠貼紙，積滿二十張可換取獎品。實驗者確切記下受試者任意發笑次數，並在每次行爲發生時，由實驗者及全班同學提醒他不可再犯。若受試者表現良好，全班同學亦給予口頭上的鼓勵與稱讚。

3.倒返階段：此一階段爲六天，不再給予貼紙等增強物。

六、實驗結果：

本實驗受試是啓智班之學生，所以每天都能做確切的觀察。改變受試者這項行爲一直是實驗者所企盼的，所以實驗者投入不少精力，效果也非立竿見影，但實驗者乃本著持之以恒的態度去處理。經過一個月的輔導時間，確實有所見效，令實驗者深感欣慰。茲將實驗結果說明如下：（參看圖 16-5 ）

㈠量基準線階段：觀察受試在六天中，每天 7:45 ～ 8:45 間平均任意發笑次數爲 12 次，此階段採暗中記錄，不予增強。

㈡實驗處理階段：分爲四個增強階段。

1.增強階段Ⅰ：在此階段的第一天，實驗者給予 12 張貼紙（ 參照基準線的平均次數而定 ），但未告知爲何給 12 張，因受試者對數量並無概念。當受試者任意笑一次，就當著他的面前撕掉一張，藉此提醒受試。每撕毀貼紙時，受試者即感失望。此階段因不斷的提醒，受試者已稍有改進，而次數平均降至 8 次，但所表現發笑行爲仍然極爲不穩。在最後一天（第六天），只發笑六次，與基準線有很大的差距。實驗者特別與受試的父母協商過，希望在家也能多做提醒。

2.增強階段Ⅱ：此一階段開始讓受試者習得累積貼紙並換取獎品的概念，所以受試者在本階段共累積了二十五張貼紙，並換取一樣獎品，而平均任意發笑次數也降爲 5.7 次。

3.增強階段Ⅲ：受試者在這一階段的平均發笑次數已降低到 4.5

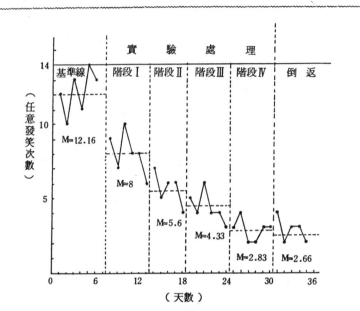

圖 16-5　貼紙對改善智能不足兒童任意發笑行為之影響

次，但總共只得到 15 張貼紙。因未達 20 張所以沒有另換得獎品。實驗者了解受試的此種行為很難立竿見影，所以繼續輔導。

　　4.增強階段 Ⅳ：每隔二十分鐘增強一次，目的希望對受試的提醒能漸次的消除，而讓受試自動不再任意發笑。在階段 Ⅲ 受試已獲得15張貼紙，與階段 Ⅳ 所獲得之貼紙合計，受試者即換得了一項獎品。此一階段的平均發笑次數為 2.8 次。此種結果讓實驗者極感滿意，因此結束了實驗處理階段。

　　㈢倒返階段：受試者在沒有增強提醒的情況下，也維持 2.6 次的平均數。因此受試者愛發笑的行為由長時間的增強與提醒下，終究獲得了改善。

七、討論與建議：

　　增強物選擇雖只是貼紙，但因各式不同的樣式，就能引起受試者的

喜愛。因此受試者雖不能立即的得到玩具獎品，但天天所給予的貼紙，即是很好的增強物。實驗者選定的實驗時間雖是一小部分，但由於增強效果也影響了其他時刻的表現，在其他時候，尤其是下課階段，受試任意發笑的行爲也獲得改善。

由於許久以來受試者與實驗者接觸時間多，在實驗者引導下，已表現會用語言表示，由家長陳述，受試者做錯事，會有禮貌的說：「對不起！」，這是一項有價值的附帶收穫。

受試者在倒返階段時，維持 2.6 次的紀錄，雖是已達到所列之終點目標，但如果往後不再予以增強、提醒，可能會有不進則退的現象，所以應該把目標訂於 0 次，方是本實驗的最終心願。

案例16-3

一、研究題目：改變智能不足兒童閒逛校園的行爲。

二、研究人員：謝文發（國小啓智班教師），陳榮華（指導教授）。

三、研究日期：民國七十二年十一月～十二月。

四、個案的問題分析：

受試是一位國小四年級女生，係輕度智能不足，其兄姊多人亦均成就低劣。家庭經濟狀況不佳，完全靠父親一人打零工維生。個案本身無其他重大行爲問題，和同學亦能相處融洽。唯一的問題就是不喜歡坐在教室上課，喜歡在校園內閒逛，只有音樂課除外。研究者剛接任她的導師時曾一再勸導她，但收效甚微；改用嚴厲斥責後，她則以哭來代替抗議，甚至乾脆不進教室。實驗者本身又兼任學校行政工作，實在無暇整天緊迫盯人，只好採取放任政策。

五、實驗方法：

㈠訂定終點行爲：由於受試者係MR兒童，且從一年級入學開始，即從未好好坐在教室上過課，一直都在校園閒逛，老師也常覺頭痛，但

無良策可施。因此，本實驗不敢把目標立即訂在每節課坐 40 分鐘，而採逐段提高要求的策略，將處理階段分成五個階段，每達到階段目標，即給予不同的增強物。

　　㈡實驗設計：採逐變標準設計，分成下列階段給予不同的增強物。

　　　1.量基準線階段：此階段為期一週。不給受試者任何增強或消弱，只記錄受試者每節課坐在教室的總時間數（分鐘）。

　　　2.增強階段：此階段延續五週，分成五個增強階段，每階段訂有階段增強物，每天訂有即日增強物。

　　　階段增強物是以受試者最喜愛的東西為主，也是經過實驗者和受試者商量的，依次為：洋娃娃、彩色筆、跳繩、五彩毽子，及准其參加校外教學。這些都是受試最需要的。

　　　即日增強物是受試最喜愛吃的東西。事先告訴受試者，每天只要達到規定的階段目標，第二天即可拿一張代幣（紅蘋果）到福利社換取下列即日增強物：情人糖、牛奶糖、王子麵、乖乖、營養餅乾等。所使用的代幣（原紙製的紅色蘋果）由實驗者自製。

　　　3.維持階段：不再給予任何的增強，共觀察六天。

　　㈢信度考驗：平時上課時間的長短，係由實驗者本人及班長、副班長用錶計時；科任老師的課，則由副班長、班長記錄。並在每天放學前核對統計。記錄結果相當一致。

六、實驗結果：

　　受試者雖然不喜歡上課，但每天仍準時上下學，從不缺席，加上所用的增強物都是受試者最喜歡且最需要的，所以實驗進行的很順利，增強效果也很顯著。（見圖16-6）

　　㈠量基準線階段：觀察受試在五天中，每節平均坐在教室上課 8.2 分鐘，此階段是暗中記錄，不予增強。

　　㈡處理階段：分成五個階段：

　　　1.增強階段（Ⅰ）：此階段的預期目標是 15 分鐘，而受試平均每天

坐在教室上課 16.8 分鐘，已達到階段目標，故獲五彩毽子一個。在此
階段中，因為剛開始時受試者半信半疑，認為那有這麼好的事，所以在
11 月 14、15 兩天未達到標準。經實驗者再三說明，並將增強物呈現
給她看，並鼓勵她試用代幣（紅蘋果）到福利社換取糖果。得知代幣果
然可以換取糖果，受試即極希望得到紅蘋果，此時我才再向她說明每節
課祇要坐在教室 15 分鐘以上，即可得到紅蘋果一張，所以後面 4 天皆
能達到目標，同時也獲得了即日增強物。

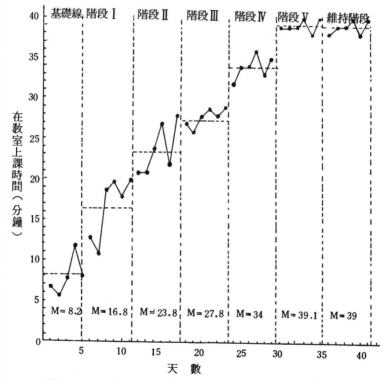

圖 16-6　受試停留在教室上課時間的進步情形

　　2.增強階段（Ⅱ）：此階段的預期目標是每天平均坐滿 20 分鐘。而受試者平均每節坐 23.8 分鐘，達到階段目標。故獲得階段增強物跳繩一條。

　　3.增強階段（Ⅲ）：此階段的預期目標是每節平均坐滿 25 分鐘。而受試平均每節坐滿 27.8 分鐘，故獲得階段增強物彩色筆一盒。

　　4.增強階段（Ⅳ）：此階段的預期目標是平均每節坐滿 30 分鐘以上，而受試每節平均坐滿 34 分鐘，故獲得階段增強物洋娃娃。

　　5.增強階段（Ⅴ）：此階段的預期目標是每天平均每節坐滿 35 分鐘以上，而受試每節坐滿 39.1 分鐘，故獲得階段增強物（社會性增強），同時每天也獲得即日增強物。

　　㈢維持階段：繼續觀察受試在沒有增強物的情形下，是否能維持不變，結果發現在六天中，每節平均坐 39 分鐘，效果相當理想。

七、討論與建議：

　　從此實驗中，可以發現，受試者是因為從一年級起，老師認定她是智能不足兒童，所以未加特別輔導，任其自由發展，也不管她上課或不上課。因此受試在課堂上未得到老師的關愛及注意，又聽不懂老師所講的課，逐漸覺得上課乏味，只好逃出課堂，到校園閒逛。久而久之習慣成自然，認為只要到學校上學，上不上課都無所謂，所以成績更加低劣。此種情形一直延續到四年級上學期。

　　本學期剛開始時，不管研究者如何苦口婆心，甚至嚴厲斥喝都無效，她依然我行我素。但經過七週的實驗輔導結果，發現受試在上課時間，不再到校園閒逛，偶爾離開教室也會向老師報告，經允許後才敢離開。由此可知「增強原理及逐步養成策略，確實對改善智能不足學生不良行為有顯著功效。」同時研究者也深深覺得教育確實需要愛心和耐心。每一位學生，不管其智力高低，成績優劣，都極希望得到老師的關懷。只要教師肯付出一些愛心，甚至花費一些增強物，一定能改變其不良習慣，提高學生的學習意願，學業成績也一定會隨著而提高。對此受試而言，仍然需要教師繼續給予幫助，再提高學習效果。

第二節　改變肢體殘障者的行爲

　　肢體殘障者係指由於發育遲緩，中樞或周圍神經系統發生病變，外傷或其他先天或後天性骨骼肌肉系統之缺損或疾病，而形成肢體障礙，致使自立生活困難者（依據我國殘障福利法施行細則）。通常可見到的肢體殘障者，有腦性麻痺者（C.P.）、小兒麻痺者、先天性畸形者、腦中風後遺症者、或是外傷性症狀者等等。這些人，不僅具有生理缺陷，同時容易附隨着各種心理適應與社會生活適應的困難，所以特別需要專人的輔導及幫助。因爲他們須長期依賴別人的扶助，處處遭受挫折，更因他人好奇的眼神與取笑，所以形成孤立感、自卑感、缺乏安全感、以及無限的煩惱，所以除了行動方面的復健外，更須接受心理復健。本節特舉兩個案例，分別說明如何利用行爲改變技術，以增進一位八十歲輕微腦中風患者的手動作機能，以及減少一位腦麻痺兒童玩弄文具的行爲。

一、腦中風患者的復建方案

　　新近一二十年來，在復健醫學界或是特教界都很重視復健工作（ rehabilitation ），用盡苦心，創用各種機能訓練方法及醫療技術（如外科矯正手術、物理治療等），協助傷殘者發展其殘餘的動作機能，恢復生活適應能力，以利參與積極性的社會工作活動。廣義的復健工作，似應包括醫療復健、教育復健、心理復健、及職業復健等方面。肢體傷殘者多數起因於腦皮質部運動神經

中樞或脊髓神經的損傷，或由於肌肉新陳代謝功能退化所導致的肌腱萎縮，小部分則因外傷因素所促成的肢體傷殘。這些肢體傷殘狀態，不僅造成嚴重的行動或操作上的困難，且影響到日常生活適應，所以特別需要專人的幫助。傷殘者不管接受醫療矯治，或是機能訓練，均屬一段艱辛而痛苦的漫長歷程。所以格外需要別人的鼓勵、關懷及有技巧的幫助，行為改變技術正可符合這一方面的需求。例如，有一位重度殘障者經醫療結果已無法使其恢復行走機能，但訓練者利用食物做增強物，經過一段按部就班的訓練過程，終於成功地幫助他恢復行走機能。其他在語言訓練方面的成效，也鼓舞特教界同仁重視行為改變技術在復健工作上的功用。

案例 16-4 的受試是一位已屆八十歲的輕微腦中風患者，平常行動就感到不便，又在一次摔跤後，左臂骨折，雖經馬偕醫院治療而痊癒，但左臂上石膏太久，致拆下石膏後，手臂手指僵化，無法隨意搖動或用力。轉往復健部門門診，接受物理治療，又拒絕與醫生合作，不願在復健部門接受機械式枯燥的治療，甚至出言「寧願手廢了，也不願再去復健」。子女們參與其治療過程，眼見其痛苦表情，有時惻隱之心阻礙了理智，加以子女各有所事，又須乘車往返，故先是去馬偕復健門診的次數減少，漸至完全停止前往求診。自此以後，日常生活中的一切瑣事細節都須旁人照料，如穿衣、如廁、洗澡等等。但處於工業社會，人人生活緊張忙碌，雖然子女均存一片孝心，仍頗感照顧不週，亦聘顧特別看護來照顧受試，但畢竟事事須假手他人之協助，諸多不便，讓受試常因無力感而大發牢騷。

　　自從實驗者在師大選修行為改變技術後，了解增強原理以及逐步養成原理對於殘障者的復健工作具有妙效，故即以其父親為對象，在家裡自行實施動作機能的復健工作。經過一個半月的努力，配合有效的增強策略，如由家人陪同案主前往歷史博物館觀賞書畫展，到陽明山郊遊，以及舉辦慶生餐會等等，無不使受試享盡人倫之樂趣，重新點燃求生的希望，帶動克服痛苦的意志，終於由勤練而恢復一部分的手動作機能。設計操作毛巾來充擔手臂及手關節之運動項目，既可量化，亦可變化，誠屬相當有效而簡單的設計，在一般家庭均可仿用。總之，案例 16-4 是一個相當感人而有效的復健方案，特推介於此，供讀者參考。

案例16-4

一、研究題目：輕微中風老人的復健方案。

二、研究人員：張雙雙（國中教師），陳榮華（指導教授）。

三、研究日期：民國七十一年四月至六月初。

四、個案的問題分析：

　　受試年滿八十歲，係研究者的父親，曾患輕微中風，且於民國70年 11 月 20 日摔跤，入馬偕醫院治療一個多月，左臂骨折雖痊癒，但因上石膏太久，致使左手臂及手指僵化，無法用力或操作。是故，自民國70年 12 月 26 日起轉至馬偕醫院復健門診部接受復健，每週三次，於民國71 年 3 月停止，改在家裡聘請特別看護照料。

　　出院時，手臂只能在自然垂下狀況，前後擺動在 15 公分左右，不能自己穿衣服，必須別人將衣服從背後左臂先套好才能穿入，早上起床不方便，如廁後不能雙手調整拉鍊，不能扣扣子，痛恨復健枯燥動作，認為醫院醫護人員太嚴厲及機械復健動作。家居時期雖經家人一再鼓勵，

購置復健器材但效果不彰，但欲恢復手臂手指之靈活，醫生指示勤加操作，如果不喜歡器材可以日常用物毛巾讓其拉動成效亦相同。

五、研究方法：

(一)訂定終點行為：希望在實驗結束時，受試操作毛巾的次數，能由基準線階段的每天五次，提高到每天二十五次以上。操作毛巾的方式則定為：右手在右肩上接毛巾上端，左手則轉到身體背部左下腰部，抓住毛巾的另一下端，然後左右雙手同時拉着手巾，在身體背部上下拉動。

(二)實驗設計及程序：本實驗採用逐變標準設計，每週逐漸提高要求標準，並訂定不同的增強策略。實驗輔導在實驗者家中進行，每天下午四點半至五點做半小時的復健工作（操作毛巾），由研究者本人及其妹共同執行。

1.基準線階段：這是第一個實驗階段，不給實驗對象任何指導或增強，主要用意在瞭解實驗對象每日操作毛巾的次數。此一階段共有七天。

2.實驗處理階段：共分成四個小階段，每一小階段所要求的毛巾操作次數不同，依次提高五次，最終目標是操作二十五次。各階段的增強物係於訂定訓練契約時，由實驗者與受試者共同商訂：受試雖然年屆八十大壽，但有時心態宛若小孩，對所商訂增強物仍具高度興趣。

(1)處理階段Ⅰ：自5月2日至5月8日；階段增強物為大蘭竹狼毫一技，以及小型放大鏡一個（看報用）。

受試者喜歡寫書法，愛屋及烏。所以也喜歡收藏各式毛筆，但病後行動不便，好久未添置新的，但仍然時常把玩。故專程到延平北路集大莊購買大蘭竹狼毫筆一枝，外加小型放大鏡。（因其常找不到眼鏡看報，小型放大鏡可放在口袋）

(2)處理階段Ⅱ：5月9日～5月15日；階段增強物為：安排老友到家喝老人茶，陪伴其往南海路歷史博物館觀賞書法展，並到植物園散步，受試者仍甚顧面子，常覺自己行動不便、外觀不雅、不願到鄰居

或四處走動，往常星期假日常往觀賞書畫展，購買書畫用具字帖。

當日增強物：日產海苔一包（6小包）。

受試者頗愛吃素，經觀察受試者頗喜日製口味海苔片。

(3)處理階段Ⅲ：5月16日～5月22日；階段增強物爲：週日郊遊，目的地陽明山並洗硫磺澡，全家成員儘可能陪伴參加，使其享受晚年兒孫繞膝一家歡樂氣氛，並接觸大自然，泡溫泉舒展筋骨。

當日增強物：士林郭元益各式麻薯二粒。

(4)處理階段Ⅳ：5月22日～5月29日；階段增強物爲：聚餐慶生（本省習俗閏四月女兒應爲父母慶生，由大姊發起，由受試者決定餐館菜肴及邀請好友名單）。

當日增強物：租日製錄影帶乙捲（刀劍片），外加蘆筍。

3.維持階段：5月30日～6月5日。這一階段的實驗條件又完全和基準線階段一樣，仍每日告知受試者其操作毛巾的次數，但不能再換取增強物。其要旨在瞭解，取消增強物之後受試者能否維持一定的運動量。

六、研究結果：

本項實驗的自變因是增強因素，而依變因是雙手拉動毛巾次數，表16-2顯示受試者在實驗期間操作毛巾次數，在各階段遞增情況。每日操作毛巾次數的平均數從基準線的5次，增至實驗階段處理Ⅳ的25次；在維持階段雖不再施予增強因素亦仍能維持在每日平均數25次。

茲將實驗結果依照不同實驗階段，詳加分析如下：

(一)基準線階段：觀察受試者操作毛巾次數，七天之中記錄（暗中），不予增強物，結果每天平均爲拉動5次。

(二)增強階段：當增強因素介入後，受試者操作毛巾的次數有顯然增進。四週的觀察結果，將觀察記錄圖示於總表，貼於受試者臥房牆上，若達到當日目標則以小貼紙貼上，做不到劃×，並當日告知晚上可得到當日增強物。若達到階段目標則以大貼紙貼上，並與受試者共同安排增

強物。

　　1.處理階段Ⅰ：此一階段預期目標是10次，而實驗對象平均每天作10.1次達成階段目標，故獲毛筆一枝，每日操作次數只有5月2日～3日兩天未達當日目標，未獲當日增強物。

　　2.處理階段Ⅱ：此一階段預期目標是15次，而受試者平均每天作了15次，達成此階段目標，故徵得受試者的意見，邀其筆友，聊天並陪同到植物園歷史博物館觀賞書畫展。每日操作次數只有5月13、14日未達當日目標，未獲當日增強物。

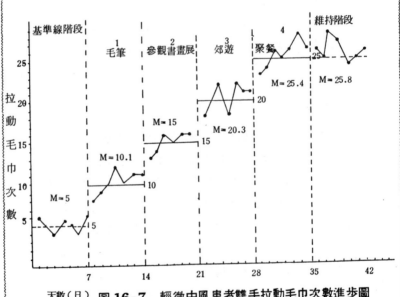

圖 16-7　輕微中風患者雙手拉動毛巾次數進步圖

表 16-2 實驗結果記錄表　　　　　　　每日記錄表 I

日期	基準線階段	實驗 處 理 階 段				維持階段
		第一階段	第二階段	第三階段	第四階段	
日期	4月 25 26 27 28 29 30 / 5月 1 2 3 4 5 6	5月 7 8 9 10 11 12 13 14	5月 15 16 17 18	5月 19 20 21 22	5月 23 24 25 26 27 28 29 30 31	6月 1 2 3 4 5
階段目標		10 次	15 次	20 次	25 次	
實際次數	6 5 4 5 4 6	9 10 12 10 13 14 11 11	13 14 16 15	18 20 22 18	23 24 26 25 26 28 26 26	24 24 25 26
是否達成目標	○ × ○ ○ ○ ×	○ ○ ○ × ○ ○ ○ ○	○ ○ ○ ○	○ × ○ ○	○ × ○ ○ ○ ○ ○ ○	○ × ○ ○ ○
階段平均數	M = 5	M = 10.1	M = 15	M = 20.3	M = 25.4	M = 25.8
達成階段目標		SMILE ☺	LOVE	SMILE ☺	LOVE	

3.處理階段Ⅲ：此一階段之預期目標是 20 次，而受試者每天平均作 20.3 次，故獲得階段增強物，於 5 月 23 日全家到陽明山踏青，家人包括孫輩去了 18 人，受試者心情頗為興奮，未生病前曾參加早覺會常有郊區健行活動。

每日操作次數除 5 月 16 日、19 日外其餘五日皆達到當日目標。獲得當日增強物郭元益糕餅店麻薯二粒。

4.處理階段Ⅳ：此階段的預期目標是 25 次，而受試者平均每天操作 25.4 次，能達到階段目標。故於 5 月 30 日中午上館子聚餐慶生，由大姊發起姊妹女婿內外子孫歡聚，餐中其樂融融，舒暢了大家身心。

每日操作次數只有 5 月 23 日～ 24 日，未達即日目標，其餘五日均能達成即日目標，故獲 5 捲錄影帶。

(三)維持階段：觀測七天當中，受試者每天仍能操作 25 次以上，其中只有一天是 24 次；平均操作次數為 25.8 次。由此可知，本項實驗結果相當良好。

七、討論與心得：

根據本實驗的結果來說：發現增強物可以改善輕微中風患者的肢體動作復健，患者骨折已痊癒，只要有恒運作簡單肢體動作，就能改善其行動。在醫院接受門診治療時期，醫護人員治療過程刻板嚴格，並未使患者心情放鬆，所以進步緩慢。老人與小孩一樣需要關心和鼓勵，研究者運用行為改變技術策略，把愛心、關心、孝心，借助有形增強物表達，使得受試者感受家人的關心及期望，終於激勵他求生意志。策動全家兄弟姊妹多多接觸，使受試者能突破固執觀念，樂意安排自己生活，恢復生趣，樂意常常做做小運動等等，均為此一復健方案收效的重要因素。茲提出幾點心得如下：

(一)久病無孝子，因行動不便，情緒也較不穩定，給家人帶來不少困擾。家中一度陷於低氣壓中，但手部機能恢復情況改善後，由於不再有

無能感，心情較好，目前只有洗澡一項仍由兄弟輪流為其洗澡，家人也較關心接觸，辭去看護，所以家中頗多和樂氣氛。本實驗顯示受試者肢體動作改善可以自理簡單事物，如穿衣、如廁、扣扣子拉拉鍊，此為本實驗一大收穫。

㈡本實驗成功在於受試者表現良好合作態度，在實驗進行中，先是實驗者與實驗者之妹之關注，以後引起全家大小陸陸續續的興趣。每當受試者操作毛巾時，旁邊鼓勵掌聲，幫忙數數字的聲音，搶着貼即日目標貼紙，使得老年人特別需求別人關懷的心理得以滿足。使得受試者能以心理的安慰來克服生理上的困難。

㈢受試者在實驗進行中，不但操作拉動毛巾次數增加，甚至質的方面也有很大改進。即兩手抓毛巾間的距離縮短，使左手漸能反手向上抓，且拉動時間較久已能摸到右腰上 3 公分，符合醫生指示，左手已慢慢能反手轉動，手指握力增加。因老年人血循環較差，筋骨較緊，雖已痊癒，但如不運轉則慢慢會萎縮。

㈣受試者在實驗情況改善後，自己能料理自己生活，也不再整日悶悶不樂，偶而也外出散步訪友，對家人也不再那麼依賴。增強物中以全家郊遊最令受試者興奮，他也就不再羨慕他老朋友的子孝孫賢，每當沉醉家庭溫馨中就非常感激陳主任的“行為改變技術”。

㈤本實驗都能達到預期的目標，因此實驗者深信，若繼續實驗將可協助受試者養成操作習慣。持之以恒也是健康之道，雖然要付出相當時間的代價，也是值得的。

總之 42 天實驗中，受試者的手臂已能運轉，手指握力增強，這些進步雖不能完全說是受增強物因素所影響，但增強因素能影響輕微中風患者之復健是不可否認的。由此可見，老年人與兒童一樣需要關愛，是不是他老人家藉四肢痛、及手腳不靈敏病狀來告訴子女須要子女的關心，誠不得而知，但唯一可以肯定的是，孝順不是只有口號，還必須藉真誠關心的行動來表示，誠令為人子者深思。

二、改善腦傷兒童的過度活動症狀

　　腦傷兒童（ brain-injured children ）除了有顯著的肌肉神經之協調困難、智力功能、感覺神經功能、語言功能等等的失常外，也往往表現各種過度活動症狀（ hyperactivity ），諸如：無聊的舉動（ 如用手玩弄物品、敲擊桌椅等 ），身體反饋動作（ 如手臂擺動、雙腿搖動、揉擦眼睛、亂抓頭髮等 ），注意渙散（ 如望着窗外失神、看着鼻尖、朝望移動物體等 ）。這些過度活動症狀若不適度的節制，自然而然會影響到學習活動。

　　案例 16-5 的受試是一位輕微的腦麻痺兒童，具有明顯的過度活動症狀，尤其喜歡無意義的玩弄文具等物件，其次數非常頻繁，影響學習活動的進行。實驗者是其家庭教師，係師大教心系四年級學生，利用所修習的個案實驗法，有效地改善了受試玩弄文具的無聊舉動。實驗者也利用此一實驗的機會，教導受試的母親，如何觀察及記錄目標行為的發生次數，並積極參與輔導工作。這一類的親職教育，對殘障兒童的教育來說是非常重要的。此一案例的另一件特點是，很成功地把握住受試的需要，利用自行設計的記錄圖，時常提醒受試改善其目標行為。如實驗者所設計的指導語，非常有趣，符合受試心意。「你就是這一位小博士，一直吊在半空中，希望快點降落到草地上玩耍」。唯一美中不足的是，對於目標行為的記錄只考慮發生次數的資料，忽略目標行為的持續時間。但對一位初學者而言，此一實驗設計已頗有見地，可供一般教師及父母參考。

案例16-5

一、研究題目：增強因素對減少腦性麻痺兒童玩弄文具次數之影響。

二、研究人員：曾文姿（師大學生），陳榮華（指導教授）。

三、研究日期：民國七十二年十一月至十二月。

四、受試的問題分析：

　　本實驗受試吳生，現年十一歲，男孩，就讀於特殊班六年級的腦性麻痺兒童。在家排行老大，父母皆受過高等教育，自小很多行為及習慣的養成都很正確，故吳生有很多方面都表現甚佳。吳生為實驗者教了一年半的家教學生，在其間發現吳生的注意力相當容易轉移，而且非常喜歡玩弄鉛筆、橡皮擦、墊板或作業本等物體，其操弄次數頻繁，有時候一玩就不能停止，妨礙上課，且浪費很多時間。已往都只用規勸，但毫無效果可言，甚感束手無策。本學期選修「行為改變技術」，期能運用所學的輔導技術實際運用，以改善情形。

五、實驗方法：

　　㈠訂定終點行為：由於吳生乃一名特殊兒童，所以不敢將終點目標立即定在完全根除此不良習性，只訂定經由兩個月的輔導後，受試每天在一小時的家教或自修時間內，玩弄文具的發生次數能從十三次之多，減少到四次以下。由於實驗者每週家教只有三天，只能做三天的觀察記錄。故徵求受試母親的同意，幫實驗者觀察另外三天的自修情形。記錄方式是由實驗者私下劃“正”字，以示目標行為（操弄文具次數）的發生次數，然後將每天的結果（次數）以畫圈圈方式登記在一張記錄圖表上（如圖16-8）。記錄只畫圈圈而不用其他符號，乃擔心受試好勝心強，不容有打“×”等記號，否則會因遭受挫折而不合作。另外亦可藉此紀錄圖表（張貼於牆上），讓兒童覺得有趣（充當即日增強），並隨時隨地提醒該生。

　　㈡實驗設計：採逐變標準設計。分成下列階段：

　　1.量基準線階段：此階段六天，不給受試增強，只記錄每天玩弄文具的次數，並把結果畫到張貼在牆上的圖畫紙上且告訴該生。

　　2.增強階段：此階段延續三週，分成三個增強階段，每階段有階段目標。增強物是和受試訂契約時共同決定的。每日將結果畫在圖畫紙上，達到目標則給予一張貼紙（即日增強物），每週集滿三張以上則可換取階段增強物。各階段均有不同的增強物。

　　⑴處理階段Ⅰ：六天中受試有三天玩弄文具的次數能少於十一

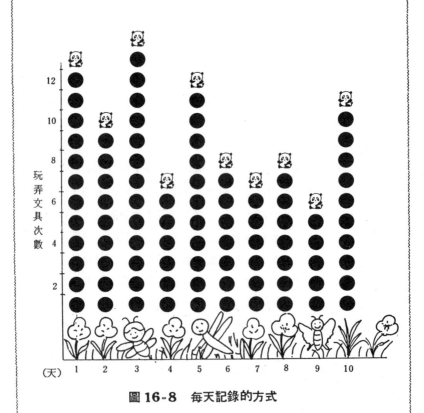

圖 16-8　每天記錄的方式

次以下，則給予兩顆大蕃石榴。（受試不曾看過及吃過蕃石榴，充滿好奇）。

　　⑵處理階段Ⅰ：六天中受試有四天玩弄文具的次數能少於八次以下，則給可愛對筆一對。

　　⑶處理階段Ⅲ：六天中只要受試玩弄文具次數少於四次以下，則給予讚美：「好乖哦！已經快飛到草地上了，加油喔！」

　　3.維持階段：共兩週，第一週適實驗者參加師大畢業旅行，借此機會停止社會增強。

六、實驗結果：

　　㈠量基準線階段：觀察六天中，每天受試玩弄文具的次數平均為13.2次。

　　㈡增強階段：從圖16-9可以看出，玩弄文具的次數顯然逐段減少，增強效果顯著。

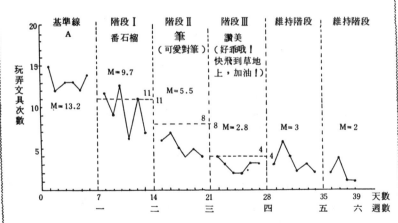

圖 16-9　增強因素對減少玩弄文具次數之影響

1.階段Ⅰ:階段目標是 11 次,受試平均每小時只玩弄 9.7 次,有兩天未達到階段目標(各為 12 及 13 次)。

2.階段Ⅱ:階段目標是 8 次,受試平均每小時玩弄文具 5.5 次,且每天都能達到預期的目標。

3.階段Ⅲ:階段目標是 4 次,而受試平均每小時玩弄文具 2.8 次,也都是每天達到階段目標。

㈢維持階段:第一週適值實驗者畢業旅行,完全由受試的母親觀察及記錄。在沒有增強物之下,受試平均每小時玩弄文具 3.3 次,仍能維持在階段Ⅲ之目標。雖不再給予其他原級增強物,但受試仍天天都要求在牆上畫圈圈。此一措施也可能有增強之功效。實驗者自畢業旅行結束後,第二週繼續追蹤觀察,結果在四天的觀察期間,受試操弄文具的次數,每小時平均只有 2 次,維持良好的成績,但尚未完全革除其不良習慣。

七、討論與心得:

㈠實驗能進行順利,乃因受試對此一實驗方法及增強物感到興趣,表現樂意合作。且平常他就很願意聽從吳母及實驗者的指導。尤其吳母之協助及熱心,功不可沒。從平常的家教教學活動中,發現吳生對於增強物並不是有相當強烈的需求,平常只要說他很乖,吳生就顯得很高興,良好表現會一直持續,在此次實驗中便發現每天在牆上的畫記次數下降,就表現很興奮,常自言要趕快飛到草地上。然而平常有錯時,罵他幾句(說道理),效果都較不顯著。可見兒童還是較喜歡受到讚美及關懷。

㈡吳生乃一名特殊兒童(CP),情緒的變化很大,而且控制能力較差,只要發起脾氣或疲累就不管任何事情的。但脾氣一過,若加以提醒,則會馬上表現知過的積極態度。可見此類特殊兒童的表現很純真,管教他們不要過於縱容或嚴苛,要適其情況適性地輔導,方能收效。

㈢藉此機會使吳生母親也學會此類技術,不外是另一項成果,有助

於她在家裡敎育小孩。

綜觀，經此實際個案實驗，更能熟悉理論與實務的配合運用。每一領域雖要有理論做基礎，更要有實際個案的運用經驗方能使輔導行爲的技巧更加熟練，終能將心理學生活化，生活心理學化，有益於增進人類的良好行爲。

第三節　改變精神病患者的行爲

一、在精神病患方面的應用

誠如於本書第二章所提及，早在一九六○年代左右，俄貝等人即已利用古典制約原理以矯治精神病患的焦慮症狀；亞倫則藉操作制約原理去改善精神病患的不良反應行爲，且已有相當可觀的積效。新近十多年來，在歐美、日本、以及我國，均陸續有許多在精神醫院工作的臨床心理學者，及精神科醫師不斷地鼓吹行爲治療法，並陸續發表許多研究報告及專書。例如，單舉在我國的實施狀況來說，精神科醫師陳喬琪（民 68 年）曾以 23 位慢性精神病患爲對象，利用代幣制，有效地幫助病患改善自我照顧、社會能力，以及工作能力等。臨床心理學家黃正仁（民 72 年）也以 48 位精神分裂症爲對象，運用團體代幣制，有效地增進受試的睡眠習慣，自我照顧能力，人際溝通技巧，以及從事建設性工作等行爲。其中，有關黃正仁（民 72 年）的研究結果已於本書第五章摘要介紹，不另贅述。

　　新近納爾遜與孔尼等人（ Nelson & Cone， 1979 ） 所發表的一篇研究報告頗引人注意。因為他們認為，過去的學者所發表的代幣制方案的實驗報告，若不是採用ＡＢＡ倒返設計，就是採控制組實驗模式。這些實驗在方法論上均有不可避免的缺失：若不是缺乏客觀資料來證實成效的一致性，就是實驗程序的敍述不太詳盡等等。納爾遜等人特試用多基準線實驗設計模式來驗證團體代幣制對於改進精神病患行為上的功效。他們所要處理的目標行為包括：個人衞生習慣、個人身邊事務處理、病房內行為，以及社交技巧等等。受試者是十六位慢性精神病患；經過約三個月的研究結果顯示，代幣制確能改善或增進精神病患的生活習慣及人際關係。又特別強調，多基準線實驗設計確適合於用來驗證代幣制的功效。

　　此一研究報告確有許多特點：諸如，對於處理受試的行為變化（包括質與量）的評估均有客觀資料做基礎；據此，又可確定處理變項（自變項）與行為變項（依變項）之間的因果關係；最後，且可推論在醫院內所建立的行為，可否遷移到病院外之行為。

二、代幣制應用案例介紹

　　茲將納爾遜與孔尼（1979）的實驗報告，摘其要項，包括研究方法、研究結果、以及討論與建議等介紹如下。此等實驗模式，亦即應用多基準線設計模式以評估團體代幣制的實施效果，相當可行，似乎也可以運用到一般教室，或感化院內的學員生活習慣之改進工作。其詳細步驟及項目請參閱案例16-6。

案例16-6

一、研究題目：代幣制對精神病患行為的影響。

二、研究人員：Nelson, G. L.; & Cone, J. D.

三、資料來源：本篇案例發表於美國 Journal of Applied Behavior Analysis, 1979, 12（2）, pp. 255～271.

四、研究方法：

㈠受試和安排：受試是 16 位長期住在關閉病房的男性精神病患，年齡從 19 歲到 61 歲（平均 44.5 歲），住院時間從 12 年到 41.4 年，平均 6.9 年。其中 13 人是精神病，3 人是智能不足。他們因為有攻擊性行為及逃跑企圖，不適合住在開放病房。受試不但要參加每天的活動治療，還要接受最基本的監護照顧。

病房工作人員主要包括三個白天班、兩個小夜班、兩個大夜班，並指派一位醫生、護士及社會工作者等在四個病房每天巡視一次。實驗者（計劃主持人）和一位心理學研究所三年級學生（計劃助理）在整個計劃的執行中均住在病房。此外還有三位醫院裏的心理工作人員參予部分時間的觀察及蒐集資料之工作。

㈡本案的計劃與實行概要：

1.初步計劃：這個代幣制的研究計劃是為了使院民能適應開放病房的生活，本計劃包含一系列經過逐步分析的步驟，每一步驟都有清楚、明確的行為目標，及整個病房的行政體系。為協辦本研究的進行，兩個病房的工作人員互相非正式的觀察與討論。受試在本研究所要培養的「目標行為」就是受試住進開放病房中所要求他們履行的行為。

2.施行順序：本研究分成聯貫性的四個階段，每一段為期四週。第一階段的四個星期是基準線階段，在評量目標行為的頻率、個體功能的水準、一般病房內行為，及病房外的行為。第二階段是將目標行為分成四大類，進入為期四週的實驗階段。在此階段，代幣制依序分別介入

四類目標行為。亦即採用多基準線設計，每星期只介入一類目標行為可獲得增強。在四週的實驗階段裏，四類目標行為的頻率，一般病房內行為，以及病房外行為，仍然繼續加以評量。第三階段是停止實施計劃，以便修正整個計劃過程細節。最後階段是探測階段，繼續評估他們的目標行為頻率，個體功能的水準，一般病房內行為，以及病房外行為。

　　㈢目標行為的訂定與界說：本實驗方案的目標行為可分成四大項：⑴個人衛生習慣，⑵個人身邊事務處理，⑶病房內工作，及⑷社交技巧等，有關這些目標行為的操作性定義，以及代幣的給付標準等規定事項請參閱表三。

表16-3　目標行為項目、代幣給付標準一覽表

目標行為	代幣數	操作性定義
⑴個人衛生習慣		
洗　臉	} 1	用水擦洗臉部至少三分之二部分（並用毛巾擦乾）。
梳　頭		用梳子或刷子梳頭一次以上（使頭髮看來整齊）。
刮鬍子	1	①用刮鬍刀在臉部或頸部刮一次以上（要用毛巾把面霜擦乾淨，使看起來有刮過鬍子很整潔的樣子）。②用電鬍刀刮臉部或頸部（看起來很整潔）
刷　牙	1	①把蘸有牙膏的牙刷放入嘴巴（清水漱口，再用毛巾擦乾淨）。②在水龍頭下沖洗假牙。
⑵個人身邊處理		

穿著整齊	1	襯衫扣好（最上面扣子除外）把衣服摺好。
舖　　床	1 或 2	上拉鍊、繫皮帶、綁鞋帶、穿襪子（不必塞進去的襯衫、毛衣、及不必繫皮帶的除外）用床罩把床單、毛毯完全蓋好，床罩摺好在枕頭下方，靠近床頭部位，能這樣就給一張代幣，如果床罩離開地面三吋以內又不著地而且在 20 英尺遠的地方看不到一點皺紋，就給兩張代幣。
清理櫥櫃	1	所有東西堆放整齊或照規定排放好。所有衣服摺好，看不到一點髒亂或灰塵。
運　　動	1 或 2	至少持續 2 分鐘以上的時間做身體活動，這樣可以促進健康（包括強度耐力和適應力）
(3)病房工作		
清除煙灰缸	1	兩分鐘以上的活動，而且還要有助於房間整理或保持病房整潔工作。共有25種不同工作要他們分辨在什麼場所、什麼時間、需要什麼材料。這一類工作給予 1 至 4 張不等的代幣。
捲香煙	2	
摺床單、餐巾等	4	
打　　掃	2	
(4)社交技巧		
向工作人員問安	1	在病房中遇到指導員或助理人員能在30分鐘內說出“早安”或“你好”之類的問候語。
正確的回答問題	3	正確回答事先選定的有關醫院附近或時事的問題。（如：轉到開放病房有何利益？誰在競選州長。）
口頭參予團體討論	1 或 2	在每週病房會議中，能夠詳細提供其他室友的資料，用口頭報告一個實例就給一張代幣，說出二個實例或以上就給二張代幣。

㈣變項的測量方法：有關處理變項（如：激勵方法、代幣給予數、代幣換取增強物）目標行為、一般病房內行為、及病房外行為等，全由觀察者直接觀察，然後記錄在行為核對表上。個體功能的水準則由醫院管理員藉等級量表做前測（基準線階段）與後測（探測階段）。此種量表稱為「護士觀察住院病患評量表」（ Nurse's Observation Scale for Inpatient Evaluation ）（簡稱NOSIE-30 ）。

1. 觀察員的訓練：除了「方案主持人」及「方案助理」二人之外，尚聘請三位心理專業職員擔任觀察。在正式實施觀察之前，所有的觀察程序以及重點均一再地演練，以確保觀察結果的一致性。

2. 目標行為的觀察：每週自星期一到星期五均天天觀察。觀察期間則從基準線階段、實施階段、到探測階段。觀察一致性（信度）平均達到89%（床頭櫃的清潔）至100%（正確回答問題）。

3. 個體功能的評量：根據前測與後測資料所求出的信度係數則因「分測驗」而異，其範圍自0.14～0.99（平均為0.71）；此一信度值較低，有待進一步訓練評定者的觀察技巧。

4. 一般病房內行為的評量：從星期一至星期五，每天利用行為觀察道具（ the Behavior Observation Instrument, BOI ）抽取時間觀察兩次。只有在自由時間（無特定工作）方進行此項行為的評量。此種行為也分成四類：(a)社會交往（如對病患說話、其他病患對他說話、對職員說話等），(b)建設性活動（如讀或寫、自行玩耍、團體遊戲等），(c)不適當行為（如不適當言語、呆板的動作、身體扭曲等），(d)無反應（如閉眼靜坐、張開眼睛站立、閉眼躺着等等）。四項行為的觀察一致性是：社會交往活動是77%；建設性活動是95%；不適當行為是71%；無反應行為是100%。

5. 病房外行為的評量：戶外行為觀察在每天1小時的戶外休閒活動時進行，其方法與病房內行為的觀察相同。結果顯示，其觀察一致性為：室友間的交互活動72%；室友與職員的交互活動72%；休閒活動

98 ％；不適當的行為表現 50 ％。

　㈤代幣制計劃：

　　1.一般程序：病人若表現目標行為，就給予代幣，由主持者及其助理執行，時間範圍是星期一到星期五，早上六點三十分到下午三點。

　　在基準線階段的最後一個星期五，舉行病房會議，宣佈第一階段的實驗計劃。由計劃主持人告訴病人，受獎勵的行為有那些；該獲得的代幣數是多少；以及代幣的功用等。亦即，病人可持標誌物向商店兌換物品。

　　下個星期一，「計劃主持者」及其助理要站在盥洗室外，觀察所有受試者在個人「衛生習慣」類目的行為表現。當受試表現目標行為時，立即給予代幣，其餘三個行為類目也要觀察，但不給予代幣。

　　每週星期五舉行病房會議，把次一項目標行為，介紹給受試者，同時告知，下週如要獲得代幣，必須包含新項目。如此下列四大行為類目就依次逐項介入：(1)個人衛生習慣；(2)個人身邊事務管理；(3)病房工作；(4)社會技巧。

　　實驗階段，最後一週的星期五舉行病房會議允許在團體討論中有口頭的增強，討論自己進步的情形，開口發言即給代幣。發言的多寡，決定獲得代幣數的多寡。

　　2.增強物：代幣是一種色卡（ 2.5×7 cm ），當目標行為發生時，立即依照規定張數給予受試。從 124 張代幣的給予資料得知：給予代幣時，約有 48 ％的機會隨伴用積極的語氣說：「很好！你很好！」，有 47 ％的機會是使用中性語氣，（如說這代幣是刷牙得來的）；有 5 ％的時間是不給予任何的口頭獎勵。

　　代幣商店每天開三次，每次十五分（即 7:40 AM， 8:45 AM， 12:45 PM ）位於病房中心位置，每張代幣可兌換 4～5 分錢，每人每天標準可得 9～12 張代幣。店裡排列各式各樣有用之物品，如冷熱飲、水果、餅乾、糖果、冰淇淋、香煙、錄音帶、錢包、襪子、衛生用品等

，有系統的觀察 10 次代幣商店營業的情形。顯示：能準時開店，生意很好，很有秩序，平均上門的顧客 9 ～ 19 人（中數 15 人），包括受試者及非受試者。代幣商店提供後援增強物，尚可兌換現金參加院外集體購物。有時候，也可以花費 5 張或 10 張代幣，到院外去觀看大學足球賽，地方戲劇表演等等。

為了加深受試病患對於代幣制的關注，每一類目標行為的表現可獲取代幣時，方案主持人要時常藉口頭或是海報宣示圖知，在海報上通常註明目標行為，代幣的價值，院方規定，以及院方作息時間等等。這些海報通常是張貼在院內重要地點的牆上。

五、研究結果：

㈠目標行為確受代幣增強策略的影響而有所增進。這一種結果，可從圖16-10的資料知其概要。亦即加入代幣增強策略之後，受試在個人衛生習慣（包括洗臉、梳頭、刮鬍子、刷牙等），個人身邊事務處理（包括穿著整齊、鋪床、清理床頭櫃、以及運動等），及病房內工作行為均有顯著的改進。此項成績一直維持到探測階段，唯有社交行為的進步不太顯著。

㈡個人行為整體的表現也有所進步：根據NOSIE-30評定量表的前後測分數之差異來看，得分有顯著進步的項目計有社會能力（Social competence），社會興趣（Social interest），個人打扮（Personal neatness），總積極要素（Total positive factors），以及總的病患特性（Total patient assets）等五項目。得分有顯然減少的項目則包括：易怒性（對刺激過敏性）（Irritability）；反應遲滯（Retardation），總消極要素（Total negative factors）等三項。只有自明精神病（Manifest psychosis）一項無顯著差異。由此資料可斷知，此一代幣制方案對於個人的適應功能亦有積極方面的影響。

㈢一般病房內行為也有所增進：根據抽樣一百個觀察時段的結果來說，一般病房內的行為均朝着好的方向改變。此種結果可參閱圖16-11。

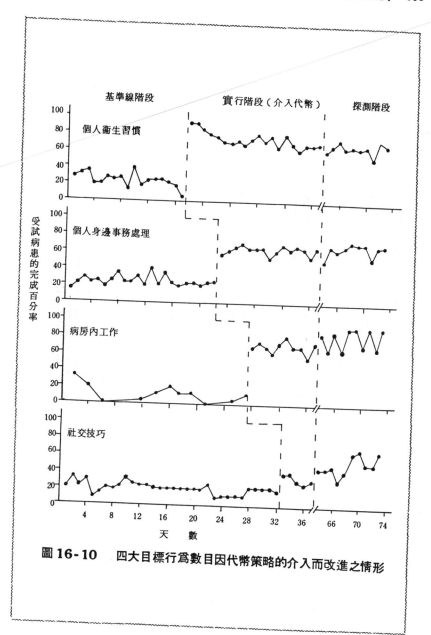

圖 16-10 四大目標行爲數目因代幣策略的介入而改進之情形

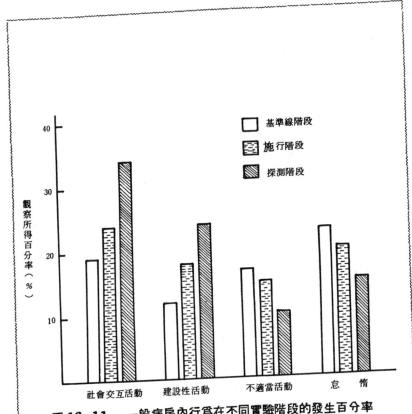

圖 16-11　　一般病房內行爲在不同實驗階段的發生百分率

　　㈣病房外行爲亦略有所改善：從十六次的病房外行爲觀察結果的比較資料得知，病患之間的互動百分率有所增加（在基準線階段是 9 ％，施行階段是 14 ％，探測階段是 19 ％）；病患與工作人員之間的互動百分率下降（基準線階段是 14 ％，施行階段是 6 ％，探測階段是 8 ％）；病患之休閒活動比率是 26 ％（基準線階段），19 ％（施行階段）以及 32 ％（探測階段）；不適當活動則愈減少（ 4 ％，1 ％與 1 ％）。

六、討論與建議：

　　代幣制確實有利於增進慢性精神病患的個人衛生習慣，個人身邊事務處理能力、病房內的工作能力等等。根據病房管理人員的觀察結果得知，不僅目標行為有顯著改善，而且病患個人的整個適應功能亦有所增進。唯在病房內的訓練成效，並未能很明顯地遷移到病房外的活動。

　　利用多基準線設計模式確能客觀評估，自變項（代幣制）與依變項（目標行為）之間的因果關係。將處理變項逐項介入四類目標行為之後，目標行為確有明顯的改進。唯若所要改進的目標行為類目太多，則愈到後面的目標行為愈易受到前面的目標行為的影響，故要確立其因果關係，有時候也有困難。因為，有些行為之間亦有其相當高的相關。例如，養成勤於處理自己身邊事務，或是注重個人衛生習慣之後，很可能也會自然而然做好病房內的工作。所以在運用多基準線設計模式時，宜盡量把相類似的目標行為歸成兩三類，採用跨越不同行為類別的多基準線設計模式，即可避免此一解釋上的困難。

　　本研究的實施，在工作人員的配置比一般中型的精神病院（有20到30病床）多了幾位。一位是學士程度的心理工作助理（擔任日常的資料處理工作，管理代幣商店等），一位兼職的心理學者（擔任目標行為的分析、發展訓練方案、教導一般職員熟習行為改變技術、以及督導研究助理的工作等）。在經費方面，除了上述人事費的增加外，尚要提供約一百美元的簡單器材，如硬紙代幣、咖啡壺、第二手的小冰箱、展覽架等；每週還要準備約二十五美元的增強物，包括日用品、食物、飲料或香煙等。這些增強物要經常陳示在代幣商店，以供病患拿代幣來兌換。總之，多花費這些經費及人事費而收到上述成果，誠可告慰。

　　本項研究的實施期間只有三個月，但經一年後的追踪評估，受試者的目標行為仍然表現良好。大部分病人已遷移到開放病房，或出院回家。十六位受試中，只有六位繼續留院接受評估。

討　論　問　題

一、目前已有若干研究成果顯示，應用行為改變術可以改進智能
　　不足者的那些行為？

二、加法運算題學習層次架構表有何功能，請舉例說明之。

三、從案例 16-2，16-3來看，改善智能不足者的不良適應行為，
　　採用何種行為原理較有效？試申之。

四、你認為案例 16-4（輕微中風老人的復健方案）所以收到預
　　期效果，其最主要的因素何在？請摘述其要項。

五、試評案例 16-5（腦性痲痺兒童的行為輔導方案）的實驗設計
　　之優劣。

六、對精神病患而言，何種「目標行為」可利用代幣制予以改變
　　？請列舉其要項。

參考資料

Ayllon, T., and Azrin, N.H. (1965). The measurement and reinforcement of behavior of psychotics. *Journal of the Experimental Analysis of Behavior*, 8,357-383.

Ayllon, T., and Azrin, N.H. (1968). *The token economy : A motivational system for therapy and rehabilitation*. New York : Appleton-Century-Crofts.

Azrin, N.H., and Lindsley, O.R. (1956). The reinforcement of cooperation between children. *Journal of Abnormal and Social Psychology*, 52, 100-102.

Baer, D.M. (1960). Escape and avoidance response of pre-school children to two schedules of reinforcement withdrawal. *Journal of the Experimental Analysis of Behavior*, 3 : 155-159.

Baer, D.M., Wolf, M.M., and Risley, T.R. (1968). Some current dimensions of applied behavior analysis. *Journal of Applied Behavioral Analysis*, 1 : 91-97.

Bandura, A., Ross, D., and Ross, S.A. (1963). Imitation of film-mediated aggressive models. *Journal of Abnormal and Social Psychology*, 66 : 3-11.

Bandura, A. (1969). *Principles of behavior modification*. New York: Holt, Rinehart & Winston.

Bandura, A. (1977). *Social learning theory*. New Jersey : Prentice-Hall.

Bandura. A., and Walters, R.H. (1963). *Social learning and personality development*. New York : Holt, Rinehart & Winston.

Bates, P., and Wehman, P. (1977). Behavior management with the mentally retarded :An empirical analysis of the research. *Mental Retardation*, December, 9-12.

Beck, A.T. (1976). *Cognitive therapy and the emotional disorders*. New York : International Universities Press.

Bensberg, G. J., Colwell, C.N., and Cassel, R.H. (1965). Teaching the profoundly retarded self-help activities by behavior shaping techniques. *American Journal of Mental Deficiency*, 69, 674-679.

Bilou, S.W., and Bear, D.M. (1961). *Child development, 1 : systematic and empirical theory*. New York : Appleton-Century-Crofts.

Bijou, S.W., and Baer, D.M. (1965). *Child development, 2 :Universal stage of infancy*. New York : Appleton-Century-Crofts.

Bijou, S.W., and Baer, D.M. (1967). *Child development : Readings in experimental analysis*. New York : Appleton-Century-Crofts.

Bijou, S.W., and Peterson, R. F. (1971). Functional analysis in the assessment of children. In P. McReynolds (Ed.), *Advances in psychological assessment* (Vol. 2). Palo Alto, California : Science & Behavior Books.

Bijou, S.W., and Redd, W.H. (1975). Behavior therapy for children. In S. Arieti (Ed.), *American handbook of psychiatry*, Vol. 5 (2 nd ed.). New York : Basic Books.

Bloom, B.S. (Ed.). (1956). *Taxonomy of educational objectives, Handbook 1 : Cognitive domain*. New York : David Mckay Co.

Bostow, D.E., and Bailey, J.B. (1969). Modification of severe disruptive and aggressive behavior using brief timeout and reinforcement procedures. *Journal of Applied Behavior Analysis*, 2(1), 31-37.

Bryan, J.H., and Test, M.A. (1967). Models and helping : Naturalistic studies in aiding behavior. *Journal of Personality and Social Psychology*, 6, 400-407.

Cautela, J.R., and Kastenbaum (1967). A reinforcement survey schedule for use in therapy training and research, *Psychological Reports*, 20, 1115-1130.

Cautela, J.R. (1967). Covert sensitization. *Psychological Reports*, 20, 459-468.

Cautela, J.R. (1971). Covert extinction. *Behavior Therapy*, 2, 192-200.

Cohen, H.R., Filipczak, J., and Bis, J. (1970). A study of contingencies applicable to special education. In R. Ulrich, T. Stachnik, & J. Mabry (Eds.). *Control of human behavior*, Vol. 2. Glenview, Ill. : Scott, Foresman.

Craighead, W.E., Kazdin, A.E., and Mahoney, M.J. (1976). *Behavior modification : Principles, issues, and applications*. Boston : Houghton Mifflin.

Ellis, A. (1962). *Reason and emotion in psychotherapy*. New York : Lyle Stuart.

Ellis, A. (1971). *Growth through reason : Verbatim cases in rational emotive therapy*. Palo Alto : Science & Behavior Books.

Evers, W.L., and Schwarz, J.C. (1973). Modifying social withdrawal in preschoolers : The effects of filmed modeling and teacher praise. *Journal of Abnormal Child Psychology*, 1, 248-256.

Eysenck, H.J. (1952). The effects of psychotherapy : An evaluation. *Journal of Consulting Psychology*, 16, 319-324.

Eysenck, H.J. (1957) *The dynamics of anxiety and hysteria : An experimental application of modern learning theory to psychiatry.* London : Routledge & Kegan Paul.

Eysenck, H.J. (1959). Learning theory and behaviour therapy. *Journal of Mental Science,* 105 , 61-75.

Eysenck, H.J. (1960). Learning theory and behaviour therapy. In H.J. Eysenck (Ed.), *Behaviour therapy and the neuroses : readings in modern methods of treatment derived from learning theory.* London : Pergamon.

Eysenck, H.J. (1963). Editorial. *Behaviour Research and Therapy,* 1 , 1-2.

Ferster, C.B., and Skinner, B.F. (1957). *Schedules of reinforcement.* New York : Appleton-Century-Crofts.

Gagne, R.M. (1965). *The conditions of learning.* New York : Holt, Rinehart & Winston.

Gambrill, E.D. (1977). *Behavior modification:Handbook of assessment, intervention, and evaluation.* San Francisco : Jossey-Bass.

Garlington, W.K., and Dericco, D.A. (1977). The effect of modelling on drinking rate. *Journal of Applied Behavior Analysis ,* 10, 207-211.

Gentry, W.D. (Ed.). (1975). *Applied behavior modification.* Saint Louis: The C.V. Moshy Co.

Giles, D.K., and Wolf, M.M. (1966). Toilet training institutionalized, severe retardates : An application of operant behavior modification techniques. *American Journal of Mental Deficiency,* 70, 766-779.

Girardeau, F.L., and Spradlin, J.E. (1964). Token rewards on a cottage program. *Mental Retardation,* 2, 345-351.

Goldsmith, J.B., and McFall, R.M. (1975). Development and evaluation of an interpersonal skill-training program for psychiatric inpatients. *Journal of Abnormal Psychology*,84,51-58.

Gray, R.M. & Kasteler, J.M. (1969).The effects of social reinforcement and training on institutionalized mentally retarded children. *American Journal of Mental Deficiency*, 74, 50-56.

Hall, R.V. (1974).*Managing behavior-behavior modification : The measurement of behavior*. Lawrence, Kansas : H & Enterprises.

Hartmann, D.P., and Hall, R.V. (1976). The changing criterion design. *Journal of Applied Behavior Analysis*, 9(4), 527-532.

Hartmann, D.P. (1977).Considerations in the choice of interobserver relibility estimates. *Journal of Applied Behavior Analysis*, 10, 103-117.

Henriksen, K., and Doguhty, R. (1967).Decelerating undesired mealtime behavior in a group of profoundly retarded boys. *American Journal of Mental Deficiency*, 72, 40-44.

Herbert, M.(1981).*Behavioural treatment of problem children : A Practice manual*. London: Academic Press.

Hersen, M.,Eisler, R.M., and Miller, P.M. (1981).*Progress in behavior modification*, vol.11. New York : Academic Press.

Hicks, D. (1965). Imitation and retention of film-mediated and aggressive peer and adult models. *Journal of Personality and Social Psychology*,2,97-100.

Homme, L.E. (1965). Perspectives in psychology : XXIV. Control of coverants, the operants of the mind. *Psychological Record*, 15, 501-511.

Hull, C.L. (1943). *Principles of behavior : An introduction to behavior theory*. New York : Appleton-Century.

Jones, M.C. (1924a).A laboratory study of fear : The case of Peter. *Pedagogical Seminary and Journal of Genetic Psychology*, 31:308-

315.

Jones, M.C. (1924b). The elimination of children's fears. *Journal of Experimental Psychology*, 7, 382-390.

Jones, M.C. (1975). A 1924 pioneer looks at behavior therapy. *Journal of Behavior Therapy and Experimental Psychiatry*, 6, 181-187.

Kalish, H.I. (1981). *From behavioral science to behavior modification.* New York : Mc Graw-Hill.

Kaye, K. (1971). *Learning by imitation in infants and young children.* Paper presented at the meeting of the Society for Research in Child Development, Minneapolis, April.

Kazdin, A.E. (1978). *History of behavior modification.* Baltimore : University Park Press.

Kazdin, A.E. (1984). Covert modeling, In P.C. Kendall (Ed). *Advances in cognitive-behavior research and therapy* (vol. 3). New York : Academic Press, 102-129.

Kazdin, A.E. and Wilcoxon, L.A. (1976). Systematic desensitization and nonspecific treatment effects : A methodological evaluation. *Psychological Bulletin*, 83, 729-758.

Keller, F.S., and Schoenfeld, W.N. (1950). *Principles of psychology : A systematic text in the science of behavior.* New York : Appleton-Century-Crofts.

Kibler, R.J., Barker, L.L. and Miles, D.T. (1970). *Behavioral objectives and instruction,* Boston : Allyn & Bacon.

Krath wohl, D.R., Bloom, B.S., and Masia, B.B. (1964). *Taxonomy of educational objectives handbook Ⅱ : Affective domain.* New York : David Mckay Co.

Lang, P., and Melamed, B.G. (1969). Case report : Avoidance conditional therapy of an infant with chronic ruminative vomiting. *Jou-

rnal of Abnormal Psychology, 74, 1-8.

Lange, A. J., and Jakubowski, P. (1976). *Responsible assertive behavior*. Champaign, Illinois : Research Press.

Lazarus, A.A. (1958). New methods in psychotherapy : A case study. *South African Medical Journal*, 32 : 660-664.

Lent, J.R., Leblance, J., and Spradlin, J.E. (1970). Designing a rehabilitative culture for moderately retarded adolescent girls. In R. Ulrich, T. Stachnik, and J. Mabry (Eds.). *Control of human behavior*. Vol. 2. Scott. 121-135.

Lovaas, O. I. , Freitag, G. ,Gold, V.J. , and Kassorla, I.C. (1965). Experimental studies in childhood schizophrenia : analysis of self-destructive behavior. *Journal of experimental child psychology*, 2 ,67-84.

Lovaas, O. I., and Simmons, J.Q. (1969). Manipulation of self-destruction in three retarded children. *Journal of Applied Behavior Analysis*, 2, 143-157.

Lovaas, O.I., and Newsom, C.D. (1976). Behavior modification with psychotic children. In H. Leitenberg (Ed.). *Handbook of behavior modification and behavior therapy*. Englewood Cliffs : Prentice-Hall.

MacMillan, D.L. (1973). *Behavior modification in education*. New York : Macmillan.

Mager, R.F. (1961). *Preparing instructional objectives*. Belmont, Calif. : Fearon.

Martin, G.L., and Treffry, D. (1970). Treating self-destruction and developing self-care with a severely retarded girl : A case study. *Psychological Aspects of Disability*, 17, 125-131.

Martin, G.L. and Pear, J. (1978). *Behavior modification : What it is and How To Do It*. New Jersey : Prentice-Hall, Inc.

Mattos, R.L. (1969). Operant control of facial tics and finger sucking in a severely retarded child. Paper presented at the 1969 National meeting of the American Association on Mental Deficiency.

Meichenbaum, D.H. (1977). *Cognitive behavior modification*. New York : Plenum.

Melamed, B.G., Hawes, R.R., Heiby, E., and Glick, J. (1975). Use of filmed modeling to reduce uncooperative behavior of children during dental treatment. *Journal of Dental Research*, 54, 797-801.

Melamed, B.G., and Siegel, L.J. (1975). R duction of anxiety in children facing hospitalization and surgery by use of filmed modeling. *Journal of Consulting and Clinical Psychology*, 43, 511-521.

Nelson, G.L., and Cone, J.D. (1979). Multiple-baseline analysis of a token economy for psychiatric inpatients. *Journal of Applied Behavior Analysis*, 12, 255-271.

Nemetz, G.H., Craig, K.D., and Reith, G. (1978). Treatment of female sexual dysfunction through symbolic modeling. *Journal of Consulting and Clinical Psychology*, 46, 62-73.

Milchell, J.C. (1942). A study of teachers' and of mental-hygienists' ratings certain behavior problems of children. *Journal of Educational Research*, 36, 292-307.

Morganstern, K.P. (1974). Issues in implosive therapy : Reply to Levis. *Psychological Bulletin*, 81, 380-382.

O'C'onnor, R. (1969). Modification of social withdrawal through symbolic modeling. *Journal of Applied Behavior Analysis*, 2, 15-22.

O'Leary, K.D. (1984).The Image of behavior therapy : It is time to take a stand. *Behavior Therapy*, 15, 219-233.

Plummer, S., Bear, D.M., and LeBlance, J.M. (1977). Functional considerations in the use of procedural time out and an effective alternative. *Journal of Applied Behavior Analysis*, 10, 689-705.

Redd, W.H., Ullmann, R.K., Stelle, C., and Roesch, P. (1979). A classroom incentive program instituted by tutors after school. *Education and Treatment of Children*, 2(3), 169-176.

Redd, W.H., Porterfield, A.L., and Andersen, B.L. (1979). *Behavior Modification, Behavioral Approaches to Human Problems*. New York: Random House, Inc.

Reese, E. P. (1966).The analysis of human operant behavior. Dubuque, Iowa : WM. C. Brown Co.

Rosenthal, T.L., and Bandura, A. (1978). Psychological modeling : Theory and practice. In S.L. Garfield and A.E. Bergin. (Eds.). *Handbook of psychotherapy and behavior change*, 2nd ed. New York : Wiley.

Sajwaj, T., Libet, J., and Agras, S. (1974). Lemon-juice therapy : The control of life-threatening rumination in a six-month-old infant. *Journal of Applied Behavior Analysis*, 7, 557-563.

Schrupp, M.H., and Gjerde, C.M. (1953).Teacher growth in attitudes toward behavior problems of children. *The Journal of Educational Psychology*, 203-214.

Sheppard, N., Jr. (1977).A lesson in prison life, taught by experts. *N.Y. Times*, Jan. 25, p. 39:3.

Sherman, A.R. (1973). *Behavior modification : Theory and Practice*. Belment Ca.: Wadsworth Publishing.

Sidman, M., & Stoddard, L.T. (1966). Programming perception and learning for retarded children. In N.R. Ellis (Ed.), *International review of research in mental retardation* (Vol. 2). New York : Academic Press.

Simpson, E.J. (1966). *The classification of educational objectives:Psychomotor domain*, University of Illinois, Research Project. No OE5. 85-104

Skinner, B.F. (1938). *The behavior of organisms : An experimental analysis*. New York : Appleton-Century.

Skinner, B.F. (1953). *Science and human behavior*. New York : Macmillan.

Skinner, B.F., Solomon, H.C., Lindsley, O.R., and Richards, M.E. (1954). *Studies in behavior therapy* , Metropolitan State al. Hospital. Waltham. Massachusetts, Status Report II. May 31.

Skinner, B.F. (1971). *Beyond freedom and dignity*. New York : Knopf.

Smith, D.D. (1984). *Effective discipline*. Austin : Pro. ed.

Sprinthall, R.C. and Sprinthall, N.A. (1981). *Educational psychology: A developmental approach*(3rd Edition). Massachusetts: Addison-Welsey Publishing Co.

Stolz, S.B., Wienckowski, L.A., and Brown, B.S. (1975). Behavior modification : A perspective on critical issues. *American Psychologist* , 30,1027-1048.

Tawney, J.W., and Gast, D.L. (1984). *Single subject research in special education*. Columbus : Bell & Howell.

Thomas, E.J. (1974). *Behavior modification procedure : A Sourece book*. Chicago : Aldine Publishing Co.

Ullmann, L,P., and Krasner, L. (Eds.)(1965). *Case studies in behavior modification*. New York : Holt, Reinhart &Winston.

Wallace, C.J. and Elder, J.P.(1980).Statistics to evaluate measurement accuracy and treatment effects in single-subject research designs. In M. Hersen (Ed.).:*Progress in behavior modification*. Vol. 10.New York : Academic Press. 39-79.

Watson, J.B. (1913). Psychology as the behaviorist views it. *Psychological Review*,20,158-177.

Watson, J.B. (1914). *Behavior : An Introduction to Comparative Psychology*. New York : Holt.

Watson, J.B. (1919).*Psychology, from the Standpoint of a Behaviorist*. Philadelphia : Lippincott.

Watson, J.B., and Rayner, R. (1920).Conditioned emotional reactions. *Journal of Experimental Psychology*, 3,1-14.

Watson, U.S., Lawson, R and Sanders, C.C. (1965).Generalized for token reinforcement with severely and profoundly retarded children. Paper read at the 89th annual meeting of the American Association of Mental Deficiency, Miami, Florida.

Watson, R.I. (1962).The experimental tradition and clinical psychology. In A.J. Bachrach (Ed.), *Experimental foundations of clinical psychology*. New York : Basic Books.

Whitman, T.L., Scibak, J.W. and Reid, D.H. (1983). *Behavior modification with the severely and profoundly retarded*. New York : Academic Press.

Wickman, E.K. (1926). *Children's behavior and teacher's attitudes*. New York : The Common wealth Fund, Division of Publication.

Wilson, R.I., and O'Leary, K.D. (1980).*Principles of behavior therapy*. New Jersey : Prentice-Hall, Inc.

Wincze, J.P., and Caird, W.K. (1976).The effects of systematic desensitization and video desensitization in the treatment of essential sexual dysfunction in women. *Behavior Therapy*, 7, 335-342.

Wolpe, J. (1958). *Psychotherapy by Reciprocal Inhibition*. Stanford, California : Stanford University Press.

Wolpe, J., and Lazarus, A.A. (1966). *Behavior Therapy Techniques : A Guide to the treatment of neuroses*. New York : Pergamon.

Wolpe, J. (1973). *The practice of behavior therapy* (Second Edition). New York : Pergamon Press Inc.

李玲瑞譯（民69年） 緊張大師與恐懼症—單獨使用條件化歷程治療的關鍵。台北市：張老師月刊，6卷4期，50～60頁。

余德慧（民69年） 焦慮的自我控制訓練法。台北市：大洋出版社，106頁。

林美珍（民71年） 教師與心理學家對學生問題行為的態度。國立政治大學「教育與心理研究」 5期，281～308頁。

邱連煌（民62年） 增強原理在學生管教上的運用。中央日報副刊，12月2日。

柯永河（民69年） 心理衛生學（上冊）。台北市：大洋出版社。

馬信行（民72年） 行為改變的理論與技術。台北市：桂冠圖書公司。

許天威（民74年） 行為改變之理論與應用。高雄市：復文圖書出版社。

陳喬琪等人（民68年） 慢性精神病患的行為治療。台北市立療養院特刊。

陳 訓（民61年） 行為心理學對美國社會的新影響。師大校友月刊，6月5日。

陳榮華（民65年） 行為改變技術：其理論與應用。台北市：中國行為科學社。

陳榮華（民62年） 評介行為制約理論在教育上的應用。教育與文化，399期，49～54。

陳榮華（民66年） 增強因素對特殊學習缺陷兒童減法運算成績之影響。師大教育心理學報，10期，35-46頁。

陳榮華（民69年） 遷移類型、增強因素與教學策略對智能不足兒童加算學習效果之影響。師大教育心理學報，13期，27～46頁。

陳榮華（民70年）　應用行為分析法在教育上的功用。師大中等教育，32 卷 6 期。

黃正仁（民72年）　慢性精神分裂症患者之行為治療‧‧團體代幣法之應用。高雄市：復文圖書出版社。

黃瑞煥、楊景堯、歐用生譯（民73年）　行為改變技術。高雄市：復文圖書出版社。

張德榮（民70年）　多重模式治療法：因應進步中社會之需的心理治療法。中國輔導學會輔導月刊，18 期（ 1 ， 2 ），3 ～ 22 頁。

華瘦馬（民70年）　檸檬汁治療法─讓小甜甜不再反胃吐乳。張老師月刊，7 卷 1 期，46 ～ 51 頁。

廖克玲譯（民71年）　社會學習理論巨匠─班度拉。台北市：允晨文化實業公司。

吳元璋（民68年）　行為治療的發展。張老師月刊，3 卷 4 期40 ～ 48頁。

主題索引 (英漢對照)

人名索引 (英漢對照)

國家圖書館出版品預行編目資料

行為改變技術／陳榮華著.
--初版.—臺北市：五南，1986 [民75]
面；　公分
參考書目；面
含索引
ISBN 978-957-11-0147-7（平裝）
1.心理治療　　2.輔導（教育）
176.8　　　　　　　81004285

1151
行為改變技術

作　　　者 — 陳榮華(263)

發 行 人 — 楊榮川

總 編 輯 — 王翠華

主　　編 — 陳念祖

出 版 者 — 五南圖書出版股份有限公司

地　　　址：106台北市大安區和平東路二段339號4樓

電　　　話：(02)2705-5066　傳　　真：(02)2706-6100

網　　　址：http://www.wunan.com.tw

電子郵件：wunan@wunan.com.tw

劃撥帳號：01068953

戶　　　名：五南圖書出版股份有限公司

法律顧問　林勝安律師事務所　林勝安律師

出版日期　1986年 9 月初版一刷
　　　　　2016年 9 月初版三十二刷

定　　　價　新臺幣650元